Freude am Reisen

NELLES GUIDE

ISRAEL
AUSFLÜGE NACH JORDANIEN

*Autoren:
Hans-Günter Semsek,
Carmella Pfaffenbach*

*Ein aktuelles Reisehandbuch
mit 167 Abbildungen und 19 Kartenausschnitten*

Erste Auflage
1996

KARTENLEGENDE / IMPRESSUM

Liebe Leserin, lieber Leser,

„Aktualität" wird in der Nelles-Reihe großgeschrieben. Um die Nelles Guides immer auf dem neuesten Stand zu halten, dokumentieren unsere Korrespondenten laufend die Veränderungen in der weltweiten Reiseszene, und unsere Kartographen berichtigen ständig unsere auf den Text abgestimmten Karten.

Speziell auf die Reisekapitel bezogene Infos finden Sie jeweils am Ende der Kapitel, allgemeine praktische Hinweise von A-Z am Ende des Buches. Da aber die Welt des Tourismus schnellebig ist, können wir für den Inhalt keine Haftung übernehmen (alle Angaben ohne Gewähr). Sollten Sie feststellen, daß eine Information nicht mehr aktuell ist, so teilen Sie uns bitte Ihre Korrekturhinweise mit. Unsere Adresse: Nelles Verlag, Schleißheimer Str. 371 b, D-80935 München

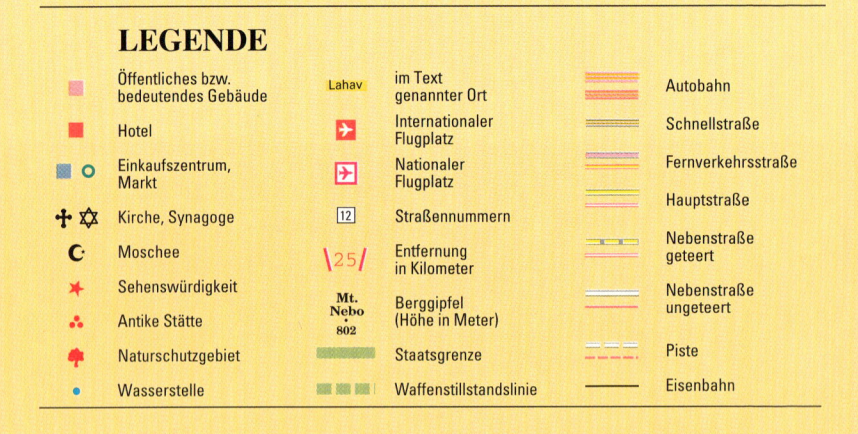

LEGENDE

	Öffentliches bzw. bedeutendes Gebäude	Lahav	im Text genannter Ort
	Hotel	✈	Internationaler Flugplatz
◻ ○	Einkaufszentrum, Markt	✈	Nationaler Flugplatz
✝ ✡	Kirche, Synagoge	[12]	Straßennummern
☪	Moschee	\25/	Entfernung in Kilometer
✹	Sehenswürdigkeit	Mt. Nebo 802	Berggipfel (Höhe in Meter)
⁂	Antike Stätte		Staatsgrenze
♣	Naturschutzgebiet		Waffenstillstandslinie
•	Wasserstelle		Autobahn
			Schnellstraße
			Fernverkehrsstraße
			Hauptstraße
			Nebenstraße geteert
			Nebenstraße ungeteert
			Piste
			Eisenbahn

ISRAEL – Ausflüge nach Jordanien
© Nelles Verlag GmbH, D-80935 München
All rights reserved

Erste Auflage 1996
ISBN 3-88618-352-1
Printed in Slovenia

Herausgeber:	Günter Nelles	**Bildredaktion:**	K. Bärmann-Thümmel
Chefredakteur:	Berthold Schwarz	**Kartographie:**	Nelles Verlag GmbH
Project Editor:	Hans-Günter Semsek	**Lithos:**	Priegnitz, München
Redaktion:	Susanne Braun	**Druck:**	Gorenjski Tisk

Reproduktionen, auch auszugsweise, nur mit vorheriger schriftlicher Genehmigung des Nelles Verlages
- X01 -

INHALTSVERZEICHNIS

Impressum 2
Kartenverzeichnis 6

GESCHICHTE UND KULTUR

Palästina 12
Die Landnahme der Hebräer 15
Exkurs: Leben in vorstaatlicher Zeit 19
Juda und Israel unter David und Salomon 22
Das nördliche Reich Israel 24
Das Südreich Juda 25
Perser und Hellenen 26
Die Zeit der Hasmonäer 27
Die römische Herrschaft 28
Exkurs: Judentum, Thora und Talmud 32
Die byzantinische Zeit / Die arabische Zeit 35
Exkurs: Der Islam 36
Die Zeit der Kreuzzüge 38
Die türkische Herrschaft 40
Das Britische Mandat 42
Der Staat Israel 45
Israel heute 47

REISEN IN ISRAEL

**JERUSALEM – HEILIGE STADT DER
JUDEN, CHRISTEN UND MUSLIME** 57
Jerusalem 57
Die Altstadt 62
Jericho und Qumran 91
Bethlehem 94
Westlich von Jerusalem 95
INFO: Hotels, Restaurants, Sehenswürdigkeiten 98

TEL AVIV – KOSMOPOLITISCHES ZENTRUM 103
Tel Aviv / Yafo 103
Tel Aviv 104
Yafo 108
Ashqelon 112
INFO: Hotels, Restaurants, Sehenswürdigkeiten 114

DIE NÖRDLICHE MITTELMEERKÜSTE 119
Herzliyya 119
Netanya 120
Hadera 121
Caesarea 122
Haifa 130

INHALTSVERZEICHNIS

Akko 137
Nahariyya 142
INFO: Hotels, Restaurants, Sehenswürdigkeiten 144

DAS NORDGALILÄISCHE HÜGELLAND 149
Die Kreuzfahrerburg Montfort 149
Die Synagoge von Bar'am und der Mount Meron . . . 150
Zefat 151
Rosh Pinna / Tell Hazor 156
Hula Nature Reserve 158
Tel Hay / Tell Dan Nature Reserve 159
Baniyas Nature Reserve / Nimrods Burg 160
Qazrin 162
INFO: Hotels, Restaurants, Sehenswürdigkeiten 162

SEE GENEZARETH UND SÜDGALILÄA 167
Der See Genezareth / Kapernaum 167
Tiberias 172
Belvoir 178
Bet Shean 180
Megiddo 185
Bet She'arim 187
Nazareth 188
Kanaan 191
Berg Tabor 192
INFO: Hotels, Restaurants, Sehenswürdigkeiten 194

DURCH DEN NEGEV NACH ELAT 199
Be'er Sheva und Umgebung 199
Tell Arad und Arad / Das Tote Meer 200
Masada 203
En Gedi 206
Hai Bar-Reservat 207
Timna-Park 209
Elat und Umgebung 211
Im Zentrum des Negev 213
INFO: Hotels, Restaurants, Sehenswürdigkeiten 216

AUSFLÜGE NACH JORDANIEN

Jerash, Amman, Wüstenschlösser 221
Madaba, Berg Nebo, Kerak 226
Petra, Wadi Rum, Aqaba 228

FEATURES

Kibbuz und Moshav 234
Die Küche Israels 236
Jüdische Feste 238

REISE - INFORMATIONEN

REISEVORBEREITUNG 240
   Klima / Reisezeit 240
   Jahres- und Wasser-Durchschnittstemperaturen 240
   Kleidung und Ausrüstung 240
   Informationen 241
   Einreisebestimmungen 241
   Weiterreise nach Ägypten und Jordanien 241
   Währung / Geld / Devisen 242
   Gesundheitsvorsorge 243
REISEWEGE NACH ISRAEL 243
   Mit dem Flugzeug / mit dem Schiff 243
   Auf dem Landweg 244
REISEN IN ISRAEL 244
   Mit der Eisenbahn / dem Bus / dem Flugzeug 244
   Mit dem Taxi und dem Sherut 244
   Mit dem Mietwagen 245
   Entfernungsangaben in Kilometern 245
PRAKTISCHE TIPS VON A -Z 245
   Alkohol 245
   Apotheken 245
   Archäologische Ausgrabungen 246
   Banken 246
   Camping 246
   Diplomatische Vertretungen in Israel 246
   Einkaufen 246
   Elektrizität 246
   Essen und Trinken 246
   Festivals und Veranstaltungen 246
   Filmen und Fotografieren 247
   Funk und Fernsehen 247
   Kibbuz-und Moshav-Einsätze 247
   Kur-und Thermalbäder 247
   Maße und Gewichte 248
   Naturschutz und Nationalparks 248
   Notruf 248
   Öffnungszeiten / Post / Presse 248
   Sport 249
   Sprache 249
   Telefon / Trinkgeld 249
   Unterkunft / Zeit / Zoll 249
SPRACHFÜHRER 250
   Hebräisch / Arabisch 250

AUTOREN 250
FOTOGRAFEN 250
INDEX 252

KARTENVERZEICHNIS

Israel 7

Jerusalem . . . . 58 - 59

Altstadt von Jerusalem 63

Via Dolorosa 69

Umgebung von Jerusalem . . . . 92 - 93

Tel Aviv 107

Yafo 109

Herzliyya - Haifa 121

Caesarea 122

Haifa 131

Altstadt von Akko 137

Nördlich von Haifa 143

Nordgaliläa . . . . 150 - 151

Zefat 154

Südgaliläa 169

Megiddo 185

Negev 202

Masada 205

Von Jerash nach Aqaba 225

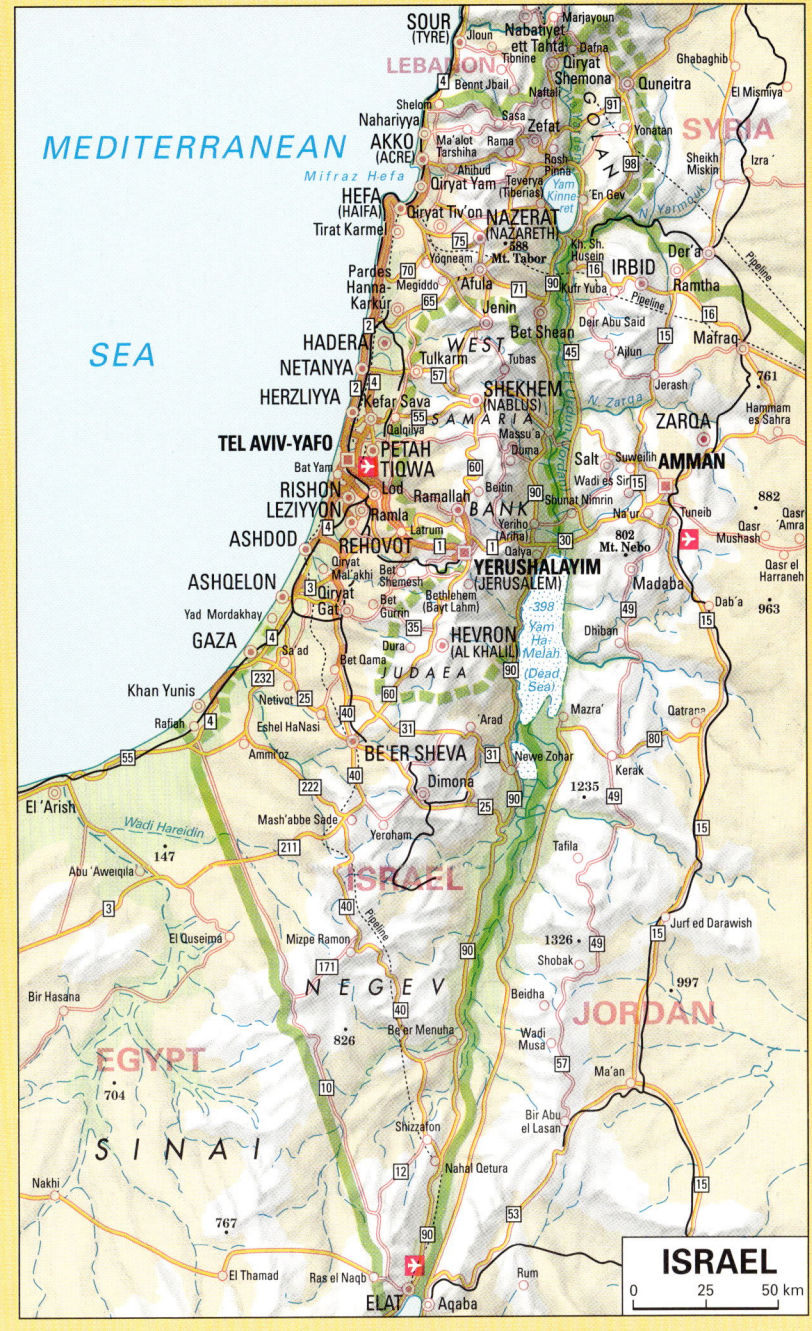

ISRAEL

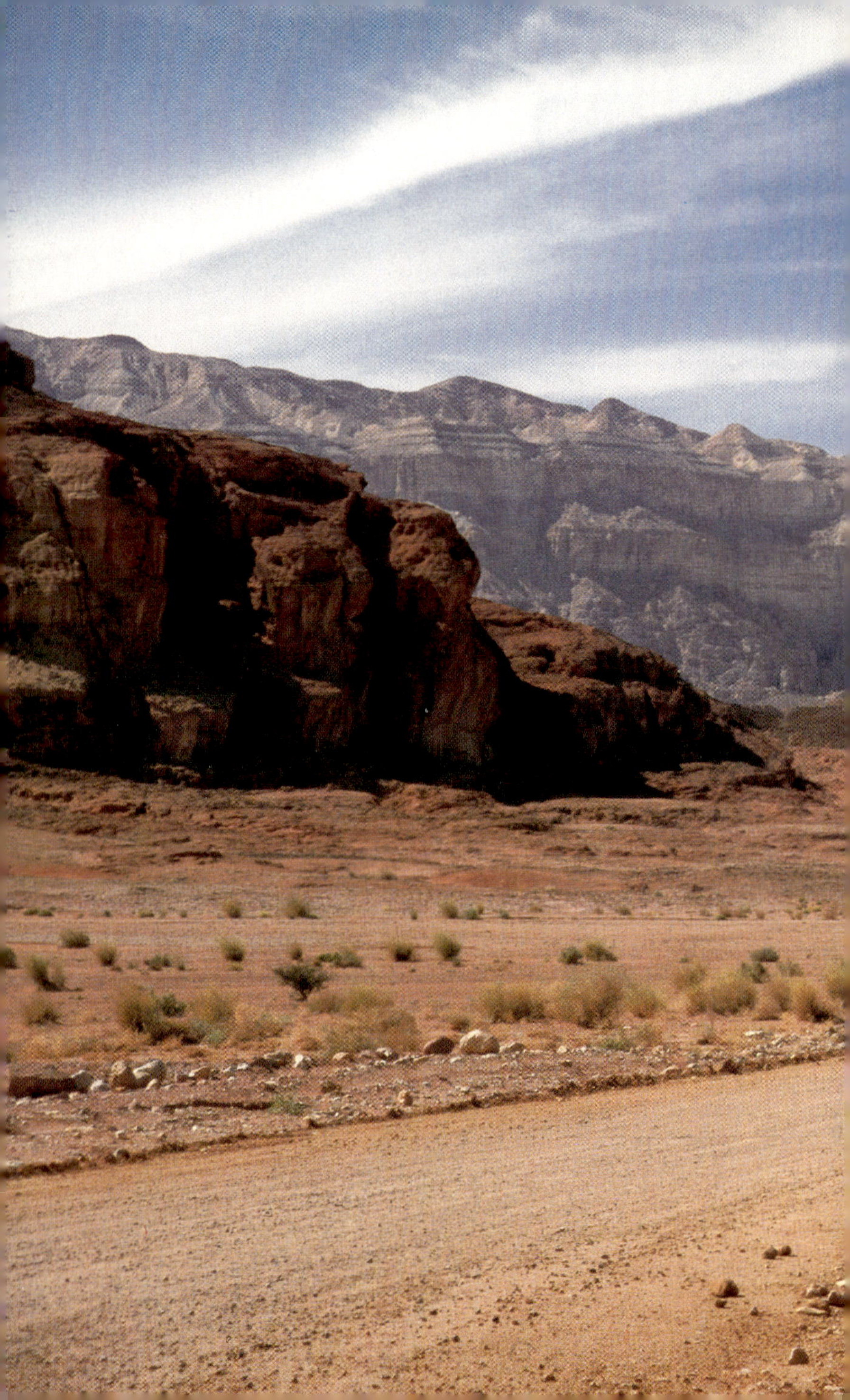

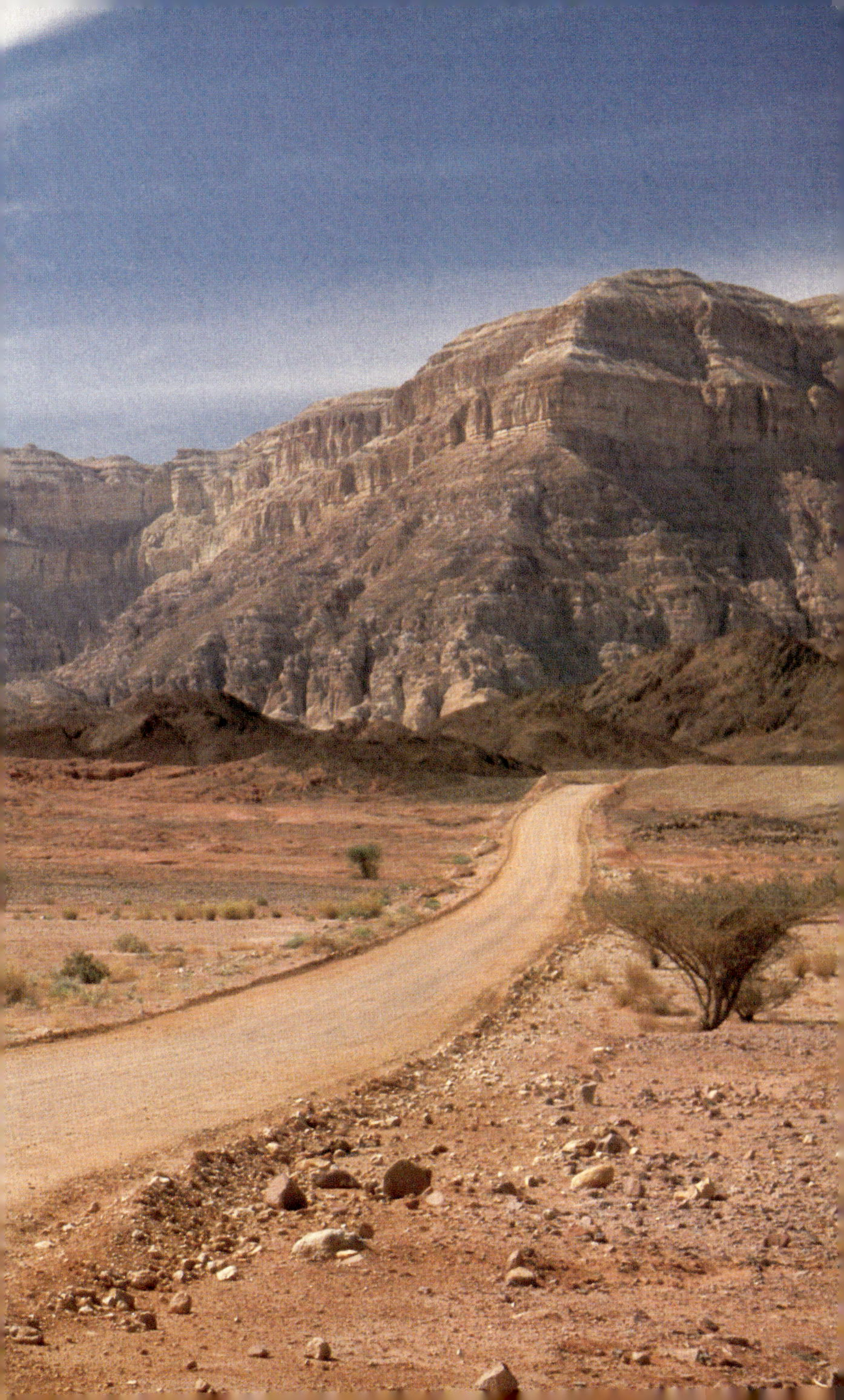

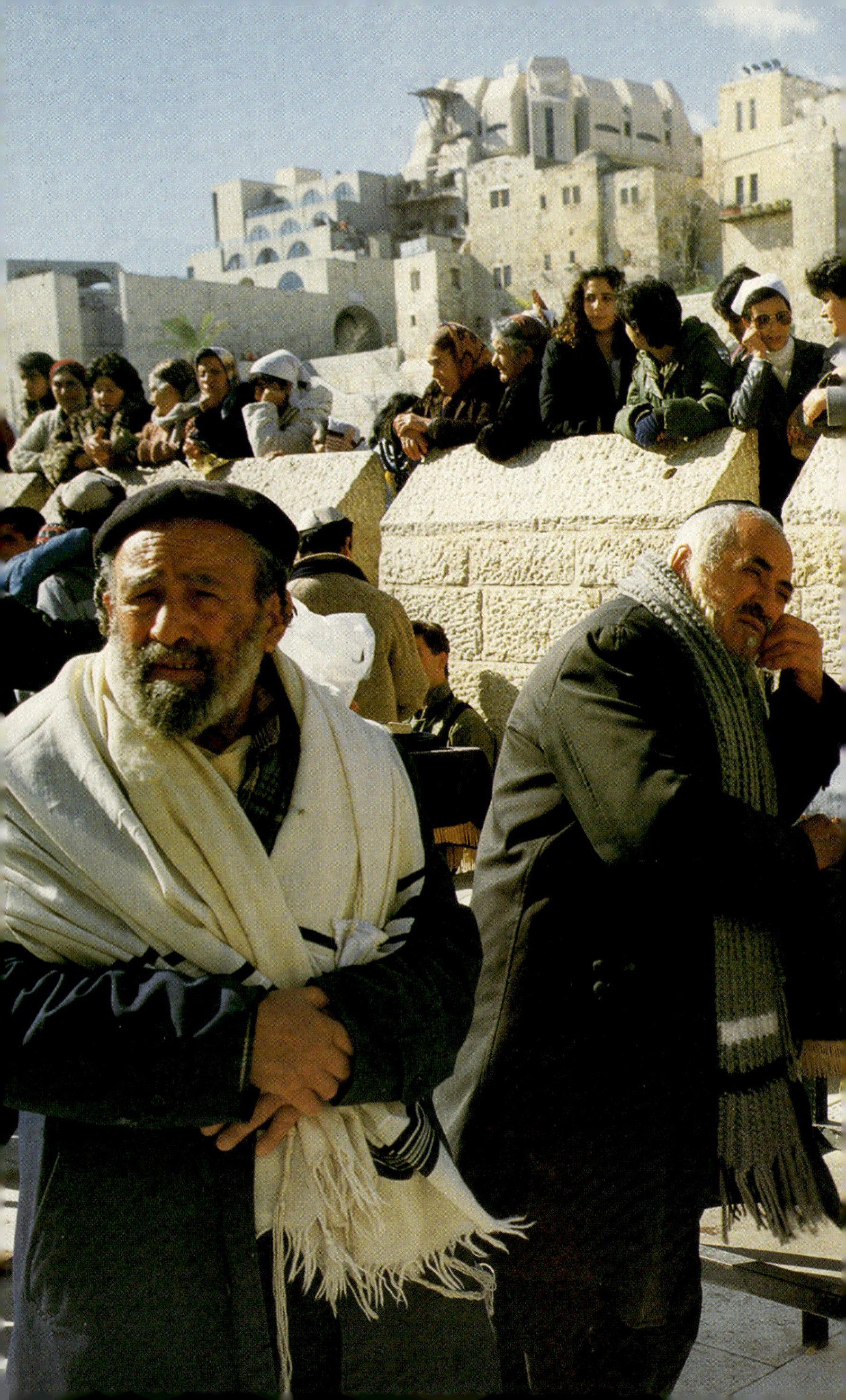

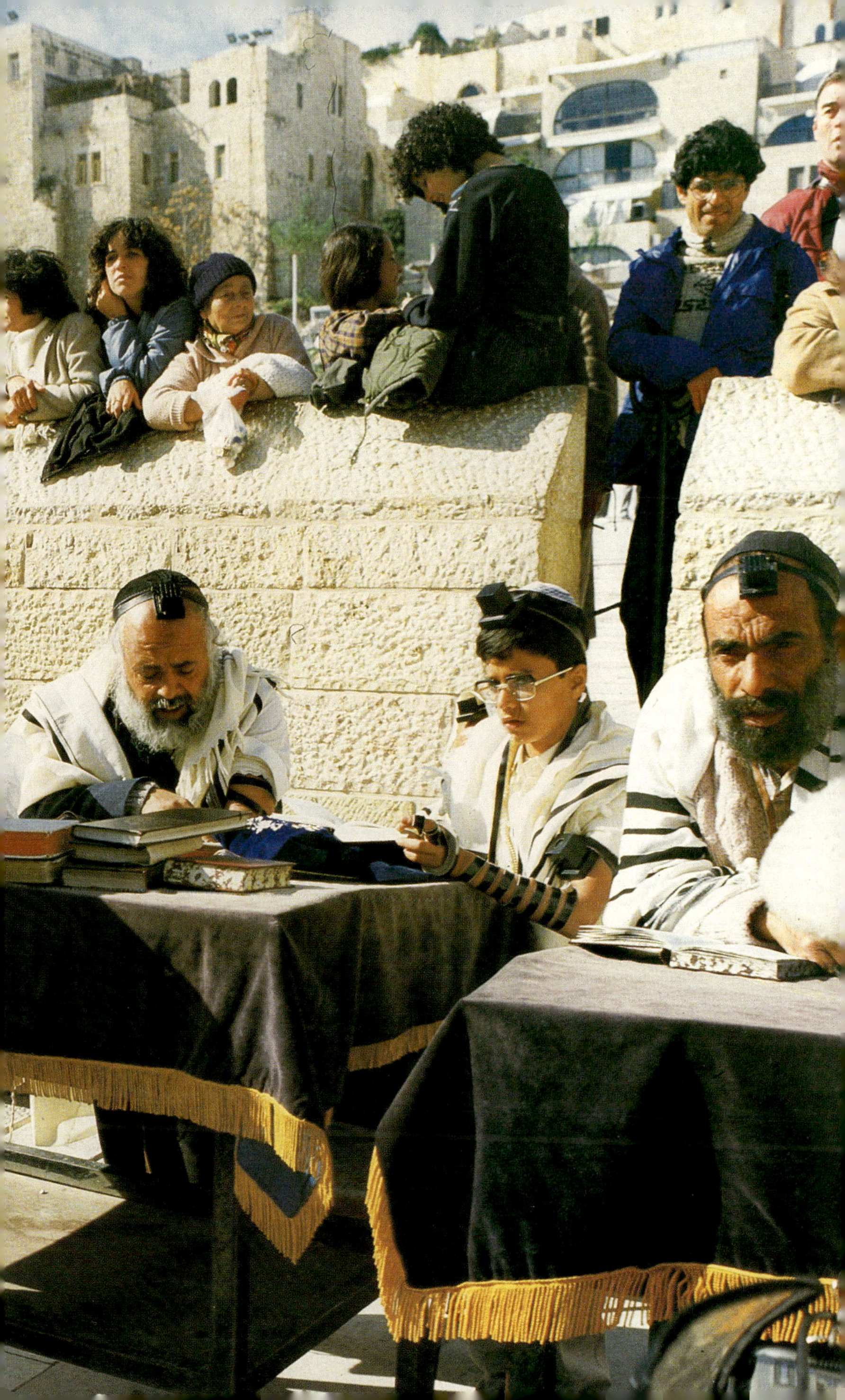

GESCHICHTE UND KULTUR

GESCHICHTE UND KULTUR

Palästina

Palästina gilt als eine der Wiegen der Menschheit. Hier konnten nicht nur mit die ältesten Knochenfunde gemacht werden: Vor über 12 000 Jahren stand auf dem Boden des heiligen Landes die erste befestigte Stadt der Welt – Jericho. In Palästina spielte die Geschichte des kleinen, armen jüdischen Volkes, das umgeben war von Hochkulturen und mächtigen Großreichen – von Ägyptern, Babyloniern, Assyrern, Persern, Griechen und Römern; sie alle hinterließen ihre Spuren. Ihrer Herrschaft fielen aber auch Hunderttausende von Menschen zum Opfer.

Im heutigen Israel finden wir auch die Wirkungsstätten des Religionsstifters Jesus, zu dessen Glauben sich weltweit Millionen von Menschen bekennen. Städtenamen wie Kapernaum, Tiberias, Nazareth, Jerusalem, Ortsbezeichnungen wie der Ölberg, Golgatha, der See Genezareth oder der Garten von Gethsemane gehören ganz selbstverständlich zur christlichen Kultur. Das am häufigsten gedruckte Buch der Erde, die Bibel, erzählt die Geschichte dieser Region von der frühen Besiedlung bis zur Kreuzigung Jesu.

Bei all den gewichtigen historischen Reminiszenzen darf die zeitgenössische Situation Israels und Palästinas jedoch nicht vergessen werden: Fast 50 Jahre nach der Gründung des Staates Israel sind die Probleme nach wie vor ungelöst, fordern die Palästinenser zu recht einen eigenen Staat. Immerhin sind inzwischen mit der Autonomie im Gaza-Streifen und in der West Bank doch erste Schritte auf dem langen Weg zum Frieden gemacht worden.

Die politischen Strukturen im Vorderen Orient des 2. Jahrtausends

Rund 130 km breit und ca. 240 km lang, nämlich von Dan bis Be'er Sheva, wie es in der Bibel heißt (2. Samuel 17, 11), ist jener Landstreifen, in dem vor 5000 Jahren die Geschichte Israels begann. Als Teil des fruchtbaren Halbmondes, der in einem Bogen vom Mittelmeer bis zum Persischen Golf verläuft und eingekeilt zwischen mächtigen Großreichen – Babylonien im Osten und Ägypten im Südwesten – weckte das Land schon früh die Begehrlichkeiten orientalischer Herrscher. Durch Palästina (wie Herodot diese Region benannt hat), der Landbrücke zwischen Afrika und Asien, verliefen die Karawanenwege, deren Kontrolle ökonomische Vorteile mit sich brachte. Das landwirtschaftlich fruchtbare Kulturland versprach reiche Tributzahlungen für denjenigen, der es unter seine Kontrolle brachte. Außerdem ließen sich hier feindliche Invasoren bereits weit vor der eigenen Haustür abdrängen.

Im ausgehenden dritten Jahrtausend lassen sich in Palästina selbst erste politische und territoriale Ordnungen erkennen. Die vorisraelitische Bevölkerung, die Kanaanäer, hatten die Region mit einer Anzahl selbständiger Stadtstaaten überzogen, von denen die heute bekanntesten Megiddo, Jericho, Geser, Lachis und Jerusalem waren. Die ökonomische Grundlage bildete die schon gut entwickelte Landwirtschaft mit Obst-und Weinanbau, Ölbaumkultivierung sowie Viehhaltung.

Zur gleichen Zeit herrschte in Ägypten, dessen Geschichte mit der Palästinas auf Jahrtausende eng verknüpft blieb, eine stabile politische Ordnung. Um 1700 v. Chr. drangen semitische Eroberer, die Hyksos, mit einer bis dato unbe-

Vorherige Seiten: Das Tal von Timna in der Negev-Wüste. Viele Zuschauer bei einer „Bar-Mizwa-Feier" in Jerusalem. Links: Moses mit den Gesetzestafeln; Holzstich von Gustave Doré, 1865. Die zehn Gebote wurden Moses am Berg Sinai offenbart.

GESCHICHTE UND KULTUR

kannten Kriegstechnik in „das Geschenk des Nils" ein: Mit Pferd und Streitwagen fegten die „Beherrscher der Fremdländer" die Truppen des Mittleren Reiches (2040-1785 v. Chr.) hinweg und blieben bis 1550 v. Chr.

Mit der Vertreibung der Hyksos gelang den Pharaonen der 18. Dynastie (1551-1306 v. Chr.) der Aufschwung zur Großmacht im Vorderen Orient. Innerhalb kürzester Zeit geriet ganz Palästina unter die Oberhoheit der Ägypter, welche die Region über die kanaanitischen Metropolen kontrollierten. Die Stadtkönige, von den Pharaonen aus der herrschenden Elite eingesetzt, sorgten mittels der lokalen Aristokratie für die Tributzahlungen an das Nilland. Die anfänglich lockere Oberhoheit der Besatzungsmacht intensivierte sich schon bald aufgrund von Aufständen einzelner Stadtstaaten. Ägyptische Beamte kontrollierten nun die Handelswege und begannen, militärisch unterstützt von nubischen Söldnern, die Abgaben einzutreiben; daneben zogen die Stadtkönige zur Versorgung ihres Hofstaats die Steuern mittels ihrer Streitwagenkämpfer ein, so daß die Masse der Bevölkerung einer doppelten Ausbeutung unterlag.

Mit Beginn des 13. Jh. v. Chr. verfiel die Macht der Pharaonen in Palästina. Grund dafür war die Invasion der sogenannten Seevölker, vor allem der berüchtigten Philister. Zwar gelang es den Ägyptern, die Invasoren abzuwehren, die militärischen Anstrengungen hatten das Land jedoch derart geschwächt, daß die ägyptische Herrschaft über Palästina bald zu Ende ging. Die Philister traten nun das politische Erbe der Pharaonen an und regierten mittels des „Fünfstädtebundes" (Gaza, Ashqelon, Ashdod, Ekron und Gath) in Palästina. Dabei stützten sie ihre Herrschaft auf eine gut ausgebildete Militärmacht, als dessen Speerspitze die schwerbewaffneten Einzelkämpfer galten. In der Bibel ist am Beispiel von Go-

Oben: Farblithographie aus dem 19. Jh. zur Illustration ägyptischer Macht. Rechts: Auszug der Israeliten aus Ägypten (Wandgemälde im Grab des Chnumhotep, 19. Jh. v. Chr.).

GESCHICHTE UND KULTUR

liath ein solcher Krieger (allerdings doch ein wenig übertrieben) dargestellt.

Zur Zeit der Herrschaft der Philister in Palästina begann die Landnahme der Hebräer.

Die Landnahme der Hebräer

Die Hebräer waren Halbnomaden, ihre kleinen Herden bestanden aus Schafen und Ziegen, als Lasttier diente der Esel (das Kamel, das Vollnomadismus ermöglicht, wurde erst im 12. Jh. v. Chr. domestiziert). Während der Regenzeit versorgte die Steppe die Herden mit Nahrung, im Sommer dagegen zogen die Stämme in die Randgebiete des fruchtbaren Landes, wo sie sich mit den Bauern arrangierten. Auf den abgeernteten Weizenfeldern fanden die ohnehin genügsamen Tiere noch genug Futter. Zu Beginn der Regenzeit, wenn der Bauer erneut an die Bestellung seiner Felder ging, wanderten die Hirten wieder in die Steppe, und der Turnus begann aufs neue. Diese harten Lebensbedingungen verlangten soziale Organisationsformen, in denen das Kollektiv und nicht das Individuum dominierte.

Doch auch ein fester innerer Gruppenzusammenhang nutzte wenig, wenn die Natur mit ihrem zyklischen Wechsel von Regen-und Trockenzeit aus dem Tritt geriet. Fiel in einem Jahr zu wenig oder überhaupt kein Regen, kam so etwas gar in mehreren aufeinanderfolgenden Jahren vor, so waren die Nomaden akut vom Hungertod bedroht. Rettung bot dann nur Ägypten, das dank der rhythmischen Nilüberschwemmungen regenunabhängig war. An den gutbewachten Grenzen des Pharaonenreiches wurden die ausgemergelten, Rettung suchenden Hirten registriert und dann als unbezahlte Arbeiter zum Bau militärischer und sakraler Objekte eingesetzt. So heißt es in einem Bericht eines Beamten an den Pharao aus dem 12. Jh. v. Chr.: ,,Wir sind damit fertig geworden, die Schasu-Stämme von Edom durch die Festung des Mernephtah in Tkw passieren zu lassen bis zu den Teichen von Pithom des Mernephtah in Tkw, um sie und ihr Vieh auf der großen Besitzung des Pha-

15

GESCHICHTE UND KULTUR

rao, der guten Sonne eines jeden Landes, am Leben zu erhalten".

So erging es auch den israelitischen Stämmen: Schon Abraham suchte Zuflucht in Ägypten, und nach ihm waren es die zwölf Söhne Jakobs, also Joseph und seine Brüder, die das Nilland vor dem Tod bewahrte. Doch wer erst einmal in Ägypten war, den ließen die Pharaonen so leicht nicht wieder ziehen; die dramatischen Auseinandersetzungen zwischen Moses und dem Pharao belegen dies deutlich: Nur durch die direkte Einflußnahme Gottes gelang laut Bibel den Hebräern die Flucht aus dem Land.

Mit dem erfolgreichen Exodus begann der Mythos der Hebräer und der Aufstieg ihres Gottes Jahwe. Besondere Bedeutung kam der Niederlage der pharaonischen Streitwagenphalanx zu, die an Geschwindigkeit und mit ihrer Bewaffnung dem flüchtenden Nomadentrupp weit überlegen war. Dank Gottes Hilfe endete der Versuch, die billigen Fronarbeiter an der Flucht zu hindern, in einem strategischen Desaster, woraufhin es in der Bibel heißt: ,,Singet dem Herrn ein Lied, denn er ist hoch und erhaben! Rosse und Reiter warf er ins Meer" (Exodus 15, 19).

Die Hebräer benutzten keineswegs den kürzesten Weg ins ,,gelobte Land". Laut Bibel legte Gott selbst eine Ausweichroute fest, damit die eventuell zu erwartenden Kämpfe sein Volk nicht schon in der Anfangsphase der Flucht demoralisieren und zur Umkehr nach Ägypten bewegen würden. Der schnellste Weg längs der Sinai-Küste war damals eine internationale Handelsroute, die von Pharao Sethos I. (1303-1290 v. Chr.) durch ein Netz von Festungsanlagen gesichert worden war, und die der Nomadentrupp kaum hätte heil passieren können. Die Stämme zogen daher nach Südosten, durchwanderten das Innere der Sinai-Halbinsel und Teile des heutigen Jordanien, und stießen schließlich über den Jordan nach Kanaan vor.

Oben: ,,Untergang der Ägypter im Roten Meer"; Holzschnitt von Schnorr von Carolsfeld, 1860. Rechts: Tonkrüge aus Israel (7. Jh. v. Chr.), Zeichen des Seßhaftwerdens.

GESCHICHTE UND KULTUR

Bei ihrem Einzug fanden die Hebräer ein machtpolitisches Vakuum vor. Der Einfall der Seevölker, vor allem der Philister, und der damit verbundene Niedergang der Ägypter als Großmacht, hatte umfangreiche Wanderungsbewegungen zur Folge gehabt, an denen nicht nur die Hebräer, sondern auch weitere aramäische Völker wie die Edomiter, Moabiter und Ammoniter beteiligt waren. Das Fehlen einer Zentralgewalt, wie sie bis dahin einzig die Pharaonen etabliert hatten, führte zu einem Kampf aller gegen alle, aus dem die Hebräer siegreich hervorgehen sollten. Die Zeit der Landnahme hat man sich dabei nicht – wie die Bibel suggeriert – als ein großangelegtes Projekt vorzustellen; in jenen frühen Tagen gab es unter den israelitischen Stämmen keine politisch-militärischen Organisationsformen, die ein solches Konzept hätten steuern können.

Die Einwanderer, nach wie vor Halbnomaden, zogen in kleinen Sippenverbänden durch Palästina. Wie zuvor verständigten sich die Hirten mit den Bauern über eine Feldernutzung für die Herden. Ganz allmählich erst entstanden rund um Kleinviehgatter die ersten dauerhaften Siedlungen. Hauptsächlich in den Gebirgsregionen wurde Wald gerodet, Land urbar gemacht und dann bestellt. Diese erste Landbesetzung verlief friedlich; die Hebräer gingen der einheimischen Bevölkerung so weit wie möglich aus dem Weg, zudem war das neu besiedelte Land in der Regel herrenlos und menschenleer. Solche Gegenden kannten die Nomaden von früher. Sie verstanden es, sich mit den natürlichen Gegebenheiten zu arrangieren und konnten somit in Ruhe den Prozeß der Seßhaftwerdung vorantreiben. Dies dürften zwei bedeutende Neuerungen erleichtert und beschleunigt haben: Zum einen waren die Hebräer nun in der Lage, mit Mörtel abgedichtete Zisternen zur Speicherung von Regenwasser anzulegen, und zum anderen erlernten sie die Herstellung von Eisengeräten, die sich besonders zur Waldrodung besser eigneten als die herkömmlichen Kupfer- und Bronzewerkzeuge.

GESCHICHTE UND KULTUR

Erst nachdem die Stämme in den Bergregionen Fuß gefaßt hatten, begannen die Hebräer in die Täler hinabzusteigen, wo sich die Städte der Kanaanäer befanden. Und diese zweite Phase der Aneignung von Kulturland verlief keineswegs friedlicher, hatte sie doch auch strategische Ziele. Denn in dem Maß, in dem sich die Hebräer in den Bergregionen dauerhaft und erfolgreich etabliert hatten, mußten die an den Rändern der Stammesterritorien liegenden kanaanäischen Siedlungen als latente Bedrohung aufgefaßt werden. Es galt also, das die Stämme einengende Herrschaftssystem dieser Städte zu sprengen.

Hier stellt sich die Frage, wie ein gerade erst seßhaft gewordenes einstiges Nomadenvolk die gut befestigten kanaanäischen Städte unterwerfen konnte. Wesentlichen Einfluß auf die militärischen Erfolge der Hebräer hatte einerseits die

Oben: Israelitischer Krieger zur Zeit Davids; Farblithographie, 19. Jh. Rechts: „Davids Krönung", Byzantinische Buchmalerei, 10. Jh.

Verarmung des Landes auf Grund der ägyptischen Besetzung und andererseits die ständigen Auseinandersetzungen und kleinen Plänkeleien der einzelnen Stadtstaaten untereinander. Ein einheitliches Nationalgefühl, wie es die Hebräer besaßen, kannten die kanaanäischen Städte zu jener Zeit nicht. Ein weiterer Pluspunkt für die israelitischen Stämme war ihr gut funktionierender Geheimdienst. Nicht nur militärische, sondern auch ökonomische und bevölkerungsspezifische Daten wurden gesammelt und analysiert sowie Spione, Saboteure und Verräter angeworben.

Auch die logistischen Probleme, oftmals ein Schwachpunkt großangelegter Expansionsgelüste, hatten die Hebräer gut im Griff. Entweder lagen größere Lebensmittelvorräte bereit, oder aber der Angriff wurde kurz vor die Erntezeit verlegt, damit sich die Truppen mit den Agrarprodukten der Gegner versorgen und durch Viehdiebstähle deren Vorrat zusätzlich einschränken konnten.

Damit waren die militärischen Operationen zwar auf einer funktionierenden Organisation aufgebaut, dennoch werden Kriege meist auf dem Schlachtfeld entschieden. Hierbei hatten die Hebräer zwei Probleme zu lösen. Einerseits die starken Befestigungsanlagen der kanaanäischen Städte, andererseits deren disziplinierte Berufskrieger, die mit ihren effektiven Streitwageneinsätzen marschierende Truppenteile in kürzester Zeit eliminieren konnten. Demgegenüber verfügten die israelitischen Stämme nicht über Belagerungsmaschinen und -techniken, und den Streitwagen standen lediglich Fußsoldaten gegenüber. Die Hebräer begegneten diesem Manko mit dem, was Strategen einen *indirect approach* nennen: Kriegslisten, Täuschungsmanöver, Schlachtverweigerung, Hinterhalt, Sabotage – kurz: einer Guerillataktik. Bet El und später Jerusalem wurden durch List erobert; Bet El durch Verrat (Richter 1, 22), Jerusalem durch heimliches Eindrin-

GESCHICHTE UND KULTUR

gen in die Stadt mittels des Schachtes, der das Trinkwasser aus der Gihon-Quelle nach Jerusalem hineinleitete. So wenigstens kann die schwer verständliche Stelle in der Bibel gedeutet werden, wo es heißt: „Jeder der den Schacht erreicht, soll die Jebusiter erschlagen" (2. Samuel 5, 8). Bei der Eroberung von Ai simulierten die Hebräer die Flucht ihrer Belagerungstruppen und provozierten damit ein Nachsetzen der Stadtgarnison. Der Hauptteil der israelitischen Streitkräfte hatte dann leichtes Spiel mit der wehrlosen Ansiedlung.

Andere Festungseroberungen wurden zwar in einer offenen Feldschlacht mit den Kanaanäern entschieden, doch waren auch diese Kämpfe bestens vorbereitet und nicht etwa durch überlegene Truppen, sondern mittels des Überraschungsmomentes siegreich. Bei der Schlacht von Gibeon zog das israelitische Heer in einem nächtlichen Eilmarsch heran und kam kurz vor Morgengrauen – womit niemand gerechnet hatte – über die feindlichen Truppen. Ähnliche Nachtmärsche mit anschließendem Überraschungsangriff in den frühen Morgenstunden fanden in der Schlacht mit den Medianitern, bei dem Angriff auf Sichem und während Sauls Auseinandersetzungen mit den Ammonitern und Philistern statt.

Durch solche taktische Kunststücke neutralisierten die Hebräer auch die gefürchteten Streitwagen der Gegner. In der Schlacht, die Debora und Barak gegen den Unterdrücker Sisera führten, konnten die geographischen und klimatischen Verhältnisse des Landes optimal genutzt werden. Erst wurden Siseras Streitwagen gezwungen, sich in einem engen Tal zu formieren, wo sie ihre Überlegenheit mittels Geschwindigkeit und räumlicher Entfaltung gar nicht zum Einsatz bringen konnten. Dann verzögerten die Hebräer die Schlacht bis zur Regenzeit, in der die Gegner mit ihren Kampfwagen im Schlamm steckenblieben. Sisera selbst – wie peinlich – mußte zu Fuß fliehen.

Wegen der Konsolidierung der Seßhaftwerdung und der Gebietserweiterung mußten neue soziale und politische Organisationsformen geschaffen werden, in denen eine möglichst zentrale Institution die politisch-militärische Zielrichtungen vorgab. Dies waren zunächst die „Richter". Ihre Funktion in den militärischen Auseinandersetzungen während des Landesausbaus lag darin, den inneren Zusammenhalt des Volkes auch bei Mißerfolgen aufrechtzuhalten und eine gestärkte Kampfmoral bei siegreichen Schlachten für neue Vorstöße nicht ungenutzt verstreichen zu lassen, sondern sinnvoll zu kanalisieren. Für eine solche Herrschaft, die rein sporadisch war, und in der die Familienoberhäupter und Patriarchen weiter die Alltagsgeschäfte regelten, wurde keine rationale Legitimation, sondern Charisma benötigt.

Doch das Anwachsen der Bevölkerung und das nunmehr ausgedehnte Territorium erforderte die Suche nach einer neuen Regierungsform. Nur eine Zentralgewalt konnte neue Rechtsverordnungen

GESCHICHTE UND KULTUR

einführen und die organisatorische Sicherung des Staatsgebietes übernehmen – die Zeit war reif für die Gründung eines Königshauses.

Exkurs: Leben in vorstaatlicher Zeit

Im Zentrum der israelitischen Gemeinschaften stand die Großfamilie. Beschrieben in ethnologischen Begriffen war sie endogam, patrilokal, patriarchal, patrilinear und polygyn organisiert.

Endogam bezeichnet die Tatsache, daß Ehen unter Blutsverwandten geschlossen wurden. Diese Praxis hatte den Vorteil, daß das Eigentum innerhalb der eigenen Familie verblieb. Darüber hinaus stärkte dies die verwandtschaftlichen Beziehungen, erhöhte den inneren Zusammenhalt eines Familienverbandes und löste schon im Vorfeld auftretende Spannungen und

Oben: „Kain erschlägt Abel", aus dem Verduner Altar, 1181. Rechts: Der Segen des Vaters hält die Familie zusammen. („Jakobs Segen", Rembrandt, 1656).

Konflikte, wenn ein Familienoberhaupt die männlichen Verwandten mit seinen Töchtern verheiratete. Diese Praxis endete auch nach der Seßhaftwerdung nicht. Die Hebräer achteten darauf, den einheimischen Bewohnern möglichst aus dem Weg zu gehen und unter sich zu bleiben.

Der Stabilität der Großfamilie diente auch die Patrilokalität, d. h. nach der Hochzeit blieben die Söhne mit ihren Frauen im väterlichen Haushalt. Dort wuchsen auch die Kinder auf. Je mehr Söhne darunter waren, um so wehrhafter und produktiver war der Familienverband.

Über eine solche Großfamilie herrschte ein männliches Oberhaupt absolut, d. h. patriarchalisch. Nicht Individualität war gefragt, sondern der kollektive Zusammenschluß aller; jedes Mitglied galt nur als funktionierendes Einzelteil für das große Räderwerk der Familie, an dessen Schaltstelle der Patriarch jedem seine Aufgabe zuwies.

Wer einen solchen Solidarverband verlassen mußte, hatte keine Überlebenschance. Der Brudermörder Kain, der von Gott aus der Gemeinschaft verstoßen wird, ruft verzweifelt aus: „...rastlos und ruhelos werde ich auf der Erde sein, und wer mich findet, wird mich erschlagen" (Genesis 4, 14).

Patrilinear bedeutet: Genealogien, im konkreten Einzelfall viel wichtiger noch die Erbangelegenheiten, orientierten sich an der Verwandtschaft zum Vater. Männliche Nachkommen galten daher als wahrer Segen. Jammern und Wehklagen erhob sich, wenn das Erstgeborene eine Tochter war. Söhne dagegen bedeuteten Macht und Reichtum, denn sie konnten mit ihren Frauen wieder Söhne zeugen. Daraus leitete sich die Praxis des Brautpreises ab. Da eine Tochter ihrem Ehemann nachfolgte, ihm nicht nur Kinder gebar, sondern auch ihre Arbeitskraft in den neuen Haushalt einbrachte, galt sie für ihre Familie als ein ökonomischer Verlust, der durch den Brautpreis ausgeglichen wurde.

GESCHICHTE UND KULTUR

Polygyn besagt, daß ein Mann mehrere Frauen heiraten konnte. In der Praxis blieb dies aber wenigen reichen Männern vorbehalten, denn für jede Frau mußte ja ein Brautpreis bezahlt werden. Wenn ein ärmeres Gemeinschaftsmitglied mit zwei Frauen verheiratet war, so lag dies häufig an der Verpflichtung zum Levirat, d. h., daß der Bruder eines verstorbenen Mannes dessen Witwe heiratete und in seinen Haushalt aufnahm. Da die Witwe an den Gütern des Verstorbenen erbberechtigt war, konnte dieses Vermächtnis nur wieder unter männliche Kontrolle kommen, wenn der Bruder des Verstorbenen durch Heirat dieser Frau deren Legat in Besitz nahm.

Diese Familienstrukturen änderten sich auch nicht, nachdem die Hebräer seßhaft geworden waren. Nach Beginn der Landnahme wurden die Wälder gemeinsam gerodet, dann vermessen und durch Los verteilt. Die hebräische Rechtsordnung setzte diese Parzellen unter einen besonderen Schutz. Land durfte nur an Verwandte weiterveräußert werden, damit es in der Großfamilie verblieb. Innerhalb einer jeden Sippe galt ein starkes eigentumbewahrendes und besitzorientiertes Ethos. Wenn eine Familie neues Land urbar machte, so konnte sie dies ungehindert in Besitz nehmen. Große Sippen mit vielen Arbeitskräften erweiterten daher ihren Landbesitz ständig, wurden reicher als andere und dokumentierten dies durch ihre materiellen Güter, wie etwa Schmuck. Reiche Patriarchen schufen sich persönliche Loyalitäten, Patron-Klient-Beziehungen, in dem sie ärmere Mitglieder der Gemeinschaft in Notzeiten materiell unterstützten und dafür im Gegenzug Ehre, Respekt und unentgeltliche Dienstleistungen verlangten. Solche Männer übernahmen nach der Konsolidierung der Seßhaftwerdung Autoritätsstellungen innerhalb der lokalen Gemeinschaft. Zu wirklicher Macht jedoch konnten es auch solche Patriarchen nicht bringen. Da eine politische Zentralinstanz fehlte, gab es keine Eigentumsgarantie. Lediglich die Stärke des Familienverbandes sicherte die individuellen Be-

GESCHICHTE UND KULTUR

sitzansprüche; wer die Sippe verärgerte, gar ausgeschlossen wurde und damit ohne Schutz war, hatte bald kaum noch das, was er auf dem Leibe trug. Auch ein ausgeprägtes egalitäres Bewußtsein verhinderte zu viel Machtkonzentration in einer Hand. Die Familienoberhäupter reagierten allergisch, wenn jemand aus ihrer Mitte eine Aufsteigermentalität an den Tag legte. Durch die vereinten Bemühungen der Autoritäten wurden solche Bestrebungen schnell sozial nivelliert.

Die Königreiche Juda und Israel unter David und Salomo

Den außenpolitischen Anlaß zur Gründung eines Königreichs gab im ausgehenden 11. Jh. die militärische Expansion der Philister. Darüber hinaus kannten die Hebräer bereits von den Edomitern, Ammonitern und Moabitern politische Zentralgewalten und registrierten genau die organisatorischen Vorteile, die eine solche Regierungsform beinhaltete.

Um 1050 v. Chr. herrschte der „Seher" Samuel, ein Richter, über das Land. Wie die Bibel berichtet, salbte Samuel den Saul um 1012 v. Chr. zum ersten König, gemäß den Forderungen des Volkes: „Darum setze jetzt einen König bei uns ein, der regieren soll, wie es bei allen Völkern der Fall ist" (1. Samuel 8, 5). Die Bibel berichtet weiter, wie Samuel im Lauf der Zeit Saul die Unterstützung zugunsten Davids langsam entzog.

Einen Namen als Feldherr hatte sich Saul als Beschützer der Stadt Jabesch-Gilead geschaffen, wo er die angreifenden Ammoniter besiegt hatte. Danach kämpfte er während seiner gesamten Regierungszeit (1012-1004 v. Chr.) hauptsächlich gegen die Philister, aber auch gegen Moabiter, Amalekiter und Edomiter. Obwohl Samuel ihm die Königswürde nach der Schlacht gegen die Amalekiter entzog (Saul hatte es versäumt, gemäß dem Willen des Herrn alles hinzumetzeln, 1. Samuel 15), gelang es ihm, die israelitischen Stämme zu einen. Während seiner Ära fand das Patriarchensystem sein Ende, und bedeutende gesellschaftliche Veränderungen zogen ein. So belohnte der König ihm treu ergebene Anhänger, ebenso wie große Teile der eigenen Familie, mit den eroberten Ländereien. Um den Bedarf des Hofes zu decken, wurden landwirtschaftliche Produkte mit dem Zehnten belehnt, loyale Hofschranzen aber von solchen Abgaben befreit. Gegen diese neue Praxis, die dem gerade erst seßhaft gewordenen, einstigen Nomadenvolk völlig fremd war, regte sich breiter Widerstand. Dabei hatte Saul, wie die Bibel berichtet, sein Volk vor dem „Amtsantritt" eindringlich gewarnt und die ihm zu leistenden Dienste detailliert klar gemacht, bis hin zu der Ankündigung: „Ihr selber (das Volk) werdet (des Königs) Sklaven sein" (1. Samuel 8, 10-18). Die letzten Regierungsjahre zeichne-

Oben: David und Goliath, Buchmalerei, 13. Jh. Rechts: Darstellung der Bundeslade in der Synagoge von Kapernaum, 2.- 3. Jh. n. Chr.

ten sich durch heftige Konflikte zwischen dem König und der traditionellen Elite aus. David hatte davon langfristig den meisten Nutzen; von jeher hatte er großes Ansehen genossen, und nun verdächtigte ihn Saul umstürzlerischer Pläne. David mußte fliehen.

Mit anderen gesellschaftlichen Außenseitern, einer Truppe von 400 bis 600 Kämpfern, „Männer, die nichts zu verlieren hatten" (Richter 11,4), zog er marodierend durch das Land der Amalekiter, ja, er verbündete sich sogar lose mit den jüdischen Erzfeinden, den Philistern. Nachdem diese verhaßten Gegner des auserwählten Volkes Saul am Berg Gilboa eine vernichtende Niederlage beigebracht hatten – Sauls Söhne kamen ums Leben und der König stürzte sich vor Verzweiflung in sein Schwert –, war David der einzige, der über genügend Führungsqualitäten verfügte, um das Volk zu schützen. So salbten ihn erst die Ältesten der Südstämme des Reiches Juda zu ihrem König, und rasch folgten ihnen im Jahr 1004 v. Chr. die Nordstämme des Reiches Israel nach. Eine solche Vereinigung von Juda und Israel konnten die Philister nicht gutheißen. Sie marschierten ein, hatten aber so hohe Verluste, daß sie nie wieder zu einem bedeutsamen Faktor in der Region wurden.

Dann wandte David sich Jerusalem zu, dessen Bewohner ihre Stadt für uneinnehmbar hielten und entsprechende Häme über den König ausschütteten: „Du kommst hier nicht herein; die Blinden und Lahmen werden dich vertreiben" (2. Samuel 5, 6). Aber Jerusalem avancierte zur Hauptstadt der vereinigten Reiche und mit dem Einzug der Bundeslade auch zum religiösen Zentrum des jungen Königtums.

David schlug eine Reihe erfolgreicher Schlachten und sicherte die Grenzen des Reiches. Innenpolitisch setzte er die Veränderungen, die Saul begonnen hatte, weiter fort, schuf Ämter für königliche Minister, entwickelte eine effektive Administration und beschnitt die Rechte der Ältesten. Im Volk rumorte es erneut, und Davids Sohn Absalom setzte sich an die Spitze des Protestes, der so erfolgreich

GESCHICHTE UND KULTUR

war, daß David tatsächlich aus Jerusalem fliehen mußte; er sammelte ein Heer um sich und schlug die Truppen seines Sohnes. Als sich auf der Flucht Absaloms Haar in einem Baum verfing, ermordete Davids Neffe Joab entgegen dem ausdrücklichen Befehl des Herrschers den Königssohn.

Auch einen zweiten Aufstand schlug David nieder, bestimmte dann seinen Sohn Salomo zum Nachfolger und starb bald darauf im Jahr 965 v. Chr. Salomos erste Amtshandlung war die Eliminierung seiner Widersacher in der Thronfolge, dann regierte er weitgehend friedlich, hielt das Reich zusammen und betätigte sich als großer Bauherr. In Jerusalem entstand neben vielen anderen Gebäuden der prachtvolle Erste Tempel und wie schon unter David war auch die Regierungszeit von Salomo für die Bewohner des Landes eine Zeit der Ruhe und der Sicherheit. Den einzigen Aufstand gegen seine Herrschaft, angezettelt von Jerobeam, dem Verwalter der königlichen Latifundien, ließ Salomo schnell und hart niederschlagen; Jerobeam flüchtete und suchte Sicherheit in Ägypten. Um 930 v. Chr. starb Salomo.

Salomos ältester Sohn Rehabeam (um 930-913 v. Chr.) bestieg nach dem Tod seines Vaters den Thron, doch waren die Nordstämme Israels jetzt nur unter gewissen Bedingungen bereit, seine Oberhoheit anzuerkennen. Vor allem ging es ihnen um eine Reduzierung der Abgaben – die teure, steuerverschlingende Administration sollte abgeschafft oder doch wenigstens reduziert werden: „Dein Vater", so sagten sie zu Rehabeam, „hat uns ein hartes Joch auferlegt. Erleichtere du jetzt den harten Dienst deines Vaters und das schwere Joch, das er uns auferlegt hat" (1. König 12, 4). Diplomatisch recht ungeschickt, wollte Rehabeam königliche Stärke und Führungsqualitäten demonstrieren und antwortete: „Mein Vater hat euer Joch schwer gemacht. Ich werde es noch schwerer machen. Mein Vater hat euch mit Peitschen gezüchtigt, ich werde euch mit Skorpionen züchtigen" (1. König 12, 14). Eine solche Beleidigung nahmen die Nordstämme nicht hin, mit dem Ruf, „in deine Zelte, Israel" (1. König 12, 16), zogen sie nach Hause, riefen Jerobeam (um 930-908 v. Chr.) aus Ägypten zurück und salbten ihn zum Herrscher des Nordstaates – die Zeit der Ruhe in beiden Reichen war vorbei, faktisch herrschte nun Kriegszustand.

Das nördliche Reich Israel

Das bedeutendste außenpolitische Ereignis während der Herrschaft Jerobeams war der Einfall des ägyptischen Pharao Scheschonk, der wohl vom märchenhaften Reichtum Salomos gehört hatte. Ansonsten schiffte Jerobeam sein Land halbwegs sicher durch die unruhigen Zei-

Oben: König Salomo, russische Ikone, 17. Jh. Rechts: „Die Zerstörung Jerusalems und die Wegführung der Israeliten nach Babel", Holzschnitt von Schnorr von Carolsfeld, 1860.

GESCHICHTE UND KULTUR

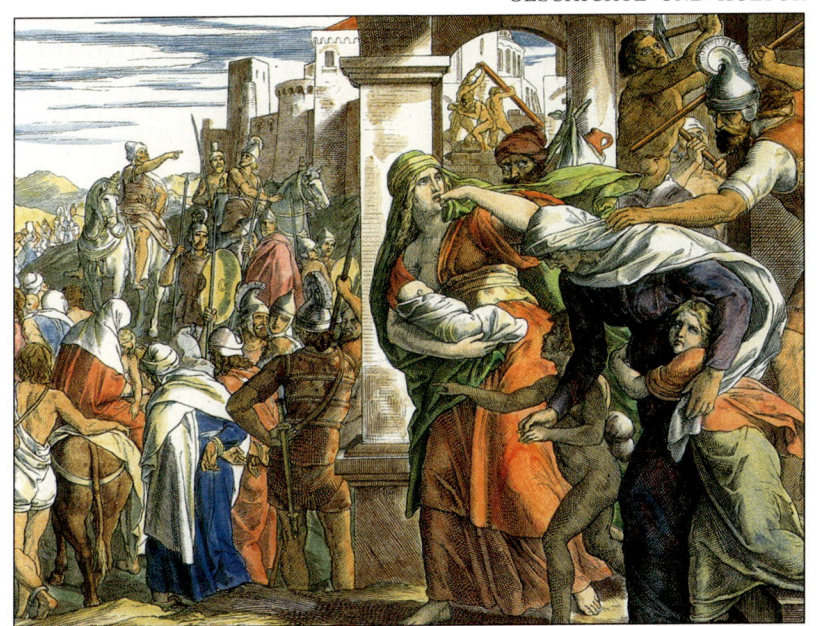

ten. Sein Sohn Nadab folgte ihm auf den Thron, wurde jedoch schon kurze Zeit später mit seiner gesamten Familie von einem gewissen Baesa (906-883 v. Chr.) aus dem Stamm Issachar umgebracht.

So erging es auch den beiden folgenden Herrschern; erst der Heerführer Omri (881-871 v. Chr.) konnte wieder Ruhe ins Land bringen. Er beendete die kriegerischen Grenzgeplänkel mit dem Südreich Juda und ließ mit Samaria eine neue Hauptstadt erbauen. Ihm folgte sein Sohn Ahab (871-852 v. Chr.) auf den Thron. Dieser sah alsbald sein Land durch die Assyrer bedroht und handelte rasch. Er ließ die Städte mit besseren Befestigungen versehen, Vorräte in Magazinen speichern, Wasserversorgungssysteme ausbauen und Streitwagen bereitstellen. Auch aufgrund des außenpolitischen Drucks schloß er Frieden mit Juda.

15 Jahre später, im Jahr 853 v. Chr., zog dann tatsächlich der Assyrerkönig Salmanassar III. gegen Juda und Israel. Beide Reiche vereinigten ihre Heere, und die Assyrer wurden vernichtend geschlagen. Ahab allein stellte mit 10 000 Kriegern und 2000 Streitwagen das Gros der Truppe, ein Zeichen, wie gut er sein Reich auf die Bedrohung vorbereitet hatte. Im Jahr 841 v. Chr., nach dem vierten Einfall Salmanassars, konnte der Assyrerkönig Israel endlich seinem Herrschaftsbereich einverleiben, und Jehu zahlte Tribut. Gut 100 Jahre später verweigerte Hosea (731-724 v. Chr.) die Zahlungen, Salmanassar V. schlug zu, und sein Nachfolger Sargon führte 721 v. Chr., wie er in den Annalen mitteilen ließ, 27 280 Israeliten, die gesamte Oberschicht, in die Sklaverei. Israel hatte aufgehört zu existieren.

Das Südreich Juda

Herrscher über Juda war ja Salomos Sohn Rehabeam geworden, der den Einfall des ägyptischen Pharao Scheschonk dadurch beendete, daß er ihm 926 v. Chr. einen großen Teil des Tempel- und Palastschatzes überließ. Die folgenden Jahrhunderte waren durch militärische

25

GESCHICHTE UND KULTUR

Grenzauseinandersetzungen mit dem mächtigeren Israel gekennzeichnet, und 868 v. Chr. kam es schließlich zu einem Friedensvertrag. Als erste ausländische Macht griffen in der Regierungszeit Joaschs (839-801 v. Chr.) die Aramäer an, doch auch sie ließen sich durch Tributzahlungen wieder zum Abzug bewegen. Die Herrschaft von Ussia (786-736 v. Chr.) brachte den Judäern ein halbes Jahrhundert Frieden, und entsprechend mehrte sich der Wohlstand.

Im Jahr 734 v. Chr. überrannte Tiglatpileser die Region. Juda erkannte die Oberhoheit der Assyrer an und zahlte regelmäßig Tribut. Hiskija (725-697 v. Chr.) wagte nach Sargons Tod die Loslösung, sah aber bald ein, daß die Assyrer zu mächtig waren und zahlte wieder. Sein Sohn Manasse (696-642 v. Chr.) sorgte ein weiteres Mal für 50 Jahre Stabilität und Wohlstand. 609 v. Chr. zog der Pharoa Necho nach Palästina, um die Babylonier von einer Eroberung des Gebiets abzuhalten; ganz nebenbei tötete er in der Schlacht von Megiddo Josija (639-609 v. Chr.). Juda war wieder ein Vasallenstaat, zahlte zuerst an die Ägypter, und nachdem diese von den Babyloniern unter dem späteren König Nebukadnezar in der Schlacht von Karkemisch geschlagen worden waren, an die Babylonier. Als Zedekia (597-587 v. Chr.), König von Babylons Gnaden, die Unabhängigkeit ausrief, marschierten die Truppen von Nebukadnezar in Juda ein, eroberten 587 v. Chr. Jerusalem, plünderten die Stadt, zerstörten den Tempel Salomos mit der Bundeslade und führten die Bewohner in die Sklaverei.

Perser und Hellenen

Nach dem Tod von Nebukadnezar II. im Jahr 562 v. Chr. regierten nur schwache Herrscher. So war es für den Perserkönig Kyros ein leichtes, das babylonische Reich 539 v. Chr. einzunehmen. Die nicht assimilierten Juden kehrten nach Judäa zurück, das nunmehr zu Persien gehörte. In Jerusalem konnten sie den Tempel auf dem alten Platz wiederaufbauen, und 515 wurde er geweiht.

Als es 452 v. Chr. in Persien zu Pogromen kam, kehrten weitere, inzwischen zu Reichtum gelangte Juden nach Jerusalem zurück. Unter dem Statthalter Nehemia, einem persischen Juden, wurde eine neue Stadtmauer um Jerusalem gezogen.

Nach dem Tod Alexanders des Großen 323 v. Chr. teilten seine Nachfolger, die Diadochen, das gewaltige Reich unter sich auf. Ägypten fiel an Ptolemaios, der auch Palästina 320 v. Chr. im Handstreich nahm. Die Seleukiden, die in Syrien und Mesopotamien herrschten, verlangten hundert Jahre später das fruchtbare Palästina für sich. 217 v. Chr. marschierte Antiochos III. zum ersten Mal ein, wurde jedoch zurückgeschlagen. Erst 17 Jahre später besiegte er Ptolemai-

*Oben: Nebukadnezar vor Jerusalem, Kreidelithographie von R. Weibezahl, 1832.
Rechts: Plünderung Jerusalems durch Antiochus IV., Buchmalerei, 15. Jh.*

os V. in der Schlacht von Banaiyas. Die Juden waren nun Untertanen im Seleukidenreich, die Hellenisierung des Landes wurde beschleunigt.

Die Zeit der Hasmonäer

Die Hellenen machten sich beim jüdischen Volk schnell unbeliebt. 167 v. Chr. verbot der Seleukidenherrscher Antiochos IV. die jüdische Religion und zwang die gläubige Bevölkerung, an heidnischen Ritualen teilzunehmen. Als im Ort Modeïn in der Lydda-Ebene ein jüdischer Mitbürger den hellenischen Ritus zelebrieren wollte, wurde er vom Hohepriester Mattatias getötet. Nach der Tat floh er mit seiner Familie in die Wüste und scharte viele kampfesmutige Anhänger um sich, die sich nach Hasmon, einem Vorfahren von Mattatias, die Hasmonäer nannten. Nach dem Tod des Hohepriesters übernahmen seine Söhne Judas, Jonatan und Simeon die Führung des Aufstandes, wobei sich vor allem Judas als strategisches Genie zeigte und den Beinamen Makkabäus (der Hammer) bekam. Da die Hellenen die Angelegenheit nicht sehr ernst nahmen, führten sie keine überragenden Truppen in den Kampf. Zweimal schlug Judas Makkabäus mit seiner Truppe die Seleukiden, dann zog er 164 v. Chr. sogar siegreich in Jerusalem ein, fegte die Hellenen hinweg und öffnete den Tempel wieder für den jüdischen Kult.

Lysias, Statthalter der Seleukiden und Regent für den minderjährigen Antiochos V., stellte nun ein großes Heer auf, eroberte eine Stadt nach der anderen zurück und stand bald vor Jerusalem; doch da zwangen ihn innenpolitische Schwierigkeiten im heimischen Reich zur Umkehr. Er bot den Hasmonäern Frieden und freie Kultausübung an. Doch Judas wollte mehr und träumte von politischer Unabhängigkeit. Er kämpfte also weiter und kam 160 v. Chr. in einer Schlacht ums Leben. Hastig zogen sich die Hasmonäer wieder in die ebenso sichere wie unwirtliche Wüste zurück. Unter dem Kommando von Judas Bruder Jonatan

GESCHICHTE UND KULTUR

folgte nun eine Politik der militärischen Nadelstiche.

In den folgenden Auseinandersetzungen errang Jonatan eine Reihe politischer Erfolge, fiel dann aber einer Intrige zum Opfer und wurde 143 v. Chr. ermordet. Simeon, der dritte der drei Söhne des Mattatias, übernahm nun die Herrschaft, arrangierte sich mit dem Seleukiden Demetrios II. und erhielt das Amt des Hohepriesters. Nun durfte er sich Anführer der Juden nennen und konnte politisch weitgehend eigenständig agieren. 140 v. Chr. bestätigte ihm die große Ratsversammlung die Erblichkeit seiner Ämter. Damit war die Hasmonäer-Dynastie gegründet, und das Land bekam den Namen Israel. 134 v. Chr. wurde Simeon zusammen mit seinen beiden Söhnen Judas und Mattatias bei einem Besuch in Jericho von seinem machtgierigen Schwiegersohn Ptolemaios ermordet. Doch die Hasmonäer saßen fest im Sattel und waren beliebt. Simeons überlebender Sohn, Johannes Hyrkan I., übernahm unter begeisterter Zustimmung der Bevölkerung den Thron des Vaters und schlug den Aufstand seines Schwagers schnell und hart nieder. Kaum waren die innenpolitischen Gegner ausgeschaltet, sah sich Johannes Hyrkan dem Heer des Seleukiden Antiochos VII. Sedetes gegenüber; zwei Jahre dauerte der Krieg, der von keiner Seite gewonnen werden konnte. Nach dem Tod des Antiochos weitete der jüdische Herrscher seinen Einflußbereich durch eine Reihe erfolgreicher Kriegszüge weiter aus.

Wenig erfreulich gestaltete sich die Nachfolgefrage nach Johannes Tod 104 v. Chr.; für ein Jahr übernahm seine Frau die Herrschaft. Dann ließ Johannes Sohn Aristobul die Mutter festsetzen und im Kerker verhungern, nahm drei weitere Brüder gefangen und ließ einen vierten ermorden. Nach dem Tod von Aristobul kam sein Bruder Alexander Jannai (102-76 v. Chr.) an die Macht. Er heiratete seine Schwägerin Salome Alexandra und ließ vorsichtshalber ebenfalls einen Bruder umbringen. Nach der Eroberung der Küstenstädte, von Galiläa und des Ostjordanlandes hatte Israel die größte Ausdehnung. Nach Alexander Jannais Tod kam es wieder zu Erbfolgestreitigkeiten. In dieses Machtvakuum stießen die Römer vor, die mit dem Zusammenbruch des Seleukidenreiches zur beherrschenden Macht der Region aufstiegen. Schnell wurden Syrien und Palästina zur römischen Provinz Syria zusammengefaßt.

Die römische Herrschaft

Im Jahr 47 v. Chr. kam Caesar auf der Höhe seiner Macht in die Provinz Syria und bestätigte Hyrkan, dem Sohn von Alexander Jannai, das erbliche Priesteramt. Antipater, ein ehemaliger hoher Verwaltungsstratege aus dem einstigen edomitischen Herrschaftsgebiet Idumäa und loyaler Gefolgsmann und Unterstützer Hyrkans, erhielt aus Caesars Händen die römische Staatsbürgerschaft und avancierte zum Prokurator von Judäa. Er versorgte auch seine beiden Söhne Phaseal und Herodes mit einflußreichen Posten. 43 v. Chr. wurde Antipater vergiftet. Nach Caesars Ermordung ein Jahr später verwickelten die um den Thron kämpfenden Römer die Region in einen Bürgerkrieg und zudem griffen die Parther nun die oströmischen Provinzen an – alles was Rang und Namen hatte lief zu ihnen über. Herodes indes brachte seine Familie in die Sicherheit der Bergfestung Masada und entkam mit knapper Not nach Rom, wo er von Marcus Antonius und Octavian mit großen Ehren empfangen wurde, da er deren einziger Verbündeter in Judäa war. So avancierte Herodes von Roms Gnaden zum König von Palästina. Mit Hilfe römischer Truppen eroberte er sein Reich, und 37 v. Chr. fiel Jerusalem in seine Hände.

Rechts: „Der Bethlehemitische Kindermord", Fresko von Giotto di Bondone, um 1315.

Die hochrangigen Verteidiger der Stadt ließ er ausnahmslos hinrichten; das gleiche Schicksal erfuhr die Mehrheit des Hohen Rates, des *Sanhedrin*. Alle wichtigen Funktionen besetzte der König mit ergebenen Hofschranzen und herrschte treu gegenüber Rom. Nach Salomo war er der größte Baumeister des Landes; er sorgte für eine lange außenpolitische Friedensperiode, führte aber eine brutale Schreckensherrschaft im Innern. Verdächtigungen, Denunziation, Intrigen und Hinrichtungen warfen immer wieder Schatten auf die Prachtentfaltung der herodianischen Ära. Als Vasall der Römer und Anhänger des Kaiserkults war der König entsprechend verhaßt im jüdischen Volk, zudem galt er als fremder Besatzer, denn er stammte aus Idumäa, dem eroberten edomitischen Herrschaftsgebiet, und seine Mutter war eine Nabatäerin. Mit zunehmendem Alter regierte Herodes immer rasender und hielt sich nicht einmal bei seiner eigenen Familie zurück. Aristobul, der Bruder seiner jüdischen Lieblingsfrau Mariamme, der noch von Antonius zum Hohepriester eingesetzt worden war und der sich großer Wertschätzung im Volk erfreute, ließ er in Jericho ertränken und tarnte es als Unfall. Mariamme, die er zweifellos liebte, wurde mit einem seiner Freunde hingerichtet, weil er ihr Ehebruch vorwarf, und ihre Mutter Alexandra mußte sterben, da er sie eines Aufstandes bezichtigte. Zwei Söhne der Mariamme und Antipater, ein Nachkomme einer Nebenfrau, fielen den Verdächtungen des wahnsinnigen Vaters zum Opfer, ebenso über 5000 Pharisäer, die den Königseid verweigerten. Der Haß des Volkes kannte keine Grenzen, aber solange Herodes noch lebte, kam das öffentliche Leben weitgehend zum Erliegen. In eine solche unheilgeschwängerte Atmosphäre stießen die drei Weisen aus dem Morgenland und stellten die lebensgefährliche Frage: „Wo ist der neugeborene König der Juden?" Lapidar, aber ungeheuer bezeichnend für die Situation dieser Tage ist der Kommentar des Evangelisten: „Als König Herodes das hörte, erschrak er und mit ihm ganz Jerusalem"

GESCHICHTE UND KULTUR

(Matthäus 2, 3). Im Jahr 4 v. Chr. starb der König 69jährig, und ein erleichtertes, hörbares Aufatmen ging durch das Volk.

Der Abscheu vor Herodes durchzieht das gesamte jüdische Schrifttum; im Talmud heißt es: „Ein Sklave des Hasmonäerstaates, der sich heimtückisch gegen seine Herren erhoben hat"; und an anderer Stelle: „Er wird ihre Obersten mit dem Schwert ausrotten und ihre Leiber an unbekannten Orten begraben; er tötet die Alten und Jungen und wird keine Schonung üben. Da wird drückende Furcht vor ihm über sie kommen in ihrem Lande". Und ein Zeitgenosse urteilte treffend: „Herodes stahl sich den Thron wie ein Fuchs, regierte wie ein Tiger und starb wie ein Hund!"

Herodes hatte das Reich seinen drei überlebenden Söhnen hinterlassen, und die Römer änderten nichts an seinem Testament. Doch die Söhne waren unfähi-

Oben: Flavius Josephus, Marmorkopf, 1. Jh. n. Chr. Rechts: Kaiser Hadrian, Porträtkopf aus Ephesus.

ger als der Vater, und 44 n. Chr. herrschten römische Prokuratoren im Land, die hauptsächlich darauf aus waren, sich zu bereichern. In Palästina funktionierte bald nichts mehr, auf den Straßen raubten marodierende Banden die Reisenden aus und überfielen ganze Dörfer. In Jerusalem herrschte Anarchie, die öffentliche Verwaltung war vollends korrupt und verkommen, und der letzte Prokurator, ein Mann namens Florus, schaufelte in die eigene Tasche, daß es kein halten mehr gab.

Im Mai des Jahres 66 brach der Aufstand los; Eleasar ben Hananja, Sohn einer einflußreichen Priesterfamilie, war einer der Führer der Rebellion. Schnell fiel Jerusalem in die Hand der Juden, und auch in den anderen Städten konnte die verhaßten römischen Besatzer vertrieben werden. Es sollte Herbst werden, bis Cestius Gallus mit seinen Legionären vor Jerusalem auftauchte, die Stadt zwar nehmen konnte, nicht jedoch den Tempelberg. Als sich die Römer zurückzogen, um auf Verstärkung zu warten, liefen sie in einen Hinterhalt, und die Legion wurde fast vollständig aufgerieben. Die Juden waren aus dem Häuschen und sahen sich schon als befreite Nation; alle, die bisher noch gezaudert hatten, schlossen sich nun dem Aufstand an.

Im Sommer des Jahres 67 marschierte Neros Feldherr Flavius Vespasian von Norden, sein Sohn Titus von Süden auf Palästina zu; beide Heere zählten nach der Vereinigung an die 60 000 Legionäre. Erstes Ziel war die Eroberung der starken galiläischen Festung Jotapata, in der ein gewisser Joseph ben Mathitjahu den Oberbefehl hatte. Dies ist der jüdische Name unseres wichtigsten Chronisten jener Tage, Flavius Josephus. Nicht einmal zwei Monate benötigten die disziplinierten römischen Legionäre, um die Festung einzunehmen. Die Männer wurden, wie in jenen Tagen üblich, hingerichtet, Frauen und Kinder auf den Sklavenmärkten verkauft. Josephus konnte

GESCHICHTE UND KULTUR

sich verstecken, ergab sich dann aber den Römern, als diese ihm zusicherten, ihn nicht hinzurichten. Der clevere Jude, mit den machtpolitischen Gegebenheiten im Römischen Reich offensichtlich gut vertraut, prophezeite Vespasian die baldige Kaiserwürde, worauf der ihn quasi als glücksbringendes Maskottchen erst einmal mit sich führte. In den folgenden zwei Jahren eroberte Vespasian den gesamten Rest des Landes und wollte gerade zum Sturm auf Jerusalem ansetzen – da erreichte ihn der Bote, der ihm den Sturz und den Tod Neros mitteilte. Flavius Vespasian wurde zum Kaiser ausgerufen, Josephs Weissagung war damit in Erfüllung gegangen. Vespasian ließ ihn frei, gewährte ihm das römische Bürgerrecht und setzte ihm eine lebenslange Rente aus. So legte sich der derart reich Beschenkte den Sippennamen Vespasians zu und nannte sich fortan Flavius Josephus. Er übersiedelte nach Rom und schrieb hier in den Jahren 75-79 unsere wichtigste Quelle über jene Tage und die römisch-jüdischen Beziehungen, ,,Der Jüdische Krieg". Das zweite epochale Werk, das die gesamte Geschichte seine Volkes beinhaltet, sind ,,Die Jüdischen Altertümer", ebenfalls eine unerschöpfliches Reservoir für Historiker. Um das Jahr 100 starb Flavius Josephus in Rom.

Vespasians Sohn, Titus, begann im Frühjahr des Jahres 70 mit der Belagerung Jerusalems. Im Herbst hatten seine Legionäre die Stadt erobert, und bei den Straßenkämpfen ging der Tempel, religiöses und politisches Zentrum des Judentums, in Flammen auf. Die Juden hatten das identitätsbildende Objekt ihres Staatswesens verloren, die Zeit der Diaspora war gekommen.

Nichts Besonderes tat sich in dem folgenden halben Jahrhundert; im Jahr 130 besuchte Kaiser Hadrian Palästina, gab den Befehl zum Wiederaufbau Jerusalems und ließ als besondere Bösartigkeit an der Stelle des Tempels ein Jupiterheiligtum errichten. Für die Juden brachte dies wieder einmal das Faß zum Überlaufen. Im Jahr 132 kam es zur zweiten Rebellion gegen die Römer, die nach ihrem Führer Simeon Bar Kochba (Sternensohn) auch der Bar Kochba-Aufstand genannt wird. In schneller Folge eroberten die Juden das ganze Land und zermürbten in gekonnter Guerilla-Taktik die VI. und die traditionell in Palästina stationierte X. Legion. Bar Kochba ließ eigene Münzen schlagen und in den eroberten Gebieten Administrationszentren errichten.

Der syrische Statthalter Publius Marcellus marschierte nun mit seinem stehenden Heer, das durch in Ägypten stationierte Einheiten und Hilfstruppen verstärkt wurde, nach Palästina und holte sich ebenfalls eine blutige Nase. Die ägyptische XXII. Legion wurde praktisch völlig ausradiert. Hadrian legte nun die gespannte Lage in die Hände von Julius Serverus, seines Britannien-Regenten, und der machte sich die Guerilla-Taktik der Juden zu eigen, da der Blutzoll der Römer bisher ungewöhnlich hoch gewesen war. Im Sommer des Jahres 135 kam

GESCHICHTE UND KULTUR

es zur entscheidenden Schlacht, bei der die Römer siegten; fast 600 000 Juden waren beim Aufstand ums Leben gekommen und ebenso Abertausende von Römern, so viele, daß sich Hadrian vor dem Senat der üblichen Einleitungsworte enthielt: „Ich vertraue darauf, daß ihr und eure Kinder wohlauf seid; ich und meine Truppen sind wohlauf."

Exkurs: Judentum, Thora und Talmud

Die *Thora* ist eine der Quellen des Judentums, und der Begriff bedeutet soviel wie Lehre oder Weisung. Das alte Testament benutzt den Ausdruck für Einzelbestimmungen und -belehrungen, weiterhin auch für die fünf Bücher Mose.

Im nachbiblischen, dem sogenannten rabbinischen Judentum, wurde der Begriff Thora dann im Sinne von Weisheit, Wahrheit und göttlicher Offenbarung gebraucht. Die Thora bestimmt das gesamte Leben eines Juden, sie ist nicht nur der Leitfaden für das religiös-kultische Leben, sondern auch verpflichtender Bestandteil für jedes weltliche Handeln. Dennoch wäre es falsch, die Thora einfach nur als „Gesetz" zu sehen, was zu einer unzulässigen Verkürzung führen und dem Begiff nicht gerecht werden würde.

In der Bibel gibt es das Bild von der Hochzeit für die Beziehung zwischen Gott und seinem Volk. Die Rabbiner haben diese Vorstellung dahingehend abgewandelt, daß sie die Thora als Braut des Bräutigams Israel darstellen. Das *Simchat Thora*, das Fest der Thorafreude, in dem der „Lehre und Weisung" von den Juden überschwengliche Freude entgegengebracht wird, widerspricht der in der christlichen Definition so beliebten Charakterisierung des „Gesetzes" als ritualisiertem Zwang.

Rechts: Lesen in der Thorarolle ist zentraler Bestandteil des Judentums.

Unterschieden wird im rabbinischen Judentum zwischen der geschriebenen Thora – ursprünglich nur die fünf Bücher des Mose, später dann alle biblischen Bücher als göttliche Offenbarung – und der mündlich überlieferten Thora; beide sind nach jüdischer Tradition Moses am Sinai übergeben worden.

Als im Jahr 70 der Zweite Jerusalemer Tempel von den Römern zerstört wurde und damit für die Juden kein theologisches Zentrum mehr existierte, fand eine religiöse Neubesinnung auf die Thora statt. Bisher wurde die schriftliche Thora durch die mündliche ergänzt, die als *Mischna* durch ständiges Wiederholen und Rezitieren im Gedächtnis gespeichert blieb (*Mischna* = wiederholen). Diese orale Tradition umfaßte Erklärungen und Auslegungen der schriftlichen Thora, aber auch Satzungen und Rechtslehren, die nicht in der niedergelegten Version enthalten waren (sogenannte *Halacha*). Die Inhalte der Halacha sind entweder aus der Schrift abgeleitet oder im Zuge rationaler Überlegung und logischer Schlußfolgerung entstanden. Nach der Zerstörung des Tempels haben die Rabbiner die ständig gewachsenen traditionellen mündlichen Überlieferungen inhaltlich geordnet und dann in Sammlungen niedergeschrieben.

Doch auch die schriftlich fixierte Mischna unterlag in den folgenden Jahrhunderten einer unermüdlichen theologischen Diskussion, so daß wieder eine ganze Anzahl an Erläuterungen entstanden. Diese wurden unter der Bezeichnung *Gemara* (Vollendung) zusammengefaßt. Mischna und Gemara bilden zusammen den *Talmud* (Lehre, Belehrung), in dem die Mischna aus den einzelnen Halacha besteht, während die Gemara jede Halacha ausführlich kommentiert; oft werden auch Auslegungen, Gleichnisse, Legenden, Anekdoten oder Sentenzen berühmter Rabbis wiedergegeben, die innerhalb der Gemara unter dem Namen *Haggada* (Erzählung) zusammengefaßt sind.

Dem christlichen wie dem jüdischen Glauben ist die Hoffnung auf eine bessere Zukunft für die Menschen gemeinsam. Juden und Christen glauben auch beide an das Weiterleben nach dem Tode und an einen durch Gott ausgelösten Wandel der Welt durch die Ankunft des Messias. Während nun jedoch für die Christen mit Jesus dieser Erlöser bereits gekommen ist, warten die Juden nach wie vor auf ihren Messias und befinden sich damit in einer ungebrochenen Zukunftshoffnung.

Im Gegensatz zu Christen und Muslimen, die Gebete weitaus individueller ausführen, ist bei den Juden das Gemeinschaftsgebet ausgeprägter und betont den sozialen Gebetsgeist der Religion. Beim Gottesdienst in der Synagoge gibt es keine zwischen Gott und den Menschen vermittelnden Priester, sondern beide finden über das Gebet zueinander (so wie es ja auch im Islam ist). „Der Priester, von dessen Funktion wir so viel in der Bibel lesen, verschwindet aus dem religiösen Leben, an seine Stelle tritt der Rabbiner, der kein Heilsvermittler ist oder Sakramente verwaltet, sondern der über die Lehre Bescheid weiß, sie auszulegen versteht und dem Fragenden Bescheid erteilen kann. Er gibt die Ausrichtung, wie der Jude sein Leben nach der Tradition gestalten soll. Der Dualismus Priester/Laie existiert nicht mehr, die Alternative ist: Gelehrter gegenüber dem Ungelehrten, dem Ungebildeten."

Die älteste und wichtigste liturgische Formel ist das *Sch'ma*-Gebet, das auch nach seinen ersten Worten „Höre, Israel, der Ewige, unser Gott, der Ewige ist einzig" benannt wird und aus den folgenden Pentateuchabschnitten besteht: Deuteronomium 6,4-9; Deuteronomium 11, 13-21; Numeri 15, 37-41. Es beschwört die göttliche Einheit und kündet damit vom Monotheismus, schließt die Liebe zu Gott und der Thora ein und erzählt von den Lohn-und Strafgedanken sowie dem Auszug aus Ägypten. Es wird täglich gebetet. Hauptgebet des Gottesdienstes ist das Achtzehnbittengebet, das auch *Tefillah* (= liturgisches Gebet) oder *Amidah* (= das stehend gesprochene Gebet) ge-

GESCHICHTE UND KULTUR

nannt wird. Am Anfang steht das Glaubensbekenntnis an Gott, dann folgen Bitten zur Wiedererrichtung von Jerusalem, auf das Erscheinen des Messias sowie der Wunsch nach Frieden.

Beim Besuch der heiligen Stätten, wie etwa der Klagemauer, fällt auf, daß Männer und verheiratete Frauen eine Kopfbedeckung tragen (für fremde Besucher liegen immer kleine Kappen aus Karton bereit). Dieser „Verhüllungsritus" symbolisiert, daß der profane Mensch nicht unvorbereitet vor seinen Schöpfer tritt.

Beim Gebet tragen die Männer den *Tallit*, einen weißen Gebetsschal mit schwarzen oder blauen Streifen entlang der Seitenkanten. Orthodoxe Juden schnüren sich zudem die *Tefellin* um, Gebetsriemen, die am linken Oberarm und an der Stirn befestigt werden. In einer Art Medaillon, einer Kapsel, finden sich die auf Pergament geschriebenen Bibelverse

Oben: Beim Gebet tragen Männer den Tallit (Gebetsschal). Rechts: An heiligen Stätten muß der Kopf bedeckt werden.

Deuteronomium 6, 4-9; 11, 13-21; Exodus 13, 1-10 und 13, 11-16). Nach jüdischer Überlieferung erinnern sie den Gläubigen an die Offenbarung Gottes und den Auszug aus Ägypten.

In der Synagoge findet der öffentliche Gemeinschaftsgottesdienst statt. Das griechische Wort stammt aus der Septuaginta (griechische Bibelübersetzung) und bedeutet Versammlungshaus, denn ursprünglich einmal handelte es sich bei der Synagoge um ein Rats-oder Gerichtsgebäude, in dem die Bürger zu öffentlichen Treffen zusammenkamen. Wie auch die Moschee ist die Synagoge keine reine Kultstätte und nicht von vornherein heilig; ein sakraler Ort wird sie erst dadurch, daß die gläubigen Gemeindemitglieder in ihr zusammentreffen und den heiligen Ritus praktizieren.

Eine gute Charakterisierung der Atmosphäre einer Synagoge hat Lionel Blue in seinem Band *Wie kommt ein Jude in den Himmel* gegeben: „Beim Eintritt in die Synagoge empfängt einen der Lärm von Gebet und Geschwätz. Eine Unterhaltung zwischen Nachbarn mischt sich mit dem Gemurmel eines sich wiegenden Beters. Der Rabbi liest still für sich auf der Estrade, zwei Vertreter der Gemeinde besprechen die Einzelheiten des Gottesdienstes. Ständig kommen und gehen Leute. Dort hört man unterdrücktes Gelächter über einen jüdischen Witz. Der Geist der Außenwelt strömt in den heiligen Ort und es scheint überhaupt kein heiliger Ort zu sein. Die Synagoge ist also nicht das Höchste oder das Heiligste, aber sie ist sicherlich der geschäftigste Mittelpunkt des religiösen Lebens, und man nimmt an, daß es kein Leben gibt, das nicht Religion ist. Die Synagoge ist nicht der Tempel jüdischen Lebens, das Allerheiligste, sondern sie ist das religiöse Rathaus."

Die byzantinische Zeit

324 wurde Konstantin Alleinherrscher im Römischen Reich. Er und seine Mut-

GESCHICHTE UND KULTUR

ter Helena ließen sogleich an den bedeutendsten Stätten, an denen Jesus gewirkt hatte, Kirchen erbauen. Kaiser Justinian (527-565) tat es ihnen nach. Langsam begannen Pilger ins heilige Land zu wallfahren und brachten den Bewohnern der Region Wohlstand. 529 zettelten die Samariter eine Rebellion an und zerstörten viele Gotteshäuser. 614 zogen die Perser plündernd und mordend durch Palästina. Der Perserkönig Chosram II. übergab Jerusalem den Juden, die ihre eigenen Kultstätten wieder in Besitz nahmen und die sakralen Stätten der Christen zerstörten.

Die arabische Zeit

Kalif Omar I. (634-644) eroberte innerhalb kürzester Zeit den gesamten Mittleren Osten für den Islam; großes Wehklagen brach deshalb in Palästina nicht aus, denn die Muslime galten als tolerant, akzeptierten Juden und Christen als Anhänger einer „Religion des Buches", garantierten die Eigentumsrechte, verlangten jedoch die *Djiza*, eine Kopfsteuer, für alle diejenigen, die nicht zum Islam konvertierten. 660 begründete Muawiyya die Dynastie der Omaijaden und schickte seine Heere auf weitere Eroberungszüge. Doch 90 Jahre später war die Kraft seiner Familie verbraucht, und die Abbasiden regierten von nun an für die nächsten 500 Jahre von Bagdad aus.

Jerusalem avancierte nach Mekka zur wichtigsten religiösen Stadt der Muslime, denn nach der Koran-Überlieferung trat Mohammed dort von einem Felsen aus auf seinem Roß *Buraq* die Himmelsreise an. Im 7. Jh. entstand an dieser heiligen Stelle der Felsendom, bis heute eins der schönsten islamischen Bauwerke und eine bedeutende Kultstätte.

905 eroberten die schiitischen Fatimiden Ägypten und bedrohten die Vorherrschaft der Abbasiden. Auch die Byzantiner gingen wieder einmal in die Offensive und nahmen Teile Syriens sowie Antiochia ein. Der fatimidische Sultan Hakim war der erste, der sich in Palästina gegen die Christen wandte und Kirchen und Klöster niederbrennen ließ. 1021 fiel

GESCHICHTE UND KULTUR

er einem Attentat zum Opfer. Nach seinen Tod herrschte für ein halbes Jahrhundert wieder einmal eine Periode des Friedens, und Pilgerzüge strömten erneut ins heilige Land. Diese Zeit beendeten die Türken, die nun die neuen Herren in Palästina waren und den Wallfahrerstrom abrupt zum Erliegen brachten.

Exkurs: Der Islam

Drei Grundbegriffe bestimmen das Leben der Muslime: Islam, Religion, Glaube. Islam bedeutete soviel wie „sich Gott hingeben" und gleichzeitig aber auch die „gestiftete Religion". Dies beinhaltet, daß der Gläubige nach den Regeln des Koran (*Qur'an*) lebt sowie sein Glaubensbekenntnis (s. u.) zur Gemeinschaft aller Muslime (der *'Umma*) ablegt und somit die Solidarität aller Mitglieder der Glaubensgemeinschaft genießt (*'Asabiyya*).

Oben: Koran-Suren schmücken den Felsendom. Rechts: Symbolische Waschungen dienen der rituellen Reinheit vor dem Gebet.

Religion, arabisch *Din*, beinhaltet die Vorschrift, die Gebote des Koran zu achten und sie im besten Sinne für die Gemeinschaft aller Gläubigen anzuwenden. Din bedeutet aber auch die Treue zu den Quellen, zum Koran und zur Sunna (s. u.), und zu guter Letzt ist *Din* jener Bereich, in dem der Muslim lebt, es ist sein Alltag, in dem nicht zwischen religiösem und weltlichem Handeln unterschieden wird – kenntlich gemacht an den Worten *Din we Dunya*, Religion und Welt – beides bildet eine Einheit.

Glaube (*Iman*) heißt „sich Gott anvertrauen" und bedeutet damit auch, öffentlich Zeugnis für den Glauben abzulegen.

Neben diesen drei zentralen Grundbegriffen stehen die Fünf Grundpfeiler des Islam, die den religiösen Habitus eines jeden Gläubigen bestimmen. An erster Stelle kommt das Glaubensbekenntnis (*Shahada*), in dem es heißt: „Es gibt keinen Gott außer Allah und Mohammed ist sein Prophet" (*La illa lah wa Muhammad rasul lah*). Über das rituelle Gebet (*Salat*) wendet sich jeder Muslim fünfmal am

Tag an seinen Gott. Durch vorher durchgeführte, symbolische Waschungen sorgt er für einen Zustand ritueller Reinheit und kreiert mittels des Gebetsteppichs einen heiligen Ort. Gebetet wird in Richtung auf die *Qibla*, d. h. gen Mekka; in jeder Moschee wird die Qibla durch eine Nische (*Mihrab*) in der Moscheewand angezeigt. Jeder Gläubige sollte so oft wie möglich das Gebet zusammen mit anderen in der Moschee (*Masdjid*) vornehmen, um damit die Gemeinschaft des Propheten, die *'Ummat an Nabi*, zu stärken. Wird ein Leben lang das Gebet ordentlich praktiziert, so ist der Einzug ins Paradies gesichert.

Mit der Almosengabe (*Zakat*) an die Armen und Bedürftigen reinigen sich die Gläubigen von Sünden und erlangen damit reiche Segnungen im Jenseits.

Im Monat Ramadan muß von Sonnenaufgang bis Sonnenuntergang gefastet (*Siyam*) werden, nur nachts dürfen die Gläubigen essen und trinken. Ausnahmen vom Fasten sind möglich, doch dann muß eine reiche Almosengabe einen Ausgleich schaffen. Jeder Muslim sollte mindestens einmal eine Wallfahrt nach Mekka (*Hadj*) unternehmen; eine solche Pilgerfahrt reinigt von Sünden und stärkt die Solidarität der Gemeinschaft aller Gläubigen.

Über diese fünf Säulen hinaus ist die Teilnahme am heiligen Krieg (*Djihad*) ein weiteres wesentliches Element des Islam; der Begriff *heiliger Krieg* ist dabei eine vom Ethnozentrismus des letzten Jahrhunderts geprägte Übersetzung. Djihad bedeutet, daß ,,sich die ganze Gemeinschaft darum zu bemühen hat, nach der Vorschrift des Koran, die Rechte Gottes und der Menschen auf Erden auszubreiten." Djihad meint damit nicht Krieg, Bedrohung und Ausrottung, sondern Ausstreuung.

Koran, *Sunna* und *Hadith* sind die Quellen des Islam. Der Koran (*Qur'an*) hat seinen Namen von dem Wort *Qara*, lesen, oder auch von *Iqra*, lies!, rezitiere!, bekommen. Die Inhalte des Koran hat Gott Mohammed in dessen Offenbarungen Sure für Sure niedergelegt. Der Koran wird auch kurz, knapp und präzise *Al Kitab*, das Buch genannt, das sich übrigens in 114 Suren gliedert.

Die Sunna, genauer die *Sunnat an Nabi*, die Lebensführung des Propheten, ist die Sammlung aller Hadithe. Ein Hadith gibt Ereignisse, Sentenzen und allgemeine Besonderheiten aus dem Leben Mohammeds wieder und ist somit praktisch ein Korankommentar. Ein Hadith besteht aus zwei Teilen: Erst wird der Name des Berichterstatters genannt, dann folgt die Kette (*Isnad, Silsilla*) derjenigen, die den Vorfall weitergegeben haben; nun erst kommt der Bericht (*Matn*) zur eigentlichen Begebenheit. Alle Gläubigen verehren die Sunna, und sie verstehen sich als die *Ahl al Sunna al Djama'a*, als die Leute der Sunna und der Gemeinschaft.

GESCHICHTE UND KULTUR

Die Zeit der Kreuzzüge

Auf dem Konzil von Clermont hielt am 27. November 1095 Papst Urban eine verhängnisvolle Rede, in der er die Christenheit zum Kreuzzug aufrief – einem Feldzug zur Befreiung der heiligen Stätten Palästinas aus den Händen der ,,ungläubigen" Muslime. Die Kreuzzüge sollten Millionen das Leben kosten und Palästina für fast zwei Jahrhunderte blutige Schlachten bescheren. Ein erster ungeordneter Haufen von etwa 20 000 Männern und auch Frauen zog in religiöser Hysterie schon im Frühjahr 1096 los, drang in türkisches Gebiet ein und wurde vollständig vernichtet. Weitere Kolonnen folgten, die auf ihrem Weg eine Spur der Verwüstung hinterließen, so daß der byzantinische Kaiser sie mit seinen Truppen zurücktreiben mußte.

Oben: ,,Die Eroberung Jerusalems durch Gottfried von Bouillon 1099", Gemälde von K.T. von Piloty, um 1855. Rechts: Kreuzritter (um 1300, Klosterkirche von Mehrerau).

Dann endlich kamen die besser ausgerüsteten Heere unter der Führung von Gottfried von Bouillon, seinem Bruder Balduin, Bohemund von Tarent, dessen Vetter Tankred und Raimund von Toulouse sowie Robert Kurzhose, Sohn von Wilhelm dem Eroberer. An die 90 000 Mann zogen in Richtung Heiliges Land – beseelt vom Kreuzzugsgedanken und der Aussicht auf das Ewige Leben im Paradies sowie materiellen Wohlstand auf Erden. Am 15. Juli des Jahres 1099 fielen sie in Jerusalem ein, plünderten, mordeten und schlugen tot, was ihnen vor die Schwerter kam, Muslime, Juden, Männer, Frauen, Kinder, Alte und Kranke.

,,In allen Straßen und auf allen Plätzen der Stadt waren Berge abgeschlagener Köpfe, Hände und Beine zu sehen. Die Menschen liefen über Leichen und Pferdekadaver. Aber ich habe bis jetzt nur die kleineren Schrecken beschrieben... Beschriebe ich, was ich tatsächlich gesehen habe, würdest du mir nicht glauben..." berichtet der Augenzeuge Raimund von Aguilers vom Fall Jerusalems.

Ein Jahr später starb Gottfried von Bouillon, und sein Bruder Balduin ließ sich am Weihnachtstag des Jahres 1100 in der Geburtskirche zu Bethlehem als König von Jerusalem krönen.

Die Nachricht von dem glänzenden Sieg des ersten Kreuzzugs war schnell in die Heimat gedrungen. Begeistert vom Heldenmut und angespornt von der Aussicht auf märchenhafte Reichtümer, zogen drei weitere Kreuzzugshorden los, die jedoch bereits im Gebiet der heutigen Türkei vollständig vernichtet wurden. Mit Hilfe einer beachtlichen genuesischen Flotte gelang es Balduin, die Küstenstädte Arsuf, Caesarea – bis auf einige Kinder wurde die gesamte Bevölkerung von den christlichen Rittern niedergemetzelt –, Akko, Sidon und Beirut einzunehmen. Akko avancierte in der Folgezeit zum wichtigsten Hafen der Kreuzfahrer, sowohl in militärischer als auch in ökonomischer Hinsicht.

1118 starb Balduin, und zu seinem Nachfolger wurde sein Verwandter Balduin II. von Le Bourg bestimmt. In seine Herrschaftszeit fällt die Gründung der ersten Ritterorden. Aus einem Krankenhaus zur Betreuung armer Pilger entstanden die Hospitaliter, und auf dem Tempelberg von Jerusalem saßen in der ehemaligen Aqsa-Moschee die nach ihrem Standort bezeichneten Tempelritter. Diese beiden Orden sollten die Pilgerwege sichern. Die Muslime intensivierten die Kämpfe gegen die Eindringlinge, und es gelang ihnen, Balduin gefangenzunehmen. Gegen Zahlung des gigantischen Lösegelds von 80 000 Dinar rückten sie ihn schließlich wieder heraus. 1131 starb Balduin II., und sein Schwiegersohn, Graf Fulko von Anjou, avancierte zum König von Jerusalem.

1144 eroberten die Sarazenen Stadt und Grafschaft von Edessa, und ein Hilferuf von Königin Melisende, der Witwe des ein Jahr zuvor verstorbenen Fulko und Regentin für den noch minderjährigen Balduin III., erreichte den Papst. Es war Bernhard von Clairvaux, der Begründer der Zisterzienser, der in seinen Predigten donnernd für einen zweiten Kreuzzug eintrat und große Begeisterung dafür im Volk entfachen konnte.

König Ludwig VII. von Frankreich und der deutsche König Konrad III. brachen 1147 mit ihrem jeweiligen Heer auf und zogen auf getrennten Wegen ins heilige Land. In Kleinasien teilte sich das deutsche Hauptheer. Bischof Otto von Freising führte einen Teil der Truppen und die Pilger nach Jerusalem. Konrad stellte sich mit dem größeren Teil des Heeres bei Dorylaeum den Muslimen, die die Kreuzfahrer völlig besiegten. Konrad zog sich nach Konstantinopel zurück, die Reste seiner Truppe schlossen sich dem Heer König Ludwigs an. Im Frühjahr 1148 trafen sich Ludwig und Konrad in Jerusalem. Von hier aus unternahmen sie erfolglose Feldzüge nach Damaskus und Akko.

Nach dem Mißerfolg des zweiten Kreuzzugs erstarkten die muslimischen Staaten im Nahen Osten unter großen

GESCHICHTE UND KULTUR

Führern. Nur ad Din gewann 1169 die Kontrolle über Ägypten und betraute seinen General Saladin mit der Verwaltung des Landes. 1187 überquerte Saladin, inzwischen Sultan von Ägypten, mit etwa 30 000 Mann den Jordan. Guido von Lusignang, der König von Jerusalem, befehligte die über 20 000 Soldaten des christlichen Heeres.

Bei den Hügeln, die unter dem Namen Hörner von Hittim bekannt sind, einige Kilometer westlich von Tiberias, entschied sich das weitere Geschick der Kreuzfahrer. Saladin schlug das christliche Heer vernichtend. In den folgenden Monaten eroberte Saladin alle weiteren von den Kreuzfahrern gehaltenen Burgen und Städte, am 2. Oktober 1187 konnte er siegreich in Jerusalem einziehen.

Seine grandiosen Eroberungen aktivierten erneut den Kreuzzugsgedanken in Europa. Richard Löwenherz von England, Philipp Augustus von Frankreich und Friedrich Barbarossa machten sich mit ihren Heeren auf, die heiligen Stätten der Christen zurückzuerobern. Eine Katastrophe für die Kreuzfahrer wurde der 10. Juli 1190, als der 70jährige Friedrich Barbarossa bei der Überquerung des Flusses Saleph ertrank. Sein riesiges Heer löste sich auf. Richard und Philipp Augustus dagegen stießen mit ihren Armeen weiter auf das heilige Land vor; als erste Stadt eroberten sie Akko, wo sie – ganz in der Tradition des ersten Kreuzzuges – nach der Eroberung an die 3000 Muslime, Männer, Frauen und Kinder niedermetzeln ließen. Richard zog dann weiter nach Süden und brachte Saladin bei Arsuf eine vernichtende Niederlage bei. Danach ließ er die Hafenstadt Jaffa befestigen und plante eigentlich von dort aus die Rückeroberung Jerusalems. Doch dazu kam es nicht, da Richard Löwenherz die realen militärischen Gegebenheiten nie aus den Augen verlor und nicht bereit war, sein Heer aufs Spiel zu setzen.

Als Saladin einen Friedensvertrag anbot und ungehinderten Zugang zu den heiligen Stätten garantierte, schlug Richard 1192 ein und machte sich auf den Heimweg. Ein Jahr später starb Saladin.

In den folgenden hundert Jahren fanden noch vier Kreuzzüge statt. Kaiser Friedrich II. konnte Jerusalem, Bethlehem und Nazareth 1229 auf diplomatischem Weg noch einmal zurückgewinnen. Doch das Königreich Jerusalem wurde 1244 endgültig von den Muslimen erobert, die letzten Christen verließen Palästina im Jahr 1271, lediglich Akko wurde bis 1291 gehalten.

Die türkische Herrschaft

Palästina gehörte nach den Kreuzzügen zum Reich der in Kairo residierenden Mamelucken und spielte keine Rolle. 1516 siegte der osmanische Sultan Selim bei Aleppo über das ägyptische Mameluckenheer, ein Jahr später zog er in Jeru-

Oben: Suleyman II., der Prächtige (Kunsthistorisches Museum, Wien). Rechts: Theodor Herzl, Porträtaufnahme um 1900.

GESCHICHTE UND KULTUR

salem ein, und wenige Monate danach auch in Kairo. Damit begann die vierhundertjährige türkisch-osmanische Herrschaft im Mittleren Osten. Selims Sohn, Suleyman der Prächtige, ließ in seinen Metropolen prachtvolle Moscheen, Koranschulen, Paläste, öffentliche Brunnen und vieles mehr errichten. 1799 kam Napoleon und versuchte, von Ägypten aus nach Asien einzufallen; Ahmad al Jezzar, genannt der Schlächter, stellte sich ihm mit Unterstützung der Briten bei Akko entgegen und verhinderte den ehrgeizigen Versuch des Franzosen.

1874 gründeten Juden aus Jerusalem den *Palestine Exploration Fund*, vier Jahre später riefen sie eine erste landwirtschaftliche Siedlung ins Leben. Ab 1882 strömte eine erste Welle von Einwanderern aus Osteuropa nach Palästina, und vier Jahre später erschien Theodor Herzls Buch *Der Judenstaat*, in dem er zur Bildung einer jüdischen Nation in Palästina aufrief. Damit wurde er zum Begründer des Zionismus.

1901 kam auf Initiative von Chaim Weizmann der *Jüdische Nationalfond* zustande, der finanzielle Hilfe bei dem Erwerb von Land und Grundbesitz leisten sollte. Zwischen 1904 und dem Vorabend des Ersten Weltkriegs schwappte eine zweite große Einwanderungswelle ins Land, viele neue jüdische Siedlungen entstanden und die ersten Kibbuz - sozialistisch organisierte landwirtschaftliche Betriebe - wurden gegründet. Die arabischen Palästinenser begannen langsam mißtrauisch zu werden, sahen die unermüdlichen Landkäufe der Juden mit Unbehagen und fürchteten vor allem die zionistische Propaganda zur Gründung eines jüdischen Staats in Palästina. 1908 kam es zu ersten gewalttätigen Übergriffen der Araber auf jüdische Dörfer.

Während des Ersten Weltkriegs kämpften viele Juden in der Britischen Armee und hatten großen Anteil daran, daß die Türken aus Palästina herausgedrängt werden konnten. Parallel zu dem militärischen Engagement der jüdischen Kolonie im heiligen Land versuchten führende zionistische Politiker auf diplomatischen Kanälen die Zukunft in der Region zu bestimmen. Ein erster großer Erfolg gelang ihnen im Juni 1917, als das französische Außenministerium in einer offiziellen Note mitteilte, daß unter dem Schutz der alliierten Mächte eine Staatsgründung in Palästina von französischer Seite aus mit Wohlwollen betrachtet würde. Da konnten die Briten, die gerade dabei waren, Palästina unter ihre Kontrolle zu bringen, natürlich nicht abseits stehen, und am 2. November 1917 kam es zur berühmten Balfour-Deklaration. Der britische Außenminister Lord Balfour erklärte, seine Regierung unterstütze die Bildung eines jüdischen Staats in Palästina. Dies war der zweite große politische Sieg der Zionisten.

Das Britische Mandat

Im April 1920 bekamen die Briten vom Völkerbund in der Friedenskonfe-

GESCHICHTE UND KULTUR

renz von San Remo das Mandat über Palästina, und eine dritte große Einwanderungswelle erreichte das Land. Den Arabern war die Situation nicht mehr geheuer, und der Großmufti von Jerusalem rief zum heiligen Krieg auf. Weitere schwere Unruhen waren die Folge, in deren Verlauf die Juden ihre militärische Organisation *Haganah* (Selbstschutz) gründeten. Der britische Kolonialminister Winston Churchill, der für einen jüdischen Staat eintrat, konnte sich mit seiner Meinung im Kabinett des Premierministers Lloyd George jedoch nicht durchsetzen, da die englische Regierung die Araber als wichtige Verbündete ansah und sie nicht durch Zugeständnisse an die Juden verprellen wollte.

Die Inhalte der Balfour-Deklaration verschoben die Briten in eine ferne und ungewisse Zukunft, sprachen den zionistischen Organisationen jegliches Mitspracherecht ab, schränkten die Einwanderungsquoten ein und erklärten, daß sie nicht die Absicht hatten, ,,Palästina so jüdisch, wie England englisch ist'', zu machen. Der Traum vom eigenen Staat war wieder in weite Ferne gerückt.

Die Briten behinderten nun die jüdischen Aktivitäten von Jahr zu Jahr stärker; für zionistische Siedlungsprojekte stellten sie kein Land mehr zur Verfügung, übereigneten den Arabern hingegen große Flächen an Grundbesitz. Trotz all dieser Schwierigkeiten resignierten die Juden nicht, bauten in den 20er Jahren ihre Selbstverwaltung weiter aus und stellten ein funktionierendes Bildungs- und Sozialwesen auf die Beine. Im gleichen Zeitraum aber erstarkte auch das arabische Nationalbewußtsein, und die Gräben zwischen Juden und Arabern vertieften sich mehr und mehr. Der Mufti von Jerusalem, Amin al Hussein, hetzte weiter unermüdlich mit Propagandaschriften und öffentlichen Auftritten gegen die Juden, gewalttätige Auseinandersetzungen zwischen beiden Bevölkerungsgruppen häuften sich, und die Briten drehten als Mandatsmacht gegenüber den Juden zunehmend stärker an der Schraube der Repression.

Nach der Machtübernahme der Nazis 1933 strömten innerhalb weniger Monate über 60000 weitere Migranten nach Palästina, und die britische Armee mußte einen arabischen Aufstand niederschlagen. Um die Unruhen nicht zu verschärfen, verhängte die Mandatsmacht am Vorabend des Zweiten Weltkriegs einen Einwanderungsstopp für Juden – und das, obwohl den Briten die systematische Rassenverfolgung der Nazis und die Internierung in Konzentrationslagern bekannt war.

Die politisch linke *Haganah* und die rechtsstehende militärische Organisation *Irgun* des späteren Ministerpräsidenten Menachem Begin sorgten für die heimliche Immigration und leisteten zunehmend militärischen Widerstand sowohl gegen die Mandatstruppen als auch gegen die Araber. Von den Briten abgefangene Einwanderer wurden entweder zurückgeschickt oder auf Zypern interniert.

In dem von Nazis besetzten Europa ermordeten die braunen Machthaber in den Gaskammern der Konzentrationslager sechs Millionen Juden. Der Holocaust vernichtete vollständig das europäische Judentum, die größte jüdische Bevölkerungskonzentration der Welt. Eine kleine Zahl nur entging dem Verhängnis, weil sowohl das Volk als auch die Regierungen ihrer Länder sich dem faschistischen Druck nicht beugten. Finnland lieferte seine Juden nicht aus, in Dänemark gelang es der Untergrundbewegung, fast 60000 jüdische Mitbürger ins neutrale Schweden zu schmuggeln. Zwar wurden auch in Italien antijüdische Gesetze erlassen, doch Regierung wie Armeeführung weigerten sich trotz des deutschen Drucks, sie auch anzuwenden. In Bulgarien konnten dank der festen

Rechts: Israelis warten am Hafen von Haifa auf die Ankunft von Einwanderern, 1949.

GESCHICHTE UND KULTUR

Haltung von Bevölkerung und Regierung über 50000 Juden gerettet werden. Durch mutiges und beherztes Auftreten einzelner Deutscher, Holländer, Franzosen oder Polen überlebten weitere Juden den Nazi-Faschismus. Am bekanntesten ist seit Steven Spielbergs Film „Schindlers Liste" der deutsche Fabrikant Oskar Schindler.

Im Verlauf des Krieges verschärfte sich die antibritische Spannung in Palästina zunehmend, und im Januar 1944 propagierte die *Irgun* einen „Aufstand gegen den britischen Eroberer". Die Mitglieder dieser Geheimorganisation führten Sabotageakte gegen britische Einrichtungen durch, und die *Lechi*, eine Irgun-Absplitterung, ging gar zu individuellem Terror über und ermordete britische Polizisten und Mandatssoldaten. Im Juni 1946 gelang es der *Irgun*, die britische Mandatsverwaltung im King David Hotel in die Luft zu sprengen. Fast 100 Personen kamen ums Leben.

Am 14. Februar 1947 erklärten die Briten, daß sie sich nicht mehr in der Lage sahen, die Interessen der Araber und Juden in Palästina unter einen Hut zu bringen und legten das Problem den Vereinten Nationen vor. Neun Monate später, am 29. November 1947, billigte die UN-Vollversammlung mit 33 zu 13 Stimmen die Teilung des Landes in einen arabischen und einen jüdischen Staat.

Bis heute hält sich der Mythos, daß die arabischen Palästinenser geschlossen gegen den Teilungsplan waren, und dem Aufruf des Mufti von Jerusalem folgten, dem jüdischen Staat den totalen Krieg zu erklären. Dies hat dann die Juden gezwungen, militärisch gegen die Araber vorzugehen. Israelische Historiker haben nach Öffnung der Archive in den 80er Jahren festgestellt, daß das nicht der ganzen Wahrheit entsprach. Die große Mehrheit der Araber folgte dem Mufti von Jerusalem nicht, wenngleich sie einhellig den Teilungsplan ablehnten. Zwischen dem UN-Beschluß vom November 1947 und der Unabhängigkeitserklärung im Mai 1948 bemühte sich eine ganze Reihe von palästinensischen Führern und Grup-

GESCHICHTE UND KULTUR

pierungen um Gespräche mit jüdischen Politikern, um einen Modus Vivendi zu finden. Erst der unbeugsame Widerstand Ben Gurions gegen die Schaffung eines palästinensischen Staats radikalisierte die arabischen Massen.

Der Staat Israel

Am 14. Mai 1948 proklamierte David Ben Gurion in Tel Aviv den Staat Israel, Stunden später rollten die Panzer von fünf arabischen Armeen – Ägypten, Transjordanien, Syrien, Irak und Libanon – auf die junge Nation zu, und der Unabhängigkeitskrieg begann. Nach offizieller israelischer Geschichtsschreibung machte der arabische Einmarsch den Krieg von 1948 unausweichlich. Richtig ist

Oben: David Ben-Gurion, erster Ministerpräsident des Staates Israel, um 1950. Rechts: Feuergefecht zwischen der arabischen Befreiungsarmee und der israelischen Untergrundorganisation Irgun, April 1948.

zwar, daß sich die arabischen Politiker in martialischer Rhetorik übten, keines der fünf Länder jedoch wirklich auf einen Krieg erpicht war. Die Araber stimmten vielmehr in letzter Minute einem amerikanischen Schlichtungsplan zu, der einen Waffenstillstand vorsah, für den Fall, daß die Israelis ihre Unabhängigkeitserklärung hinausschöben. Ben Gurion war entschieden gegen den Plan. So wurden die Araber ein Opfer ihrer eigenen Rhetorik und zogen unentschlossen, schlecht ausgerüstet und miserabel ausgebildet in den Krieg. Ein weiterer Mythos entstand, wonach das winzige, gerade aus der Taufe gehobene Israel wie einst David vor Goliath stand und Gefahr lief, von einer übermächtigen Kriegmaschinerie vernichtet zu werden. Selbst Ben Gurion hat jedoch zugegeben, daß dies lediglich in den ersten vier Wochen der Fall war. Danach kamen derartig umfangreiche Waffenlieferungen ins Land, daß die israelische Armee, Luftwaffe und Marine eine eindeutige Überlegenheit hatten und eine Reihe von Gebieten eroberten, die bis heute israelisches Territorium sind.

Die arabischen Palästinenser in Israel flüchteten zu Tausenden in die Nachbarländern und die israelische Armee tat alles, um diesen Massenexodus so lange wie möglich aufrechtzuerhalten. Rund 80% hatten nach Beendigung der Kampfhandlungen Anfang 1949 das Land verlassen.

In den folgenden Jahren verdoppelte sich die Bevölkerungszahl in Israel; vor allem aus den arabischen Ländern und der Sowjetunion wurden im Zuge von Aktionen wie etwa „Operation Zauberteppich" rund 850 000 Juden ins gelobte Land gebracht. Diese Masseneinwanderungen stellten das kleine Israel vor große gesellschaftliche und wirtschaftliche Probleme. Zudem blieb die militärische Lage weiter unsicher, und aus allen arabischen Nachbarstaaten sickerten *Fedajin* genannte Marodeure ins Land. Zwischen dem Ende des Unabhängig-

GESCHICHTE UND KULTUR

keitskrieges und dem Sinai-Feldzug von 1956 wurden rund 1300 Israelis Opfer solcher Terrorangriffe. Die Armee antwortete jedes Mal mit umfangreichen Vergeltungsschlägen.

1956 verstaatlichte der ägyptische Präsident Nasser den Suez-Kanal. England und Frankreich drängten Israel zum Krieg mit Ägypten und schickten selbst ein Expeditionskorps in die Kanalzone. Auf Druck der USA mußten England und Frankreich ihre Großmachtgelüste jedoch zurücknehmen, und die Israelis durften sich den mittlerweile eroberten Sinai nicht einverleiben.

In der Region war die Situation nun festgefahren wie nie zuvor, und die Fronten waren verhärtet. Die arabischen Staaten wurden von der Sowjetunion unterstützt, Israel fand seine politischen Freunde in Westeuropa und den USA. Der Mittlere Osten avancierte zur Tiefkühlkammer des Kalten Krieges. Grenzscharmützel und Terrorangriffe gehörten auch für die nächsten Jahre zu den alltäglichen Gefährdungen im Land.

Ende der 50er Jahre suchten die Bundesrepublik Deutschland und Israel nach engeren Kontakten, 1960 trafen sich Ben Gurion und Konrad Adenauer in Washington, und die Aussöhnung zwischen Deutschen und Israelis begann. Die Bundesrepublik unterstützte fortan die wirtschaftliche Entwicklung in Israel.

1964 wurde von palästinensischen Flüchtlingen die PLO (Palestine Liberation Organisation) gegründet und begann damit, die Weltöffentlichkeit auf das noch immer ungelöste Flüchtlingsproblem der Palästinenser hinzuweisen. Israel war nach wie vor nicht bereit, die Palästinenser in ihre alte Heimat zurückzulassen, und die arabischen Staaten – sieht man einmal von Jordanien ab – sahen sich nicht in der Lage, die Flüchtlinge in ihr Gesellschaftssystem zu integrieren. Die weiterhin von arabischen Politikern wiederholte Parole, die Israelis ins Meer zu treiben, nährte das Holoaust-Trauma der Juden und sorgte für dauerhafte Spannungen.

Im Sommer 1967 führte Israel einen Präventivkrieg gegen seine arabischen Nachbarn und besetzte im Sechs-Tage-Krieg die syrischen Golan-Höhen, das jordanische Westjordanland, die ägyptische Sinai-Halbinsel mit dem Gaza-Streifen und Ost-Jerusalem. Auf dem Sinai tobte eine ungeheure Panzerschlacht; wesentlichen Anteil an dem vollständigen Sieg der Israelis über die arabischen Nachbarn hatte Verteidigungsminister Moshe Dayan, der als Oberbefehlshaber die Truppen führte.

In den folgenden Jahren operierten weiterhin palästinensische Freischärler vom Libanon und von Jordanien aus, führten Terrorangriffe aus oder entführtem Passagierflugzeuge. Bei Vergeltungsaktionen der Israelis wurde auch ägyptisches Territorium bombardiert. Die ägyptische Regierung machte daraufhin Angebote für Friedensverhandlungen, die jedoch von Israel abgelehnt wurden. So überschritten im Oktober

45

GESCHICHTE UND KULTUR

1973 ägyptische Truppen den Suez-Kanal, stießen auf die Sinai-Halbinsel vor und fügten den israelischen Streitkräften schwere Verluste zu. Als die ägyptische Armee von den Israelis eingeschlossen wurde und wiederum vor einer Niederlage stand, sorgten die USA und die UdSSR drei Wochen nach Beginn der Kampfhandlungen für einen Waffenstillstand dieses sogenannten Yom Kippur-Krieges. Diplomatische Verhandlungen zwischen dem ägyptischen Präsidenten Anwar as Sadat, dem amerikanischen Vermittler Henry Kissinger und der israelischen Premierministerin Golda Meir führten dazu, daß die Ägypter als militärische Sieger aus dem Krieg hervorgingen und somit ihr Gesicht gewahrt hatten. Sadat öffnete sein Land nun dem Westen, und nach vorsichtigen Annäherungen schlossen schließlich Sadat und Menachem Begin 1979 in Washington einen Friedensvertrag (das Camp David-Abkommen).

1982 intervenierten isarelische Truppen im Südlibanon, um dort eine Pufferzone einzurichten und damit Terrorübergriffe aus der Region weitgehend unmöglich zu machen.

1987 kam es in den von Israel besetzten Gebieten zur Intifada, zum Aufstand der Massen gegen die Besatzer; trotz brutalen Vorgehens gegen die palästinensische Zivilbevölkerung gelang es der israelischen Armee bis heute nicht, den Freiheitskampf zu unterdrücken.

Mit Beginn der 90er Jahre kam es zu geheimen Treffen zwischen Yassir Arafat und israelischen Unterhändlern, und am 13. September 1993 traten anläßlich der Unterzeichnung eines Autonomievertrags der israelische Ministerpräsident Yitzhak Rabin und Yassir Arafat zusammen mit dem amerikanischen Präsidenten Bill Clinton vor die Mikrophone und Kameras und Arafat, Rabin und Peres schüttelten sich die Hände. – Eine Tat, die mit dem Friedensnobelpreis honoriert wurde. Ein Jahr später zogen sich die Israelis nach 17 Jahren Besatzung aus dem Gaza-Streifen und der Region rund um Jericho zurück und legten die Verwaltung in die Hände der Palästinenser.

Am 26. Oktober 1994 unterzeichneten Israel und Jordanien einen Friedensvertrag. Es besteht die begründete Hoffnung, daß bald auch mit Syrien offiziell Frieden geschlossen werden kann.

Ruhe ist noch nicht eingekehrt; radikale Palästinenser haben mit Bombenanschlägen Menschen verletzt und getötet. Ungeachtet der Rückschläge finden die Friedens-und Autonomiegespräche weiter statt. Am 28.9.1995 wurde ein zweites Autonomie-Abkommen in Washington unterzeichnet. Auch die Ermordung Yitzhak Rabins am 4.11.1995 durch einen rechtsradikalen jüdischen Studenten wird den Friedensprozeß nicht stoppen.

*Oben: Intifada – der Freiheitskampf steinewerfender palästinensischer Jugendlicher.
Rechts: Simon Peres und Yassir Arafat schließen den Autonomievertrag im September 1993.*

Israel heute

Fünf Millionen Einwohner zählt Israel heute, doch nur die Hälfte aller Israelis ist auch im Lande geboren – dies sind die *Sabres*, so benannt nach einer Frucht, die außen stachelig, innen aber zart weich und süß ist. Die andere Hälfte der Bewohner besteht aus Einwanderern, die teilweise erst vor wenigen Jahren ins ,,gelobte Land" gekommen sind. Durch den Zerfall der ehemaligen Sowjetunion emigrierten 500 000 russische Juden allein zwischen 1989 und 1992 nach Israel; zur gleichen Zeit strömten fast 30 000 Äthiopier in ihre neue Heimat, und die Bevölkerung stieg innerhalb dieser wenigen Jahre um über 10 % an.

Zu Anfang dieses Jahrhunderts wanderten vor allem gutausgebildete europäische Juden, die *Ashkenasim*, nach Palästina ein und avancierten dort in den Kibbuzzim zu Vorreitern und Initiatoren eines jüdischen Staatswesens. Zusammen mit ihren Nachkommen werden sie heute als die *Pflanzeraristokratie* bezeichnet.

Nach der Staatsgründung kamen in den 50er und 60er Jahren fast ausschließlich *Sephardim* ins Land. Diese orientalischen Juden wurden in den fast unbewohnten Gebieten des nördlichen Galiläa oder des Negev angesiedelt, und der Regierung ging es vor allem darum, die neuen Staatsbürger möglichst schnell in die israelische Gesellschaft zu integrieren. Doch das war so einfach nicht! Aus annähernd einhundert Ländern kamen Juden nach Israel, aus unterschiedlichen Kulturen. Ihr einziges gemeinsames Band bestand in der Religion.

So ist das kleine Israel heute ein Schmelztiegel der Nationen, und trotz aller identitätsbildenden Maßnahmen für die Einheit der Gesellschaft gab und gibt es noch immer genügend Spannungen zwischen den einzelnen Bevölkerungsschichten. Während die Ashkenasim, mittlerweile nicht mehr in der Mehrheit, wie eh und je die politischen, wirtschaftlichen und militärischen Schlüsselpositionen besetzt halten und durchweg als wohlhabend angesehen werden müssen, leben die Sephardim

GESCHICHTE UND KULTUR

in weitaus bescheideneren und ärmlicheren Verhältnissen und sind nur selten in leitenden Positionen zu finden. Erfreulicherweise ist man sich im Land über diese Zweiklassengesellschaft im Klaren und arbeitet dagegen an. Durch ein einheitliches Schulsystem, zunehmende ethnische Vermischung, durch die allgemeine Wehrpflicht und die starke Betonung des Leistungsprinzips werden bevölkerungsspezifische Eigenschaften zunehmend angeglichen und sozial nivelliert.

Spannungen bestehen auch zwischen weltlichen und religiösen Juden. Letztere, zu denen viele Einwanderer aus den Vereinigten Staaten zählen, sammeln sich in stetig wachsenden Gruppierungen und erarbeiten sich zunehmend Einfluß in politischen und gesellschaftlichen Schlüsselbereichen. Sie versuchen, die Vorstellungen der Menschen zu prägen und Einfluß auf die nationale Identität des Staates Israel zu nehmen. Der Druck der orthodoxen Juden auf gesellschaftliche Bereiche aller Art wird zunehmend stärker, und noch nie standen Fragen der Religiosität derart in der öffentlichen Diskussion wie derzeit in Israel. So fordern die strenggläubigen Juden beispielsweise die strikte Anwendung der *Halacha*, der religiösen Gesetzgebung des Talmud.

Seit seiner Gründung hat der Staat Israel den Religiösen drei Bereiche zugestanden: Die Einhaltung des Sabbat, die Befolgung der rituellen Speisegesetze und die Achtung der biblischen Reinheitsgebote für die Ehe. Zunehmend legen die Orthodoxen die Gebote nun enger und enger aus. So verweigerte ein Rabbi einem jungen Paar in Tel Aviv die Eheschließung, weil die Feier in einem Restaurant stattfand, das nicht nur koscheres Essen auf der Speisekarte hatte. Per Gesetzentwurf wollen die Ultras ein Einfuhrverbot von nicht rituell geschlachtetem Fleisch erreichen. Ein einflußreicher jüdischer Gelehrter erließ die Anordnung, daß ein strenggläubiger Jude keine christliche Kirche betreten dürfe –

Oben: Äthiopische Einwanderer haben Arbeit auf dem Bau gefunden.

GESCHICHTE UND KULTUR

auch nicht, um darin Schutz vor Regen zu suchen. „Wir werden den Swimming Pool zur *Mikwe* machen", sprühten fundamentalistische Eiferer an die Wand eines öffentlichen Schwimmbades, das sie in ein religiöses Bad verwandeln wollen.

Das Magazin *Jerusalem Report* stellte vor einiger Zeit fest, „daß die Ultraorthodoxen langsam aber unerbittlich ihren Griff auf die Hauptstadt verstärken", und der weithin bekannte liberale Historiker Tom Segev klagte öffentlich, „daß es einen deutlichen Umschwung im politischen Klima geb, und daß das Land immer weniger israelisch und dafür immer mehr jüdisch geworden sei".

Die im Parlament sitzende religiöse Schas-Partei möchte auch die Rechtsprechung auf ultra-orthodoxen Kurs zwingen; „die Gerichte müssen erkennen, daß Israel nicht irgendeine Demokratie, sondern eine jüdische Demokratie ist", erklärte einer ihrer Vertreter in der Knesset.

Seit Gründung des Staates Israel gibt es starke wirtschaftliche Probleme, und ohne den stetigen amerikanischen Geldfluß sähe es schlecht im Lande aus. Zwei Drittel des Staatshaushaltes gibt die Regierung allein für Schuldentilgungen und die Armee aus, so daß nur das letzte Drittel in gesellschaftliche Entwicklungen fließen kann. Weltweit haben die israelischen Bürger eine der höchsten Steuerlasten zu tragen. Die weitverbreitete Arbeitslosigkeit (11,2 %) und eine seit Jahren hohe Inflation (9,6 %) hat die Wirtschaftspolitik bislang nicht in den Griff bekommen. Die Landwirtschaft trägt nur zu 2,4 %, die Industrie nur zu 32 % am Bruttoinlandsprodukt bei; hoch ist hier der Anteil des Dienstleistungssektors mit 56,8 %. Besonderes Gewicht wird auf Hochtechnologieproduktion gelegt und seit Jahren investiert die Regierung in diesem Bereich viele Forschungsgelder. So haben die israelischen Ingenieure und Techniker Fortschritte in der medizinischen Elektronik, natürlich im Bereich militärspezifischer Produktion, in der Telekommunikation und in der Solarenergie gemacht. Größter Devisenbringer ist der Tourismus; jährlich kommen rund 1,6 Mio. Besucher aus aller Welt nach Israel und lassen 2 Mrd. US$ im Land.

Während des Unabhängigkeitskrieges 1948 hat die Armee viele Araber aus ihren Dörfern und Städten vertrieben, viele flüchteten auch vor den Kampfhandlungen oder gingen freiwillig in die Nachbarländer. Rund 150 000 Araber aber blieben in Israel und wurden Staaatsbürger des neuen Landes. Heute leben rund 1 Mio. israelische Araber in Israel, davon sind 80 % Muslime, der Rest Christen und Drusen. Sie haben die gleichen Rechte wie ihre jüdischen Mitbürger, obwohl sie nicht der allgemeinen Wehrpflicht unterliegen. Damit soll verhindert werden, daß die arabischen Bürger in einem Krieg auf ihre Glaubensbrüder schießen müßten. Freiwillig allerdings können sie in die Armee eintreten. Da die israelischen Streitkräfte eine ungeheuer hohe identitätsbildende Aufgabe übernehmen und ein starkes Nationalbewußtsein erzeugen, gehen diese für die Gemeinschaft so wichtigen Maßnahmen an den jungen Arabern vorbei. Ganz praktisch haben sie dadurch auch Probleme bei der Arbeitsplatzsuche, denn wer bei der Armee war, wird nicht nur von staatlichen Stellen bevorzugt.

Selbstverständlich besitzen die israelischen Araber israelische Pässe und Personalausweise, doch dadurch, daß der Staat in den Legitimationspapieren die Religion feststellt, sind sie als Muslime Bürger zweiter Klasse. Und so leben die Araber abseits von den Juden in ihren eigenen Siedlungen; hohe Bevölkerungsanteile haben die Städte Yafo, Haifa, Akko, Nazareth, Jerusalem und Ramla. An israelischen Universitäten werden jedoch keine ethnischen und religiösen Zugehörigkeiten registriert, und so studieren rund 5000 arabische Studenten an den Akademien des Landes. Aber erst 1989 bekam der erste israelische Araber an einer Universität eine Festanstellung als Dozent.

49

Israel hat sechs Universitäten; dazu zählen die Hebräische Universität in Jerusalem, die Universitäten Tel Aviv und Haifa, die national-religiöse Hochschule von Bar-Ilan bei Tel Aviv, die Ben Gurion-Universität von Be'er Sheva und das israelische Institut für Technologie (Technikon) in Haifa. Mit hinzurechnen könnte man noch das Weizmann Institut, an dem bereits graduierte Naturwissenschaftler lernen, lehren und forschen. Größte Reputation im Lande hat laut einer Umfrage die Ben Gurion-Universität in Be'er Sheva.

Ganz allgemein genießen die Hochschulen hohes Ansehen in der Bevölkerung. Nur die Streitkräfte konnten bei einer Umfrage eine noch höherere Akzeptanzrate verbuchen. Wie nicht anders zu erwarten, gehören überproportional viele Akademiker zu den Gründern von Bürger-und Friedensinitiativen, und je höher der Bildungsstand ist, um so eher sind die Israelis zu Gebietsabtretungen und zum friedlichen Dialog mit den Palästinensern bereit.

Zum Alltagsbild Israels gehören die jungen Wehrpflichtigen; an Straßenkreuzungen und Haltestellen stehen sie manchmal in Pulks und warten auf den Bus oder versuchen, von einem Auto mitgenommen zu werden. Im Café, im Restaurant, im Kaufhaus, in der Fußgängerzone, vor den Sehenswürdigkeiten, überall sieht man junge Soldaten und Soldatinnen in Uniform – und alle haben sie ihre Waffe mit zwei geladenen Ersatzmagazinen dabei. Es ist ein gewöhnungsbedürftiges Bild, wenn eine hübsche junge Frau im grünen Uniformrock über die Straße eilt, links die Handtasche von der Schulter baumeln läßt und rechts die Uzi.

Drei Jahre dauert die Wehrpflicht für die jungen Männer, zwei Jahre für die Frauen. In der Luftwaffe und der Marine kommt noch ein weiteres Jahr hinzu. Auch nach der Ableistung müssen die Männer bis zum 50. Lebensjahr alljährlich an 35 Tagen zu Reserveübungen wieder die Uniform anziehen; den Frauen bleibt dies erspart.

Trotz der langen Zeitdauer dienen die Israelis gerne in der Armee, und die Bewerbungen zur Pilotenausbildung oder in eine Eliteeinheit sind so hoch, daß nicht alle Aspiranten aufgenommen werden können. Aufgrund der Präsenz im Straßenbild könnte der uninformierte Besucher glauben, daß die Israelis zum Militarismus neigen; da aber viele Familien in den vier Kriegen der vergangengen Jahrzehnte Tote und Versehrte zu beklagen hatten, ist dies eine falsche Ansicht.

Israelische Literatur

Als im Jahr 1881 Eliezer Ben Yehuda mit seiner Familie nach Palästina kam, da beschlossen sie, nur noch Hebräisch zu sprechen. Eliezer ist es zu verdanken, daß aus einer der ältesten Sprachen der Welt ein modernes Idiom mit neuen Ausdrükken und Wörtern wurde, das der heutigen High Tech-Ära durchaus angepaßt ist. Ihm zur Seite stand ab 1889 dann der Rat für die Hebräische Sprache und sorgte mit dafür, daß Hebräisch heute die Nationalsprache Israels ist.

Als die Väter der hebräischen Literatur gelten Chaim Nachman Bialik (1873-1934) und der Nobelpreisträger für Literatur, Samuel Joseph Agnon (1888-1970). Beide kamen aus Osteuropa und wanderten bereits als erwachsene Männer 1924 in Palästina ein; ihre Bücher haben die lange Zeit der Diaspora, die osteuropäisch-jiddische Kultur und den Wunsch nach einem eigenen Staat zum Inhalt. Zu dieser Autorengeneration zählen noch Chaim Chasas (1898-1973) und der dritte Staatspräsident Israels, Salaman Schneur (1887-1959).

Die folgende Literatengeneration wurde ebenfalls in Osteuropa geboren, wuchs jedoch in Palästina auf; zu den Themen von Abraham Schlonsky (1900-1973), Nathan Alterman (1910-1970)

Rechts: Wehrpflichtige – junge Männer und Frauen – gehören zum Alltagsbild Israels.

GESCHICHTE UND KULTUR

und dem rechtszionistischen Uri Zwi Grinberg (1896-1981) zählen nun nicht mehr die alte Heimat und die Diaspora, sondern zionistische Ideale und der Aufbau einer starken jüdischen Gesellschaft.

Autoren, die vor oder nach der Staatsgründung geboren wurden – die sogenannte 48er-Generation – haben die großen politischen Umwälzungen in ihrem Land zum Thema gewählt. So auch der 1916 geborene Jishar Smilansky, der unter dem Pseudonym S. Yizhar publiziert. Sein 1949 erschienener Erzählband *Khirbet Khiseh* hat den Unabhängigkeitskrieg, die Vertreibung der arabischen Nachbarn und das schlechte Gewissen der israelischen Soldaten zum Thema. Smilansky erkannte schon damals, daß die Juden die Araber in die Rolle des Opfers drängten, ja, daß sie die Muslime zu dem machten, was sie selbst erst gerade abgestreift hatten: Ein entrechtetes Volk ohne Nation zu sein. In seinem 1958 erschienenen großen Epos *Tage des Zyklag* (*Jemei Zyklag*) beschreibt er noch einmal den Krieg von 1948 und seine Auswirkungen.

Auch Smilanskys jüngere Kollegen, so der im Ausland weit bekannte Träger des Friedenspreises des deutschen Buchhandels, Amos Oz (*1939), Abraham B. Jehoschua (*1936), Koram Kaniuk (*1930) und David Grossman (*1954), fragen in ihren Büchern anklagend und kritisch nach dem Preis des zionistischen Erfolges und mahnen dringend eine Friedensbereitschaft der israelischen Öffentlichkeit an. In beiden Sprachen, Hebräisch und Arabisch, schreibt der israelische Araber Anton Schammas eine wunderschöne Prosa; 1989 erschien in deutsch sein Roman *Arabesken*.

Ephraim Kishon gilt heute als der international bekannteste Autor Israels. Er wurde 1924 in Ungarn geboren und emigrierte 1949, kurz nach der Staatsgründung, nach Israel. Kishon verfaßte Romane, Hörspiele, Theaterstücke und Drehbücher. Berühmtheit erlangte er jedoch durch meisterhafte Satiren über das heutige Israel wie *Drehen Sie sich um, Frau Lot* (1962), *Kein Öl, Moses?* (1974) und *Total verkabelt* (1989).

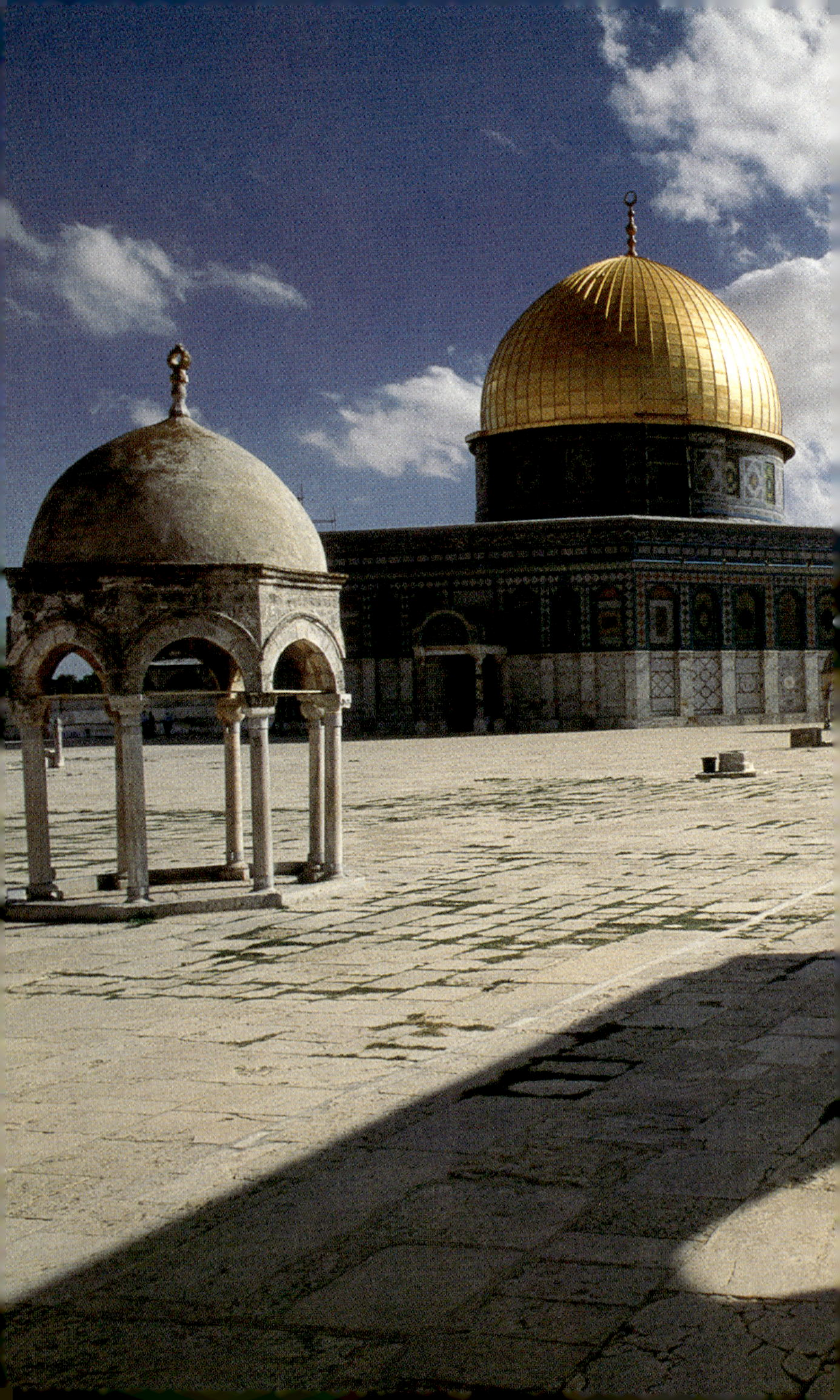

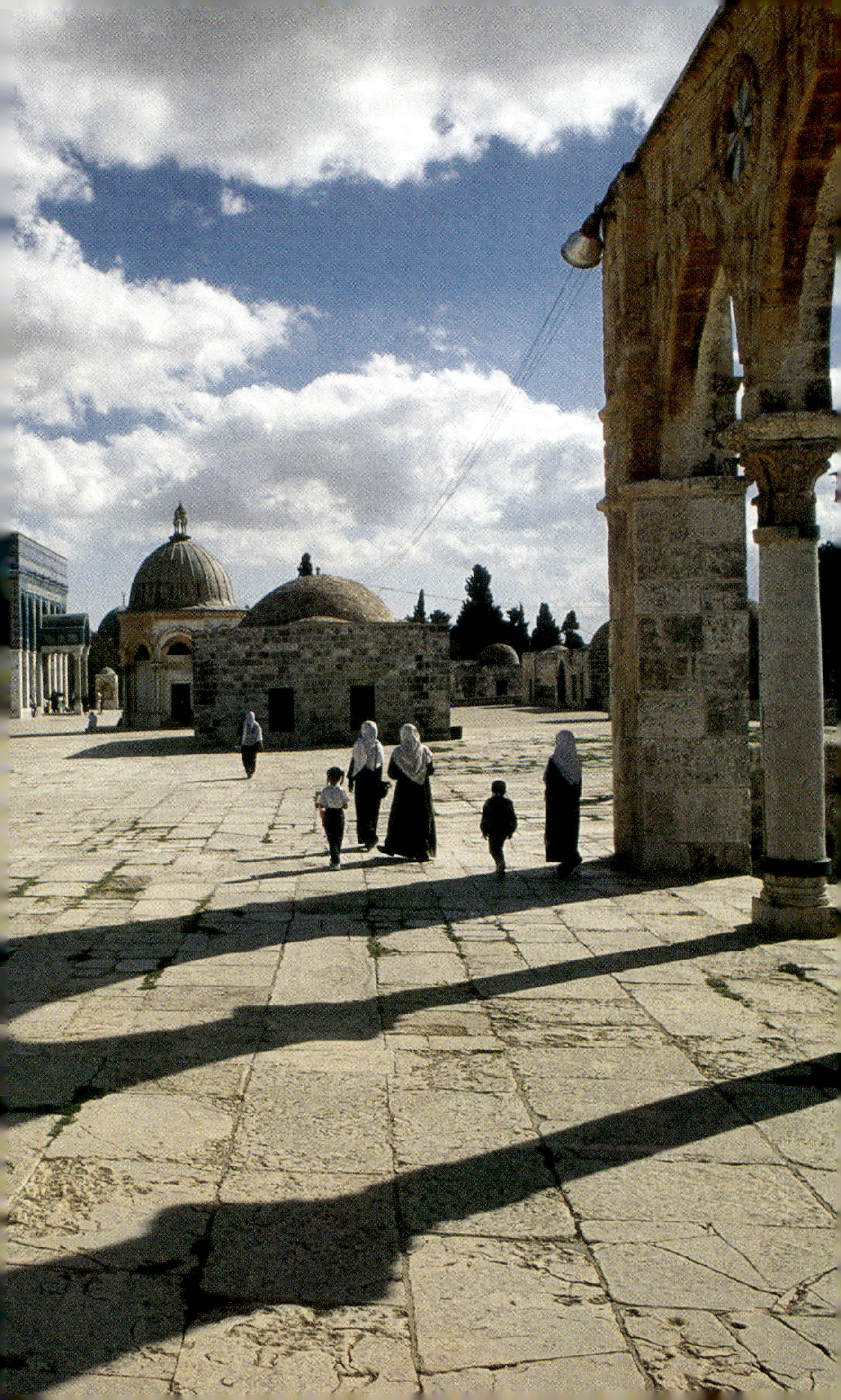

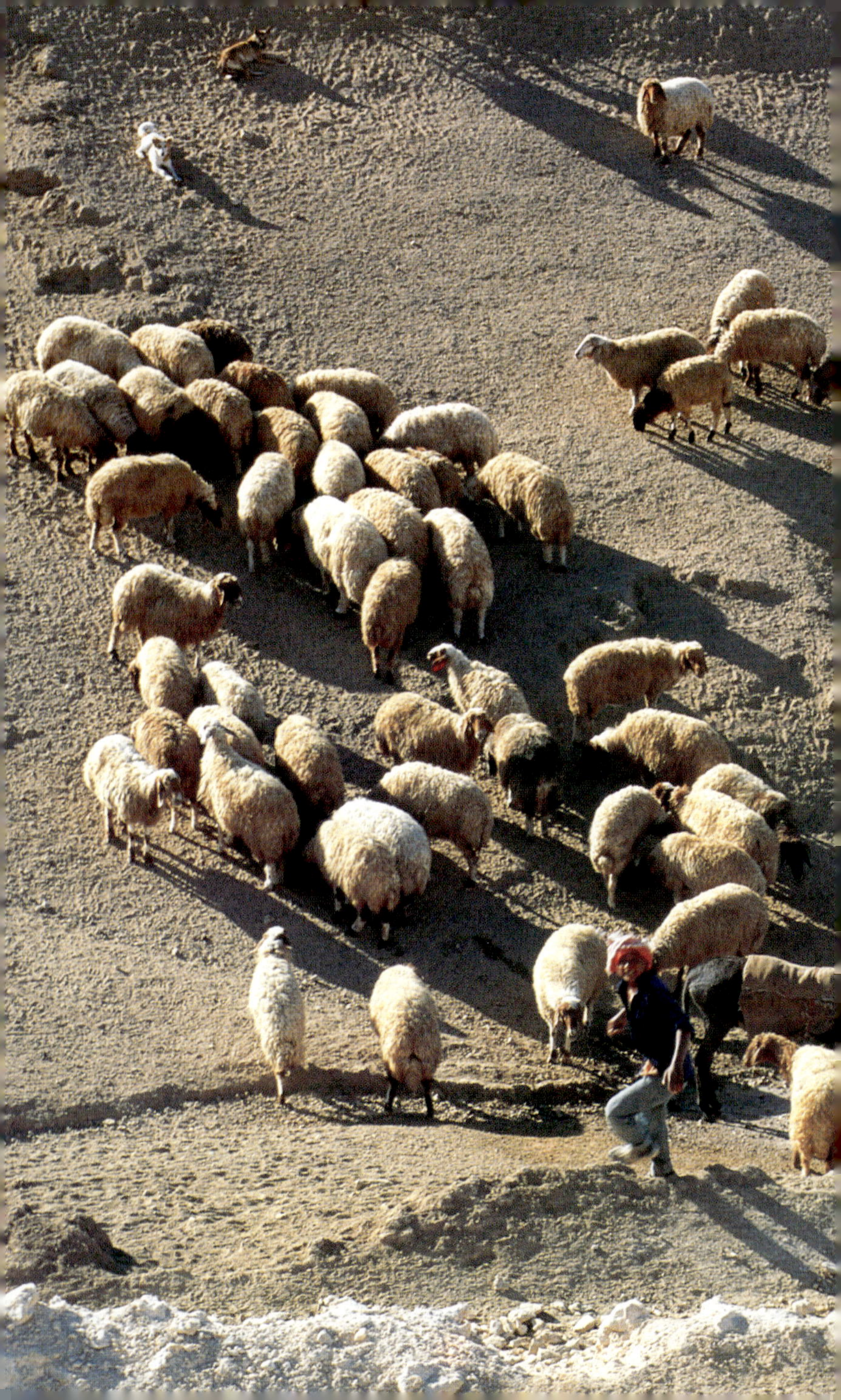

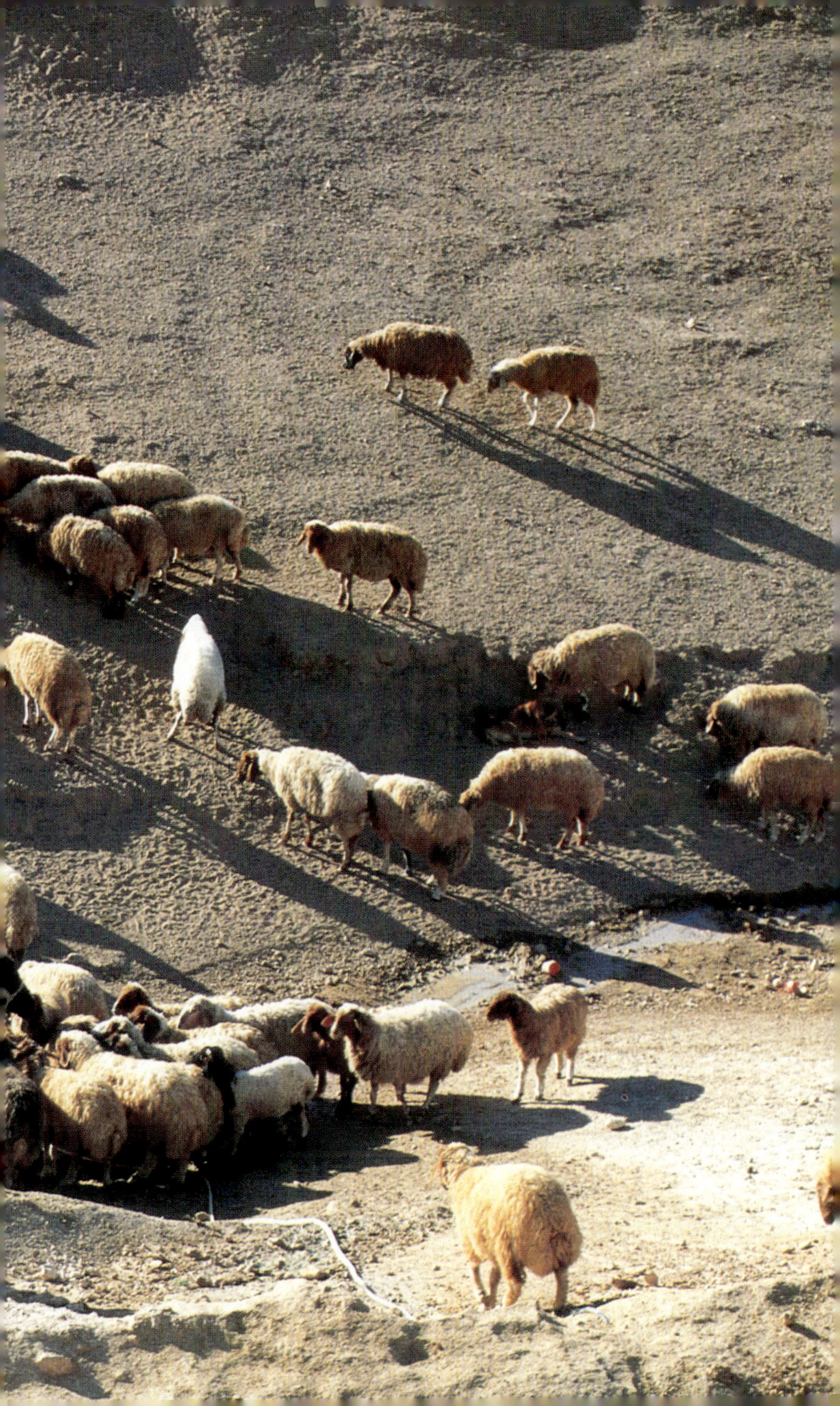

JERUSALEM

JERUSALEM – HEILIGE STADT DER JUDEN, CHRISTEN UND MUSLIME

JERUSALEM
JERICHO / QUMRAN
BETHLEHEM
WESTLICH VON JERUSALEM

JERUSALEM

Jerusalem – auf Hebräisch *Yerushalayim*, auf Arabisch *Al Quds* – ist die heilige Stadt der Christen, Juden und Muslime, hier stehen die bedeutendsten Heiligtümer der drei großen monotheistischen Weltreligionen.

An der Klagemauer, dem letzten verbliebenen Rest des Zweiten Tempels, beten die Juden; oberhalb davon erinnert der prachtvolle Felsendom daran, daß Mohammed von hier auf seinem Roß *Buraq* in den Himmel geritten ist, und in der daneben liegenden Al Aqsa-Moschee fallen die Gläubigen fünfmal am Tag unter ihrer silbernen Kuppel zur Gebetszeit auf die Knie. Ein kurzes Stück entfernt ziehen Bibeltouristen die Via Dolorosa hinab und folgen dem Leidensweg Christi bis zur Grabeskirche. In der Altstadt von Jerusalem liegen die heiligen Stätten nahe beieinander, und wie kaum an einem anderen Ort der Welt wird hier Toleranz verlangt; nahtlos schließen sich das jüdische, das christliche und das muslimische Viertel mit ihren Synagogen, Kirchen, und Moscheen aneinander.

Vorherige Seiten: Tempelberg mit Felsendom in Jerusalem. In der Judäischen Wüste. Links: Frauen beten an der Klagemauer in einem eigenen Areal.

6000 Jahre Stadtgeschichte

Vor 6000 Jahren ließen sich semitische Nomaden südlich der heutigen Altstadt rund um die Gihon-Quelle nieder, begannen seßhaft zu werden und Ackerbau zu betreiben. 2000 Jahre später zogen die Amoriter, bekannter unter dem Namen Kanaaniter, nach Palästina und verdrängten die einheimische Urbevölkerung. Um 1650 preschten von Osten die Hyksos in ihren schnellen Streitwagen heran und herrschten von Ägypten aus für ein Jahrhundert auch über die nördlichen Regionen. Mit Beginn des Neuen Reichs kam Jerusalem wieder unter die Oberhoheit der ägyptischen Pharaonen, die als lokalen Potentaten einen Stadtkönig einsetzten. Als der „Ketzerpharao" Echnaton, der mit dem Gott Aton den ersten Monotheismus der Weltgeschichte einführte, aufgrund seiner religiösen Reformen die Außenpolitik vernachlässigte, machten sich die Vasallenherrscher der kanaanitischen Stadtstaaten selbständig und überzogen sich gegenseitig mit kriegerischen Auseinandersetzungen. In diese Ära fällt die beginnende Landnahme der israelitischen Stämme, die jedoch noch nicht stark genug waren, die Stadt Jerusalem, die sie Jebus und ihre Einwohner Jebusiter nannten, zu erobern. Erst nachdem David die Philister besiegt hatte, konnte

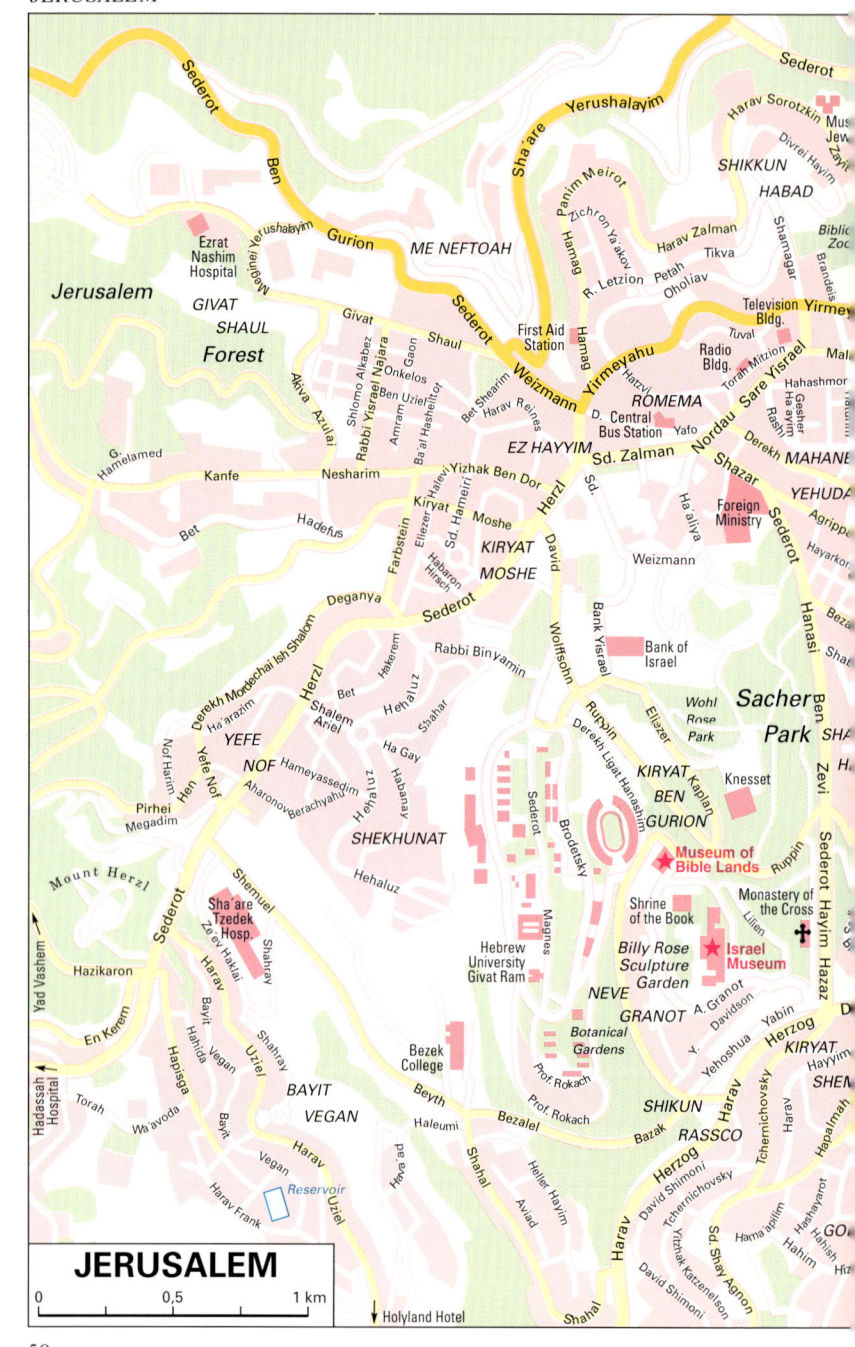

JERUSALEM

JERUSALEM

0 | 0,5 | 1 km

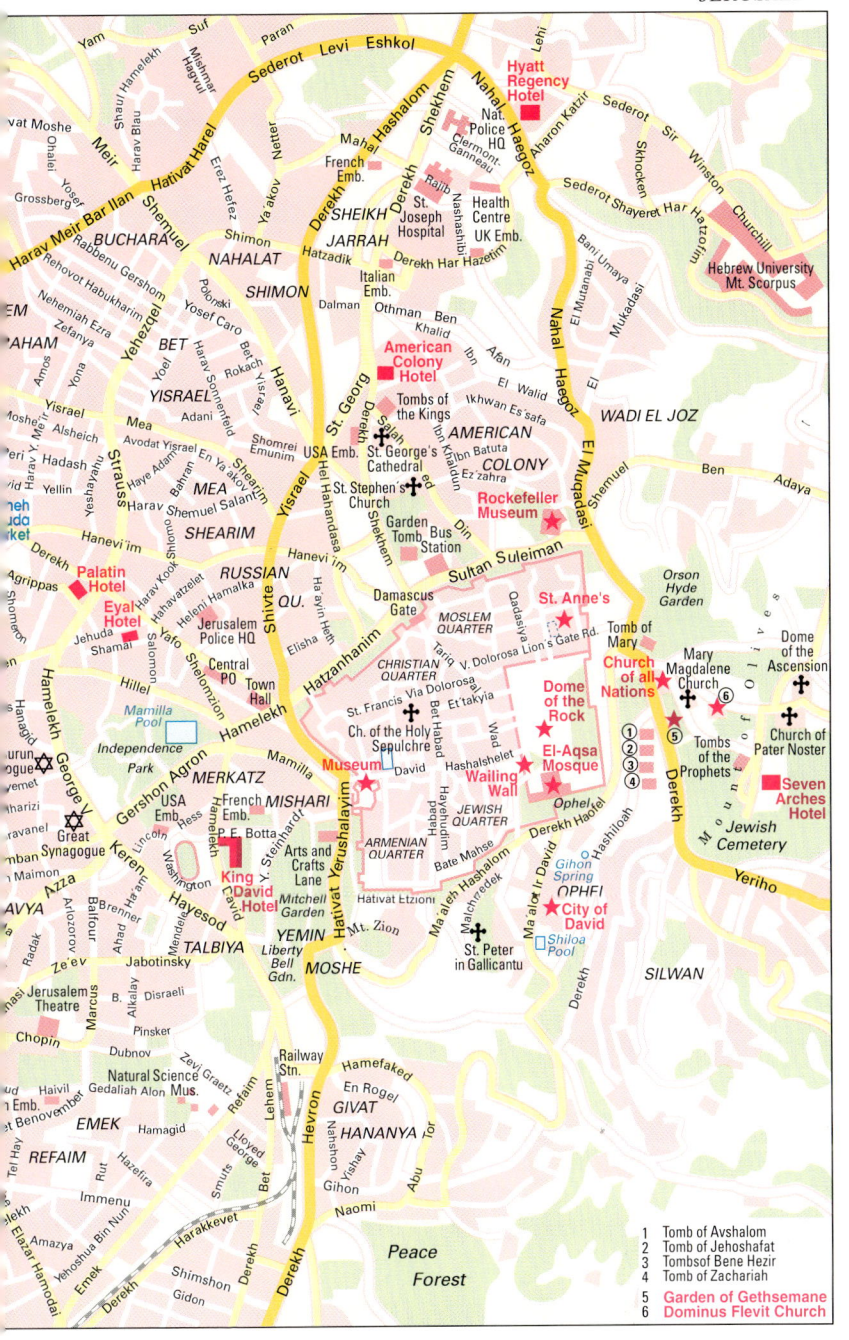

JERUSALEM

1 Tomb of Avshalom
2 Tomb of Jehoshafat
3 Tombs of Bene Hezir
4 Tomb of Zachariah
5 Garden of Gethsemane
6 Dominus Flevit Church

59

er um 998 in Jerusalem einziehen; er gab der Stadt ihren heutigen Namen.

Salomo, Davids Nachfolger, ließ in seiner Regierungszeit (um 968-930) den ersten Tempel errichten. 587 stürmten die babylonischen Heere unter König Nebukadnezar II. in Palästina ein, eroberten die Stadt, zerstörten das Heiligtum bis auf die Grundmauern und führten die Juden in die Sklaverei. Ein knappes Jahrhundert später war die Babylonische Gefangenschaft beendet, und die heimkehrenden Juden begannen mit dem Neubau der Stadt und der Anlage eines zweiten Tempels. 332 fiel Jerusalem unter die Herrschaft der griechischen Ptolemäer; 198 marschierten die Seleukiden in der Stadt ein, entweihten den Tempel und verboten die jüdische Religion. Judas Makkabäus gelang es mit seinen Truppen im Jahr 165, Jerusalem zu erobern und das Heiligtum wieder für den jüdischen Kult zu öffnen.

69 v. Chr. gliederten die Römer Palästina in ihr Weltreich ein; mit Hilfe römischer Truppen eroberte Herodes der Große 37 v. Chr. Jerusalem, ließ einen neuen Tempel und für sich eine prächtige Residenz errichten. 66 n. Chr. loderte der Aufstand gegen die verhaßten römischen Besatzer von Jerusalem aus durch das Land, und es dauerte vier Jahre, bis Vespasian und Titus mit ihren Legionen die Stadt erobert hatten – Jerusalem wurde vollständig zerstört. 60 Jahre später besuchte Kaiser Hadrian das heilige Land und ließ mit dem Wiederaufbau beginnen. 132 kam es zur zweiten Rebellion, nach ihrem Führer auch Bar Kochba-Aufstand genannt; drei Jahre benötigten die Römer diesmal für dessen Niederschlagung. Fortan war es den Juden verboten, Jerusalem zu betreten.

Während der Herrschaft von Konstantin dem Großen entstanden erste Kirchen in der Stadt, die nach dem Einfall der Perser im Jahr 614 alle zerstört wurden;

Oben: Modell des Zweiten Tempels, aufgebaut im Stadtteil Bet Vegan. Rechts: Die Stadtmauer von Jerusalem in der Nähe des Jaffa-Tors.

schlimmer war jedoch das Gemetzel unter der christlichen Bevölkerung – an die 30000 Menschen kamen ums Leben, noch einmal so viel wurden in die Sklaverei verschleppt. 638 kamen die muslimischen Heere, eroberten nach langer Belagerung die Stadt und änderten ihren Namen in *Al Quds*, die Heilige. Auf dem Tempelberg ließ der Kalif Abd al Malik 687 n. Chr. das schönste islamische Heiligtum, den Felsendom, errichten. Als im Jahr 1071 die türkischen Seldschuken die Stadt übernahmen, stoppten sie den christlichen Pilgerstrom zu den heiligen Stätten; also rief 1095 Papst Urban während des Konzils von Clermont zum Kreuzzug auf, und am 14. Juli 1099 stürmte das christliche Heer unter der Führung von Gottfried von Bouillon durch die Straßen der Stadt und metzelte in einem fürchterlichen Blutbad die jüdischen und muslimischen Einwohner nieder. Das Ende der Kreuzfahrer in Jerusalem läuteten die Türken ein, die es 1244 einnahmen, und von nun an blieb die heilige Stadt unter muslimischer Herrschaft.

Der Osmane Suleyman II. der Prächtige ließ eine neue Stadtmauer errichten und machte seinem Beinamen „der Prächtige" dadurch alle Ehre, daß er eine Reihe von reichgeschmückten Palästen, Moscheen, öffentlichen Brunnen und Koranschulen errichten ließ.

1917, gegen Ende des ersten Weltkriegs, drängten die Truppen von General Allenby die Türken erst aus der Stadt und schließlich aus ganz Palästina hinaus. Ab 1920 hatte der britische Hochkommissar für das Mandatsgebiet Palästina seinen Sitz in der Stadt, und 1948 kam es zur Proklamation des Staats Israel. Ein Jahr später, beim Waffenstillstandsabkommen, fiel der Westteil Jerusalems an Israel, der Ostteil mit der Altstadt an Jordanien.

Im Sechs-Tage-Krieg von 1967 eroberten die Israelis die östlichen Viertel, und 1980 erklärten sie das „wiedervereinte" Jerusalem zur „Ewigen Hauptstadt Israels", was weder die UNO noch die arabischen und palästinensischen Politiker bis heute akzeptiert haben.

Oben: In den Gassen der an Atmosphäre reichen Altstadt.

Die Altstadt

Die **Altstadt** im Osten Jerusalems ist noch immer vollständig von der Mauer umgeben, die im 16. Jh. der osmanische Herrscher Suleyman II. der Prächtige auf den byzantinischen und römischen Fundamenten errichten ließ.

Ein Gang durch die Altstadt ist vor allem eine ungemein sinnliche Erfahrung; man tritt durch das Jaffa-Tor und findet sich hineinkatapultiert in eine farbenprächtige, lebhafte orientalische Welt, in der man bald jegliches Zeitgefühl verliert. Die arabischen Läden entlang der David Street und in den umliegenden Gassen üben eine magische Anziehungskraft aus – hier kann man schöne Leder- und Messingwaren erstehen, Teppiche, armenische Kacheln, echte und falsche Antiquitäten, Beduinenschmuck und bestickte Beduinenkleider, Backgammon-Borde und Kästchen mit Einlegearbeiten aus Perlmutt und – wie sollte es auch anders sein – unsäglichen Touristenramsch. Feilschen ist unbedingt erforderlich und entwickelt sich oft zu einer ausgeklügelten Choreographie – man zeigt Interesse, zieht sich wieder zurück, der Händler folgt, erste Preisvorstellungen werden ausgetauscht, Hände werden in gespielter Verzweiflung in die Luft geworfen; man trinkt einen Tee oder einen Kaffee zusammen, heuchelt Gleichgültigkeit, bis man sich schließlich, zu beidseitiger Zufriedenheit, auf einen Preis einigt. Ausnahmen: Bei Gebrauchsgegenständen, Nahrungsmitteln, oder in eleganten Geschäften mit *fixed prices*.

Im Gewirr der Gassen weicht man hochbepackten Eseln, Schuhputzern und Wasserträgern aus; arabische Frauen in bestickten Gewändern balancieren Körbe und Bündel elegant auf ihren Köpfen, und Jungen tragen Tabletts mit *mint tea* (süßer schwarzer Tee mit Pfefferminz) durch die Menschenmengen, ohne einen Tropfen zu verschütten. Die Kaffeehäuser sind die Domäne der Männer; hier sit-

ALTSTADT VON JERUSALEM

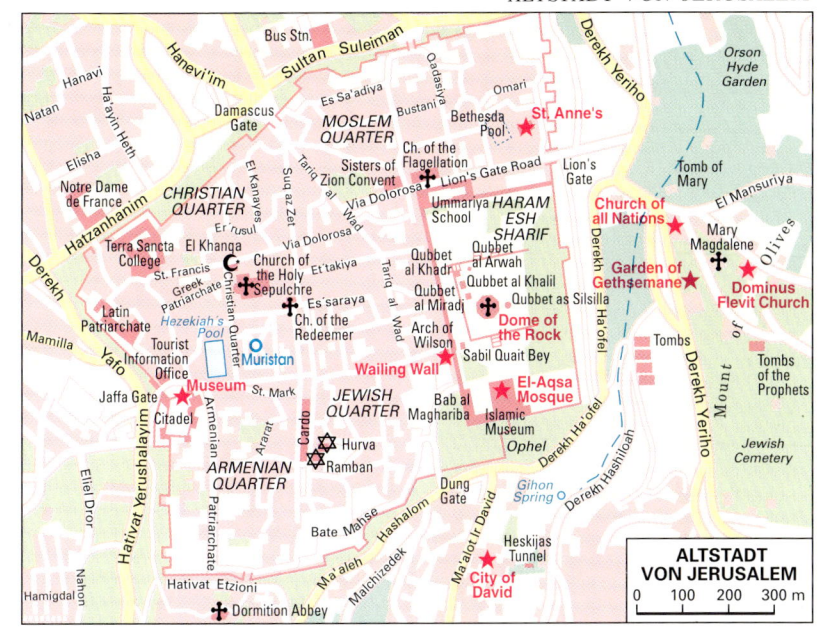

zen sie, schauen, wie die Welt draußen vorbeizieht, trinken arabischen Kaffee mit Kardamon aus winzigen Täßchen und lassen die Wasserpfeifen blubbern; viele tragen noch die langen Tuchröcke und das *keffiyah* (arabischer Kopfputz) lässig um den Kopf geschlungen. Backgammonspieler lassen die Steine über die Spielborde klickern, und die Ventilatoren surren leise an der Decke.

In arabischen Bäckereien (besonders gut im Suq Khan az Zeit) kommen Schleckermäuler auf ihre Kosten – die arabischen Backwaren sind süß und köstlich, besonders das honigtriefende *baclava*. Überall locken Stände mit Sesamkringeln und *felafel*, fritierten Klößchen aus Kichererbsen-Püree mit Sesampaste im heißen Fladenbrot (*pita*). In schlicht anmutenden Resstaurants kann man sich mit *shis kebab* stärken und die Mahlzeit mit einem arabischen Kaffee abrunden.

Als Ausgangspunkt eines Rundgangs durch die Altstadt bietet sich das westliche Jaffa-Tor an, einst Start- und Endpunkt der Karawanenstraße zur Küste, zum Hafen von Jaffa (Yafo). Anfang des Jahrhunderts ließen die Türken neben dem Tor eine breite Öffnung in die Befestigungsmauer schlagen, damit ihr Verbündeter, Kaiser Wilhelm, mit seiner Karosse würdig in die Stadt einfahren konnte.

Am Jaffa-Tor führt die David Street in die Altstadt; gleich links, neben dem Tourist Information Office, befinden sich zwei unscheinbare muslimische Grabstätten. Es heißt, daß hier die Baumeister begraben sind, die auf Anordnung von Suleyman die Stadtmauer erbauten. Eines natürlichen Todes starben die beiden nicht; Suleyman – so erzählt man sich – ließ sie hinrichten, weil die beiden es versäumt hatten, den Mount Zion und Davids Grab mit in die Umwallung aufzunehmen. Einer anderen Version zufolge mußten die beiden sterben, weil der Sultan so beeindruckt von der mächtigen Stadtmauer war, daß er die Baumeister nicht in fremden Diensten sehen wollte.

Linker Hand erhebt sich die mächtige alte **Zitadelle**, auch Davidsturm genannt. Herodes ließ um 24 v. Chr. ein Stück

ALTSTADT VON JERUSALEM

steigen und dort oben dem Mauerkranz bis zum südlichen **Misttor** (Dung Gate) folgen; seinen prosaischen Namen hat das Tor von der mittelalterlichen Unsitte, sich des Mülls und der Fäkalien an dieser Stelle durch Wurf über die Wallmauer zu entledigen. Hier betritt man erneut die Altstadt von Jerusalem.

An der Klagemauer

Rechter Hand erstreckt sich der **Archäologische Park Ophel**. Hier fanden in den 70er und 80er Jahren bedeutende Ausgrabungen statt, u.a. wurden Mauerreste aus herodianischer Zeit und Reste eines zweistöckigen Palasts der mesopotamischen Königin Helena – die um 50 n. Chr. in Jerusalem lebte – ausgegraben.

An der Südwestseite des Tempelbezirks liegt die Westmauer oder **Klagemauer**. Die Mauer wurde deshalb „Klagemauer" genannt, weil hier die Juden die Zerstörung ihres Tempels durch die Römer im Jahr 70 n. Chr. betrauerten. Das einst eng bebaute Areal um die Klagemauer wurde 1967 in einen freien Platz umgewandelt. Diesen Bereich, der als Synagoge gilt, kann man erst nach einem Sicherheits-Check der Armee betreten.

18 m hoch und 48 m lang ist das jüdische Heiligtum, dessen untere Steinlagen noch aus der Ära des Herodes stammen. Die unterschiedlich langen Blöcke sind ca. 1 m hoch und so sorgfältig behauen, daß sie ohne Mörtel fugenlos zusammenpaßten. Die Klagemauer steht allein aufgrund ihres Gewichts und war einmal Teil der westlichen Begrenzungsmauer des Zweiten Tempels (der zwar so heißt, eigentlich aber der dritte war).

Die Klagemauer hat zwei getrennte Areale für Männer und Frauen; Besucher dürfen den heiligen Platz betreten und die Mauer auch berühren, sollten aber daran denken, dies mit bedecktem Kopf zu tun (für Männer liegen am Eingang kleine Pappkappen bereit). In den Fugen der Mauer stecken viele kleine Zettel mit Bit-

weiter südlich einen prunkvollen Palast erbauen, den er mit einer Zitadelle absicherte. Im Jahr 70 diente sie den Römern als Garnison, und später wurde sie von Kreuzfahrern und Sarazenen benutzt.

Die heutige Befestigung datiert aus dem 14. Jh. Sie beherbergt das pädagogisch sehr gut aufgemachte **Tower of David Museum**, in dem mittels Hologrammen, Filmen, Karten, maßstabsgetreuen Modellen und Fotos die Geschichte Jerusalems von den Anfängen bis heute lebendig vermittelt wird. Jeden Abend (außer freitags) findet hier eine eindrucksvolle *Sound and Light Show* statt. Vom höchsten Punkt der Zitadelle hat man einen herrlichen Blick auf die Altstadt und den Ölberg sowie über das moderne Jerusalem.

Nach der Besichtigung geht es wieder zurück zum Jaffa-Tor; außerhalb der Stadtmauer, rechts von der Zufahrt, kann man auf die Zinnen der Befestigungen

Oben: In der Altstadt gehen die Uhren anders... Rechts: Vertieft ins Gebet – an der Klagemauer.

ten und Wünschen. Besonders am späten Nachmittag, vor und nach Sonnenuntergang, sind viele Gläubige im Gebet versunken, und am Freitag abend begrüßen die Juden hier den Sabbat.

An der Nordostecke der Klagemauer findet man den **Wilsonbogen**, durch den in herodianischer Zeit eine Straße zum Tempel führte; an diesem Bogen kann man in einen tiefen Schacht blicken und die 14 Quaderschichten bestaunen, die einst Teil der Tempelmauer waren.

Um 964 v. Chr. hatte Salomo mit dem Bau des Ersten Tempels begonnen, der bereits ungemein prächtig gewesen sein soll; er wurde 587 von den Truppen Nebukadnezars zerstört. Aus dem babylonischen Exil heimgekehrt, ging ein gewisser Serubbabel daran, an der gleichen Stelle ein neues, schmuckloseres Heiligtum zu errichten. Als Herodes mit Hilfe der Römer zum König ausgerufen wurde, wollte er sich bei den Juden Liebkind machen und plante die Errichtung eines Sakralbaus, der die Prachtentfaltung Salomos weit in den Schatten stellen sollte.

Doch die Rabbis fürchteten, Herodes wolle den Tempel abreißen, ohne einen neuen zu errichten. Sie forderten ihn auf, vor dem Abriß zuerst das gesamte Baumaterial einzulagern, worauf sich der König einließ. Herodes erfüllte auch die zweite Bitte der Juden, wonach nur Priester an dem Heiligtum bauen durften. 19 v. Chr. begannen die Arbeiten, fertiggestellt war der Tempel jedoch erst im Jahre 64 n. Chr. – sechs Jahre vor seiner Zerstörung durch Titus.

Flavius Josephus, mit seiner Schrift „Der Jüdische Krieg" der Chronist jener Tage, berichtet über Herodes' Bauanstrengungen: „Das Äußere des Tempels wies alles auf, was Herz und Augen staunen läßt. Denn über und über war der Tempel mit dicken Goldplatten umhüllt, und wenn die Sonne aufging, dann gab er einen Glanz wie Feuer von sich, so daß der Beschauer, auch wenn er absichtlich hinsah, sein Auge wie von den Strahlen der Sonne abwandte. Tatsächlich hatten die Fremden, die sich Jerusalem näherten, den Eindruck eines Schneegipfels;

AUF DEM TEMPELBERG

denn wo er des Goldes entbehrte, da war er leuchtend weiß."

Große Tafeln machten Nichtjuden auf die Gefahr aufmerksam, die vom Heiligtum ausging: „Kein Fremder darf die um den Tempel gezogene Schranke überschreiten. Wer im Tempel gefaßt wird, ist selbst schuld, denn der Tod folgt unverzüglich." Vorsichtshalber war der Text mehrsprachig abgefaßt. Solch eine Verbotstafel – 1935 ausgegraben – findet man im Rockefeller Museum.

Als Titus, Sohn Vespasians, im Jahr 70 n. Chr. Jerusalem eroberte, ging das Heiligtum in Flammen auf und brannte völlig nieder.

Auf dem Tempelberg

Oberhalb der Klagemauer ragt auf dem Tempelplateau **Haram ash Sharif** die

Oben: Blick auf die vergoldete Kuppel des Felsendoms. Rechts: Marmorsäulen und Granitpfeiler stützen die Decke des Felsendoms.

goldene, in der Sonne strahlende Kuppel des Felsendoms in den blauen Himmel, daneben glänzt matt die silberne Kuppel der Al Aqsa-Moschee. Zwischen der Klagemauer und dem Archäologischen Park Ophel führt eine Rampe hoch zum **Bab al Maghariba**, zum Maghrebiner-Tor, dem derzeit einzigen Zugang zum unter muslimischer Verwaltung stehenden Tempelberg.

Der Tempelberg gilt als die heiligste Stätte des Islam nach der Kaaba in Mekka und der Grabmoschee Mohammeds in Medina. Auch für Christen und Juden ist der Berg ein heiliger Ort; hier lehrte Jesus, hier standen einst Abrahams Altar und die beiden jüdischen Tempel.

Es ist besonders wichtig, beim Besuch des Tempelbergs auf dezente Kleidung zu achten (keine kurzen Röcke oder Shorts, die Arme müssen bedeckt sein).

Der Name der **Al Aqsa-Moschee** geht auf den Koran zurück, wo es in Sure 17 („Die Nachtreise", in vielen Handschriften aber auch überschrieben mit „Die Kinder Israels") *al masdjid al aqsa* heißt = die am weitesten (von Mekka) entfernte Moschee. Eines nachts nämlich erschien Mohammed der Engel Gabriel, ließ ihn das geflügelte Pferd *Buraq* besteigen, das ihn zuerst zur Aqsa-Moschee und dann von dem Heiligen Felsen in den Himmel trug, wo Gott selbst ihn unterrichtete. Noch in der gleichen Nacht kehrte der Prophet zurück.

705-715 ließ der Kalif Walid eine prachtvolle Moschee errichten, die wenige Jahre später einem Erdbeben zum Opfer fiel und gegen Ende des Jahrhunderts in alter Pracht erneut erstand. 1033 vernichtete ein weiteres Erdbeben auch diese Moschee. Kurz nach der Katastrophe wurde eine neue, kleinere Moschee hochgezogen, die erst von den Kreuzfahrern und dann von den Rittern des Templerordens genutzt wurde. Wenige Monate nach der Schlacht von Hattin 1187 hatte Saladin die Franken aus Jerusalem vertrieben, und das Gebäude wurde wieder

AUF DEM TEMPELBERG

in eine Moschee umgewandelt. Suleyman der Prächtige ließ im 16. Jh. umfangreiche Verschönerungen vornehmen.

1951 wurde der jordanische König Abdallah Ibn Hussein, der Großvater des heutigen Herrschers, beim Betreten der Moschee ermordet. 1967 wurde der Bau durch Beschuß beschädigt und 1969 von einem christlichen Fanatiker in Brand gesteckt.

Die von außen eher schlicht wirkende, 80 m lange und 55 m breite Moschee überrascht mit einem bezaubernden Inneren. Sieben Langschiffe sind durch elegante Säulen voneinander getrennt, und das hereinflutende Licht verleiht dem mit Teppichen ausgelegten Raum ein Gefühl großer Weite. Linker Hand schließt sich die Weiße Moschee, der Gebetsbereich der Frauen, an. Sultan Saladin ließ im 12. Jh. die Trommel der Kuppel mit Mosaiken verzieren sowie eine Kanzel aus Zedernholz (restauriert) und eine herrliche Gebetsnische (*mihrab*) errichten.

Rechts von der Moschee liegt ein kleines **Islamisches Museum**, das unter anderem Stein-und Holzfragmente der früheren Moscheebauten enthält.

Von der Al Aqsa-Moschee geht es vorbei an einem Reinigungsbrunnen, der arabisch *al Qa'as*, der Kelch, genannt wird, dann führt eine Treppe hoch zur Terrasse des Felsendoms; die mamelukkischen, die Stufen überspannenden Bögen werden die Waagschalen des Jüngsten Gerichts genannt. Die Muslime glauben, daß hier beim Jüngsten Gericht die Wagschalen aufgehängt und die Gläubigen gewogen werden.

Der **Felsendom**, Qubbet as Sakhra, ist eins der schönsten islamischen Bauwerke. Die glänzende Kuppel aus vergoldetem Aluminium überwölbt den heiligen Felsen; nach jüdischer Überlieferung sollte an dieser Stelle Abraham seinen Sohn Isaak opfern (Genesis 22, 1-19); und nach islamischer Tradition hat von diesem Stein aus Mohammed auf seinem Roß *Buraq* seinen Ritt in den Himmel angetreten. Kalif Abd al Malik ließ zwischen 687 und 691 mit Unterstützung byzantinischer Baumeister den Felsendom erbauen und folgende Widmungsinschrift anbringen: „Erbaut hat diesen Dom der Knecht Allahs Abd al Malik, Beherrscher der Gläubigen im Jahr 72 (= 691). Allah möge ihn in Gnaden aufnehmen." Im 9. Jh. ließ Kalif al Mamun den Namen seines Vorgängers tilgen und seinen eigenen einsetzen, die Jahreszahl vergaß er jedoch zu verändern.

Der Qubbet as Sakhra ist achteckig und bis zur Kuppel 55 m hoch. Die Aussenwände des Oktogons sind mit Marmor und großteils strahlend blauen Fayence-Kacheln verkleidet, die der osmanische Sultan Suleyman im 16. Jh. anbringen ließ. Vier Tore in den Himmelsrichtungen lassen den Besucher ins Heiligtum. Die äußere Säulenreihe aus 8 Marmorpfeilern und 16 schlanken Säulen stützt die Decke des Felsendoms, die innere Säulenreihe aus 4 Granitpfeilern und 12 Marmorsäulen umläuft den 18 m langen und 13 m breiten Heilige Felsen, der ca. 2 m in die Höhe ragt und von einem

67

AUF DEM TEMPELBERG

Gitter aus der Kreuzfahrerzeit geschützt ist. Die Decke ist mit einer reich verzierten Holzdecke geschmückt, und der Fußboden mit Marmorplatten ausgelegt. In den Arkaden und im Inneren der Kuppel schimmern prächtige Mosaiken. In der Südostecke kann man mit etwas Phantasie den Fußabdruck Mohammeds erkennen, den der Prophet beim Aufstieg zum Himmel hinterlassen hat. Hier ist auch der Reliquienschrein, der einige Barthaare Mohammeds enthält. Unter dem Felsen befindet sich eine kleine Höhle, zu der Stufen hinabführen. Die Überlieferung berichtet über die Entstehung dieser kleinen Grotte folgendes: Der Himmelsritt des Propheten ging so rasant vor sich, daß der Fels im Sog des Aufstiegs aus der Erde gerissen wurde und der Engel Gabriel ihn in letzter Sekunde zurückhalten konnte. Seine sich tief in den Stein eingegrabenen Fingerabdrücke sind in der Mitte der östlichen Felsenkante zu be-

Oben: Im Garten des Tempelberges unter schattenspendenen Bäumen.

sichtigen. Unter der Höhle befindet sich der **Brunnen der Seelen**, wo sich muslimischem Glauben zufolge die Seelen der Toten zum Gebet versammeln.

Der Felsendom ist übrigens keine Moschee, hier finden auch keine öffentlichen Gottesdienste statt. Qubbet as Sakhra ist ein Heiligtum, in dem jeder Gläubige der drei großen Religionen beten kann.

Eine Reihe kleiner Gebäude aus unterschiedlichen Epochen umrahmt den Felsendom; östlich liegt der Qubbet as Silsilla, der **Kettendom**, ein offener Pavillion, wo am Tag des Jüngsten Gerichts die Guten von den Bösen mittels einer Kette (arab.: *Silsilla*) voneinander getrennt werden; für die Juden markiert er die Stelle von Davids Gerichtsplatz. Nordwestlich, am Rand der Felsendomterrasse, steht der achteckige **Himmelfahrtsdom** Qubbet al Miradj; hier soll Mohammed gebetet haben, bevor er die Himmelsreise begann. Ebenfalls in der Nordwestecke hat der **Geisterdom** Qubbet al Arwah seinen Platz, wo sich allnächtlich die Seelen der Heiligen treffen, wie auch der **Hebronsdom** Qubbet al Khalil und der **Georgsdom** Qubbet al Khadr. Nahe dem westlichen Eingang sprudelte einmal der **Sabil Qait Bey**, ein schöner Brunnen, dessen Namen auf seinen Stifter, den im 15. Jh. regierenden ägyptischen Mameluckensultan Al Ashraf Saif ad Din Qait Bey, zurückgeht.

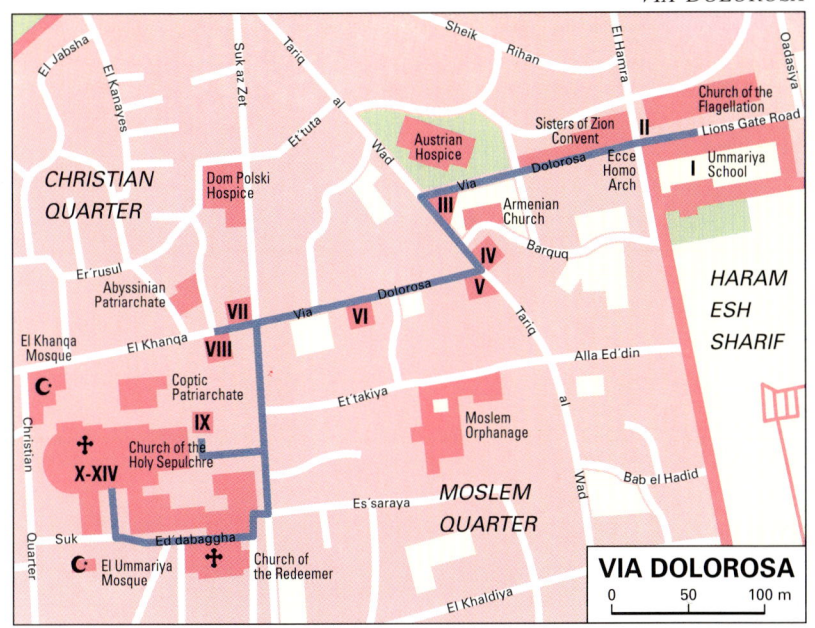

Entlang der Via Dolorosa

Man verläßt den Tempelberg durch das nördliche Tor und biegt rechts in Richtung Löwentor (Lion's Gate) ab. Nach einigen Metern erreicht man linker Hand das **St. Anna-Kloster** mit den Teichen von Bethesda. Die Kirche der hl. Anna erinnert an die Geburt Marias; laut christlicher Überzeugung stand hier einmal das Haus von Anna und Joachim, den Eltern Marias. Die Kirche wurde 1150 auf Anordnung von Königin Alda, der Witwe des ersten Kreuzfahrer-Königs von Jerusalem, Balduin I., errichtet. Saladin ließ nach der Rückeroberung Jerusalems das Gotteshaus in eine Moschee und das Kloster in eine *Madrasa*, eine Koranschule, umwandeln; bis heute ist über dem Hauptportal die auf Anweisung von Saladin angebrachte Widmungsinschrift zu erkennen. Im letzten Jahrhundert schenkte der osmanische Sultan Abdul Medjid für die erhaltene Hilfe im Krimkrieg die Kirche Napoleon III., der sie originalgetreu restaurieren ließ. Die romanische, dreischiffige Pfeilerbasilika ist ein schönes Beispiel einer Kreuzfahrerkirche, aus schweren Quadern erbaut und mit kleinen Fenstern versehen. Wenn eine Gruppe von Bibeltouristen zum Psalmengesang ansetzt, kann man die außerordentlich gute Akustik des Gotteshauses bewundern.

Direkt neben der St. Anna-Kirche erstreckt sich ein Ausgrabungsfeld mit den **Teichen von Bethesda**, zwei riesige, ca. 10 m tiefe Zisternen von 120 x 60 m. Laut Johannesevangelium heilte Jesus hier einen Gelähmten (Johannes 5, 1-18). Im Zuge des Tempelneubaus ließ Herodes diese Wasserspeicher erneuern und umrahmte die Anlage an allen vier Seiten

VIA DOLOROSA

mit Säulenhallen; eine fünfte ließ er über der Mauer errichten, die beide Zisternen voneinander trennte. Hier versammelten sich Kranke, um von dem als heilkräftig angesehenen Wasser eine Linderung ihrer Beschwerden zu erfahren. Der Ort hieß *Bet Hesda*, Haus der Barmherzigkeit. Ausgrabungen förderten auch die Reste einer byzantinischen Kirche mit einem Mosaik und die Säulen eines römischen Asklepions zutage.

Nach dem Verlassen des St. Anna-Komplexes biegt man am Ausgang rechts ab und geht die Löwentorgasse, die Lion's Gate Road, abwärts. Auf diesem Areal befand sich zu Jesu Zeiten die von Herodes errichtete **Festung Antonia**, die der verhaßte König nach seinem römischen Schutzherrn Marcus Antonius benannte. Bis heute ungeklärt ist die Frage, ob Jesus hier tatsächlich von Pilatus zum Tode verurteilt wurde, denn bei seinen

Oben: Die Via Dolorosa - Basarstraße und Pilgerweg zugleich. Rechts: Karfreitagsprozession (Via Dolorosa).

Aufenthalten in Jerusalem residierte Pilatus oft im Palast des Herodes nahe der Zitadelle am Jaffator. Für die christliche Tradition gilt es jedoch als erwiesen, daß Jesus in der Antonia-Festung verurteilt wurde, und hier beginnt sein Weg zum Kreuzigungshügel Golgatha; hier ist der Startpunkt der Via Dolorosa, die den Leidensweg Christi markiert. Jeden Freitag um 15 Uhr ziehen die Franziskanermönche in einer großen Prozession die 14 Stationen der Via Dolorosa entlang bis in die Grabeskirche, und jeder kann sich ihnen anschließen. Die Stationen I-IX befinden sich entlang der Via Dolorosa, während die Stationen X-XIV innerhalb der Grabeskirche – also über Golgotha und dem Heiligen Grab – liegen. Natürlich sieht die Via Dolorosa heute nicht mehr so aus wie zu Christi Zeiten; die Straße lag damals viel tiefer, und die Route des Kreuzwegs wurde mehrmals verändert, bis sie im 18. und 19. Jh. in der heutigen Form festgelegt wurde.

Station I (Jesus wird von Pontius Pilatus verurteilt) findet sich linker Hand in der Al-Omariya-Koranschule. Eine Treppenrampe führt hoch zu einer Tür, die in den Hof einläßt. Hier befand sich der Teil der Festung Antonia, in dem Jesus sein Urteil erfahren haben soll. **Station II** (Jesus nimmt das Kreuz auf sich) liegt gegenüber im Franziskaner-Kloster *Zur Geißelung Christi*. Im Kloster befindet sich ein sehenswertes Museum mit Ausgrabungen und eine Ausstellung über die Flora und Fauna Israels. In der Geißelungskapelle zeigen drei Buntglasfenster die Erleichterung des begnadigten Verbrechers Barabbas, Pilatus, der sich die Hände in Unschuld wäscht und die Auspeitschung Jesu; in der Kuppel der Kapelle ist die Dornenkrone abgebildet.

Ein paar Schritte weiter hinter dem Franziskanerkloster überspannt ein Stück des **Ecce Homo-Bogens** die Via Dolorosa. Er entstand um 135 n. Chr. und erinnert an die Worte des Pilatus, der laut Johannesevangelium zu Jesus „Ecce Homo", „Seht, da ist der Mensch" (Johannes 19, 5), ausgerufen haben soll. Nach der Geißelung präsentierte Pilatus den zerschundenen Jesus, auf dessen Haupt sich die Dornenkrone befand, mit diesen Worten der Öffentlichkeit.

Der restliche Teil des Bogens ist in die Ecce Homo-Basilika integriert, die zusammen mit dem angeschlossenen **Kloster Notre Dame de Sion** im letzten Jahrhundert auf die Initiative eines französischen Paters zurückging. Im Kloster ist ein Modell der Festung Antonia ausgestellt. In der Krypta ist der *Lithostrotos* zu besichtigen, das ehemalige Straßenpflaster, das zum Hof der Festung Antonia gehört haben soll. Bei Johannes heißt es: „Auf diese Worte hin ließ Pilatus Jesus herausführen, und er setzte sich auf den Richterstuhl an dem Platz, der Lithostrotos heißt" (Johannes 19, 13). Es ist jedoch nicht mehr der Originalboden aus der Zeit Jesu, vielmehr handelt es sich um den Überrest einer römischen Straße, die auf das Wiederaufbauprogramm Kaiser Hadrians zurückgeht. Deutlich erkennbar sind Spielfelder, die gelangweilte römische Wachposten in die Straßenplatten geritzt haben. Von der Krypta gelangt man zum Struthion-Teich, einer riesigen Zisterne, die Teil des Verteidigungsgrabens der Festung Antonia war.

Die Via Dolorosa mündet nun auf die Querstraße Tariq al Wad, rechter Hand befindet sich das Österreichische Pilgerhospiz. Links ab und sofort wieder links befindet sich **Station III** (Jesus fällt zum ersten Mal unter der Last des Kreuzes). Über dem Eingang zu einer kleinen Kapelle ist dieses Ereignis dargestellt. Wenige Meter weiter erreicht man, ebenfalls auf der linken Straßenseite, die **Station IV** (Jesus begegnet seiner Mutter). Hier erinnert eine kleine Kapelle mit einem Relief an diese Begegnung. In der Krypta der armenischen Kirche nebenan markiert ein Mosaikfußboden die Stelle, an der Maria angeblich stand. Dort, wo jetzt die Via Dolorosa nach rechts abgeht, befindet sich an der Ecke die **Station V** (Simon von Kyrene hilft Jesus das Kreuz tragen). Hier erkannten die römischen Soldaten, daß Jesus den steilen Pfad zum Kalvarienberg mit dem Kreuz nicht hochkommen würde, griffen sich Simon von Kyrene aus der Menge und zwangen ihn, Jesus zu helfen.

Die enge Gasse wird von Basarläden gesäumt; auf halbem Weg liegt linker Hand liegt die **Station VI** (Veronika reicht Jesus das Schweißtuch). Das berühmte Tuch der Veronika mit dem Abdruck des Gesichts Jesu befindet sich seit dem 8. Jh. im römischen Petersdom. An der Kreuzung mit der Straße Suq Khan az Zeit (Ölmarkt) befindet sich **Station VII** (Jesus fällt ein zweites mal unter der Last des Kreuzes) mit einer kleinen Franziskanerkapelle. Es geht nun links und sofort wieder rechts in die Gasse herein; linker Hand markiert ein Mauerstein mit der Aufschrift ICXC NIKA die **Station VIII** (Jesus spricht zu den weinenden Frauen). ,,Ihr Frauen von Jerusalem weint nicht über mich; weint über euch und eure Kinder. Denn es kommen Tage, da wird man sagen: Wohl den Frauen, die unfruchtbar

Oben: Via Dolorosa. Station III. Rechts: Hier wohnt ein Mekka-Pilger! Rechts außen: Der Basar im Herzen des muslimischen Viertels.

GRABESKIRCHE

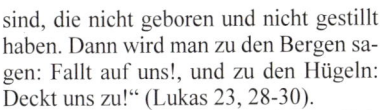

sind, die nicht geboren und nicht gestillt haben. Dann wird man zu den Bergen sagen: Fallt auf uns!, und zu den Hügeln: Deckt uns zu!" (Lukas 23, 28-30).

Es geht zurück zum Suq Khan az Zeit und weiter rechts ab. Durch die teils überdachten Gassen im Herzen des muslimischen Basarviertels fällt von oben ein geheimnisvolles Licht und taucht die Läden mitsamt ihren Waren – hochgetürmten Stoffballen, Obst und Gemüse, Fleisch, Gewürze und Haushaltswaren – in ein geheimnisvolles Halbdunkel. Bunt bemalte Häuser, die anzeigen, daß ihr Bewohner eine *hadj* (Pilgerfahrt nach Mekka) hinter sich hat, stehen neben elegant geschwungenen Torbögen, römischen Säulenfragmenten, Hauseingängen mit alten arabischen Steinmetz-Ornamenten und überkuppelten Hallen, in denen fliegende Händler ihre Waren am Boden ausbreiten. In der arabisch geprägten Atmosphäre nehmen sich die psalmensingenden Bibeltouristen recht sonderbar aus.

Nach gut 100 m läuft rechts eine Rampe hoch und leitet in eine Gasse über, die zu einem koptischen Kloster führt. Am Ende des Sträßchens markiert eine Säule die **Station IX** (Jesus fällt ein drittes Mal unter der Last des Kreuzes).

Wieder zurück zum Suq Khan az Zeit und weiter der ursprünglichen Richtung folgend führt eine Rechtsabbiegung vorbei an der lutherischen Erlöserkirche zum Eingang der Grabeskirche (Church of the Holy Sepulchre). In den Läden um die Grabeskirche kann man schöne Hängeampeln, Weihrauch, Myrrhe und Ikonen neueren Datums erstehen; auch aus Olivenholz geschnitzte Figuren der Heiligen Familie, Abendmahlskelche, Kreuze und handgeflochtene Dornenkronen finden bei Pilgern reißenden Absatz.

In der Grabeskirche

Die **Grabeskirche** ist der heiligste Ort der Christenheit, denn innerhalb ihrer Mauern liegt der Kalvarienberg, mit anderem Namen Golgatha: Die Schädelstätte, an der Jesus gekreuzigt wurde und starb. Ganz in der Nähe befindet sich auch die Stelle seiner Grablegung und Auferstehung.

Im Rahmen seines Stadterneuerungsprogramms ließ Hadrian über dem Kreuzigungsort und Grab einen Tempel für die Göttin Aphrodite setzen, wobei er zuerst einmal das gesamte Gelände inklusive Golgathafelsen und Grabstätte mit einem alles einschließenden Basisbau versiegelte. Konstantin der Große ließ 313 eine erste prachtvolle Grabeskirche über den heiligen Stellen errichten. Die Perser, die 614 Jerusalem eroberten, zerstörten dieses Gotteshaus. Nachdem 628 die Invasoren von Kaiser Herakleios geschlagen wurden, entstand eine zweite Kirche, nicht mehr ganz so prachtvoll und auch kleiner als der Vorgängerbau. Im 10. Jh. wurde sie von muslimischen Truppen in Brand gesetzt, großer Schaden entstand jedoch nicht – den richtete Kalif al Hakim an, der die sakrale Stätte vollständig verwüsten ließ. Die Kreuzfahrer waren die nächsten, die wieder bauten; zum 50. Jahrestag der Eroberung Jerusalems, 1149, konnten sie ihre Grabeskirche weihen. 38 Jahre später hatte Saladin ihnen Jerusalem abgenommen, der Sultan respektierte aber das Gotteshaus und ließ es nicht zerstören. Bis zum Jahr 1808 hielt die Grabeskirche dem Zahn der Zeit stand, dann setzte die Kerze eines Pilgers sie in Brand, und wieder mußte neu gebaut werden. Ein Erdbeben Anfang des Jahrhunderts sorgte bei der fünften Grabeskirche für schwere Schäden. Die drei Eigentümer des Gotteshauses, die Lateiner, Armenier und Griechen, konnten sich nicht nicht über eine Restaurierung einigen, und die britische Mandatsregierung sicherte dann den Bau so gut wie möglich.

Im Lauf der Zeit fanden die drei Parteien einen Kompromiß; seit den 60er Jahren wird nun restauriert. Abgeschlossen werden konnten die Arbeiten bisher nicht, da sie immer wieder vom eifersüchtigen Geplänkel der drei Religions-

Oben: Ein Pilger sucht im christlichen Viertel nach seinem Quartier. Rechts: Die Grabeskirche.

gruppen unterbrochen wurden. Seit jeher hatte es Streitigkeiten zwischen den drei Parteien gegeben. Schon Mitte des 19. Jh. hatten die Türken die Auseinandersetzungen gründlich satt und verhängten das sogenannte Status Quo-Gesetz, das der Staat Israel übernommen hat. Damit wurden die damals geltenden Besitzverhältnisse eingefroren; auch die Zeiten der Gottesdienste setzten die Türken genau fest, und es durften keine neuen liturgischen Feiern eingeführt werden. Das hat jedoch die unchristlichen Streitereien am heiligsten Ort der Christen nicht beendet. Jede Partei ist peinlich darauf erpicht, daß ihre Ansprüche bis zum Buchstaben des Gesetzes erfüllt werden und führt bittere Klage, wenn sie eine andere Interpretation der Sachlage hat.

Seit über zehn Jahren verschandelt ein Gerüst die Rotunde und bewahrt sie vor dem Einsturz. Lateiner, Armenier und Griechen richten die ihnen zustehenden Bereiche ohne oder nur mit minimaler Absprache untereinander her, teilweise staunt man über nicht zusammenpassende, manchmal geschmacklich recht gewöhnungsbedürftige Ausschmückungen.

Die Grabeskirche ist ein Labyrinth von über und untereinanderliegenden Kapellen und Seitenkapellen, ein ungeregeltes Chaos von Schreinen und Altären, Grabstätten und Gedenkstellen, in dem man sich nur schwer zurechtfindet. So mancher Besucher durchstolpert recht orientierungslos das große Gotteshaus.

Vor dem Eingang befindet sich ein kleiner gepflasterter Platz, und während der Hauptreisezeiten herrscht hier wie auch in der Kirche drangvolle Enge.

Die mit Steinmetzarbeiten verzierte Fassade stammt aus der Kreuzfahrerzeit. Das rechte Portal wurde 1187 von Saladin zugemauert. Man tritt durch das linke Portal und ist umfangen vom Halbdunkel des Gotteshauses. Gleich links liegt der Platz der muslimischen Wärter – seit Jahrhunderten verwaltet eine muslimische Familie aus Jerusalem die Schlüssel zur Kirche. Geht man geradeaus weiter, läuft man direkt auf einen langen flachen Marmorblock zu. Dies ist der **Salbungs-**

Oben: Auf dieser Bank soll der Leichnam Jesu gesalbt worden sein.

stein, auf dem Josef von Arimathäa und Nikodemus den Leichnam Jesu mit wohlriechenden Salben einrieben und dann in Leinentücher wickelten. Noch heute reiben viele Gläubige den Stein mit kostbaren Essenzen ein.

Rechts vom Salbungsstein führt eine steile Treppe zum 5 m hohen Kalvarienberg und der **Golgatha-Kapelle** mit drei Altären. Hier liegen die **Station X** des Leidensweges (die Legionäre berauben Jesus seiner Kleider), die **Station XI** (Jesus wird ans Kreuz genagelt), die **Station XII** (Jesus stirbt am Kreuz) und die **Station XIII** Station (der tote Jesus wird in die Arme seiner Mutter gelegt). Über dem katholischen Altar der Kreuzannagelung mit Kupferreliefs aus dem Jahr 1588 zeigt ein Mosaik die Hinrichtung auf Golgatha. Auf dem griechisch-orthodoxen Stabat-Mater-Altar steht eine Statue der Gottesmutter, die der Überlieferung nach an diesem Ort stand und sah, wie ihr Sohn starb. Der griechisch-orthodoxe Kreuzigungsaltar zeigt das Felsloch, in dem das Kreuz gesteckt haben soll. Der Stein kann unterhalb der Altarplatte berührt werden. Rechts vom Altar befindet sich im Felsen der 20 cm lange Spalt, der beim Tod Jesu entstand.

Rechts vom Ausgang der Kapelle liegt das **Katholikon**. Die griechisch-orthodoxe Hauptkirche besteht aus dem überkuppelten Mittelschiff der früheren Kreuzfahrerkirche; genau unter der Kuppel liegt in einem Kelch eine umflochtene Kugel: Sie markiert, nach christlicher Überlieferung, den „Nabel der Welt".

Neben dem Katholikon liegt die große Rotunde, in deren Zentrum die kleine **Grabkapelle** steht. Vor ihrem Eingang reiht sich immer eine lange Besucherschlange. Hier ist die **Station XIV** (Jesu Leichnam wird ins Grab gelegt). Der Bibel zufolge bestattete Joseph von Arimathäa Jesus in einem Grab, das er für sich selbst in einen Felsen hatte hauen lassen.

Der Eingang zur Rotunde führt in einen Vorraum, der heute den Namen **En-**

gelskapelle trägt; hier soll ein Engel drei Frauen – Maria Magdalena, Maria, der Mutter des Jakobus und Salome – die Auferstehung Jesu mitgeteilt haben. In einem Schrein wird hier ein Stückchen von jenem Rollstein aufbewahrt, mit dem angeblich einmal das Grab verschlossen wurde.

Hinter einer niedrigen Tür folgt die nur 4 qm große Grabkammer. Rechts befindet sich die mit Marmor verkleidete Grabbank, auf der Jesus gelegen haben soll. Im Rücken der Grabkapelle haben die Kopten einen winzigen sakralen Raum, der ebenfalls ein Stück vom Grabfelsen besitzt.

Da Josef von Arimathäa sein Grab Jesus zur Verfügung stellte, mußte er sich natürlich ein neues machen lassen. Dieses neue Grab befindet sich neben der winzigen Westapsis der Rotunde.

Nahe der Grabeskirche ragt der über 50 m hohe Kirchturm der deutsch-lutherischen **Erlöserkirche** in den Himmel; von dort oben bietet sich einer der schönsten Blicke über die Altstadt und das moderne Jerusalem. 1898 wurde das Gotteshaus in Anwesenheit von Kaiser Wilhelm II. geweiht.

Im Jüdischen Viertel

Vor der Kreuzfahrerzeit lebten die Juden im nordöstlichen Teil der Stadt, dort, wo heute die Muslime ihr Quartier haben. Die Franken zerstörten das Viertel jedoch so vollständig, daß 1267, als der sephardische Rabbi Nachmanides ,,Ramban" nach Jerusalem kam, er das Viertel so gut wie ausgestorben fand. Mit weiteren Glaubensbrüdern begann er, im Süden der Stadt rund um die Ramban-Synagoge eine neue Siedlung anzulegen. Starker Zulauf kam 1492, als die katholischen Monarchen Isabella und Fernando in Spanien per Dekret alle Juden ausweisen ließen, und im 18. und 19. Jahrhundert, als die ashkenasischen Juden aus Osteuropa ins gelobte Land strömten. Im Jahr 1865 stellte die jüdische Bevölkerungsgruppe schon mehr als die Häfte der Einwohner von Jerusalem. Im Jüdischen Viertel herrschte drangvolle Enge, und die neuangekommen Siedler begannen von nun an, außerhalb der Stadtmauer ihre Häuser zu errichten.

Während des Unabhängigkeitskriegs 1948 war das Stadtviertel nicht mehr zu halten. Nach dem Waffenstillstandsabkommen fiel Ost-Jerusalem an Jordanien, das Quartier wurde von seinen Bewohnern verlassen und war für mehr als eine Generation eine Geisterstadt. Im Sechs-Tage-Krieg 1967 eroberten die Israelis diesen Stadtteil; seitdem nahmen Archäologen umfangreiche Ausgrabungsarbeiten vor, und die Architekten sanierten behutsam das Areal. Das hat sich gelohnt, denn die Atmosphäre im Jüdischen Viertel ist freundlich, und die im gelben Sandstein errichteten Häuser leuchten in der Sonne. Man sollte allerdings auch daran denken, daß die Besetzung dieses Stadtteils durch die Israelis nicht dem Völkerrecht entspricht und demzufolge von der UNO nicht anerkannt ist.

Von der Erlöserkirche aus im Jüdischen Viertel angekommen, erstreckt sich links von der Straße Suq al Husur der **Cardo**, eine 8 m breite, kolonnadengesäumte Haupt-und Geschäftsstraße aus dem byzantinischen Jerusalem des 6. Jh. In jenen Tagen war sie doppelt so breit. Der Cardo liegt 5 m tiefer als die Straßen des heutigen Stadtviertels. Wer das alte Straßenpflaster unter den Sohlen spürt, kann sich mit ein bißchen Phantasie vorstellen, wie es im geschäftigen Jerusalem auf dieser Hauptstraße einmal zugegangen sein mag. In einen Teil der Prachtstraße haben sich wieder – wie in alten Zeiten – noble Geschäfte niedergelassen, und zudem befindet sich hier das vorzügliche Restaurant Culinaria.

Gegenüber der Treppe, die zu dem Geschäfsareal hinunterführt, verläuft eine kleine Passage zum **Breiten Wall**, den Resten einer fast 7 m dicken und 2700 Jahren alten Jerusalemer Stadtmauer.

JÜDISCHES VIERTEL

Rechts ab ist bald das Zentrum des Jüdischen Viertels mit dem **Hurva-Platz** erreicht, wo kleine Cafés zu einer Pause einladen. Hier stehen auch die Reste der **Hurva- Synagoge**, mit deren Errichtung ashkenasische Juden aus Polen im 18. Jh. begannen. Sie wurde bei den Kämpfen zwischen Juden und Arabern 1948 zerstört. Der überkuppelte Zentralbau ist als Ruine belassen (hebr.: *Hurva* = Ruine) und dient als Mahnmal gegen den Krieg.

In unmittelbarer Nachbarschaft liegt die **Ramban-Synagoge**, die 1267 als erste Synagoge der Jerusalemer Altstadt erbaut wurde. 1585 wurde sie in eine Moschee umgewandelt, und nach mehreren Phasen von Zerstörung und Wiederaufbau erhielt sie 1967 ihre heutige Gestalt.

Am Hurva-Platz erstreckt sich die Ausgrabungsstätte **Herodian Quarter** (Herodianisches Wohnviertel) mit dem **Wohl Archeological Museum**. Hier wurden Hausfundamente, Fresken, Mosaike, Keramik, Glaswaren und rituelle Bäder aus der Zeit der Herrschaft des Herodes (40-4 v. Chr.) ausgegraben. Bei den Gebäuderesten handelt es sich wahrscheinlich um die ausgedehnte Hausanlage eines Hohepriesters. Beim Sturm auf den Tempel im Jahre 70 n. Chr. zerstörten die Römer auch diesen Komplex.

Um die Ecke vom Wohl Museum liegt das **Burnt House** (Verbranntes Haus), ein Handwerkskeller, der zum Gebäude der Bar Katros-Priesterfamilie gehörte; deren Haus ebenfalls bei der Eroberung Jerusalems 70 n. Chr. in Flammen aufging. Eine audiovisuelle Vorführung erläutert die Ausgrabungsarbeiten und macht mit den Fundstücken und der Anlage des Kellers vertraut.

Verläßt man das Burnt House und wendet sich nach links, erreicht man nach wenigen Schritten einen großartigen Aussichtspunkt; von hier schweift der Blick auf die Klagemauer mit der in den Himmel ragenden, goldenen Kuppel des Felsendoms. Vor dieser grandiosen Ku-

Oben: Im jüdischen Viertel der Altstadt.
Rechts: Bereits die Jungen aus orthodoxen jüdischen Familien tragen Schläfenlocken.

lisse sprechen die Fernsehkorrespondeten gerne ihre Kommentare.

Auf dem Berg Zion

Verläßt man die Altstadt durch das Misttor (Dung Gate), führt rechts eine Straße den Mount Zion hoch. Ein kürzerer Weg führt durch das **Zionstor** direkt zum Berg Zion. Unübersehbar ragen das spitze Kegeldach und der hohe Glockenturm der katholischen **Dormitio-Kirche** in den Himmel. Beim Besuch des deutschen Kaisers 1898 schenkte der türkische Sultan seinem Verbündeten das Areal auf dem Berg Zion, und Wilhelm gab es an das Kölner Erzbistum weiter. Der Baumeister Heinrich Renard erbaute die Marienkirche im neoromanischen Stil. Sie wurde 1908 geweiht. Christlicher Tradition zufolge ist an dieser Stelle die Mutter Jesu nicht gestorben, sondern in einen ewigen Schlaf (*dormitio*) gefallen. Die Mosaiken auf dem Fußboden im Kircheninneren symbolisieren die Dreieinigkeit, die Apostel und die Tierkreiszeichen; auf einem Mosaik in der Apsis ist Maria mit dem Jesuskind dargestellt. In der Krypta befindet sich unter einer Mosaikkuppel die Skulptur der entschlafenden Maria. Die Kirche und das angeschlossene Kloster werden von deutschen Benediktinern geführt.

Südlich der Kirche wird im ersten Stock eines aus dem 14. Jh. datierenden Moschee-Komplexes der **Raum des letzten Abendmahls** (Coenaculum) verehrt. Sein Gewölbe wird von zwei gotischen Säulen getragen, und ein Felsbrocken gegenüber der muslimischen Gebetsnische markiert den Platz Jesu beim letzten Abendmahl. In dieses ,,Obergemach" kehrten die Jünger nach der Auferstehung Jesu zurück, und hier fand das in der Apostelgeschichte erzählte Pfingstwunder statt, bei dem der heilige Geist in Gestalt einer Taube auf die Apostel niederkam. (Apostelgeschichte 2, 1-4). Wo sich wirklich der ,,Raum im Obergeschoß" befunden hat, in dem Jesus und die Jünger Abschied voneinander genommen haben, weiß man bis heute nicht. Wahr-

ÖLBERG

scheinlich ist, daß er in einem Haus innerhalb der Stadtmauern lag.

Im Untergeschoß des gleichen Gebäudes befindet sich der „Saal der Fußwaschung", heute eine Synagoge, und der **Steinsarg Davids**; hier wird seit dem Mittelalter das Grab des großen Königs verehrt. Ein besticktes Samttuch bedeckt den massiven Sarkophag, die hebräischen Inschriften bedeuten: „David, der König Israels, lebt ewig" und „Wenn ich dich je vergesse, Jerusalem, dann soll mir die rechte Hand verdorren" (aus Psalm 137). Die Bibel berichtet, daß der Einiger der israelitischen Stämme hier nicht zur letzten Ruhe gebettet sein kann, denn er wurde in der sogenannten Davidsstadt am Berg Ophel östlich vom Mount Zion begraben (1. Könige 2, 10). Da die Stadt Davids in der Bibel allerdings auch den Beinamen *Burg Zion* (2. Samuel 5, 7) trägt, und in byzantinischer Zeit der Name auf den Berg überging, suchten im Mittelalter die Gläubigen auf dem Berg Zion nach der Davidsstadt und glaubten, an dieser Stelle fündig geworden zu sein.

Neben dem Gebäude mit dem „Grab Davids" hält die kleine Gedenkstätte **Keller des Holocaust** die Erinnerung an die Ermordung von 6 Millionen Juden wach, zeigt Exponate aus Konzentrationslagern und Gedenkplaketten jener jüdischen Gemeinschaften, die vollständig von den Nazis ausgerottet wurden.

Der Ölberg und Ost-Jerusalem

Ein Besuch auf dem **Ölberg** – der 120 m hoch aus der Ebene ragt und seinen Namen von den vielen Olivenhainen bekommen hat – beginnt am **Stefanstor** (auch Löwentor genannt); hier verläßt man die Altstadt, hält sich rechts und erreicht bald das **Mariengrab** mit der Gethsemane-Grotte.

Die Fassade und auch die breite Marmortreppe zur Krypta stammen aus der Kreuzfahrerzeit. In einer Seitenkapelle auf halbem Weg zur Krypta liegen rechts die Gräber von Marias Eltern Joachim und Anna, und links das Grab des hl. Josef. In der ursprünglich byzantinischen Krypta befindet sich das in den Felsen gehauene Grab der Maria. Es wird von einem christlich-armenischen Altar und einer islamischen Gebetsnische flankiert. Da Jesus unter den Namen Isa Ben Marjam – Jesus, Sohn der Maria – als einer der fünf Propheten des Islam gilt, verehren die Muslime natürlich auch seine Mutter; die anderen vier Propheten der Muslime sind Noah, Abraham, Moses und Mohammed.

Vom Vorhof aus gelangt man in die **Gethsemane-Grotte** mit Fragmenten von Mosaikfußböden aus byzantinischer Zeit; hier ist Jesus laut christlicher Überlieferung von Judas verraten und von den Römern verhaftet worden.

Vom Mariengrab kämpft man sich durch ein Spalier von Straßenhändlern

Oben: Ein seltener Anblick – Schnee vor dem Zionstor. Rechts: „Davids Grab" ist heute eine Synygoge.

und erreicht den **Garten von Gethsemane**. Der Name ist abgeleitet von dem aramäischen *Gat Schamna* oder dem hebräischen *Gat Schemanim*, beides bedeutet soviel wie Ölpresse. Die Anlage war wohl früher ein Olivenhain mit einer Ölmühle. An diesem ruhigen, schattigen Ort gedeihen einige uralte, knorrige Olivenbäume, die angeblich noch aus der Zeit Christi stammen. Nach dem Abendmahl kam Jesus mit den Jüngern in den Garten von Gethsemane, um hier zu übernachten. Dann überfiel ihn Todesangst, und vor Furcht schwitzte er Blut. Er ging ein Stück fort von den Jüngern, kniete nieder und sprach die Worte: ,,Vater, wenn du willst, nimm diesen Kelch von mir. Aber nicht mein, sondern dein Wille geschehe". (Lukas 22, 42-44).

Die **Kirche von Gethsemane**, auch Basilika der Todesangst genannt, entwarf der Italiener Antonio Barluzzi. Das Gotteshaus mit seiner prächtigen Innenausstattung entstand zwischen 1920 und 1924. Viele Nationen spendeten Geld für den Bau, und die zwölf Kuppeln des Daches wurden von Künstlern aus verschiedenen Ländern ausgemalt – daher heißt die heilige Stätte auch Kirche der Nationen. Vor der Hauptapsis befindet sich der Fels, auf dem Jesus in Todesangst betete; dieses Motiv hat auch das Mosaik in der Apsis zum Inhalt. Den Verrat des Judas und die Gefangennahme Jesu zeigen die Darstellungen in den Nebenapsiden.

Nächste Station hügelaufwärts ist die **Maria-Magdalena-Kirche**; sie ist mit ihren sieben goldenen Zwiebelkuppeln und den orthodoxen Kreuzen obenauf leicht als russisches Gotteshaus zu identifizieren. Zar Alexander III ließ die Kirche 1888 zur Erinnerung an seine Mutter erbauen. Das Kircheninnere ist mit Ikonen, Wand- und Deckenmalereien geschmückt, und ein großes Gemälde erzählt Ereignisse aus dem Leben der hl. Maria Magdalena. In der Krypta liegt die russische Großfürstin Elisabeth Feodorowna begraben; sie wurde zusammen mit der Zarenfamilie 1918 ermordet.

Es geht nun weiter den Hang des Ölbergs aufwärts, bis **Dominus Flevit**, ,,Der Herr weinte", erreicht ist. Ebenfalls unter der Bauaufsicht des italienischen Architekten Antonio Barluzzi entstand ab 1955 die in Form einer Träne errichtete Kirche mit ihren harmonischen Proportionen. Sie wurde auf byzantinischen Fundamenten erbaut und ist von einem kleinen schattenspendenden Hain umgeben. Links vom Eingang sind Teile eines Mosaikbodens aus dem 5. Jh. zu erkennen. Als Jesus am Palmsonntag mit einer großen Menschenmenge im Gefolge auf einem Esel den Ölberg herunterritt und die Stadt in der Sonne leuchten sah, da weinte er, denn er sah ihren Untergang voraus (Lukas 19, 41-44). Auch von hier hat man einen wunderschönen Blick auf die Altstadt von Jerusalem.

Auf Treppenstufen geht es weiter den Ölberg hoch, und bald sieht man rechter Hand auf dem jüdischen Friedhof die **Prophetengräber**, in denen Haggai, Sacharja und Maleachi, drei der sogenannten zwölf kleinen Propheten aus dem 6. und 5. Jh. v. Chr., begraben sein sollen; dies scheint jedoch mehr als zweifelhaft, da dieser spezielle Grabtyp erst nach der Zeitenwende entwickelt wurde; zwei halbrunde Korridore enthalten insgesamt 26 Loculi (Schiebegräber).

Oberhalb der Katakomben liegt ein großes Gemeinschaftsgrab, in dem 48 Menschen zur letzten Ruhe gebettet wurden. Alle kamen bei den Kämpfen um das jüdische Viertel im Jahr 1948 ums Leben; damals bestattete man sie in aller Eile innerhalb des Quartiers. Nachdem die Armee im Sechs-Tage-Krieg 1967 den Ostteil Jerusalems erobert hatte, wurden die Opfer exhumiert und hier neu beigesetzt. Nicht nur Soldaten liegen in dem Grab, es enthält auch die Gebeine eines kleinen Jungen, der bei den Gefechten als Meldeläufer eingesetzt wurde. Alljährlich gedenkt die Armee der Gefallenen mit militärischen Ehren.

Nach einem kurzen Fußmarsch ist nun der Gipfel des Ölbergs erreicht. Hier

Oben: Blick auf den Ölberg mit der Kirche von Gethsemane und der russischen Maria Magdalena Kirche. Rechts: Jerusalem im Mondlicht.

liegt das Seven Arches Hotel (einst das Intercontinental) von dem aus man die bekannte Postkartenansicht der heiligen Stadt genießen kann. Hobbyfotografen sollten am frühen Morgen hier vor Ort sein, denn dann haben sie die Sonne im Rücken, und die Szenerie präsentiert sich im schönsten Licht. Einziger Wermutstropfen: die unerbittlichen Souvenirverkäufer und Kameltreiber, die einem unbedingt einen Kamelritt schmackhaft machen wollen.

Sanft läuft der Hang ins Kidron-Tal aus, auf dem Tempelberg strahlt die goldbedeckte Kuppel des Felsendoms über den Dächern der Altstadt, und in der Ferne ragen die Hochhäuser des modernen Jerusalem in die Höhe. Rechts vom Felsendom erkennt man in der Stadtmauer das (geschlossene) Tor der Barmherzigkeit, auch Goldenes Tor genannt. Nach jüdischer Tradition wird hier einmal der Messias in die Stadt einziehen (nach christlicher Überlieferung ist dies ja bereits geschehen). Fast der gesamte Hügelhang wird vom **jüdischen Friedhof** eingenommen. Seit über 2000 Jahren bestatten hier die Juden ihre Angehörigen, und dies ist weltweit der älteste, noch in Gebrauch befindliche Gottesacker.

Rund 150 m nördlich vom Seven Arches Hotel erhebt sich die **Himmelfahrtskapelle**. Das kleine achteckige Gebäude stammt aus der Kreuzfahrerzeit, die Kuppel ist moslemischen Ursprungs. Hier soll es gewesen sein, daß Jesus zu seiner Himmelfahrt ansetzte und dabei zum Abschluß noch einmal so kräftig den sandalenbedeckten Fuß auf den Stein setzte, daß sich der Abdruck in den Felsen prägte.

Nur einige Meter entfernt liegt der **Pater-Noster-Konvent**, wo christlicher Tradition aus der Kreuzfahrerzeit zufolge Jesus seinen Jüngern das Vaterunser (lat.: *Pater noster*) beibrachte. Fayenceplatten geben in über 70 Sprachen den Text dieses bekanntesten Gebets der Christen wieder; links vom Eingang auch auf einer Metallplatte in Braille (Blindenschrift). 1868 kaufte die französische Prinzessin de la Tour d'Auvergne das Areal und ließ auf byzantinischen und fränkischen Fundamenten ein Kloster für die Karmeliterinnen errichten; ihr Grab befindet sich in der Grabkapelle neben dem Eingang.

Das Kidrontal

Es geht nun zurück zum Fuß des Ölbergs; am Mariengrab gabelt sich die Straße; die rechte Abzweigung führt ins **Kidrontal**. Nach einem kurzen Fußmarsch erreicht man eine Reihe eindrucksvoller Grabmonumente. Das **Grab Absaloms** (Sohn Davids) wurde vermutlich nicht für Absalom, sondern erst im 1. Jh. n. Chr. errichtet. Der fast quadratische, aus dem Fels gehauene Würfel ist mit Säulen und einem kegelförmigen Dach verziert und insgesamt 15 m hoch; dahinter erstreckt sich unter dem Namen **Grab des Joschafat** (vierter König von Juda, Reg. 873-849) eine weitere große Begräbnisanlage mit mehreren, in den Felsen gehauenen Kammergräbern. Wenige Meter weiter liegt das älteste der Gräber – die letzte **Ruhestätte der Priesterfamilie Hezir** – das im 2. Jh. v. Chr. von eben jener jüdischen Priesterfamilie erbaut wurde; hinter einem säulengeschmückten, balkonartigen Vorbau sind mehrere Grabkammern in den Felsen geschlagen. Nachdem der Hohepriester Hananias den Jakobus, Bruder Jesu und erster Bischof von Jerusalem, erschlagen hatte, soll sein Leichnam hier zur ewigen Ruhe gebettet worden sein – deshalb wird die Grabkammer auch *Jakobsgrotte* genannt. Eindrucksvoll ist auch das im 1. Jh. n. Chr. vollständig aus dem Felsen gehauene, quadratische **Mausoleum des Zacharias** (Vater von Johannes dem Täufer), das von einem Pyramidendach gekrönt und mit ionischen Säulen geschmückt ist.

Ein kleines Stück weiter liegt rechter Hand am Fuß des Bergs Ophel die **Gihon-Quelle**, die einzige ganzjährig wasserführende Quelle Jerusalems, an der schon die Jungfrau Maria Wasser holte. Hier legte das Ausgrabungsteam der Hebrew University die **Davidsstadt** frei. Auf dem Berg Ophel legte David ca. 1000 v. Chr. seine Stadt an und brachte auch die Bundeslade hierher. Teile der Stadtbefestigung, Gebäudereste, ein Abwassersystem und mit Treppen verbundene Terrassen aus der Zeit der Stadtgründung wurden hier ausgegraben.

König Hiskija (725-697 v. Chr.) ließ von der Gihon-Quelle aus eine unterirdische Wasserleitung zum Teich von Siloah legen, der die Stadt Jerusalem im Fall einer Belagerung mit Wasser versorgen sollte. Den über 500 m langen **Hiskijas Tunnel** kann man – streckenweise in stark gebückter Haltung – bis zum Siloah-Teich durchlaufen.

Geht man stattdessen weiter auf der Straße durchs Kidrontal, liegt ca. 500 m weiter rechter Hand der **Siloah-Teich**. Hier soll Jesus einen Blinden geheilt haben (Johannes 9,7). Vom Teich führt ein Stufenweg aus römischer Zeit zur 1931 erbauten katholischen Kirche **St. Peter in Gallicantu** am Osthang des Bergs Zion. Hier stand angeblich der Palast des Hohepriesters Kaiphas, wo Petrus seinen Herrn dreimal verleugnete bevor der Hahn krähte. Im Inneren der Kirche kann man Zisternen und Keller aus römischer Zeit sowie ein ziemlich bedrückendes Verlies besichtigen, das als „Gefängnis Christi" gilt. In der Kirche sind jüdische und frühchristliche Funde zu sehen.

Nördlich der Altstadt

Vom Damaskus-Tor oder dem Herodestor führt die Suleiman Street zur Nordostecke der Altstadt. Hier wartet das **Rockefeller Museum** mit einer einzigartigen Ausstellung archäologischer Exponate auf. Das Museum wurde 1927 vom amerikanischen Industriemagnaten John D. Rockefeller mit großzügigen Spen-

Rechts: Das Rockefeller Museum ist einen Besuch wert.

dengeldern ins Leben gerufen und zeigt Funde aus prähistorischer Zeit bis zum 18. Jh. Zu den ältesten Stücken gehören ein Kultschädel aus dem neolithischen Jericho, Elfenbeinschnitzereien aus dem kanaanäischen Megiddo, eine Statue des ägyptischen Pharao Ramses III. und eine Stele seines Vorgängers Sethos I.

Ein Stück die Suleiman Street zurück biegt rechts die Saladin Street ab. Dort, wo die Saladin auf die Nablus Street trifft, erstreckt sich rechts der **Komplex der Königsgräber**. Lange Zeit hatten die Bewohner Jerusalems in der Katakombenanlage die Begräbnisstätten der Könige von Juda gesehen. Mitte des letzten Jahrhunderts stellte der französische Archäologe Félecien de Saulcy jedoch fest, daß die Gräber weitaus jüngeren Datums waren: Königin Helena von Adiabene (ein kleines Vasallenkönigreich der Parther im heutigen Irak) ließ die Katomben im 1. Jh. v. Chr. aus dem Fels schlagen. Helena war in die heilige Stadt gekommen und zum Judentum konvertiert. Für die Besichtigung ist eine Taschenlampe hilfreich; von einer großen, rechteckigen Vorhalle leitet ein Tor in die quadratische Hauptkammer über, die von Nebenkammern mit Arkosolgräbern (Nischengräbern) gesäumt ist.

Ein kurzes Stück weiter nördlich liegt das **American Colony Hotel** mit seinem hervorragenden Restaurant in einem ehemaligen Pascha-Palast aus dem 19 Jh. Das American Colony ist das Lieblingshotel der in Jerusalem arbeitenden Journalisten, und hier fand auch der erste Geheimkontakt zwischen Israelis und Palästinensern auf dem Weg zu den Friedensgesprächen statt.

Von der Saladin Street biegt man in die Nablus Street; vorbei an der Anglikanischen St. George's Cathedral und der Stephanskirche mit dem französischen Bibelinstitut geht man wieder auf die Altstadt zu. Kurz vor dem Damaskus-Tor zweigt links die Conrad Schick-Gasse zum **Gartengrab** ab; hier kann man sich gut vorstellen, wie die letzte Ruhestätte Jesu einmal ausgesehen haben könnte. Die Örtlichkeit wurde 1883 vom englischen General Charles Gordon (1833-1885) entdeckt. Da der Felsen wie ein Schädel aussah, glaubte er, den Kalvarienberg, Golgatha, – was beides soviel wie Schädel bedeutet – gefunden zu haben; als dann hier auch noch ein Grab zutage trat, war die Euphorie groß, doch dann stellten die Archäologen fest, daß es aus dem 4. Jh. datierte. So heißt die Stätte auch ironisch *Gordons Golgatha*.

Über die Shivte Yisrael Street und die Mea Shearim Street gelangt man nach **Mea Shearim**, dem 1875 gegründeten Viertel der Ultraorthodoxen Juden nordwestlich der Altstadt. Hier gibt es Unmengen von Talmudschulen, rituelle Bäder und Synagogen, und es wird vorwiegend Jiddisch gesprochen; die Männer tragen noch die hassidische Tracht: schwarze Kleidung, pelzbesetzte Hüte und Schläfenlocken (*Peiyot*). Am Tag vor dem Sabbat findet im Zentrum von Mea Shearim ein lebhafter Markt statt. Schilder mit „Benimm-Regeln" weisen Besucher darauf hin, daß Autofahren am Sabbat, Fotografieren und das Tragen „indezenter Kleidung" (Shorts, Kleidung, die nackte Arme und Beine zeigt) verboten sind. Nordwestlich von Mea Shearim liegt das 1892 begründete **Buchara-Viertel**, dessen Bewohner oft noch die malerischen alten Trachten aus Buchara tragen.

West-Jerusalem

Die Jaffa Street in Richtung Altstadt führt zum Hauptgeschäftszentrum des modernen Jerusalem rund um die Fußgängerzone der **Ben-Yehuda-Street**. Im Herzen der Neustadt kann man sich in eleganten Boutiquen, Einkaufszentren mit großem Warenangebot, Straßencafés und Restaurants die Zeit vertreiben.

Von der Ben-Yehuda-Street zweigt die King George V Street ab. Hier liegen das 1874 gegründete Kloster der Pères de Sion und der **Unabhängigkeitspark** mit einer Zisterne aus dem antiken Jerusalem. Im Gebäude der **Zionistischen Institution** hat die 1897 von Theodor Herzl gegründete *Jewish Agency* ihren Sitz, und hier ist das zionistische Archiv untergebracht. Ein Stück weiter südlich sieht man die prächtige, 1982 eingeweihte Große Synagoge des Oberrabbinats. Die Synagoge beherbergt ein Museum für jüdische Sakral- und Volkskunst.

Ein Stück weiter westlich liegt rechts von der Ben Zevi Street das im 11. Jh. erbaute **Kreuzkloster**, eine trutzige, ummauerte Klosterburg mit Höfen und Terrassen, in deren Mittelpunkt eine überkuppelte Kirche steht.

Mit Bus Nr. 9 oder 99 gelangt man zum Regierungsviertel Qiryat Ben Gurion und zur **Knesset**. Hier ist Israels Ein-Kammer-Parlament untergebracht, dessen Name und die Anzahl der Sitze (120) auf die *Haknesset Hagedolah*, die Große Versammlung der Zweiten Tempelperi-

Oben: Ein orthodoxer Jude in Mea Shearim.
Rechts: Entspannte Atmosphäre in den Straßencafés der Neustadt.

ode zurückgeht. Das Bodenmosaik und die leuchtend bunten Wandteppiche entwarf Marc Chagall. Vor dem Gebäude steht eine 5 m hohe *Menora*, der sakrale siebenarmige Kerzenleuchter, ein Geschenk des britischen Parlaments an den damals noch jungen Staat Israel. Südwestlich der Knesset liegt eines der wichtigsten Ausstellungsgebäude des Landes, das **Israel Museum**, das aus vier separaten Museen besteht. Herausragende Attraktion ist der kuppelförmige **Schrein des Buches**, der den Tonkrügen nachempfunden ist, in denen zwischen 1947 und 1956 die Qumran-Schriftrollen in einer Höhle oberhalb des Toten Meeres gefunden wurden. Die Originaldokumente sind ebenfalls hier ausgestellt. Neben dem Schrein befindet sich der **Billy-Rose-Kunstgarten**, ein Freiluftareal mit Plastiken vieler Künstler, u. a. von Auguste Rodin, Henry Moore und Pablo Picasso. Das **Samuel Bronfmann Biblical and Archaeological Museum** zeigt Exponate aus der Zeit des Alten Testaments, und im **Bezalel Kunstmuseum** findet man eine große Ausstellung an Judaica aus aller Welt, z.B. marokkanische Festtagskleidung oder Brautschmuck.

Zwischen der Knesset und dem Israel Museum liegt das kürzlich eröffnete **Bible Lands Museum**; es geht auf den kanadischen Multimillionär Elie Borowksy zurück, dessen Sammlung antiker Stücke den Kern des Museums bildet, und das alt-und neutestamentalische Exponate in seinem Bestand hat.

Die Ruppin Street führt weiter westlich zur 1954 angelegten **Hebrew University**, die u.a. die Jüdische National- und Universitätsbibliothek enthält. Die Vorhalle der Universität ist mit einem Mosaik aus dem 5.-6. Jh. geschmückt.

Die Ruppin Street führt weiter zum Herzl-Boulevard und zum **Herzl-Berg**, mit 890 m Jerusalems höchste Erhebung. Hier wurde 1949 der Begründer des Zionismus, Theodor Herzl (1860-1904), begraben. Der österreichisch-ungarische Herzl arbeitete als Paris-Korrespondent einer Wiener Zeitung und berichtete über die Dreyfus-Affäre. Der antisemitische

WEST–JERUSALEM

Ausbruch und der Rassenhaß der Franzosen erschütterten ihn tief. 1896 erschien sein Band ,,Der Judenstaat", in dem er sich für die Gründung einer eigenen Nation aussprach. Ein Jahr später tagte der erste Zionistische Weltkongreß in Basel, anläßlich dieses Ereignisses schrieb Herzl: ,,Wenn nicht in fünf Jahren, so wird ein jüdischer Staat vielleicht in 50 Jahren Realität werden." Exakt 50 Jahre später befürwortete die UNO den Teilungsplan für Palästina, womit seine Hoffnung in Erfüllung gegangen war.

Nahebei sind Mitglieder von Herzls Familie begraben, sowie führende Zionisten, die früheren Premierminister Levi Eshkol (gest. 1969) und Golda Meïr (gest. 1978). Westlich der Gräber erstreckt sich Israels größter Militärfriedhof. Am Eingang zum Herzl-Park zeigt ein kleines Museum das originalgetreu

Oben: Yad Vashem erinnert an die Ermordung von 6 Mio. Juden durch die Nazis. Rechts: Chagalls Glasfenster in der Hadassah-Synagoge.

rekonstruierte Wiener Arbeitszimmer und die Bibliothek des Visionärs.

Vom Herzl-Berg führt die Har Hazikaron Street zum Hügel des Gedenkens (Har Hazikaron). Hier hält die Gedenkstätte **Yad Vashem** – das wohl erschütterndste Mahnmal im ganzen Land – die Erinnerung an die von den Nazis ermordeten 6 Millionen Juden wach.

Yad Vashem bedeutet soviel wie ,,ein Denkmal und ein Name" und geht auf einen Ausspruch des Propheten Jesaja in der ,,Verheißung an die Fremden und Kinderlosen" zurück: ,,Denn so spricht der Herr: Den Verschnittenen, die meine Sabbate halten, die gerne tun, was mir gefällt und an meinem Bund festhalten, ihnen allen errichte ich in meinem Haus ein Denkmal, und gebe ihnen einen Namen, der mehr wert ist als Söhne und Töchter" (Jesaja 56, 4 – 5).

Der große Komplex enthält ein Holocaust-Archiv mit über 50 Millionen Dokumenten, ein Forschungs- und Dokumentationszentrum, eine Publikationsstelle, weiterhin eine Synagoge, ein Jugend- und Erziehungszentrum und ein Kunstmuseum, das Werke von KZ-Insassen zeigt. Die Halle der Erinnerung ist aus schweren Basaltsteinen und Beton erbaut, und in die Bodenplatten sind die Namen der Konzentrationslager eingemeißelt. Eine Ewige Flamme leuchtet vor einer großen Bronzeschale, in der sich die Asche von Toten aus jedem Vernichtungslager befindet. Vor dem Gebäude ragt die Säule der Erinnerung 30 m hoch in den Himmel, und an ihrer Spitze mahnt das Wort *Zkhor* (Erinnere Dich). In der Allee der Gerechten erinnern 5500 immergrüne Johannisbrotbäume an all jene Nichtjuden, die zumeist unter Einsatz ihres Lebens Juden vor den Nazis gerettet haben; kleine Schilder zeigen ihre Namen. Seit kurzem sucht jeder nach dem Bäumchen von Oskar Schindler. Das Holocaust-Museum zeigt Abertausende von Dokumenten und Fotos, weiter Videos, Tonprotokolle und Exponate über die von den Nazis verfolgte Endlösung der Judenfrage. Am Ende treibt die Kindergedenkstätte von Yad Vashem Besuchern die Tränen in die Augen; hier wird der 1,5 Millionen Kinder gedacht, die von den Nazis ermordet wurden.

Vom Herzl Boulevard geht die Rav Uziel Street ab und führt nach ca. 2 km zum **Holyland Hotel**. Hier befindet sich im Stadtteil Bet Vegan auf rund 1000 qm ein außerordentlich interessantes Modell aus Stein, Metall und Marmor, das Jerusalem zur Zeit der Ära Jesu zeigt. Der Maßstab beträgt 1:50. Das von dem Archäologen Michael Avi-Yonah konzipierte Modell repräsentiert den derzeitigen Stand der Forschung über das antike Jerusalem; wann immer die Archäologen und Sozialhistoriker zu neuen Erkenntnisse kommen, wird die Anlage entsprechend geändert.

Zurück am Herzl Boulevard, führt eine Linksabbiegung über das Dorf En Kerem zum **Hadassah Hospital**, Universitäts-Klinik der Hebrew University und größtes Krankenhaus des Mittleren Ostens. Weltberühmt ist das Krankenhaus wegen der zwölf Glasfenster seiner Synagoge, die der in einer jüdischen Gemeinde in Rußland geborene Marc Chagall entworfen hat. Die Fenster symbolisieren die Stammesväter der 12 Stämme Israels.

In der östlichen Umgebung von Jerusalem

Die Oasenstadt Jericho, Bethlehem und die Höhlen von Qumran am Toten Meer liegen in der Westbank, wo seit 1987 die *Intifada* – der Aufstand der palästinensischen Bevölkerung gegen die israelischen Besatzer – immer wieder für Schlagzeilen, Todesopfer und aufwallende Emotionen sorgt. Ein Besuch kann derzeit nicht uneingeschränkt empfohlen werden, auch wenn im Herbst 1995 die West Bank eine begrenzte Autonomie bekommen hat, und die Israelis dort abgezogen sind.

Bei einem Besuch sollten Sie sich als Tourist kenntlich machen, und auf keinen Fall mit einem israelischen Leihwagen

ÖSTLICH VON JERUSALEM

durch die Gegend fahren. Grundsätzlich freuen sich die Bewohner der Westbank über interessierte ausländische Besucher und heißen sie auch mit der sprichwörtlichen arabischen Gastfreundschaft willkommen.

Qumran ist nicht mit öffentlichen Verkehrsmitteln zu erreichen. Nach Jericho und Bethlehem gelangt man mit Bussen und Sammeltaxen, die am Busbahnhof des Damaskus-Tors an der Altstadt von Jerusalem abfahren.

Rund 3 km östlich von Jerusalem passiert man auf der Fahrt nach Jericho das Dorf **Eizariyya** am Osthang des Ölbergs, das neutestamentliche Bethanien. Hier erweckte Jesus Lazarus wieder zum Leben. Die moderne Lazarus-Kirche auf den Fundamenten zweier Vorgängerbauten mit dem Grab des Lazarus ist ein beliebtes Pilgerziel, heute leben allerdings fast ausschließlich Araber hier.

*Oben: Hishams Palast in Jericho, ein schönes Beispiel omaijadischer Architektur.
Rechts: Beduinenkinder bei Jericho.*

Vom Dorf aus führt die Straße steil bergab. Der nächste Ort ist die Industrieansiedlung **Ma'ale Adummim** (was soviel wie roter Aufstieg bedeutet, benannt nach der steilen Straße und den roten Felsen); hier, an der „Steige von Adummim" (Josua 15, 7) endete einmal das Gebiet des Stammes Juda. Hinter der Stadt taucht rechts der Khan al Hatur, die **Herberge des barmherzigen Samariters** (Inn of the good Samaritan) auf. Archäologen haben alte Mauerreste ausgegraben, und es könnte daher tatsächlich sein, daß schon zu Zeiten Jesu hier einmal ein Gasthof stand. Immerhin erzählt die Bibel die Geschichte von einem Mann, der von Räubern überfallen wird. Ein vorbeiziehender Priester und ein Tempeldiener machen sich der unterlassenen Hilfeleistung schuldig, ein Mann aus Samarien gießt Öl und Wein in die Wunden des Verletzten und bringt ihn zur Herberge (Lukas 10, 30-37).

Wenige Kilometer weiter, und ein roter Hinweispfeil weist links ab ins Wadi Kelt und zum **Georgskloster**, das spektakulär an einer Felsklippe hängt. Die Strecke dorthin ist sehr schmal und holprig. Seit dem 3. Jh. lebten hier Mönche in der Wüste und beteten in den Höhlen, die ihnen als Behausungen dienten. 200 Jahre später wurde ein erstes Kloster errichtet und der Jungfrau Maria geweiht. Seinen heutigen Namen trägt es nach dem hl. Georg von Koziba, der laut Überlieferung sein Kloster vor den einfallenden Horden der Perser erfolgreich verteidigt haben soll. Die heutige Anlage stammt vom Ende des letzten Jahrhunderts.

JERICHO UND QUMRAN

Vom Georgskloster ist es nicht mehr weit nach **Jericho**, der angeblich ältesten Stadt der Welt und der ersten, welche die Israeliten einnehmen konnten.

Schon vor 12 000 Jahren siedelten Menschen hier rund um die Quelle Ein as Sultan, wurden seßhaft, trieben Viehzucht und versuchten, einen Urweizen zu domestizieren und damit ersten Ackerbau zu betreiben. 5000 Jahre später war aus der Ansiedlung eine Stadt geworden, die Verteidigungsmauern aus Stein mit einem Turm besaß. Man nimmt an, daß die über 3000 Bewohner vom Handel mit Salz, Asphalt und Schwefel aus dem Toten Meer ihre Reichtümer bezogen. Mehrmals in den folgenden Jahrtausenden wurde die Stadt zerstört, wieder aufgebaut, von ihren Bewohnern verlassen und wieder besiedelt. Als das ,,auserwählte Volk" um 1300 v. Chr. vor die Tore der Stadt zog, war Jericho zu einem unbedeutenden Ort mit schlecht instandgehaltenen Verteidigungsanlagen verkommen. Man glaubt gern, daß der Schall der Posaunen und das Kriegsgeschrei der Israeliten ausreichte, um das Ganze zum Einsturz zu bringen.

Lange Zeit blieb die Stätte unbewohnt. Um 900 fand eine Wiederbesiedlung statt, und in dieser Zeit weilte der Prophet Elija mit seinem Schüler Elischa vor Ort; dieser wirkte hier ein Wasserwunder, weshalb die Quelle Ein as Sultan auch den Namen **Elischa-Quelle** trägt. Hier sprudelte nämlich eines Tages plötzlich ein Krankheiten und Fehlgeburten auslösendes Naß, und die Anwohner baten Elischa um Hilfe; der schüttete Salz hinein, und die Süßwasserquelle war wieder in Ordnung (2. Könige 2, 19-25).

Eroberung, Zerstörung und Wiederaufbau von Jericho setzten sich fort, bis Herodes 30 v. Chr. die Stadt vom römischen Kaiser Octavian bekam. Der Tyrann ließ bauen, was die Finanzen hergaben, und der prachtvolle Winterpalast avancierte bald zu seiner bevorzugten Residenz. Im Jahre 4 v. Chr. ist Herodes hier zur großen Freude seiner Untertanen verschieden.

Jesus heilte hier den blinden Bartimäus. Römische Legionäre zerstörten während des ersten jüdischen Aufstands die Stadt, und 638 kamen die muslimischen Heere. In der Kreuzfahrerzeit hielten die Franken Jericho für einige Jahre, und 1187 eroberte Saladin den geschichtsträchtigen Fleck, der daraufhin in einen tiefen Schlaf fiel. 1948 kam das Örtchen zu Jordanien, 1967 eroberten die Israelis das Westjordanland und halten es seitdem besetzt. Im Herbst 1994 zog Yassir Arafat in Jericho ein, um hier mit der Teilautonomie erste Schritte in Richtung auf einen palästinensischen Staat zu unternehmen. Jericho ist zur offiziellen Autonomie-Hauptstadt erklärt worden, Verwaltungsgebäude sind entstanden, und die während der *Intifada* fast touristenleere Stadt ist mittlerweile in den Blickpunkt des Weltinteresses gerückt.

Jericho ist eine schattige, üppig grüne Oasenstadt mit ca. 7000 überwiegend arabischen Einwohnern. Süßwasserquellen ermöglichen gute Ernten an Zitrusfrüchten, Datteln und Bananen. Hübsche Gartenrestaurants und Cafés säumen den Marktplatz.

Spektakuläre Ausgrabungsreste darf man am **Tell as Sultan** nicht erwarten, trotzdem wird sich der Besucher einer gewissen Faszination nicht entziehen können, wenn er sich die ältesten Stadtbefestigungen der Menschheit anschaut,

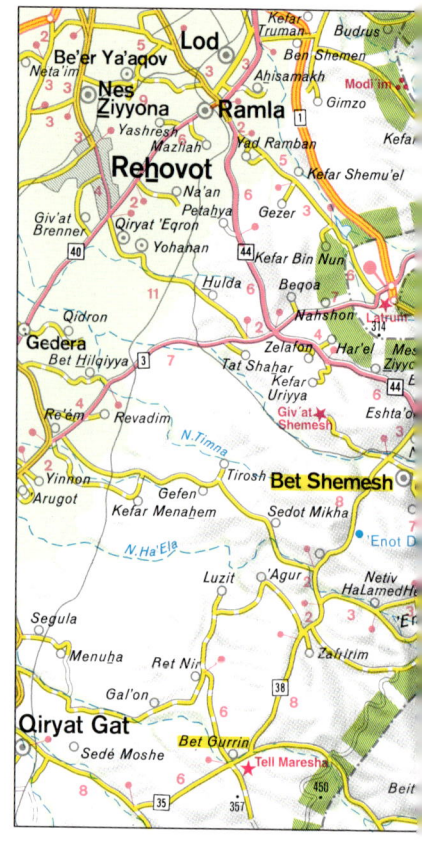

u.a. ein Rundturm sowie die Überreste der neolithischen Stadt (ca. 7000 v. Chr.) und der Stadtmauer. Knapp nördlich findet man ein mesolithisches Nomadenheiligtum (ca. 8000 v. Chr.). Auch die Elischa-Quelle sprudelt nach wie vor. In der Nähe der Quelle liegen die Überreste einer byzantinischen Synagoge mit einem schönen Bodenmosaik.

Westlich vom alten Jericho liegt der 350 m hohe **Berg der Versuchung**, auf dem Jesus 40 Tage lang fastete. Dann trat der Teufel an ihn heran und forderte ihn auf, die herumliegenden Steine in Brot zu verwandeln. Jesus sprach die bekannten Worte: ,,Der Mensch lebt nicht vom Brot allein, sondern von jedem Wort, das aus Gottes Mund kommt" (Matthäus 4, 3- 4).

UMGEBUNG VON JERUSALEM

Vom 4. bis zum 14. Jh. lebten fromme Einsiedler in den Höhlen des Bergs. *Mons Quarantus*, Berge der 40 (Fastentage) nannten sie ihren Wohnsitz; das verballhornten die Bewohner der Gegend zu *Qarantal*, und so heißt der Hügel bis heute. Ende des letzten Jahrhunderts bauten die griechisch-orthodoxen Katholiken ein Kloster auf halber Höhe zum Gipfel.

1,5 km nordwestlich vom Tell as Sultan ragen die Ruinen vom Khirbet al Mafjir, in der Region bekannter unter dem Namen **Hishams Palast**, aus dem Sand. Wahrscheinlich wurde der Prachtbau jedoch nicht von Hisham (reg. 724-743), sondern von seinem Nachfolger Al-Walid erbaut. Der Palast ist eins der bedeutendsten Architekturbeispiele für die Epoche der damals regierenden Ummayyaden-Dynastie. Noch vor Fertigstellung wurde er im großen Erdbeben von 746 so schwer beschädigt, daß die Bauarbeiten eingestellt wurden. Herausragende Attraktion der quadratischen Ruinenanlage ist das einstmals wohl prächtigste Bad der gesamten islamischen Welt. Besonders schön sind die – trotz des Bilderverbots im Islam – figürlichen Darstellungen von Menschen, Tieren und Pflanzen, so z.B. ein Mosaik, das Gazellen unter Orangenbäumen zeigt. Fresken aus dem Palast des Hisham kann man im Rockefeller-Museum in Jerusalem besichtigen.

20 km südlich von Jericho liegen in einem Gebirgsstock am Ufer des Toten Meeres die **Höhlen von Qumran**, in de-

BETHLEHEM

plex keine Wohn- und Schlafräume gibt, vermutet man, daß er den Essenern, die in den umliegenden Höhlen wohnten, als als eine Art „Kloster" diente.

Heute finden sich in der einst ummauerten Anlage eine Turmruine, Überreste einer Küche, eines Versammlungs- und Speisesaals und ein Schreibraum, in dem vermutlich die Schriftrollen verfaßt wurden. Desweiteren entdeckte man eine Zisterne, ein rituelles Wasserbecken, das von einem Aquädukt gespeist wurde und eine Bäkkerei. Die Funde von Qumran sind z. T. im Israel-Museum in Jerusalem und im Museum von Amman in Jordanien zu sehen.

Ein Stück von der Anlage entfernt liegt das Bergmassiv mit den Höhlen, in denen die Schriftrollen gefunden wurden. Sie sind allerdings nur im Rahmen einer geführten Bergtour zu besichtigen.

BETHLEHEM

nen sich im 2. Jh. v. Chr. die Mitglieder der Essener, einer besonders strenggäubigen jüdischen Sekte, niedergelassen hatten. Während des ersten jüdischen Aufstands zerstörten die Römer im Jahr 68 die Anlage; rechtzeitig hatten die Bewohner ihre Schriftrollen in Tonkrügen versteckt und in den umliegenden Höhlen eingelagert. 1947 stieß der Beduinenjunge Muhammad ad Dib, „der Wolf" in einer Höhle auf ein Tongefäß mit Schriftrollen. Archäologische Untersuchungen förderten in anderen Höhlen weitere Schriftrollen zutage, deren Fund eine Sensation waren. Dies sind die ältesten existierenden Bibeltexte, u. a. enthielt ein Pergament sämtliche 66 Kapitel des Buches Jesaja; zusätzlich gab es Schriften zum religiösen Alltag der Essener. Nach dem Fund der Schriftrollen wurden die Ruinen einer weitläufigen Essener-Anlage ausgegraben. Da es in diesem Kom-

Acht Kilometer südlich von Jerusalem liegt in der von Israel besetzten West Bank der kleine Ort **Bethlehem** in einer hügeligen Landschaft. Hier leben sowohl christliche als auch muslimische Araber, und hier erblickte Jesus das Licht der Welt.

Kaiser Augustus ordnete 7 v. Chr. eine Volkszählung an, um eine Besteuerungsgrundlage für Palästina zu bekommen. Dazu mußte Josef von Nazareth in seinen Geburtsort Bethlehem ziehen und wurde dabei von seiner Verlobten Maria begleitet. Da es im Haus der Verwandten keinen Platz gab, richteten sich Josef und Maria in der Vorratshöhle ein. Hier soll Jesus geboren worden sein – laut Geschichtsforschung bereits im Jahr 7 „vor Christus". Schon im 1. Jh. n. Chr. verehrten die Gläubigen die **Geburtsgrotte**, und im Lauf der Jahrtausende sind mehrere Kirchen darüber errichtet worden.

Heiligster Ort in der **Geburtskirche** am Manger Square ist die 12 m lange und 4 m breite Geburtsgrotte, zu der von beiden Seiten des Chors Treppen hinunterführen. Unter dem Geburtsaltar kenn-

Oben: Vor der Geburtskirche in Bethlehem. Rechts: Hier soll die Jungfrau Maria Jesus Christus geboren haben.

zeichnet ein silberner Stern mit der Aufschrift *Hic de Virgine Maria Jesus Christus natus est* (Hier hat die Jungfrau Maria Jesus Christus geboren) die Stelle, wo Jesus zur Welt gekommen sein soll. Es schließt sich die kleine Krippengrotte an, in der laut christlicher Tradition die Hirten das Kind anbeteten; in der Tat befindet sich gegenüber vom Altar der Heiligen Drei Könige ein in den Felsen gehauener Futtertrog. Weitere Höhlen liegen unter dem Boden der Geburtskirche, so die Große Grotte mit der Kapelle des hl. Josef und die Grotte der unschuldigen Kinder, welche an den herodianischen Kindermord erinnert.

Im **Museum von Alt-Bethlehem** sind alte Möbel und Trachten sowie Kunsthandwerk aus dem 19. Jh. zu sehen.

Die Bewohner Bethlehems leben von Ackerbau, Viehzucht und dem Tourismus, was sich nicht zuletzt an den unzähligen Souvenirshops erkennen läßt. Typisch orientalisches Flair findet man auf dem arabischen Markt und in den engen Gassen des Basars.

11 km südöstlich von Bethlehem erhebt sich inmitten der goldgelben Wüste Juda der 758 m hohe Berg Herodion. Nachdem Herodes die Bergspitze hatte abtragen lassen, ließ er das Plateau ummauern und einen befestigten Palast, das **Herodion**, sowie Gärten und Badehäuser anlegen. Man kann das Plateau auf einem kurvenreichen Fußweg oder durch ein Labyrinth unterirdischer Gänge besteigen. Oben angekommen, erkennt man Überreste des Palastkomplexes mit Türmen, Wehrmauern, einem Speisesaal und Thermen, und es bietet sich ein atemberaubender Blick über die umliegende Wüste.

WESTLICH VON JERUSALEM

Verläßt man Jerusalem auf dem Herzl Boulevard in Richtung auf den Vorort En Kerem (mit dem Hadassah Klinikum), biegt man an der Kerem Junction links auf die Route 386. Kurz hinter dem Dorf Nes Harim sind das Avshalom Reserve und die **Sorek-Höhle** ausgeschildert.

Als 1967 in einem nahegelegenen Steinbruch eine Sprengung stattfand, war die Erschütterung so groß, daß der Eingang zur Sorek-Höhle freigelegt wurde. Die ersten Besucher staunten nicht schlecht, als sie die gigantischen Ausmaße der Höhle sahen. Vom Parkplatz führt ein steiler Weg zum Höhleneingang. Ein sicherer Rundkurs leitet die Hobby-Höhlenforscher durch die Riesengrotte; da die Luftfeuchtigkeit außerordentlich hoch ist, bekommt man zur Akklimatisierung in einem Teil der Höhle einen Videofilm über die Entstehungsgeschichte gezeigt. Wegen des extrem feuchten und drückenden Klimas sollten Besucher mit Herz-und Kreislaufproblemen von einem Besuch absehen.

Zurück auf der Route 386 ist einige Kilometer weiter das südlich gelegene Dorf Bet Shemesh ausgeschildert; dort geht es weiter über die Route 38. In dieser Region schlug Simson die Philister. Das Moshav Zora liegt rechts von der Straße, und das Moshav Eshtoal liegt wenige Kilometer Richtung Norden.

Die Route 38 führt weiter nach Süden, und 10 km nach Bet Shemesh zweigt an einer Kreuzung die Route 383 nach Westen ab. 500 m weiter in der ursprünglichen Richtung ist das **Elah-Tal** erreicht, und eine Brücke überspannt ein *Wadi*, ein ausgetrocknetes Flußbett – hier sollte man anhalten. Mit Blick nach Osten schaut man in der Ferne auf die Hügel von Juda und erkennt einen Weg, der sich auf halber Höhe die Felshänge entlangschlängelt. Auf diesem Pfad führte Saul seine Armee heran und lagerte links oberhalb unseres Standortes. Die feindlichen Philister hatten ihr Lager rechts oben auf dem Hügel, dort, wo sich heute eine Tankstelle befindet. Zwischen den Gegnern erstreckte sich das *Wadi*.

Hier forderte der Riese Goliath einen der Israeliten zum Zweikampf auf. Der junge David hörte die herausfordernde Rede Goliaths und stellte sich zum Kampf. Er suchte sich fünf glatte Steine

Oben: Beeindruckende Tropfsteingebilde in der Sorek-Höhle bei Nes Harim.

aus dem Bach, ging Goliath entgegen, ließ die Schleuder surren, und sein Stein traf den mächtigen Recken an der Stirn; David zog Goliaths Schwert und hieb ihm den Kopf ab. Als die Philister sahen, daß ihr starker Mann tot war, flohen sie, und sofort setzte das israelitische Heer ihnen nach. Es wurde ein großer Sieg.

Weiter geht es Richtung Süden auf der Route 38. Hinter der Elah Junction befinden sich nach ca. 1,5 km rechts der Straße auf einer Terrasse **römische Kilometersteine**, die von Zypressen überschattet werden. Sie wurden in der Umgebung gefunden und stammen aus der Zeit um 210 n. Chr. Auf dem zweiten von links ist eine lateinische Inschrift über die Kaiser Septimus Severus und Caracalla sowie dessen Bruder und Mitregenten Septimus Geta zu entziffern; in der letzten Zeile heißt es: „Col[onia] Ael[ia] Cap[itolina] Mil[le]" und dann folgt das Zahlzeichen für 24. Dieser Maßstein stand einmal an der Straße von Ashqelon nach Jerusalem, das unter römischer Herrschaft den obigen Namen führte; 24 römische Meilen waren es von hier bis in die Hauptstadt. Die römische Meile bestand aus 1000 Doppelschritten, was etwa acht Stadien (ca. 1,5 km) waren.

Einige Kilometer weiter südlich trifft die Route 38 auf die Route 35, hier biegt man rechts ab. Hier liegt der Kibbuz Bet Guvrim. Nach wenigen Metern weist ein Schild nach links zum antiken **Bet Guvrin** und zum **Tell Maresha**. Insgesamt durchziehen ca. 800 glockenförmige Höhlen das Areal von Bet Guvrin. Archäologische Untersuchungen haben ergeben, daß die Gegend als Steinbruch genutzt wurde und die Kavernen dabei entstanden. Die geologische Struktur von Bet Guvrin zeigt eine ca. 1,5 m dicke, harte Gesteinsoberfläche, unter der sich ein bis zu 30 m dicker weicher Kalksteinflöz befindet. Die antiken Steinbrucharbeiter, die hier zwischen dem 7. und 10. Jh. arbeiteten, stemmten ein kleines Loch in den harten Fels und räumten darunter den weichen Kalkstein fort, indem sie sich glockenförmig vom Loch in die Tiefe buddelten. Die Grotten sind zwischen 12 und 15 m hoch, manche Gewölbe ragen jedoch bis zu 25 m empor.

Einen halben Kilometer weiter liegt **Tell Maresha**, eine uralte Stadt, die schon im 2. Jahrtausend v. Chr. von den Kanaanitern bewohnt wurde und bis in die hellenistische Zeit existierte. Eine Reihe von unterirdischen Gewölben ist interessant, z.B. das *Columbarium*, das über 2000 kleine Nischen enthält. Das lateinische Wort bedeutet Taubenschlag, da man früher annahm, daß hier Tauben gezüchtet wurden. Doch handelte es sich vielmehr um eine große Grabanlage, und in den Nischen standen einmal Urnen. In einer anderen Höhle findet sich eine Olivenpresse, Stufen führen abwärts zu einer Wasserzisterne, und weitere Grabstätten sind in den Kalkstein gehauen.

Ramla

Rund 40 km westlich von Jerusalem liegt das kleine, arabisch geprägte Städtchen Ramla. Bedeutendste architektonische Attraktion ist der **Weiße Turm**, auch Turm der Vierzig Märtyrer genannt, der 1318 als Minarett fertiggestellt wurde. Vor dem fast 30 m hohen quadratischen Turm sind nach islamischer Überlieferung 40 Gefährten des Propheten Mohammed bestattet; nach christlicher Chronik liegen hier 40 Märtyrer zur letzten Ruhe gebettet. Unterhalb des hohen Bauwerks findet man die **Weiße Moschee**. Etwa 1 km weiter östlich steht im Basarviertel die **Große Moschee**, die nach der Vertreibung der Franken in der ehemaligen Kreuzfahrerkathedrale des heiligen Johannes (12. Jh.) eingerichtet wurde. Unbedingt besichtigen sollte man das gigantische unterirdische **Zisternensystem**, das im 9. Jh. angelegt wurde und über die Jahrhunderte die Bevölkerung selbst in trockensten Sommern mit dem kostbaren Naß versorgte.

JERUSALEM
Anreise
Israels internationaler Flughafen, der **Ben Gurion Airport**, ist ca. 45 km von Jerusalem entfernt; Busse Nr. 423, 428, 945 und 947 des Unternehmens *Egged* verkehren im 30-Minuten-Rhythmus zwischen dem Flughafen und der Central Bus Station in der Jaffa Road. Zwischen Freitag abend und Samstag abend sowie an religiösen Feiertagen gibt es keinen Bus-Service, und man ist dann auf Taxen und Sammeltaxen (*Sherut*) angewiesen.

Hat man am Flughafen einen Leihwagen gemietet, so erreicht man auf der Route 1, die im Innenstadtbereich in die Jaffa Road übergeht, Israels Hauptstadt in ca. 45 Minuten.

Unterkunft
LUXUS: **King David**, 23 King David St., Tel: 02-251111, eines der feinsten Häuser Israels, zudem mit Geschichte, da hier alle Politiker und andere Größen seit 1931 absteigen, schöner Garten und Blick auf die Altstadt; **Hyatt Regency**, 32 Lehi Street, Tel: 02-331234, am Mount Scopus an einem der schönsten Plätze Jerusalems gelegen, mit prachtvoller Aussicht, feinstes Ambiente im Innern. Nicht so teuer wie die beiden erstgenannten sind die folgenden Hotels: **American Colony**, Nablus Rd., Tel: 02-285171, seit über 100 Jahren in einem alten Pascha-Palast untergebracht, traditionell das Hotel der internationalen Journalisten, UN-Beobachter, Politiker, gutes Restaurant, orientalisches Ambiente, **Lev Yerushalalim**, 18 King George St., Tel: 02-250333, ein Haus mit gutem Preis-Leistungsverhältnis mitten in der Innenstadt von Jerusalem; **Mitzpeh Rachel**, Kibbuz Ramat Rachel, Zefon Jehuda, Tel: 02-702555, unweit des Stadtzentrums im Süden Jerusalems, hervorragendes Hotel in einem Kibbuz, gute Ausblicke auf die Region (Mitzpeh bedeutet Aussichtspunkt), sehr empfehlenswert; **Seven Arches**, Mount of Olives, Tel: 02-894455, vormals das Intercontinental und bei Taxifahrern noch immer so benannt, auf dem Gipfel des Ölberges und mit einer wunderbaren Aussicht.

MITTEL: **Eyal**, 21 Shamai St., Tel: 02-234161, gutes Preis-Leistungsverhältnis; **Zion**, 10 Dorot Rishonim, Tel: 02259511, in der Fußgängerzone der Ben Yehuda Street im Zentrum Jerusalems sowie nahe der Altstadt, von Straßencafés umgeben; **Palatin**, 4 Agrippas St., Tel: 02-231141, nahe der Kreuzung King George St./Jaffa Rd., im Zentrum Jerusalems mit kurzem Fußweg zur Altstadt.

GUEST HOUSES UND HOSTELS: **Jerusalem Inn**, das Hostel befindet sich in 6 Histadrut St., Tel: 02251294, das Guest House in 7 Horkonos St., Tel: 02-252757; **Louise Waterman-Wise**, 8 Hapisga St., Tel: 02-423366, Jerusalems größte Jugendherberge mit Guest House, das private Zimmer anbietet; die preisgünstigsten Unterkünfte finden sich in den vielen Hostels und Guest Houses der Altstadt: Unterkünfte nahe dem Jaffa-Tor: **Lutheran Youth Hostel**, 7 St. Mark's Rd., Tel: 02-282120; daneben befindet sich das **Lutheran Guest House**, das preisgünstige private Zimmer anbietet, großartige Aussicht von der Dachterrasse; **Lark Hotel**, 8 Latin Patriarchate, Tel: 02-283620, einfach; **New Imperial Hotel**, David St., Tel: 02-282261, direkt hinter dem Jaffa-Tor, ehemaliges Grand Hotel, in dem Kaiser Wilhelm bei seinen Palästina-Besuch vor 100 Jahren wohnte; **New Swedish Hostel**, David St., am Jaffa-Tor; **Citadel Youth Hostel**, 20 St. Mark's Rd., Tel: 02-247375, mit schönem, ruhigem Atrium, vom Dach schöne Aussicht über die Altstadt.

IN DER UMGEBUNG: *CAMPING:* **Beit Zayit Camping**, Beit Zayit, Tel: 346221, 6 km westlich von Jerusalem, Bus Nr. 151 vom zentralen Busbahnhof zur Endstation Beit Zayit.

BETHLEHEM: *MITTEL:* **Bethlehem Star**, Al Baten St., Bethlehem, Tel: 02-743249.

Restaurants
Apple Pizza, 13 Dorot Rishonim, off Ben Yehuda, erste Adresse für Pizzen aller Art, billig. **Cezanne**, im Artist's House in der Shmuel Hanagid St., französische Küche, teuer. **Chez Simon**, 15 Shammai St., 2. Stock, französische Küche, teuer. **El Gaucho**, Rivlin St., etwas versteckt gelegen, Grill-und Steak-Restaurant, erschwinglich. **Europa**, 42 Jaffa Rd., 2. Stock, jüdische osteuropäische Küche, erschwinglich. **Feferberg's**, 53 Jaffa Rd., klassisches jüdisch-osteuropäisches Restaurant, zudem eines der ältesten, gegründet 1936, erschwinglich. Unerreicht billig sind die vielen Felafel-Kioske, in denen für wenige Pfennige Kichererbsen-Frikadellen mit Salat in Fladenbrot gereicht werden, lecker und ungemein sättigend, so z. B. **im Felafel King**, King George/Ecke Agrippa St. **Magic Fruit House**, 26 Ben Yehuda Street, frischgepreßte Fruchtsäfte aller Art **Mamma Mia**, 38 King George St., versteckt hinter einem Parkplatz, gute italienische Küche, erschwinglich. **Ocean**, 7 Rivlin St., Fischrestaurant, sehr teuer. **Off the Square**, 6 Salomon St., gutes, preiswertes vegetarisches Restaurant mit kleinem Garten. **Tavlin**, 16 Salomon St., eine der ältesten vegetarischen Restaurants Jerusalems, erschwinglich. **Yemenite Step**, 12 Salomon St., gute und für uns unbekannte orientalische Küche, billig.

Bars und Kneipen
Die Bar im **King David Hotel** (s. o.) hat die größte Reputation in Jerusalem; ebenfalls bekannt ist **Fink's Bar** (mit angeschlossenem Restaurant), viele Journalisten verkehren hier; King George St./Ecke Histadrut St. **Champs**, Salomon St., Pub mit vielen Jugendlichen und einem großen Fernsehschirm, auf dem Musik-Videos laufen.

INFO: JERUSALEM

The Tavern, Rivlin St., einige Schritte weiter, hier wird manchmal Live Music gespielt.

Sehenswürdigkeiten und Museen

Al Aqsa-Moschee, Felsendom und Islamisches Museum, Altstadt, Tempelberg, Sa-Do 8.30-11.30, 13.30-15 (Öffnungszeiten ändern sich oft); **Burnt House**, So-Do 9-17, Fr 9-13; **Chamber of the Holocaust**, Mount Zion, So-Do 8-17, Fr 8-13; **Franziskanerkloster Zur Geißelung Christi**, Lions Gate Road, Mo-Sa 8-12, 13-17; **Garten von Gethsemane**, am Fuß des Ölbergs, tgl. 8-12, 14-17; **Gethsemane-Grotte**, am Fuß des Ölbergs, Mo-Mi, Fr/So 8.30-11.45, 14.30-16.30, So/Do 8.30-11.45, 14.30-15.30; **Grabeskirche**, Altstadt, tägl. 5-19; **Hadassah Hospital**, Qiryat Hadassah, Bus 17 bis Ein Kerem; geführte Touren im Stundenrhytmus in Verbindung mit einem Film über das Krankenhaus und die Synagoge, So-Do 8.30-14.40, Fr 9.30-11.30; **Holyland Hotel** mit dem Modell des antiken Jerusalem, Rav Uziel St., Bus 21, 21 A; Mo-Do 8-21, Fr Sa 9-17) **Israel Museum**, Newe Shaanan, Bus 9, 17, 24; Mo, Mi, Do 10-17, Di 16-22, Fr/Sa 10-14; **Kenotaph Davids**, Mount Zion, So-Do 8-17, Fr 8-14; **Kirche Dominus Flevit**, ,,Der Herr weinte", am Ölberg, So-Do 8-12, 15-17; **Kirche von Gethsemane** (auch Basilika der Todesangst und Kirche der Nationen genannt), im Garten von Gethsemane, tägl. 8-12, 14.30-17; **Kloster Notre Dame des Sion**, Altstadt, Lions Gate Road, Mo-Sa 8.30-12.30, 14-17; **Knesset**, Derekh Ruppin, Bus 9, 99; So/Do 8. 30-14; **Königsgräber**, Saladin St., Mo-Sa 8-12.30, 14-17; **Mariengrab**, am Fuß des Ölbergs; 6.30-12, 14-17; **Maria Magdalena-Kirche**, am Fuß des Ölbergs Di/Do 10-11.30; **Pater Noster-Konvent**, Ölberg, Mo-Sa 8.30-13-45, So 15-16.30; **Raum des letzten Abendmahls**, Mount Zion, So-Do 8.30-16.30, Fr 8.30-13; **Rockefeller Museum**, Suleyman St., So-Do 10-17, Fr/Sa 10-14; **St. Anna-Kloster** mit den Teichen von Bethesda, Altstadt, Lions Gate Road, Mo-Sa 8-12, 14-17; **Tower of David Museum**, Altstadt, Jaffa Gate, So-Do 9-17, Fr/Sa 9-14; **Wohl Archeological Museum** (Herodian Quarter), Altstadt, Hurva-Platz, So-Do 9-17, Fr 9-13); **Yad Vashem**, unterhalb des Herzl-Berges, nahe dem Herzl Boulevard, Bus 6, 8, 27, 99; Mo-So 9-16.45, Fr 9-14; **Herzl-Berg**, am Herzl Boulevard, So-Do 8-17, Fr 9-13; **Bible Lands Museum**, Givart Ram, So-Di, Do 9.30-17.30, Mi 9.30-21.30, Fr 9.30-14, Sa 11-15).

IN DER UMGEBUNG: **Bet Guvrim** und **Tell Maresha**, Sa-Do 8-17, Fr 8-15; **Geburtskirche** in Bethlehem, tägl. 6-18; **Georgskloster**, im Wadi Kelt, tägl. 8-15; **Höhlen von Qumran**, Sa-Do 8-16, Fr 8-15; **Ausgrabungsstätte Tell as Sultan**, Jericho, Sa-Do 8-17, Fr 8-15; **Sorek Cave**, Sa-Do 8.30-16, Fr 8.30-13.

Markt

Mahaneh Yehuda, der große tägliche Wochenmarkt an der Jaffa Road, bietet Obst und Gemüse, Fleisch und Fisch und ist ideal für Selbstversorger. Täglich gibt es Lebensmittel aller Art in den Basarstraßen im arabischen Teil der Altstadt.

Krankenhäuser und Apotheke

Bikur Holim, Strauss St., spezielle Erste-Hilfe für Touristen; **Hadassah**, Ein Kerem und Mount Scopus; Zahnnotdienst: **The Jerusalem Emergency Dental Centre**, 7 Eliash St., Rejwan Square; **Superpharm** (Apotheke), in 5 Burla St. und 3 Histadrut St.; **Krankenwagen-Notruf**: 101.

Öffentliche Verkehrsmittel

ZUG: Jerusalems Bahnhof in der David Remez St. ist mit Bus Nr. 4, 7 und 8 erreichbar. Von hier verkehren Züge nach Tel Aviv und weiter in alle Landesteile.

BUS: Die Central Bus Station befindet sich in der Jaffa Road. Von hier verkehren Busse in alle Landesteile. Im innerstädtischen Nahverkehr fährt Bus Nr. 99 (*The Jerusalem Circle Line*) an sämtlichen Sehenswürdigkeiten im Stadtgebiet vorbei und hält an über 30 Stationen: Die Route führt rund um die Altstadt mit Stops am Jaffa Gate, Mount Zion, Dung Gate (Klagemauer), Damaskus-Tor, Israel Museum und Knesset, Mount Herzl und Yad Vashem, dem Holyland Hotel (Modell des Tempels) sowie zu verschiedenen Hoteldistrikten; die Tour dauert fast zwei Stunden. Bus Nr. 99 verläßt den kleinen Busbahnhof an der Mamilla Road (an der King David St.) um 10, 12, 14 und 16 Uhr, Fr um 10 und um 12 Uhr.

SAMMELTAXI: *Sherut*-Taxen findet man unter folgenden Adressen: **Habira**, 1 Harav Kook St., nahe Zion Square, *Sherut* Richtung Tel Aviv. **Ha'ooma**, am Ram Hotel hinter der Central Bus Station, Richtung Tel Aviv. **Aviv/Kesher**, 12 Shammai St., Richtung Haifa. **Yael Daroma**, 12 Shammai St., Richtung Be'er Sheva und Elat.

TAXI: Taxen hält man per Handzeichen an der Straße an, oder vor einem großen Hotel. Am Israel Museum und an Yad Vashem befinden sich Taxistände. Der Fahrer ist verpflichtet, den Taxameter einzuschalten. Auf Preisdiskussionen sollte man sich nicht einlassen, es sei denn, man beherrscht das Feilschen und Handeln zur Perfektion.

Touristeninformation

The Goverment Tourist Information Office (GTIO), 24 King George St., Tel: 02-754863, und in der Altstadt am Jaffa Gate, Tel. 02-282245. **Christian Information Centre**, David St., am Jaffa Gate, hinter der Zitadelle, Tel: 02-272692.

Franciscan Pilgrims Office, gleiches Gebäude wie Christian Information Centre, Tel: 02-272697.

Jewish Student Information Centre, 5 Beit El, im jüdischen Viertel der Altstadt, Tel: 02-288338.

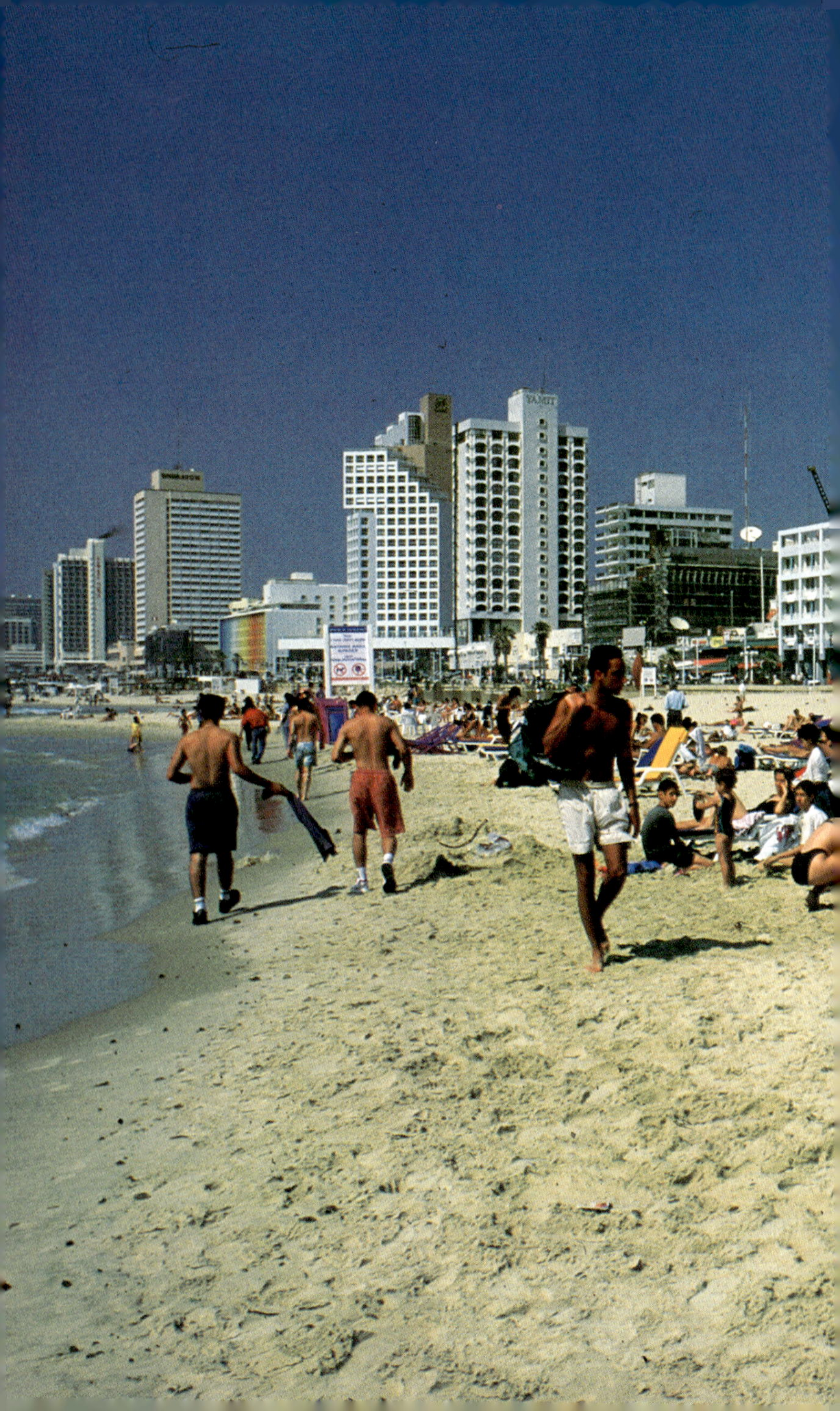
YAMIT

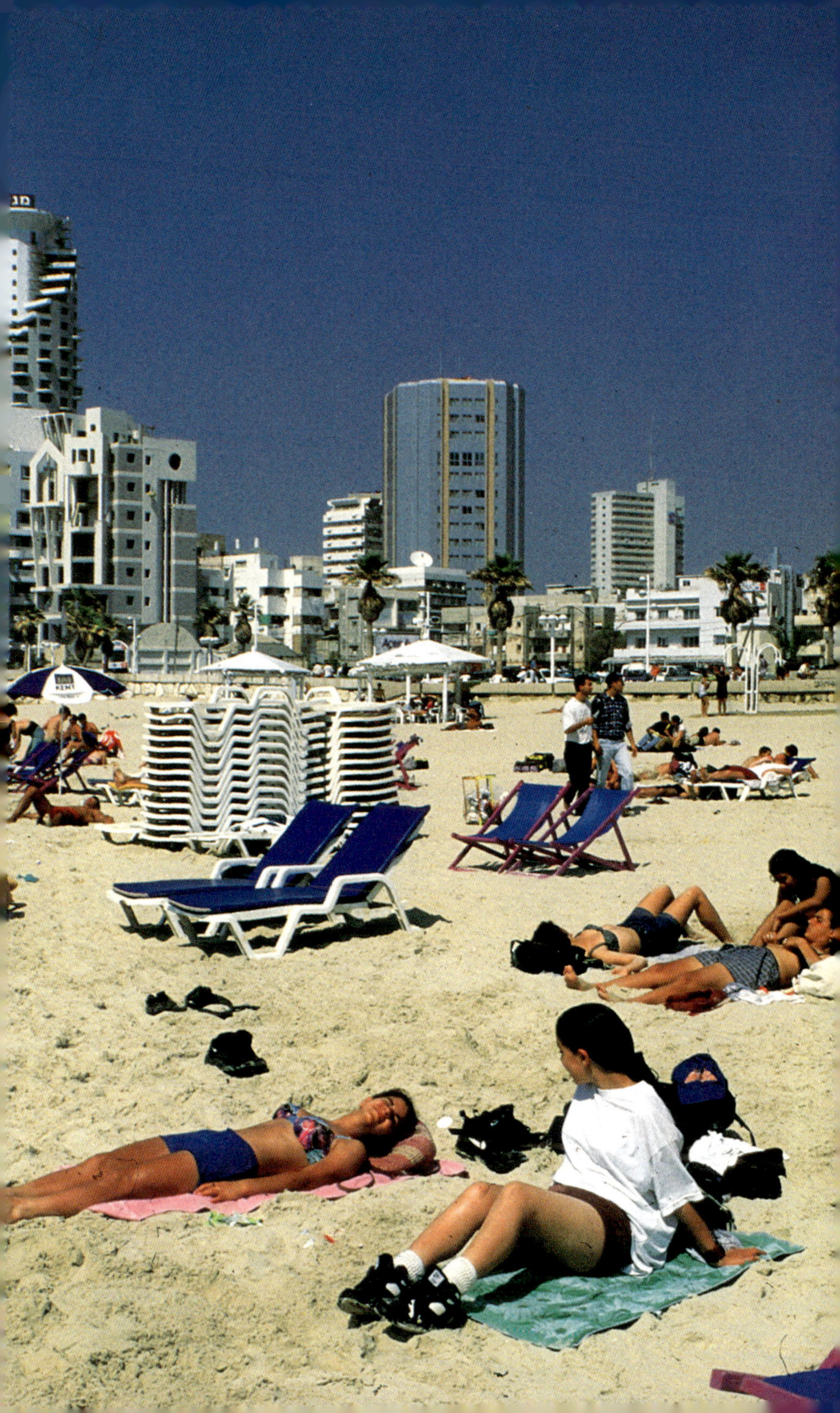
KENT

TEL AVIV

TEL AVIV – KOSMOPOLITISCHES ZENTRUM

TEL AVIV

YAFO

ASHQELON

TEL AVIV / YAFO

Hat man beim Einchecken einen Fensterplatz auf der linken Seite des Flugzeugs bekommen, genießt man während des Landeanflugs auf den Ben Gurion Airport einen phantastischen Blick auf das blaue Meer mit schaumgekrönten Wellen, auf den kilometerlangen weißen Sandstrand und die von Hochhäusern bestimmte Skyline von Tel Aviv. Israels größte Stadt ist eine moderne, westlich anmutende Metropole, die vor rund 100 Jahren gegründet wurde, dann im Zuge der vielen Einwanderungswellen weitgehend ungeplant die Küste entlang wucherte und sich weit ins Hinterland ausbreitete. 1910 erhielten die vielen einzelnen Viertel ihren heutigen Namen „Hügel des Frühlings". Am Vorabend der Unabhängigkeit, 1948, lebten bereits 250 000 Menschen in der Metropole. Heutzutage sind es rund 1,8 Millionen, und Tel Aviv ist das ökonomische wie auch kulturelle Zentrum Israels.

Yafo, der arabische Teil Tel Avivs, kann auf eine Jahrtausende alte Geschichte zurückblicken. Angeblich ist dies die älteste Hafenstadt der Welt und

Vorherige Seiten: Strand und Skyline von Tel Aviv. Links: Die Küstenstraße Tel Avivs – hier stauen sich die Nachtschwärmer.

soll, glaubt man dem Geschichtsschreiber Plinius d. Ä. (23-79), 40 Jahre nach dem Ende der Sintflut gegründet worden sein. Auf Jafet, den dritten Sohn des Noah, geht angeblich ihr Name zurück. Archäologische Ausgrabungen haben Reste von Stadtbefestigungen aus der Zeit der Hyksos ans Tageslicht gefördert, die während der Mittleren Bronzezeit um 1600 v. Chr. errichtet worden sind. 600 Jahre später war der Ort unter dem Namen Yapu ein bedeutender phönizischer Hafen; hier wurden Zedern aus dem Libanon für Salomos Tempel angelandet. Der Prophet Jona setzte im Hafen Segel, um sich vor einem Auftrag Gottes zu drücken; ein Wal verschlang den Unbotmäßigen und spuckte ihn erst drei Tage später wieder aus.

Alexander der Große nahm 332 v. Chr. die Stadt für die Hellenen ein, und der Name änderte sich in Joppe. 200 Juden fanden rund 100 Jahre später den Tod, als die Griechen sie in Booten aufs Meer treiben ließen und die Schiffe dann versenkten. Judas Makkabäus rächte die Tat, indem er mit seinen Truppen den Hafen stürmte und alle griechischen Schiffe zerstörte. Unter den Römern konnten die Juden wieder in Yafo einziehen, das nun unter dem Namen Flavia Joppe bekannt war. 636 eroberten muslimische Heere den Hafenort und benannten ihn in Jaffa um. Im Jahr 1099 liefen die ersten Kreuzfahrerschiffe ein, und nun wechselte die Stadt mehrfach den Besitzer, mal saßen hier Christen, mal Muslime; 1268 konnten die Kreuzfahrer endgültig aus der Hafenstadt vertrieben werden. Über die folgenden Jahrhunderte war Yafo ein kleiner, verschlafener Fischerhafen. Erst mit Beginn des 19. Jh. wurden Exportgüter wie Baumwolle und Zitrusfrüchte in großem Rahmen nach Europa verschifft. Ab 1887 entstand das heutige Tel Aviv, und 1950 kamen beide Städte unter dem Doppelnamen Tel Aviv – Yafo unter eine gemeinsame Verwaltung.

TEL AVIV

Eine Stadtbesichtigung beginnt man am besten an der Promenade im Norden der Stadt, an der Marina. Hier bieten viele internationale Hotels, aber auch eine

Oben: Porträtmaler am Werk. Rechts: In einem Restaurant an der Strandpromenade von Tel Aviv.

Menge kleiner Herbergen Unterkunft an. Von der vielbefahrenen, von Norden nach Süden verlaufenden Tayelat Promenade geht der **Ben Gurion Boulevard** ab; hier hat in Haus Nr. 17 Israels erster Premierminister, David Ben Gurion (1886-1973), mit seiner Frau Paula gelebt. Das kleine Haus ist so belassen, wie es zu Lebzeiten des Paares war. 20 000 Bücher sind über alle Zimmer verteilt, in Vitrinen kann der Besucher Ausweispapiere von Ben Gurion und Briefe an viele Politiker studieren.

Flaniert man auf der Strandpromenade Richtung Süden, trifft man nach einem längeren Spaziergang auf die kreuzende Allenby Street, an der es links abgeht; ihren Namen hat die Straße von dem englischen Feldmarschall Edmund Henry Allenby (1861-1936), der während des Ersten Weltkriegs den Oberbefehl in Palästina hatte, und der 1917 mit seinen Truppen Jerusalem und bald darauf ganz Palästina von den Türken eroberte. Hinter einer Rechtskurve geht linker Hand die **Bialik Street** ab, eine ruhige Wohnstraße im Zentrum des lauten Tel Aviv; hier kann man die Architektur der Gründertage studieren. Am Ende der Straße findet sich ein Brunnen, den der Maler und Kinderbuchautor Nahum Gutmann entworfen hat. Mosaike zeigen die Geschichte Yafos aus ältesten Tagen bis zur Gründung von Tel Aviv.

In Haus Nr. 22 lebte der israelische Nationaldichter, der „Vater der hebräischen Poesie", Chaim Nachman Bialik (1873-1934); erst 1924 konnte der russische Dichter in Palästina einwandern, drei Jahre später war das weiße, zweistöckige, bogengeschmückte Haus fertig und avancierte zum Treffpunkt der jüdischen Intellektuellen. Europäisch-orientalisches Mobiliar, einige tausend Bücher sowie Bilder und eine Reihe weiterer Ausstellungsstücke sind zu besichtigen.

Nach wenigen Schritten ist mit der Nr. 14 das Bet Rubin (Rubin-Haus) erreicht. Hier arbeitete Israels großer Maler Reuven Rubin (1893-1974); in seinem Testament hatte er das Gebäude zusammen mit der kompletten Einrichtung sowie 45 Gemälden der Stadt Tel Aviv vererbt. Die nutzt es nun als kleine Galerie und veranstaltet wechselnde Ausstellungen darin; die Bilder jüngerer Künstler stehen manchmal in hartem Kontrast zu den Werken Rubins – viele der Ausstellungen sind deshalb besonders interessant.

Es geht nun zurück zur Allenby Street und dort links ab nach Süden. Nach wenigen Metern stößt man am Kikar (Platz) Magen David auf den *shuk* genannten **Carmel-Markt**. Werktags ab 9 Uhr herrscht ein unglaubliches Geschiebe und Gedränge, bekommt man hier doch sowohl Lebensmittel, Obst und Gemüse als auch Haushaltsgegenstände. Dienstags und freitags gesellen sich in der Nahalat Binyamin Kunsthandwerker dazu und versuchen, ihre Produkte an die Kunden zu bringen. Da diese kleine Straße von Cafés gesäumt ist, kann man dem Trubel in aller Ruhe bei einer Tasse Kaffee oder Tee zuschauen.

Die geschäftige Allenby Street – neben der Dizengoff eine der Haupteinkaufsstraßen der Stadt – kann vom Platz Magen David (Stern Davids) mittels einer Unterführung sicher gekreuzt werden, und danach geht es dann auf der anderen Seite in die King George Street hinein. An der King George/Ecke Bet Leichem Street gibt es einen Bekleidungsmarkt, einige Blocks weiter trifft man rechts auf die Sackgasse Simtat Plonit; das kleine Sträßchen ist nicht zu übersehen, da zwei Obelisken den Zugang flankieren. Hier kann man die Architektur der Gründerzeit gut studieren, wenngleich sich die historischen Gebäude nicht in bestem Zustand präsentieren und außerdem von gesichtslosen Hochhäusern umgeben sind. Eine Eingangsfront wird von einem mächtigen Stuck-Löwen bewacht.

Weiter die King George entlang breitet sich links das Areal des **Gan Meir** (Meir-Park) aus, der an Sommertagen einen recht ausgedörrten Eindruck macht. Abends treffen sich hier gelegentlich Straßenmusiker und geben ihr Repertoire zum besten. Büchernarren und Freunde bibliophiler Kostbarkeiten werden sich gegenüber vom Parkeingang längere Zeit beim Antiquar Pollak umschauen; ungewöhnlich viele deutsche Bücher sind in dem weitgefächerten Angebot zu finden.

An der nächsten Straßenecke geht es nach rechts in den Ben Zion Boulevard hinein; der Schriftsteller Simcha Ben Zion war der Vater des Malerdichters Nahum Gutmann (der den Brunnen in der Bialik Street gestaltet hat). Die breite, von schattigen Bäumen bestandene Straße bringt uns zum Kikar Habimah, dem **Habimah-Platz**, wo drei Gebäude Beachtung verdienen. Da ist zuerst einmal das **Habimah-Theater**, das Nationaltheater Israels, dessen Ursprünge in der Russischen Revolution zu suchen sind. In jenen Tagen des gesellschaftlichen Umbruchs gründeten eine Reihe russisch-jüdischer Schauspieler in Moskau ein Theater, in dem Stücke ausschließlich in hebräischer Sprache auf die Bühne kamen. Das Ensemble war derart erfolgreich, daß schon in den 20er Jahren Tourneen nach Europa und in die USA stattfanden. Mit den Auswanderungswellen der späten 20er und frühen 30er Jahre kamen viele der Schauspieler nach Palästina und bauten hier das nationale Theater auf. Der Grundstein für das Gebäude wurde 1935 gelegt, die große Glasfront datiert aus den 70er Jahren.

Neben dem Theater finden kunstinteressierte Besucher in der Tarsat Street den **Helena Rubinstein Pavilion**, eine Dependance des Tel Aviv Museums, in dem zeitgenössische Kunst gezeigt wird. Ein kleiner schattiger Garten – Gan Ya'akov – lädt zwischen Theater und Museum zur Rast ein; im Zentrum steht ein großer Maulbeerfeigenbaum, und es heißt, daß schon vor der Gründung von Tel Aviv diese Sykomore den Beduinen Schatten spendete, nachdem sie ihre Kamele in der nahen Quelle getränkt hatten.

Das **Frederick Mann-Auditorium**, ebenfalls am Kikar Habimah gelegen, ist die Konzerthalle von Tel Aviv und beherbergt das hervorragende Israelische Philharmonische Orchester (IPO); das Haus ist bekannt für seine ausgezeichnete Akustik und bietet 3000 Hörern Platz. Da es in Israel zwischen E- und U-Musik keine Berührungsängste gibt, finden im Auditorium auch Rock-Konzerte statt.

Vom Kikar Habimah geht der Rothschild Boulevard in Richtung Süden. Wie der Name schon andeutet, befinden wir uns in der teuersten Gegend der Stadt; hohe schattenspendene Bäume säumen die Straße, die mit Büros und Wohnhäusern bestanden ist, ab und zu trifft man auch auf gute Restaurant wie das Rothschild mit guter französischer Küche oder das Yin Yang, eins der besten chinesischen Restaurants des Landes.

Nach zehn Minuten Fußweg ist rechts das **Haganah-Museum** ereicht – *Haganah* bedeutet soviel wie Selbstschutz. Nach dem Ersten Weltkrieg gründeten Juden, die in der englischen Armee gekämpft hatten, diese militärische Organisation, um die jüdischen Siedlungen in

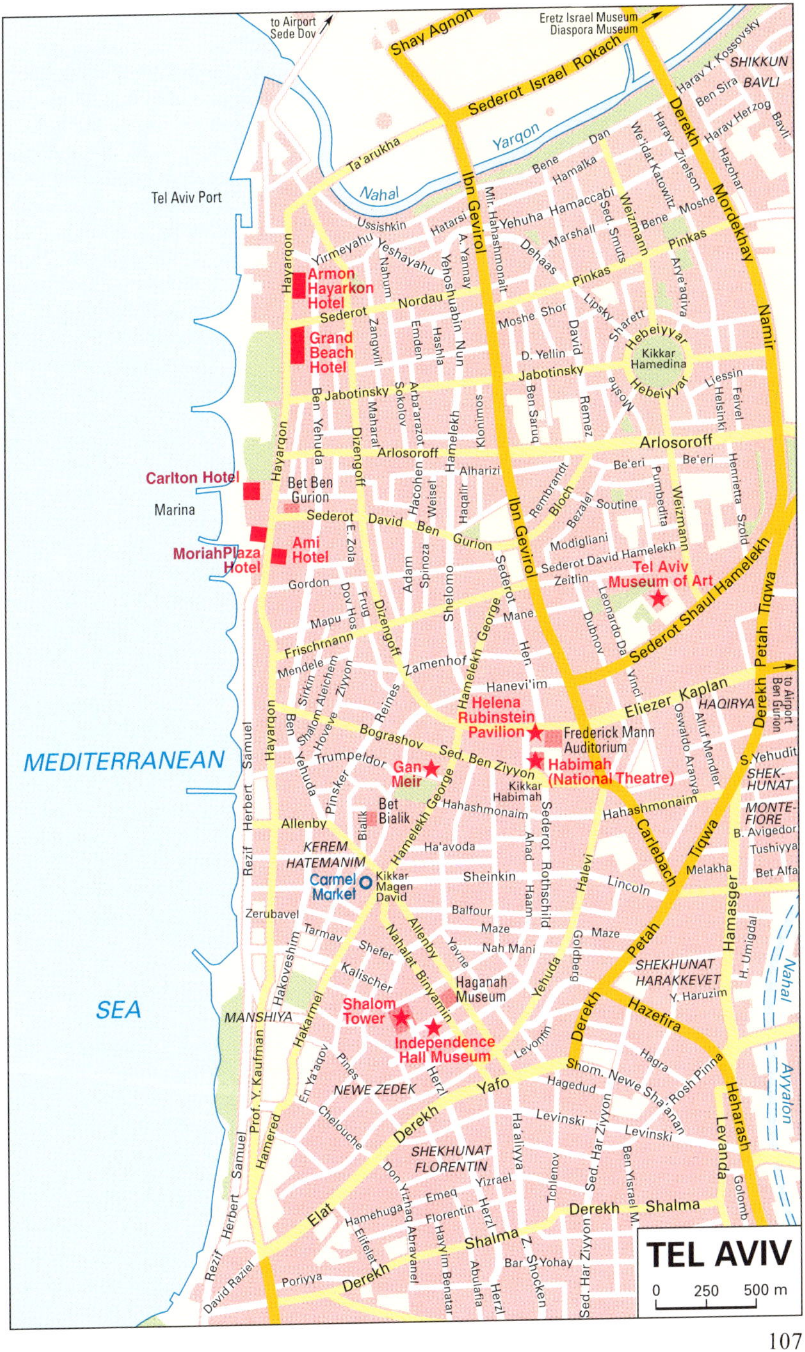
TEL AVIV
0 250 500 m
MEDITERRANEAN
SEA
to Airport Sede Dov
Eretz Israel Museum
Diaspora Museum
Tel Aviv Port
Marina
Shay Agnon
Sederot Israel Rokach
Yarqon
Nahal
Ta'arukha
SHIKKUN BAVLI
Derekh Mordekhay Namir
Ibn Gevirol
Armon Hayarkon Hotel
Grand Beach Hotel
Carlton Hotel
MoriahPlaza Hotel
Ami Hotel
Bet Ben Gurion
Sederot David Ben Gurion
Hayarqon
Nordau
Sederot
Jabotinsky
Arlosoroff
Kikkar Hamedina
Hebeiyyar
Pinkas
Tel Aviv Museum of Art
Sederot Shaul Hamelekh
Sederot David Hamelekh
Dizengoff
Frischmann
Gordon
Zamenhof
Hanevi'im
Helena Rubinstein Pavilion
Frederick Mann Auditorium
Habimah (National Theatre)
Kikkar Habimah
Eliezer Kaplan
HAQIRYA
to Airport Ben Gurion
Derekh Petah Tiqwa
Bograshov
Sed. Ben Ziyyon
Gan Meir
Trumpeldor
Bet Bialik
Allenby
KEREM HATEMANIM
Carmel Market
Kikkar Magen David
Sheinkin
Sederot Rothschild
Hahashmonaim
Carlebach
Lincoln
Hamasger
SHEKHUNAT HARAKKEVET
Hazefira
MANSHIYA
Shalom Tower
Independence Hall Museum
Haganah Museum
Nahalat Binyamin
NEWE ZEDEK
Derekh Yafo
SHEKHUNAT FLORENTIN
Derekh Shalma
Elat
Heharash
Ayyalon
Levanda
Herbert Samuel
Prof. Y. Kaufman

TEL AVIV

Palästina zu schützen. Mit der Unabhängigkeitserklärung ging die *Haganah* dann in der israelischen Armee auf. Das kleine Museum macht mit der Geschichte der Selbstschutztruppe bekannt.

Schräg gegenüber darf man einen Besuch im **Independence Hall Museum** auf gar keinen Fall versäumen. In dem großen Wohnhaus lebte viele Jahre Tel Avivs bekanntester Bürgermeister Dizengoff; 1930 vermachte er das Gebäude seiner Stadt, und hier wurde das erste Tel Aviv-Museum eingerichtet. In dem großen Saal finden historisch interessierte Besucher das originalgetreue Mobiliar, inklusive der großen Kohlemikrophone, von dem aus die politischen Führer der Juden am 14. Mai 1948 den Staat Israel proklamierten und damit die Unabhängigkeit ausriefen. Es war David Ben Gurion, der an jenem schicksalsschweren Tag über den Rundfunk die Meldung in alle Welt verbreitete. Stunden später rollten die Panzer von fünf arabischen Armeen auf das Land zu. Viele weitere Exponate im Haus berichten über die ersten Tage der Unabhängigkeit. Auf dem Mittelstreifen des Rothschild Boulevards erinnern das Gründermonument und ein Brunnen an die Geburt des Staates Israel.

Unübersehbar ragt nahebei der **Shalom Tower** auf, Israels erster Wolkenkratzer; vom Dach des hohen Turms hat man einen phantastischen Ausblick.

Drei Museen, die außerhalb dieses Stadtspaziergangs liegen, verdienen einen Besuch; da ist zuerst einmal das **Eretz Israel-Museum** (2 Lavanon Street, University, Bus Nr. 24, 25, 45), das in verschiedenen Pavillons über das israelische Alltagsleben informiert. Im Zentrum des Museumsgeländes befindet sich das Ausgrabungsareal vom Tell Kassile, in dem Archäologen 12 Siedlungsschichten freigelegt haben. Nicht vergessen sollte man das Bet Hatefutsoth, das **Diaspora-Museum** (University Campus, Gate 2, Klausner Street, Bus Nr. 24, 25, 45); die Ausstellung beginnt mit der Zerstörung des ersten Tempels, informiert über 2500 Jahre Leben in der Diaspora und vermittelt Besuchern einen Eindruck, was es bedeutet, wenn ein ganzes Volk über die Welt verstreut ist. Das **Tel Aviv Museum of Art** (27 Shaul Hamelech Boulevard, Bus Nr. 24) zeigt eine große Ausstellung sowohl israelischer als auch internationaler Kunst; so gibt es beispielsweise ein großes Wandgemälde von Roy Lichtenstein und eine Sammlung französischer Impressionisten zu bewundern.

Tel Avivs jüngster Kulturtempel ist das **Performing Arts Centre** in der Leonardo da Vinci Street 28. Es beherbergt die Neue Oper und bietet auch Raum für modernen Tanz und Musicals.

YAFO

Yafo, die alte arabische Hafenstadt, hat mit ihren engen Gassen und dem gut renovierten Altstadtkern oberhalb des Ha-

Oben: Moderne Architektur - die neue Oper im Performing Arts Centre.

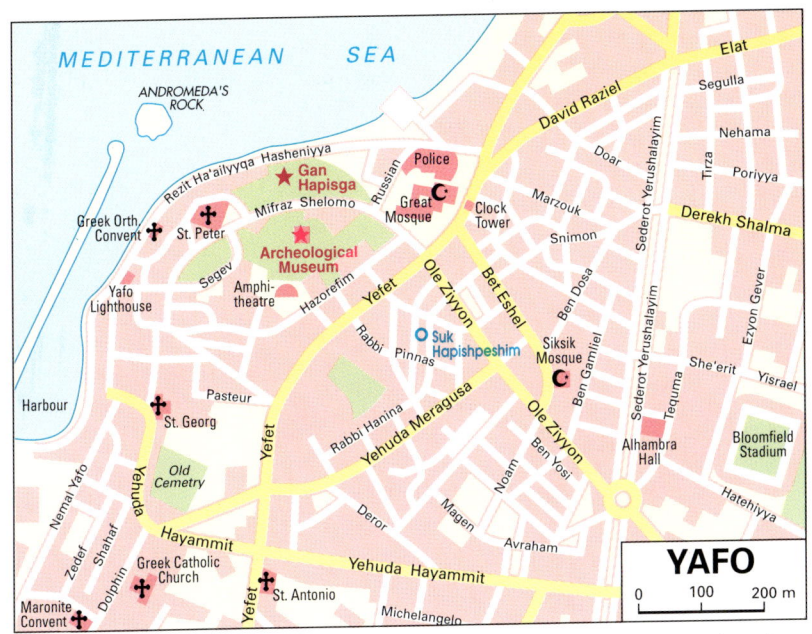

fens viel Flair und Atmosphäre zu bieten und ist wesentlich interessanter als das moderne, aber doch weitgehend gesichtslose Tel Aviv. Auf einem Spaziergang entlang der Strandpromenade oder mit den Bussen Nr. 8, 10, und 25 gelangt man von Tel Aviv nach Yafo.

Am Ortseingang befindet sich rechter Hand die Polizeistation des alten Yafo; hier residierten schon die Türken und unterdrückten die Bewohner Palästinas. Während des Britischen Mandats hatten die Engländer in dem Gebäude Truppen stationiert, die sowohl Araber als auch Mitglieder der zionistischen *Irgun*-Untergrundorganisation in den Zellen einkerkerten; heutzutage geht die israelische Polizei von diesem geschichtsträchtigen Ort aus gegen Palästinenser vor. In der Mitte eines kleinen Platzes, dessen offizielle Bezeichnug *Jewish Agency Square* kaum jemand kennt, ragt ein Uhrturm in den Himmel, der im Jahr 1906 zum 30. Regierungsjubiläum des türkischen Sultans Abdul Hamid II. errichtet wurde. Neben dem Uhrturm steht die 1810 erbaute **Große Moschee** (Mahmudiye-Moschee). Zur Ausschmückung des Innenraums wurden antike Säulen aus Caesarea und Ashqelon herangeschafft, die jedoch versehentlich falsch herum – mit den Kapitellen nach unten – aufgestellt wurden.

Folgt man vom kleinen Platz aus der Bet Eshel Street, so ist an den Bogeneingängen von Haus Nr. 11 noch eine ehemalige *Wakala*, eine **Karawanserei**, zu erkennen; im Untergeschoß befanden sich Stallungen für die Kamele und Lagerräume für Waren, im ersten Stock die Gästezimmer. Ein kurzes Stück weiter auf der Bet Eshel führen Querstraßen links ab zum Shuk Hapishpeshim, einem großen **Flohmarkt**, wo man von Silberschmuck und Kleidung über Lederwaren bis zum Ventilator oder einem Second-Hand-Fernseher alles bekommt, was das Herz begehrt. Die Hauptbasarstraße Olei Zion verläuft parallel zur Bet Eshel. Der Markt ist der letzte Rest eines großen türkischen *Suq*, der im 19. Jh. täglich rund um das Areal des heutigen Uhrturms abgehalten wurde. Wer hier kauft, benötigt Zeit und Muße, gilt es doch mit dem Händler nach bester orientalischer Manier zu feilschen.

Zurück am Uhrturm geht es in die Yefet Street hinein; dort lockt die **Abulafiyya-Bäckerei** mit gezuckerten Backwaren, leckeren Brötchen, gefüllten Fladenbroten und gebackenen Teigstücken.

Über die leicht ansteigende Mifratz Shlomo Street gelangt man zu einem Aussichtspunkt mit phantastischem Blick auf den kilometerlangen Sandstrand, das blaue Meer und die Hochhaus-Skyline von Tel Aviv. Linker Hand informiert das **Jaffa-Museum** über die alte Hafenstadt und zeigt viele Exponate, die hier von den Archäologen aus dem Boden geholt worden sind. Teile des Gebäudes datieren aus der Kreuzfahrerzeit. Vor 200 Jahren renovierten und erweiterten die Osmanen den Bau und nutzten ihn bis 1897 als Regierungssitz; danach produzierte darin eine Seifenfabrik, bis in den 60er Jahren das Museum eingerichtet wurde. Links neben dem Ausstellungsgebäude steht ein osmanischer Brunnen aus dem frühen 19. Jh. Der Bogendurchgang nahebei führte einst in ein *Hamam*, ein türkisches Bad; heutzutage steht man vor einem Nachtclub, unter dessen Fundamenten Archäologen 3500 Jahre alte Mauerreste des einstigen Jaffa fanden.

Weiter geht es die Mifratz Shlomo bergauf – nach wie vor ergeben sich herrliche Ausblicke auf Tel Aviv – und schnell ist der **Kikar Kedumim** (Kedumim-Platz) erreicht, Zentrum des hervorragend renovierten Hafenbereichs von Alt-Yafo und oft Schauplatz von Live-Musikveranstaltungen. Treppen führen hier abwärts und bringen den Besucher zu einem genau unter dem Kikar Kedumim befindlichen Ausgrabungsareal, das mit seinen Fundamenten von früher Besiedlung erzählt. Einst war dieser Teil Yafos der *Red Light District*, die sündige Meile von Tel Aviv.

Oben und rechts: Das europäisch wirkende Tel Aviv und die alte arabische Hafenstadt Yafo – ein reizvoller Kontrast.

Die rosa Kirche am Krdumim-Platz gehört zum **St. Peter-Kloster**, das auf den Fundamenten einer Kreuzfahrerzitadelle im 17. Jh. von Franziskanern errichtet und 1894 weitgehend erneuert wurde. Besucher müssen am Glockenstrang neben der Tür ziehen, dann öffnet der Kustos.

Von einem kleinen Terrassen-Café am Kikar Kedumim kann man den Blick weit über den Hafen und auf das Meer hinaus schweifen lassen. Die anbrandenden Wellen brechen sich am **Andromeda Rock**, einem gischtüberschäumten Felsen, der ein Stück aus dem Wasser ragt und seinen Namen einer Sage des klassischen Altertums verdankt: Kassiopeia, die eitle Frau des Königs Kepheus, hatte vor den Nereiden mit ihrer Anmut geprahlt und behauptet, schöner als alle anderen zu sein. Derlei Eitelkeiten erzürnten die Meeresnymphen, die nun im Verbund mit dem Meeresgott Poseidon eine Überschwemmung und einen alles verschlingenden Haifisch über das Land des Kepheus brachten. Nur wenn Andromeda, die schöne Tochter von Kepheus und Kassiopeia, einem Meerungeheuer geopfert würde, wäre es vorbei mit der Plage. Also wurde die blonde Jungfrau an besagten Andromeda Rock gebunden und wartete gefaßt auf den Tod. Doch da kam, Fittiche an den Sohlen seiner Sandalen, Perseus herangeflogen und war sogleich verzaubert von der Elfengestalt der Prinzessin. ,,Sprich, schöne Jungfrau", rief er, ,,du, die du ganz anderes Geschmeide verdienst, warum bist du hier in Banden?" Kaum hatte Andromeda die Geschichte erzählt, da brach ein riesiges Ungeheuer aus dem Wasser. Perseus schwang sich in die Lüfte und stieß wie ein Adler mit seinem Schwert auf das Scheusal nieder, erschlug es und heiratete die schöne Andromeda.

Vom Kikar Kedumim geht es eine kleine Anhöhe hoch und dann über eine hölzerne Brücke in den **Gan Hapisga**, in den Gipfelgarten. Ganze sieben Siedlungsschichten haben die Archäologen hier freigelegt, darunter Befestigungen aus der Hyksos-Zeit (1600 v. Chr.), Reste eines Stadttors aus dem 13. Jh. v. Chr. mit einer Inschrift über Ramses II., weiter kanaanäisches Mauerwerk, jüdische Siedlungsreste sowie Relikte aus dem 2. Jh. v. Chr., der Zeit der Hasmonäer, und schließlich römische Fundamente; auch von hier hat man einen großartigen Blick auf die Skyline von Tel Aviv.

Zurück zum Kedumim-Platz und dann abwärts über kleine Treppengassen ist schnell der **Hafen** erreicht. Fischerboote dümpeln im brackigen Wasser, Fischer halten auf einem Berg Netze ihre Siesta und schlafen, statt Hebräisch hört man hier nur arabische Laute. Das Hafenbecken ist gesäumt von Restaurants; alle sind gut und servieren fangfrischen Fisch. Sommertags sitzen Feinschmecker unter Sonnensegeln direkt am Wasser, eine Armeslänge entfernt von den Fischerbooten, und sehen zu, wie auf den kleinen Schiffen die Ladung gelöscht wird, Männer Netze flicken und Restaurantbesitzer um den Preis feilschen – in dieser Atmosphäre schmecken die Meeresfrüchte besonders gut.

Durch ein großes Tor geht es hinaus aus dem Hafenareal und über Stufen links hoch zur Louis Pasteur Street. Hier erinnert die freundlich aussehende Bronze-Skulptur eines dicken Wals an die Geschichte des Propheten Jona, der drei Tage im Bauch eines solchen Meeressäugers saß, bis der ihn wieder ausspuckte. Die Figur ist von der Bildhauerin und Goldschmiedin Ilana Goor gefertigt worden. Von hier aus sollte man in das kleine Gassenlabyrinth von **Alt-Yafo** vorstoßen; in den renovierten Häusern sind Galerien untergebracht, Kunsthandwerker zeigen ihre Produkte, Goldschmiede und Juweliere bieten individuell gestaltete Schmuckstücke an.

Zurück an der Walbronze, geht es nun weiter die Pasteur Street entlang bis zur Kreuzung Yafet Street. Hier an der Ecke befand sich einmal das **St. Louis French Hospital**, das seinen Namen von Louis IX., bekommen hatte; dieser kam 1251 als Führer des siebten Kreuzzugs in Yafos Hafen gesegelt. Römisch-katholische Nonnen richteten in dem neogotischen Gebäude im späten 19. Jh. das erste moderne Krankenhaus Yafos ein; heute ist hier ein Gesundheitszentrum untergebracht. Auf der anderen Straßenseite sind drei Häuser von Bedeutung. In Nr. 21 hat im Jahr 1863 die presbyterianische Church of Scotland die **Tabitha-Schule** eröffnet; auf dem kleinen Friedhof hinter dem Haus liegt Dr. Thomas Hodgkin (1798-1866) begraben, der am Londoner Guy's Hospital als erster die Hodgkinsche Krankheit beschrieb (eine bösartige, schmerzhafte Vergrößerung des Lymphgewebes) und während seiner Palästina-Reise erkrankte und starb. Nr. 23 war einmal eine katholische Schule der Franzosen und zeigt noch immer die Inschrift **Collège des Frères**. In dem Gebäude sind heute Verwaltungsstellen der französischen Botschaft untergebracht. Die „Tudor-Festung" von Nr. 25 enthielt einmal die **Urim-Schule**, 1882 als Lyzeum ins Leben gerufen und von den gleichen Nonnen betrieben, die sich auch um das Krankenhaus kümmerten. Neben Haus Nr. 51 ragt die römisch-katholische **San Antonio-Kirche** in den Himmel; 1932 wurde das Gotteshaus dem hl. Antonio von Padua geweiht. Die Yafet Street zurück, und schnell ist wieder der Uhrturm – der Ausgangspunkt des Rundgangs – erreicht; am frühen Abend öffnen in den vielen Nebengassen eine Reihe von arabischen Garküchen ihre Pforten.

ASHQELON

Frühe ägyptische Texte erwähnen die Stadt Ashqelon (50 km südlich von Tel Aviv) bereits um 2000 v. Chr. Aus den Amarnabriefen aus der Zeit des Echnaton (1400 v. Chr.), kennt man den Briefwechsel des lokalen Herrschers mit dem Pharao. Jeden Befreiungsversuch von der ägyptischen Oberhoheit ließen die Pharaonen blutig niederschlagen. Im Karnak-Tempel von Luxor/Ägypten zeigt ein Relief eine der vielen gelungenen Erstürmungen von Ashqelon. Mit Beginn des 12. Jh. v. Chr. setzten sich die Philister in der Stadt fest und drangsalierten von hier aus die israelitischen Stämme.

Aufgrund der diplomatischen Geschicklichkeit der lokalen Herrscher überstand Ashqelon fast folgenlos die assyrischen und skythischen Einfälle im 6. und 5. Jh. v. Chr., und auch die Besetzung durch Alexander den Großen schadete der Stadt nicht. Während der Seleukidenzeit wandelte sich der Ort durch den Zuzug von griechischen Gelehrten zu einem Wissenschaftszentrum in Palästina.

Um der Eroberung durch die Makkabäer zu entgehen, riefen die Bewohner im 2. Jh. v. Chr. die Römer zuhilfe. Herodes wurde in Ashqelon geboren, doch gehörte die Stadt nie zu seinem Königreich.

Rechts: Armeeangehörige helfen bei der Ernte.

Mit der Eroberung durch die muslimischen Heere im 7. Jh. n. Chr. wurde Ashqelon zu einem befestigten Handelsstützpunkt ausgebaut. In der Kreuzfahrerzeit hatten die muslimischen Fatimiden hier einen ihrer wichtigsten Stützpunkte, und es gelang den Franken lange nicht, die Stadt einzunehmen; also bauten sie einen Blockadering von Burgen um sie herum, da die Garnison nachhaltig die Pilgerstraße zwischen Jaffa und Jerusalem unsicher machte. Erst Balduin III. konnte nach mehr als halbjähriger Belagerung siegreich in die Stadt einziehen.

Einige Jahre später herrschten wieder die Muslime, kurz darauf erneut die Christen in Ashqelon. Mit dem Abzug der Kreuzfahrer geriet die Stadt in Vergessenheit. 1951 gründeten südafrikanische Einwanderer bei dem verlassenen Araberdorf Migdal, dessen ehemalige Bewohner heute in den Flüchtlingslagern des Gaza-Streifen leben, die Siedlung Afridar und nannten beides im Gedenken an biblische Zeiten Ashqelon.

Ashqelon gehörte zum Fünf-Städte-Bund der Philister und war schon in jener frühen Zeit ein wichtiger Hafenort sowie Karawanenstützpunkt der von Ägypten nach Syrien führenden Handelsstraße Via Maris. Ashqelon galt als Bollwerk gegen die israelitischen Stämme; als Saul von den Philistern getötet wurde rief David trauernd aus, daß man über die Katastrophe schweigen möge, damit die Kunde nicht bis nach Ashqelon dränge und dort Freude auslöse.

Im Wohnviertel Barnea fand man bei Bauarbeiten die Reste einer byzantinische Kirche aus dem 6. Jh. und nahebei ein **Bodenmosaik** aus der gleichen Ära.

Im Zentrum des Stadtteils Afridar mit seinem großen Commercial Centre liegt ein kleines **Freilichtmuseum**, das u. a. zwei römische Sarkophage zeigt, die in den 70er Jahren beim Bau eines Hauses zufällig gefunden wurden.

Das **Bemalte Grab** an der Hatayasim Street stammt aus römischer Zeit (3. Jh.) und bezaubert mit großartigen Fresken. Hier sieht man z.B. nackte Nymphen an

ASHQELON

einem Bach, eine Gazellenjagd, das Haupt der Gorgo und Pan mit der Flöte.

Migdal, die alte arabische Siedlung, hat deutlich mehr Charakter und Atmosphäre als das neue Ashqelon. Das Viertel ist das Shopping-Areal der Stadt und hat montags und mittwochs einen großen Obst-und Gemüsemarkt sowie donnertags einen allgemeinen Markt für Kleidung, Silberschmuck und Lederwaren.

Eine alten Karawanserei beherbergt das neue **Ashqelon Museum**. Seine Exponate illustrieren die lokale Geschichte von der römischen Zeit bis heute.

Am südlichen Stadtrand von Ashqelon, direkt am Meer, breiten sich auf dem Gebiet eines **Nationalparks** die Reste der antiken Stadt aus, umschlossen von der Mauer der ehemaligen Kreuzfahrerstadt. Wie aufs Meer gerichtete Kanonenrohre ragen römische Säulen aus dem Befestigungswall. Säulen im Meer, an denen sich die Wellen brechen, markieren den ehemaligen Hafen. Schnittgrabungen der Archäologen haben eine Besiedlung seit der Bronzezeit erwiesen.

Zentrum des Areals ist das über 100 m lange *Buleuterion*. Ob der Komplex, der einmal aus Säulenhallen bestand, die einen Innhof umstanden, wirklich ein Verwaltungszentrum war, ist zweifelhaft. Die Anlage, von Herodes in Auftrag gegeben, könnte auch als Agora gedient haben. Reliefs, die in jenen Tagen die Rückwände der Säulenhallen schmückten, zeigen die ägyptische Göttin Isis mit ihrem Sohn Horus, die mit einem Palmwedel winkende griechische Siegesgöttin Nike, sowie Nike auf der von Atlas getragenen Weltkugel.

Der Nationalpark ist auch ein ideales Erholungsgebiet mit Campingplatz, Picknickgebiet, Restaurant und Badestrand.

Lange Sandstrände säumen die Küste vor Ashqelon. Leider schwemmen die Wellen manchmal Teerklumpen an die Gestade, denn etwas weiter südlich, am Kai des Kibbuz Zikim, löschen Öltanker ihre Ladung.

TEL AVIV

Anreise

Israels internationaler Flughafen **Ben Gurion** liegt 15 km östlich von Tel Aviv. United Bus Nr. 222 verkehrt stündlich zwischen Flughafen und Stadt, hält am Bahnhof, an der Jugendherberge (Weizmann Street) sowie an der Strandpromenade, wo sich die Hotels konzentrieren.

Von Jerusalem und weiteren größeren Städten Israels verkehren Busse nach Tel Aviv im 10-Minuten Rhythmus. Von Jerusalem sowie von den Städten der nördlichen Küste erreicht man Tel Aviv auch mit stündlich verkehrenden Zügen.

Unterkunft

LUXUS: **Carlton**, 10 Eliezer Peri Street, Tel. Tel: 03-5201818, bestes Haus in Tel Aviv. **Moriah Plaza**, 155 Hayarkon Street, Tel: 03-5271515, fast alle Zimmer mit Meerblick. **Grand Beach**, 250 Hayarkon Street, Tel: 03-5466555.

MITTEL: **Ami**, 4 Am Yisrael Hai Street, Tel: 03-5249141, nah am Strand. **Armon Hayarkon**, 268 Hayarkon Street, 03455271, gutes, familiengeführtes Hotel.

EINFACH: **Adiv**, 5 Mendele Street, Tel: 03-229141, nahe am Strand. **Aviv**, 88 Hayarkon Street, Tel: 03-655486, in Strandnähe. **Hotel Nes Tziona**, 10 Nez Tziona Street, Tel: 03-5103404, preisgünstiges Hotel nahe am Strand. **Miami Hotel**, 8 Allenby Street, Tel: 03-5103868, in Strandnähe.

HOSTELS: **Jugendherberge**, 36 Bnei Dan Street, Tel: 03-5441748, im Norden der Stadt. **Old Yafo Hostel**, 8 Olei Tzion Street, Tel: 03-822370, mitten im Flohmarkt, im Zentrum Alt-Yafos, eines der besten Hostels der Stadt. **Shanbo**, 25 Lilienblum Street, an der Allenby Street, Tel: 03-5106739. **Nr. 1 Hostel**, 84 Ben Yehuda Street, 4. Stock, Tel: 03-5237807, strandnah. **Gordon Hostel**, 2 Gordon Street, Tel: 03-5229870, großes Hostel, strandnah.

Restaurants

Casba, 32 Yirminyahu Street, seit über 30 Jahren eines der besten Restaurants der Stadt. **Boccaccio**, Hayarkon/Ecke David Frishman, beliebt zur Mittagszeit. **Chimney**, Hayarkon/Ecke Mendeli, preisgünstiges kleines Restaurant. **The Chicago Pizza Pie Factory**, 63 Hayarkon Street, amerikanische Pizzen. **Catch 22**, Hayarkon/Ecke Bograshov, preisgünstige Gerichte zur Mittagszeit. **Bistro Picasso**, Hayarkon/Ecke Mapu, preisgünstiges, kleines Restaurant. **Via Maris**, Kikar Kedumim, gutes Restaurant im Zentrum von Yafo. **Toutoune**, Kikar Kedumim, in Yafo, frische Meeresfrüchte zu hohen Preisen. **Acapulco**, an der Ecke Dizengoff/Frischmann Street, preisgünstiges kleines Restaurant. **Rothschild**, 47 Rothschild Boulevard, teure, aber gute französische Küche. **Yin Yang**, 64 Rothschild Boulevard, das beste chinesische Restaurant des

INFO: TEL AVIV UND ASHQELON

Landes. **Chin Chin**, 42 Frischmann Street. **Yemenite Taste**, 10 Frischmann Street, traditionelle jemenitische Küche zu niedrigen Preisen.

Cafés / Bars

Für *Crowd-watching* empfehlen sich die Cafés an der mit teuren Geschäften gesäumten **Dizengoff Street**, auch die Bistros am **Dizengoff-Platz** eignen sich gut dafür. In den vielen Cafés der **Nahalat Binyamin Street** macht es Spaß zu beobachten, wenn im Zuge des **Carmel-Markts** dienstags und freitags Kunsthandwerker ihre Stände aufbauen. **M.A.S.H.** (More Alcohol Served Here), 275 Dizengoff Street, populäre Bar. **The Whitehouse**, 108 Hayarkon Street, großer Anteil an israelischen Gästen. **Gordon's Pub**, 17 Gordon Street, ruhiges Pub. **The Happy Casserole**, 344 Dizengoff Street, mehrmals wöchentich Live Music, israelische Folk Music.

Sehenswürdigkeiten und Museen

Ben Gurion-Haus, Ben Gurion Boulevard 17, So-Do 8-14, Mo/Do zusätzlich 17-19, Fr 8-13, Sa 11-14. **Diaspora-Museum**, University Campus, Gate 2, Klausner Street, So-Di und Do 10-17, Mi 10-19. **Eretz Israel Museum**, 2 Lavanon Street, University, So, Mi, Do 9-14, Di 9-17, Sa 10-14. **Hagana Museum**, Rothschild Boulevard, So-Do 8.30-16, Sa 8.30-12.30. **Haus von Chaim Nachmann Bialik**, Bialik Street 22, So-Do 9-17, Sa 10-14 Uhr. Haus von Reuven Rubin, Bialik Street 14, So-Do 9-17, Sa 10-14. **Helena Rubinstein Pavilion**, Tarsat Street, eine Dependence des Tel Aviv Museums, So-Do 10-20, Fr 10-14, Sa 10-15. **Independence Hall Museum**, Rothschild Boulevard, So-Do 9-14. **Jaffa Museum**, Yafo, Mifratz Shlomo Street, So-Do 9-14, Di zusätzlich 16-19 Uhr, Sa 10-14. **St. Peter-Kloster**, Yafo, Kikar Kedumim, täglich 8-11.45, 15-17. **Tel Aviv Museum of Art**, 27 Shaul Hamelech Boulevard, So-Do 10-21.30, Fr 10-14, Sa 10-14, 19-22.

Shopping und Märkte

Hauptgeschäftsstraßen sind die Allenby Street, Dizengoff Street (internationale Geschäfte und Boutiquen aller Art vor allem am nördlichen Ende) und die Ben Yehuda Street. Weitere Geschäfte des gehobenen Einzelhandels liegen rund um den Hamedin-Platz im Norden.
Die Buchhandlung Steinmatzky bietet eine große Auswahl an englischsprachigen Publikationen; zwei ihrer Läden finden sich in der Allenby Street und Dizengoff Street.
Täglich findet in den Straßen am Kikar Magen David ein großer Markt statt, dienstags und freitags bieten in der Nahalet Binyamin Street Kunstgewerbler an Ständen ihre Waren an. Nahebei in der King George / Ecke Bet Leichem Street werden auf einem Markt preiswerte Kleidungsstücke aller Art verkauft. In Yafo hat täglich der *Shuk Hapishpeshem*, der große Flohmarkt, in der Olei Zion Street und den Nebengassen geöffnet.

Krankenhaus / Zahnklinik

Ichilow Hospital (Zahnklinik), Weizmann Street, 24 Stunden Notdienst.

Verkehrsmittel

BUS: Das innerstädtische Nahverkehrssystem ist gut ausgebaut. Es konkurrieren die beiden Busunternehmen Egged und Dan. Ein Einheitspreis gilt auf allen Strecken. Beide Unternehmen bieten eine Sammelkarte, die sogenannte *Kartisia*, und bieten 25 Fahrten zum Preis von 20 an. Die Hauptlinien Nr. 4 und Nr. 5 versorgen den gesamten innerstädtischen Bereich und verkehren auf der Ben Yehuda und Allenby Street sowie auf der Dizengoff Street und dem Rothschild Boulevard. Nr. 10 fährt vom Rathaus über die Ben Yehuda Street nach Yafo und zurück über die Hayarkon Street, eine Parellelstraße der Uferpromenade.
Es gibt auch privat betriebene Minibusse – wichtig am Sabbat, da dann die großen Busse nicht fahren.
Von Tel Avivs Central Bus Station sowie dem Bus-Terminal am Hauptbahnhof in der Arlosoroff Street verkehren Busse im landesweiten Verkehrssystem, z. B. nach Jerusalem tagsüber alle zehn Minuten, nach Haifa und Be'er Sheva mehrmals stündlich, nach Elat mehrmals täglich (Vorbuchung ratsam).
SAMMELTAXI: An der Central Bus Station sind Sammeltaxen (*Sherut*) stationiert. Dies sind Mercedes Stretch-Limousinen. *Sherut* verkehren auf den gleichen Linien wie Busse, sind schneller und etwas teurer (Sabbat-Zuschlag von 20 %).
ZUG: Züge verkehren im Stundenrhythmus von der Arlosorroff Train Station in Richtung Norden und halten in allen wichtigen Orten wie Netanya, Hadera, Haifa und Nahariyya. Von Tel Aviv nach Jerusalem verkehren Züge mehrmals täglich. Samstags kein Zugverkehr.

Touristeninformation

Government Tourist Information Office (GTIO), Shalom Aleichem Street (Querstraße der Hayarkon Street), Tel: 03-660257, nimmt Hotelbuchungen vor und bietet Karten, Stadtpläne etc., So-Do 8.30-18, Fr 8.30-14.30. Die Touristeninformation am Ben Gurion Airport ist rund um die Uhr geöffnet.

ASHQELON
Unterkunft

LUXUS: **The Shulamit Garden**, Hatayasim Street, Tel: 07-36222. *MITTEL:* **The Samson Gardens**, Hatamar Street, Tel: 07-34666. **Ashqelon Hotel**, South Africa Boulevard, Tel: 07-34188.

Parks und Museen

Ashqelon National Park, tägl. 8-17. **Ashqelon Museum**, So-Do 9-13, 16-18, Fr 9-13, Sa 10-13.

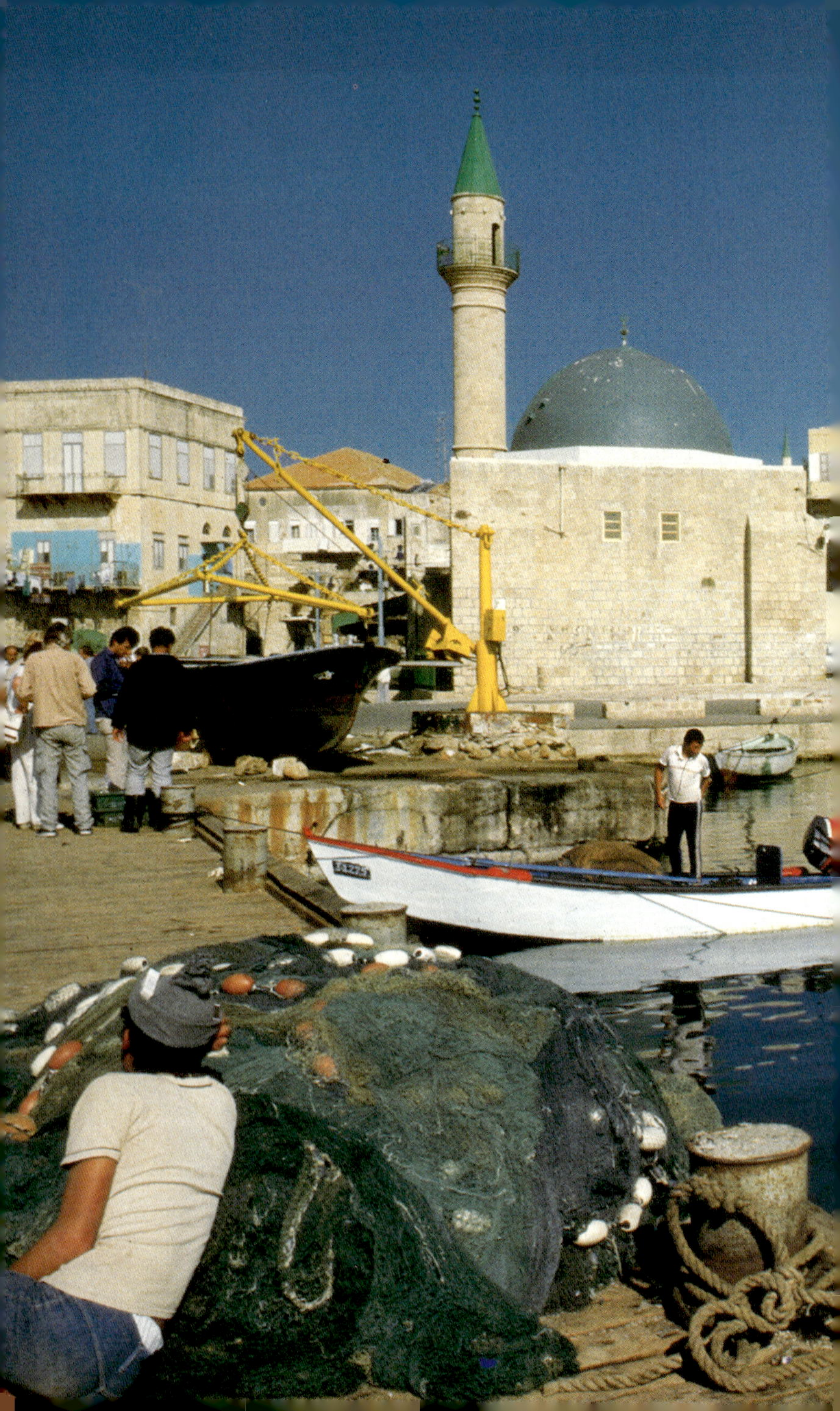

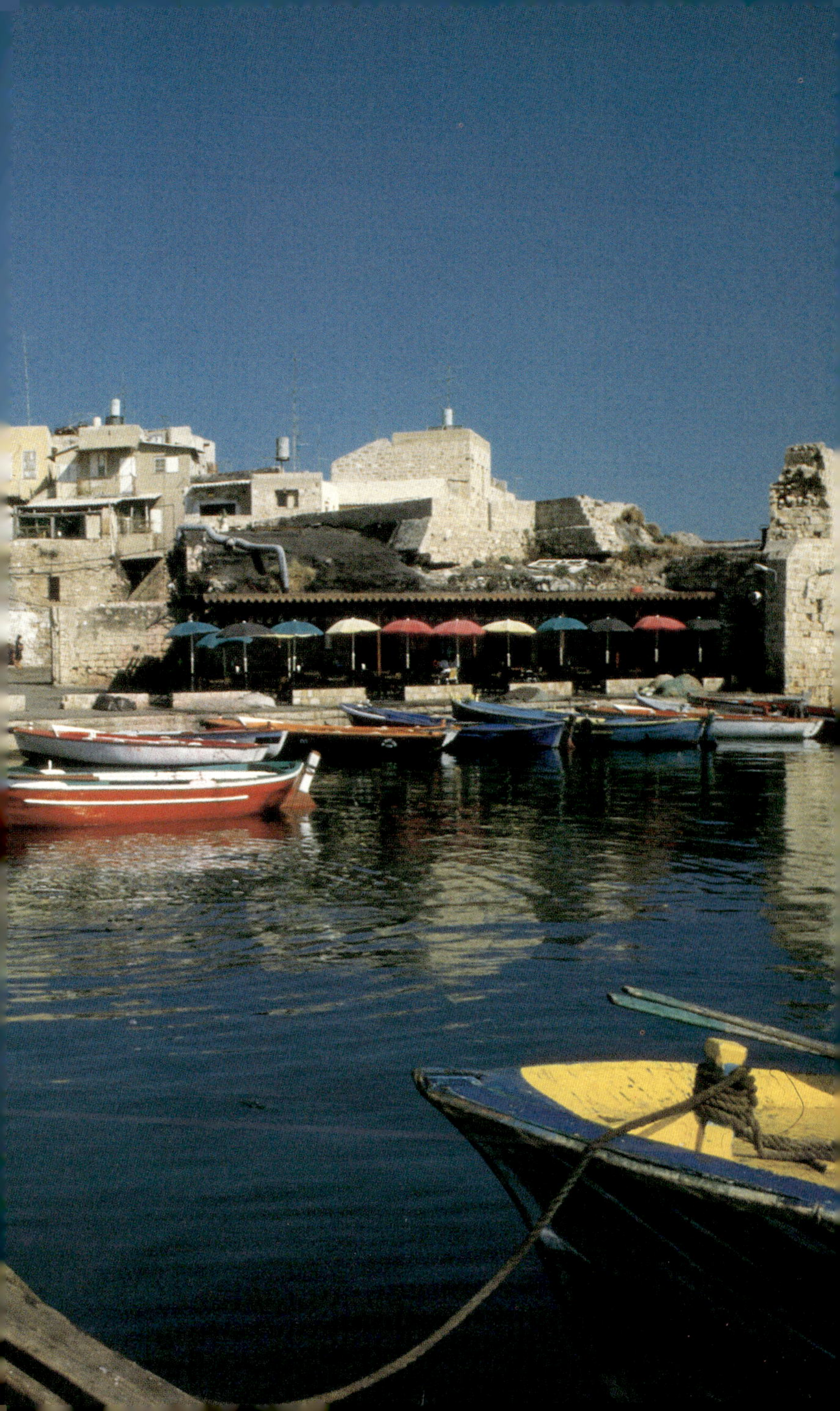

HERZLIYYA

DIE NÖRDLICHE MITTELMEERKÜSTE

HERZLIYYA / NETANYA
HADERA / CAESAREA
HAIFA / AKKO
NAHARIYYA

HERZLIYYA

Fast schon als Vorort von Tel Aviv muß das Seebad **Herzliyya Pituach** – zu deutsch Herzliyya-am-Meer – gesehen werden, das in den 1920er Jahren als landwirtschaftliche Siedlung gegründet und nach dem Begründer des Zionismus, Theodor Herzl, benannt wurde. Viele ausländische Diplomaten, Nahostkorrespondenten und fremde Geschäftsleute haben sich in dem *Seaside Resort* niedergelassen und genießen die Ruhe des Örtchens, das knapp 10 km nördlich des umtriebigen, lauten und kosmopolitischen Tel Aviv liegt. Herzliyya ist außerdem mit seinen vielen Studios das Film- und Fernsehzentrum Israels. Am langen Strand reihen sich Luxushotels aneinander, und eine Marina bietet Platz für viele Yachten. Rund um zwei kleine Plätze findet man preisgünstige Restaurants sowie einige Cafés. Bus Nr. 90 sorgt für eine schnelle Verbindung zwischen Herzliyya und Tel Aviv.

Im Norden des Seebads liegt ein wenig abseits der Hauptstraße die im 13. Jh. erbaute **Sidna Ali-Moschee**, benannt nach einem gegen die Kreuzfahrer kämpfenden Heerführer Saladins. Von der Moschee hat man einen schönen Ausblick aufs Meer.

Arshaf Apollonia

Nicht weit entfernt erhebt sich an der Steilküste **Tell Arshaf** mit den Resten einer ehemaligen Kanaanäersiedlung. Die Hellenen, die um das 4. Jh. v. Chr. kamen, nannten den Ort **Apollonia**; er blieb bis in römische Zeit ein wichtiger Hafen. Die Araber gaben der Stadt den Namen Arsuf, und deren Bewohner hatten während der Kreuzfahrerzeit unter den Franken zu leiden.

Eines Tages war den Sarazenen der Ritter Gerhard von Avesnes, ein enger Freund des Kreuzzugführers Gottfried von Bouillon, in die Fänge geraten, und als die Christen die Stadt angriffen, stellten die Verteidiger ihre Geisel – sinnigerweise an ein Kreuz gebunden – als Pfeilfang auf die Wallmauer. Gerhard flehte den in Rufweite befindlichen Gottfried um Vorsicht an, doch der speiste ihn mit dem lapidaren Hinweis auf das ewige Leben ab und gab Schießbefehl; Gerhard wurde von zehn Pfeilen durchbohrt. Als die Muslime sahen, ,,wie jegliches Mitleid in den Herzen der Christen erstorben war", zogen sie den schwer verletzten

---

Vorherige Seiten: Seit 3500 Jahren wird hier frischer Fisch angelandet – der Hafen von Akko. Links: Kibbuz-Bauern versorgen auch die Stadthotels mit Gemüse.

Oben: Die Stadt Netanya ist das größte Seebad des Landes.

Christen zurück in die Sicherheit der Mauern, pflegten ihn gesund und ließen ihn – man glaubt es kaum – dann frei. 1191 schrieb Richard Löwenherz Militärgeschichte, als er bei Arsuf in offener Feldschlacht die überlegenen Truppen Saladins vernichtend schlug.

Als in den 1940er Jahren die Briten einen Einwanderungsstopp verhängt hatten, wurde die frühmittelalterliche Mole bei Nacht als heimliche Landungsstelle für jüdische Flüchtlinge genutzt.

NETANYA

11 km lang ist der feine weiße Sandstrand von Netanya, dem mit 160 000 Einwohnern größten Seebad des Landes, das wegen seines angenehmen Klimas beliebt ist. In den späten 1920er Jahren wurde der Ort im Zentrum ausgedehnter Zitrusplantagen angelegt und nach dem jüdisch-amerikanischen Philantropen Nathan Strauss benannt. Richtig anheimelnd wirkt die Stadt jedoch nicht, da sie aufgrund der vielen Einwanderungswellen schnell und damit weitgehend ungeplant ausgebaut werden mußte.

Neben den vielen Strandbesuchern, die Geld in die Taschen der Einwohner bringen, ist die zweite bedeutende Einnahmequelle die Diamanten- und Schmuckindustrie. Während des Zweiten Weltkriegs flüchteten Diamantschleifer aus Holland und Belgien nach Israel, ließen sich in Netanya nieder und gründeten kleine Handwerksbetriebe. Größere Produktionsstätten sind zu besichtigen, z. B. das **National Diamond Centre** (90 Herzl St.) oder die **Inbar Jewelry** (31 Benyamin Blvd.). Man kann Diamantschleifern bei der Arbeit zusehen und zu vergleichsweise günstigen Preisen das eine oder andere Kleinod erstehen. Weiter sorgen Verpackungsfabriken für Zitrusfrüchte und die lokale Bierbrauerei – die einzige des Landes – für Arbeitsplätze.

Hauptstraße von Netanya ist die lange, von Geschäften gesäumte **Herzl Street**, die kurz vor dem Meer in eine Fußgängerzone übergeht und dann am **Haatzmaut Square**, oberhalb des Strandes, endet. Hier befindet sich die Tourist Information, und eine Reihe von Cafés sorgt für das leibliche Wohl. In einem zum Meer geöffneten, halbrunden **Freilichttheater** werden Stücke aller Art aufgeführt, aber auch Musikveranstaltungen kommen hier auf die Bühne.

HADERA

Schon von weitem macht sich das Kohlkekraftwerk von Hadera mit Rauchschwaden bemerkbar. Die Kleinstadt liegt einige Kilometer entfernt vom Meer und ist für Besucher wegen ihres Museums zur Besiedlungsgeschichte interessant; in Israel gilt der Ort darüber hinaus als ein Symbol für das Durchhaltevermögen der ersten Siedler, die sich gegen alle Widerstände in der neuen Heimat eine Zukunft aufbauen wollten. Im Jahr 1891 kam eine kleine Gruppe russischer Zionisten nach Palästina und war auf der Suche nach Land. Ein schlitzohriger christlicher Araber verkaufte den Männern an die 3000 Hektar, und die informierten freudig die Daheimgebliebenen, daß sie weites Land mit gutem Wasser erstanden und zudem noch einen wunderschönen Strand in der Nähe hatten.

Als die Einwanderer begannen, das Land urbar zu machen, mußten sie jedoch feststellen, daß sich in den feuchten Wiesen und Teichen die malariaübertragenden Anopheles-Mücken rapide vermehrten. Um das Land trockenzulegen, pflanzten sie Abertausende von wasserziehenden Eukalyptusbäumen und legten kilometerlange Drainagerohre. Dennoch starb innerhalb der ersten Jahre die Hälfte der Siedler an der Malaria.

Die traurige Geschichte wird im **Khan Historical Museum**, einer ehemaligen osmanischen Karawanserei, für Besucher wieder lebendig gemacht (74 Hagiborim Street).

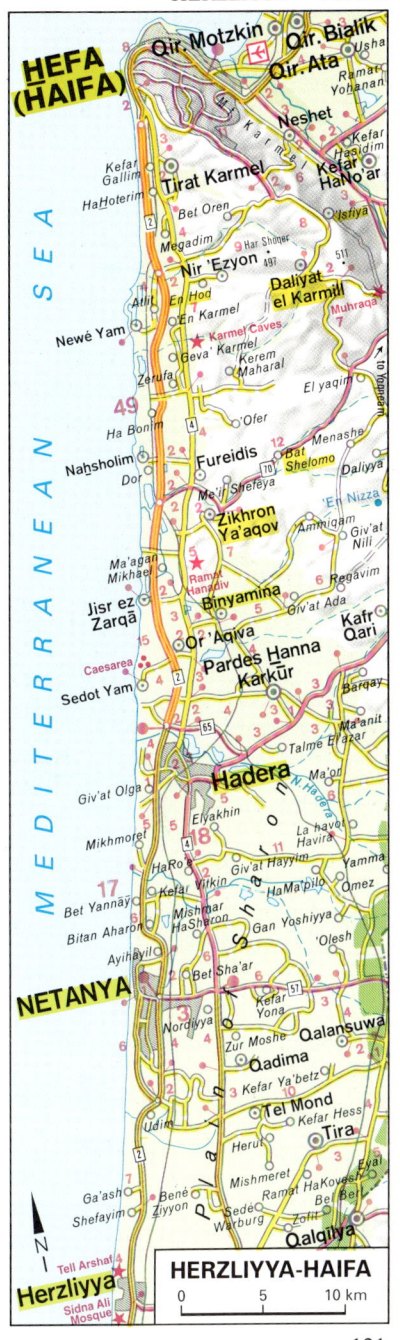

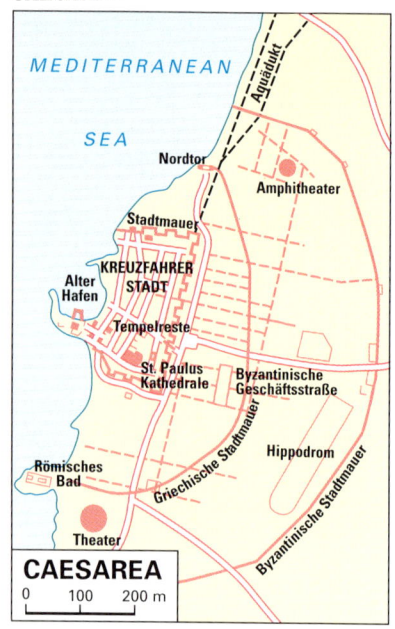

CAESAREA

Eine der bedeutendsten archäologischen Ausgrabungsstätten in Israel ist die von Caesarea, obwohl es dem Areal an spektakulären Ruinen mangelt. Beim Betrachten der mit Steintrümmern übersäten Fläche benötigt man viel Phantasie, um sich vorstellen, daß sich hier einmal eine der prächtigsten Städte der Region erstreckt hat.

Geschichte

Phönizische Kaufleute aus Sidon gründeten im 4. Jh. v. Chr. die Hafensiedlung Migdal Sharshan, die 63 v. Chr. an die Römer fiel. Rund 30 Jahre später überließ Octavian, der spätere Kaiser Augustus, dem Herodes die Stadt, der sie nach seinem Förderer Caesarea *Maritima* nannte und mit gewaltigen Summen zu einer prachtvollen Metropole ausbauen ließ.

Rechts: Im römischen Amphitheater von Caesarea.

Unter allergrößten Schwierigkeiten entstand der Hafen; der jüdische Historiker Flavius Josephus berichtet, daß der Wellengang schon bei leichten Westwinden hoch war und fährt dann fort: „Doch der König (Herodes) wurde durch seine Großzügigkeit in der Bereitstellung der Mittel und durch sein ehrgeiziges Streben Herr über die Natur und schuf einen Hafen, größer als der (von) Piräus und mit tiefen Ankerplätzen in seinen Ausbuchtungen. Obgleich das Gelände gar nicht günstig war, fühlte er sich gerade durch die Schwierigkeiten herausgefordert, etwas zu schaffen, wogegen das Meer machtlos war, und was von einer Schönheit war, die die aufgewendete Mühe nicht ahnen ließ. (...) Auch die Häuser am Hafen waren aus weißem Marmor, und die Straßen liefen parallel zum Hafen hin. Gegenüber der Hafeneinfahrt stand auf einer Anhöhe ein besonders großer und schöner Tempel des Caesar (Augustus) und darin befand sich seine Kolossalstatue, die hinter ihrem Vorbild, dem olympischen Zeus, nicht zurückblieb" (Jüdischer Krieg I, 21, 5-7).

Zwölf Jahre (zwischen 22 und 10 v. Chr.) ließ Herodes an der Stadt und dem Hafen bauen. Im Jahr 6 n. Chr. avancierte Caesarea zur Hauptstadt der römischen Provinz Judäa, zwischen 26 und 36 residierte Pontius Pilatus als Prokurator im Palast des Herodes. Wie das Neue Testament berichtet, kam in jener Zeit Petrus in die Stadt und taufte „Kornelius, Hauptmann in der sogenannten Italienischen Kohorte" (Apostelgeschichte 10, 1). Im Jahr 44 wurde Herodes Agrippa, ein Enkel des großen Herodes, aus Strafe für die Hinrichtung des Jüngers Jakobus in Caesarea „von Würmern zerfressen" (Apostelgeschichte 12, 23). Paulus saß einige Zeit in den Kerkern von Caesarea, bis man ihn zur Verhandlung nach Rom brachte.

Im Jahr 63 kam es zu schweren Unruhen und einem ersten Pogrom; Juden und Griechen strebten beide nach der Vorherrschaft in der lokalen Verwaltung.

Bürgerkriegsähnliche Zustände brachen aus, und nach Flavius Josephus „brachten die Einwohner von Caesarea ihre jüdischen Mitbürger um, so daß in einer einzigen Stunde über 20 000 ihr Leben lassen mußten und ganz Caesarea von Juden entblößt war" (Jüdischer Krieg II, 18,1). Da die Römer die Griechen unterstützt hatten, kam es drei Jahre später zum ersten Aufstand der Juden gegen die römische Besatzungsmacht, und der romfreundliche Herodes Agrippa II. mußte mit seiner Schwester Berenike von Tiberias in das sichere Caesarea fliehen. Der römische Feldherr Vespasian richtete daraufhin in der Stadt sein Hauptquartier ein und unterwarf von hier aus Galiläa. Im Jahr 69 n. Chr. wurde er in der Metropole zum Kaiser ausgerufen.

Unter dem langen wie glanzvollen Namen Colonia Prima Flavia Augusta Felix Caesarea Metropolis Provinciae Syriae Palaestinae begann ab dem 2. Jh. eine kulturelle wie auch ökonomische Blütezeit. Der Kirchenvater Origines (185-254) gründete eine theologische Ausbildungsstätte, richtete eine große, 30 000 Bände oder besser Schriftrollen umfassende Bibliothek ein und edierte die *Hexapla*, eine hebräische Bibel. Zwischen 314 und 339 war der Kirchengeschichtler Eusebius Bischof von Caesarea, und um die Jahreswende vom 5. zum 6. Jh. erblickte der Geschichtsschreiber Prokopius hier das Licht der Welt und hinterließ unter anderem eine detaillierte Beschreibung der Zeit Justinians.

Als 613 die Perser mit Unterstützung der Juden in Caesarea einfielen, lebten an die 50 000 Christen in der weiträumigen Stadt; viele von ihnen fanden den Tod. 26 Jahre später nahmen die muslimischen Araber die Metropole ein und tauften sie in Qaisariyya um.

Die Kreuzfahrer waren die nächsten, die Tod und Verderben brachten; 1101 fielen sie unter der Führung von Balduin I. nach kurzer Belagerung in die von ihnen *Césarrée* genannte Stadt ein und schlachteten die Bevölkerung ab. Hier wollten die fränkischen Ritter auch den Heiligen Gral gefunden haben, jenen

CAESAREA

Kelch, aus dem Jesus beim letzten Abendmahl getrunken haben soll. Der Befehlshaber der italienischen Flotte, die maßgeblichen Anteil an der Übernahme der Stadt hatte, brachte die Schale nach Genua.

Die Sage, wonach der Gral seinem Besitzer allerhöchstes Glück bringt, geht auf die Kelten zurück; Josef von Arimathäa, der Jesus vom Kreuz genommen und begraben hat, soll um das Jahr 60 in den Westen Britanniens gekommen sein, um dort zu missionieren. Bei sich hatte er den Heiligen Gral, den er angeblich beim heutigen Ort Glastonbury vergrub. Der vermeintliche Gral von Caesarea aktivierte die frühchristliche Legende wieder, und bis weit ins Spätmittelalter besangen die Barden und Troubadoure diese mythische Geschichte.

1187 eroberte Saladin die Stadt zurück und ließ die Befestigungsanlagen schleifen; vier Jahre später kam Richard Löwenherz mit seinen Truppen und ordnete den Wiederaufbau an. 1220 war Césarée wieder im Besitz der Muslime, und neun Jahre später saßen erneut die Kreuzfahrer hinter den Wällen. Ludwig der Heilige ließ Mitte des 13. Jh. die heute noch sichtbaren, gewaltigen Mauern hochziehen, was aber nichts nützte, denn 1265 eroberte der ägyptische Mamelucken-Sultan Baibars die Stadt. Um ein eventuelles Anlegen der christlichen Flotte zu verhindern und um den Kreuzfahrern vollends die Möglichkeit einer Neubefestigung zu nehmen, zerstörten die Araber Stadt und Hafen endgültig.

Besichtigung

Hoch ragen immer noch die dicken **Wallmauern** aus der Kreuzfahrerzeit auf; drei Tore führten in jenen Tagen in die Stadt hinein, 16 Türme sorgten für Ausblicke, und vor der Befestigung schaffte noch einmal ein tiefer Graben weitere Sicherheiten. An der Südostecke kann man die Mauer besteigen, von der man einen guten Ausblick auf das Ruinenareal und das Meer hat.

Von der Stadtmauer aus den Tagen des Herodes haben die Archäologen im Norden eine kurzes Stück mit zwei runden Türmen freigelegt. In dem gut erkennbaren **Hafenbecken** legten einst die Kreuzfahrer an und verbauten in den Kaianlagen so manches Stück aus dem antiken Caesarea. Der gewaltige Hafen aus herodianischer Zeit ist vom Meer überspült und liegt etwa 200 m weit in der See. Er wurde zu Ehren des römischen Kaisers *Sebastos* genannt – die griechische Bezeichnung für Augustus. Zwei Molen, eine 600 m, die andere 200 m lang, liefen einst hinaus ins Meer. Ihnen waren gewaltige Wellenbrecher vorgesetzt. Flavius Josephus schilderte die Bauarbeiten detailliert: ,,(Er) versenkte sodann auf 50 Ellen (ca. 30 m) tiefe Felsen ins Meer, neun auf zehn Fuß groß (3 m x 2,70 m),

Oben: Und das war nur der Fuß... Ein Beleg für die Pracht und Größe des alten Caesarea. Rechts: In der Kreuzritterburg von Caesarea.

einige auch noch größer. Als schließlich der Teil unter Wasser aufgefüllt war, ließ er über dem Wasser die Mauer anlegen, ca. 200 Fuß (60 m) breit. Die davor gebauten 100 Fuß (30 m) sollten als Wellenbrecher dienen und hießen deshalb *Prokymia*, das Übrige diente als Sockel für die den Hafen umschließende Stadtmauer. Eine große Anzahl von Gewölben hatte den Zweck, die vor Anker liegenden Schiffsbesatzungen aufzunehmen, und die rund um den Hafen laufende Mauer diente als Esplanade für Spaziergänger" (Jüdischer Krieg I, 21, 6-7).

Nahe am Hafen ließ Herodes auf gewaltigen Gewölben eine 15 m hohe Plattform errichten, über der ein **Tempel** und der königliche **Palast** errichtet wurden. Einige dieser Gewölbe sind noch erhalten und daneben schließen sich die Reste der **Paulus-Kathedrale** aus der Kreuzfahrerzeit an.

Im Süden der Stadt legten die Bauleute auf Anweisung Herodes' ein **Theater** an, das mehrere tausend Zuschauer faßte. Nachdem zu Beginn des 5. Jh. Gladiatorenkämpfe und Tierhatzen mit der christlichen Ethik nicht mehr vereinbar waren, bauten es die Römer in eine Festung um. Im Norden von Caesarea ließ Herodes ein **Amphitheater** errichten, das mit seinen gigantischen Ausmaßen sogar das Colosseum in Rom in den Schatten stellte. Nach der Eroberung Jerusalems dürfte Titus hier die grausame Geburtsfeier für seinen Bruder abgehalten haben, die Flavius Josephus schildert: „Während Titus nun in Caesarea weilte, feierte er anläßlich des Geburtstags seines Bruders ein prächtiges Fest und ließ zu seinen Ehren zahlreiche gefangene Juden töten. Es waren über 2500, die seinerzeit teils im Kampf mit wilden Tieren, teils als lebende Fackeln und teils Mann gegen Mann fechtend ums Leben kamen. Doch all dies und zahllose andere Todesarten dünkten die Römer noch eine zu geringe Strafe für die Juden" (Jüdischer Krieg VII, 3, 1).

Heutzutage findet dagegen in diesem schön restaurierten Amphitheater ein Sommer-Musikfestival mit Konzerten statt.

CAESAREA

Im Osten der Stadt befand sich das **Hippodrom**, das in jenen Tagen laut unterschiedlichen Quellen zwischen 20 000 und 38 000 Zuschauer fassen konnte; wie es bei den Pferderennen auf der jeweils 220 m langen Gerade in jenen Tagen zuging, hat der Film *Ben Hur* vermittelt.

Am Haupteingang zur Kreuzfahrerstadt beginnt die 150 m lange **byzantinische Geschäftsstraße**, die einmal mit Marmorplatten und Mosaiken geschmückt war. Läden und Werkstätten zogen sich hier entlang. Zwei große, sitzende Statuen ohne Köpfe geben Rätsel auf; die rote Figur könnte anläßlich des Besuchs von Kaiser Hadrian gemeißelt worden sein und den römischen Herrscher darstellen, bei der weißen Figur sind Spekulationen aller Art erlaubt – die Archäologen wissen es nicht. Man nimmt an, daß die Skulpturen nicht extra für die Ladenstraße hergestellt wurden, sondern ursprünglich von römischen Tempeln stammten.

Einen Kilometer nördlich der Kreuzfahrermauern zieht sich auf 28 Bögen der **Hohe Aquädukt** durch den Dünensand. In römischer Ära benötigte die Stadt für ihre öffentlichen Brunnen und Bäder sowie für die Haushalte und die Bewässerung der Gärten und Felder täglich viel Wasser. Vom Fuß der Karmelbergs, 13 km weit im Norden, bauten die herodianischen Ingenieure zuerst eine flache Wasserleitung, schlugen dann einen mehrere Kilometer langen Tunnel durch den Fels, von dem aus sich das Wasser in den Hohen Aquädukt ergoß und in die Stadt geleitet wurde.

Südlich von Caesarea liegt der **Kibbuz Sdot Yam** mit einem kleinen archäologischen Museum. Hier lebte die jüdische Dichterin Hannah Sennesh, die im Zweiten Weltkrieg gegen die Nazis kämpfte und hingerichtet wurde. Der Kibbuz unterhält ein hübsches Feriendorf mit Badestrand. Das luxuriöse **Dan Caesarea Golf Hotel** besitzt den einzigen 18-Loch-

Oben: Der Hohe Aquädukt von Caesarea ruht auf 28 Bögen. Rechts: Sonnenuntergang bei Dor.

Golfplatz Israels und bietet Reitmöglichkeiten sowie einen Tennisplatz.

Auf den Spuren der Rothschilds

Man kann nun auf der verkehrsreichen, mehrspurigen Route 2 nonstop nach Haifahren oder in einem großen Bogen das israelische Weinland am Fuß des Karmelbergs kennenlernen.

Rund 5 km östlich von Caesarea liegt inmitten ausgedehnter Weinfelder die 1922 gegründete Siedlung **Binyamina**, benannt nach dem französischen Baron Edmond de Rothschild (1845-1934), der sich den hebräischen Namen Benjamin zugelegt hatte. Die einstöckigen Häuser mit ihren roten Terrakottadachziegeln strahlen ein provençalisches Flair aus. Nördlich von Binyamina erstreckt sich der **Jabotinsky-Park**, benannt nach Ze'ev Jabotinsky (1880-1940), dem rechten Zionisten und geistigen Vater der Untergrundorganisation *Irgun*; diese bildete in den 30er und 40er Jahren in der einsamen Gegend ihre Kämpfer aus und spielte den britischen Truppen übel mit. Eine osmanische Burg und ein kleines römisches Theater, beide restauriert, werden Hobby-Archäologen interessieren. Die Befestigung aus dem 18. Jh. wurde auf älteren Fundamenten errichtet. Grabungen haben zwei Badebecken mit einem römischen Mosaik sowie die Statue des griechischen Gottes der Heilkunst, Äskulap, ans Tageslicht gebracht. Das Theater stammt aus dem 2. Jh.

Weitere 3,5 km nördlich ist **Ramat Hanadiv**, die „Wohltäterhöhe" im Rothschild Memorial Garden ausgeschildert. Inmitten einer 450 Hektar großen Parkanlage, die mit Zedern, Zypressen und Palmen bestanden ist, haben in einem schwarzen Mausoleum Edmond und seine Frau Adelaide ihre letzte Ruhestätte gefunden. Eine steinerne Landkarte verzeichnet die auf Rothschilds Initiative zurückgehenden Ortsgründungen.

Den in der Umgebung siedelnden rumänischen Juden gelang es im letzten Jahrhundert nicht, den feuchten Boden zu entwässern; erst als ihnen der Baron in den 1880er Jahren mit seinen Drainage- und Weinexperten unter die Arme griff, florierte der landwirtschaftliche Anbau, und 1893 konnte der erste Karmel-Wein von Palästina nach Europa exportiert werden. Da die Rothschilds den Wunsch geäußert hatten, hier einmal beigesetzt zu werden, brachte ein israelisches Kriegsschiff die sterblichen Überreste des Paars 1954 von Frankreich nach Israel.

Nach zwei weiteren Kilometern ist der Ort **Zikhron Ya'aqo**v (Jakobs Denkmal) erreicht, den die dankbaren Siedler nach Jakob, dem Vater von Edmond de Rothschild, benannten. Auf keinen Fall darf man einen Besuch der **Carmel Oriental Wine Cellars**, der zweitgrößten Weinkellerei Israels, versäumen. Auf der 75 Minuten langen Tour wird der Besucher mit allen Stationen des Weinanbaus, der Reifung und Abfüllung bekannt gemacht, und natürlich gibt es zum Schluß

Oben: Ein Wandgemälde erzählt von dem Wirken der Rothschilds in der Region. Rechts: Unorthodoxe Strandschönheit.

eine Weinprobe. Wer sich mit edlem Rebensaft des Hauses Rotschild eindecken möchte, so etwa mit Cabernet Sauvignon, Sauvignon Blanc und Fume Blanc, bekommt vor Ort Rabatt. Alljährlich im Herbst findet nach der Ernte ein dreitägiges Weinfest statt.

Ebenfalls nicht versäumen darf man in der Hameyasdim Street einen Besuch im **Bet Aaronson**, dem Haus des Botanikers Aaron Aaronson (1876-1919). Baron Rothschild finanzierte sein Studium in Frankreich, und Aarons Wissen war für die Farmer der Umgebung eine wertvolle Hilfe; auf ihn gehen beispielsweise die in langen Reihen stehenden *Washingtonia*-Palmen zurück.

International bekannt wurde Aaron, als er bei Pflanzenuntersuchungen in der Umgebung auf einen nicht domestizierten Urweizen stieß. Darüber hinaus ist er in Israel hoch geachtet, weil er während des Ersten Weltkriegs zusammen mit seinen Schwestern Sarah und Rebecca sowie seinem Assistenten Absalom Feinberg der Geheimorganisation NILI angehörte und gegen die Türken arbeitete. Feinberg wurde beim Versuch der Kontaktaufname mit den Briten im Gazastreifen getötet und verscharrt; rund 50 Jahre später fand man sein Grab: es lag – so heißt es – unter einer Palme, die aus einem Samenkorn in seiner Tasche gesprossen war. Nach dem Sechs-Tage-Krieg fand er seine letzte Ruhestätte in Jerusalem. Sarah Aaronson wurde von den Türken entdeckt und beging nach Folterungen Selbstmord im Haus ihres Bruders. Aaron kam 1918 mit den Briten zurück nach Zikhron Ya'aqov; ein Jahr später verschwand seine Maschine auf dem Flug von London zur Friedenskonferenz nach Paris spurlos.

Westlich der Stadt findet man Erholung im stillen, mit einem phantastischen Ausblick auf die Karmel-Küste gesegneten **Bet Daniel**. 1938 ließ Lillian Friedländer den kleinen Häuserkomplex im Gedenken an ihren Sohn Daniel als Refugium für Musiker errichten. Der begabte Pianist studierte Musik in New York, wo er sich mit 18 Jahren das Leben nahm. Regelmäßig finden musikalische Veranstaltungen statt, und große Namen beehrten bisher die Lokalität, so etwa Leonard Bernstein oder Arturo Toscanini; doch auch ganze einfache Besucher sind willkommen, denn Bet Daniel ist auch ein Guest House.

Sechs Kilometer nordöstlich, in Richtung auf Yoqneam, liegt **Bat Shelomo**, eine weitere Rothschild-Gründung, 1889 ins Leben gerufen und nach der Mutter des Barons benannt. Fast hat man den Eindruck, daß die Zeit hier stehengeblieben ist; viele Einwohner bearbeiten wie eh und je ihr Land, und wer auf frische Naturprodukte Wert legt, kann örtlich produzierten Käse, Olivenöl oder auch Honig erstehen.

Weiter der Route folgend, geht es in Richtung Yoqneam und von dort nach Norden auf Daliyat el Karmil zu; nach ca. 8 km darf man eine Abzweigung nach rechts nicht verpassen und erreicht nach weiteren 3 km **Muhraqa** mit dem **Karmelkloster**. 1886 wurde die Abtei über den Fundamenten einer älteren Kirche errichtet; von der Terrasse bietet sich ein weiter, herrlicher Ausblick auf die Jesreel-Berge. Der Ort ist vor allem für Bibeltouristen interessant, denn hier soll der Prophet Elija die Priester des Baal zu einem Wettstreit herausgefordert haben. Folgendes trug sich zu: Das auserwählte Volk schwankte im Glauben zwischen Jahwe und Baal, und so schlug Elija vor, daß er einen Stier ausnehmen und auf einen Holzstoß legen würde und die Priester des Baal ebenso. Der Gott, der den Herd dann mit Feuer anfachen würde, müßte ja dann wohl der Richtige sein. Vom Morgen bis zum Mittag riefen die Priester nach Baal, auf daß er ihnen Feuer schicke, doch nichts geschah, und Elija konnte es nicht lassen, sie zu verspotten: ,,Ruft lauter", sagte er ihnen, ,,er ist doch Gott. Er könnte beschäftigt sein, könnte beiseite gegangen oder verreist sein. Vielleicht schläft er" (1. Könige 18, 23-24, 27). Nun rief Elija nach dem Herrn.

Oben: Ein Angehöriger der drusischen Minderheit aus Deliyat el Karmel.

Der fackelte nicht lange und jagte einen Blitz in den Altar; alles stand in hellen Flammen, und das Volk wußte nun, wer der rechte Gott war. Die Priester des Baal aber ließ Elija ohne viel Federlesen hinrichten.

Über das Drusenstädtchen **Deliyat el Karmel** und das kleinere, ebenfalls von Gläubigen dieser Religion bewohnten **Isfiya** – beides beliebte Orte bei Freunden lokalen Kunsthandwerks – ist schnell die große Hafenstadt Haifa erreicht.

HAIFA

Haifa, das ,,Tor Israels", ist die drittgrößte Stadt des Landes und von der Anlage her mit Sicherheit die schönste. Vom Meer ziehen sich die Häuser den breiten Hang des Mount Karmel empor, und von dort oben hat der Besucher einen herrlichen Ausblick über die Kuppel des Bahai-Tempels und die Stadt, auf den Hafen und das blaue Meer mit den vor Reede liegenden Schiffen oder den einlaufenden Frachtern; an klaren Tagen kann man über die Bucht bis nach Akko sehen. Aber auch von der Meerseite her bietet Haifa, vor allem in der Dämmerung, wenn in der Metropole die Lichter angehen, einen außerordentlich bezaubernden Anblick.

Geschichte

Eine erste urkundliche Erwähnung der Stadt geht zurück auf das 3. Jh. n. Chr., 400 Jahre später überrannten muslimische Araber die Siedlung und machten sie dem Boden gleich. 1099 zogen die Kreuzfahrer an Haifa vorbei – Jerusalem war ihnen wichtiger – doch die Atempause währte nur kurz. Als die heilige Stadt eingenommen war, wandten sich die Franken der Hafenansiedlung zu und schlossen den Belagerungsring. Die Einnahme gelang schneller als erwartet, und wem nicht die Flucht gelang, der wurde von den christlichen Truppen hingemetzelt. Zusammen mit Yafo und später auch mit Akko avancierte Haifa in den folgenden Jahrzehnten zu einem wichtigen Nachschubhafen für die Kreuzfahrer. 1187 holte sich Saladin die Ansiedlung zurück und 1191 konnte Richard Löwenherz in die Stadt einziehen, allerdings nur, weil Saladin die Wallmauern hatte einreißen lassen. Ludwig der Heilige ließ, wie auch schon in Caesarea, die Befestigungen 1252 erneuern, was jedoch nichts nützte, denn schon 14 Jahre später erkämpfte der Mamelucken-Sultan Baibars Haifa endgültig für die Sarazenen. Nachdem mit Akko der letzte Stützpunkt der Kreuzfahrer gefallen war, zerstörten die Araber entlang des Küstenstreifens Städte, Dörfer, Klöster, Felder, Bewässerungsanlagen und Hafenkais, um eine Rückkehr der Christen zu verhindern. Haifa blieb für viele Jahrhunderte ein kleiner, verschlafener Fischerort, der jedoch mit der Höhle des Elija eine heilige Stätte sein eigen nannte, zu der sowohl Juden, Christen als auch Muslime pilgerten. Als der Hafen in osmanischer Zeit zum Zentrum des Weizenexports ausgebaut wurde, ging es langsam bergauf, und zu Beginn des 19. Jh. war Haifa die bedeutendste Hafenstadt des gesamten Nahen Ostens.

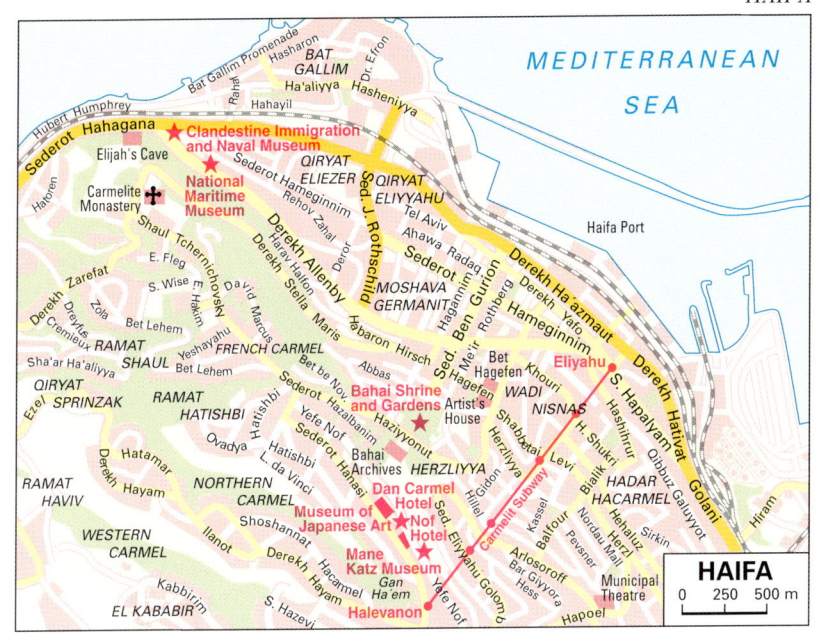

Im Jahr 1869 gründeten die religiösen Reformisten der deutschen Templergesellschaft ein eigenes Viertel. 1898 begann der deutsche Kaiser Wilhem II. in Haifa seine Reise durch das heilige Land; die Türken hatten für diesen Besuch extra einen neuen Anlegekai bauen müssen. Mit der Eröffnung der Eisenbahnlinie von Haifa nach Damaskus im Jahr 1904 und den ins Land strömenden zionistischen Siedlern avancierte Haifa in den Worten von Theodor Herzl zur „Stadt der Zukunft". Deutsche Juden richteten 1912 eine technische Hochschule ein, die heute zu den bedeutendsten Forschungsinstituten Israels zählt. In den 30er Jahren wurde der Hafen modernisiert und erweitert, zudem endete hier nun eine Pipeline aus dem Irak. Heutzutage ist Haifa noch immer Israels bedeutendste Hafen-und Industriemetropole; über eine Viertel

Million Menschen lebt in der grünen, sympathischen Großstadt am Hang des Mount Karmel.

Besichtigung

Die Stadtanlage von Haifa ist dreigeteilt; am schmalen Streifen vor dem Meer ziehen sich die Hafenanlagen mit Kais und Speicherhäusern entlang, die Mittelstadt auf halber Höhe des Karmel-Hangs, *Hadar Ha'Carmel* genannt, war einst Siedlungszentrum der einwandernden Juden und ist heute mit vielen Läden und Kaufhäusern das geschäftige Shoppingareal der Stadt; zum Gipfel hin, dem Mercaz Ha'Carmel, liegen die Wohnquartiere und die internationalen Hotels.

Um sich einen ersten Überblick zu verschaffen, sollte man im Hafengebiet am Kikar Paris (Pariser Platz) mit dem **Carmelit Subway**, der unterirdisch verlaufenden Bahn, über sechs Stationen den Karmel-Hang hochfahren bis zur Endstation am Hanassi-Boulevard. Hier liegen der Park **Gan Ha'em** mit einem kleinen Zoo und das **Museum für Biologie und Vorgeschichte**. Auf jeden Fall sollte man das bezaubernde **Museum Tikotin für Japanische Kunst** (89 Hanassi-Boulevard) besuchen. Hier oben verläuft im Rücken der hohen Hoteltürme die Yefe Nof Street, die treffend bezeichnete **Panoramastraße**, von der der Blick weit über die Stadt und den Hafen schweift.

In 89 Yefe Nof befindet das **Mané Katz-Museum**, das Haus und Atelier des jüdischen Expressionisten Emmanuel Katz (1894-1962); der in der Ukraine geborene Maler hinterließ seiner Heimatstadt das Domizil sowie eine Sammlung von Gemälden, Skulpturen und Judaika. Beherrschende Themen seiner Arbeiten waren – wie auch bei seinem Malerkollegen Marc Chagall – das Dorf- und Alltagsleben der osteuropäischen Juden.

Spaziert man die Yefe Nof entlang, ist bald der lange **Sderot Hatziyonut**, der

Oben: „Zwei Thoraschüler", Gemälde von Mané-Katz, 1943. Rechts: Der Bahai-Schrein in Haifa.

Boulevard des Zionismus, erreicht; ursprünglich war die Straße nach den Vereinten Nationen benannt, als diese jedoch 1975 eine Resolution verabschiedeten, in der nach israelischer Lesart Zionismus mit Rassismus gleichgesetzt wurde, reagierte die Stadtverwaltung pikiert und benannte die Straße um. Hier kann man Ruhe in einem kleinen Skulpturengarten finden, in dem lebensgroße Bronzestatuen von Kindern stehen. Die aus Nazi-Deutschland geflüchtete Ursula Malbin hat diese ausdrucksstarken Figuren geschaffen.

Einige Minuten Fußweg entlang des Boulevard und linker Hand ist der Eingang zum Persischen Garten erreicht, in dessen Mitte der schneeweiße, mit einer goldenen Kuppel geschmückte **Bahai-Schrein** aufragt – das beherrschend über der Stadt thronende Wahrzeichen Haifas. Eine ganze Reihe von illustren, über die Jahrhunderte auftretenden Religionsstiftern gelten den Bahais als Propheten; dazu gehören Moses, Buddha, Zarathustra, Jesus, Mohammed und der Gründer des Glaubens, Mirza Hussein Ali, genannt der Baha'ullah, was soviel wie ,,Ruhm Gottes" bedeutet. Aufgrund seiner religiösen Lehren mußte der Baha'ullah aus Persien fliehen und wurde von den Osmanen für fast 40 Jahre auf der Zitadelle von Akko gefangengehalten. Seine letzten Jahre verlebte er in einem Haus bei Akko, wo er 1892 starb und zur letzten Ruhe gebettet wurde.

Die Bahai-Religion hat viele Stellen aus der Bibel und dem Koran adaptiert, propagiert die Einheit Gottes und seiner Propheten und fördert in ihrem Glauben die Freundschaft und Eintracht zwischen den Menschen.

Das Zentrum des Schreins bildet das Mausoleum für Mirza Ali Muhammad, genannt *al Bab*, ,,das Tor". Der Märtyrer der Religionssekte predigte die baldige Ankunft des Baha'ullah und wurde dafür 1850 in Persien hingerichtet. 1909 kamen seine sterbliche Überreste nach Haifa. Die heutige große Bahai-Gemeinde im Iran wird von den staatlichen Autoritäten auf das brutalste unterdrückt.

HAIFA

Das zwischen 1948 und 1953 vom Sohn und Nachfolger des Baha'ullah errichtete Heiligtum vereinigt harmonisch europäische und orientalische Stilformen. Gespart wurde an nichts; die Mauern verkleiden italienische Natursteine, die 12 000 Dachziegel wurden in Holland feuervergoldet, und die prachtvollen Säulen sind aus Rosengranit geschnitten. Ein kurzes Stück vom Schrein entfernt findet sich das Bahai-Archiv sowie das kuppelgekrönte Haus der Gerechtigkeit, in dem das oberste Glaubensgremium tagt; beide Gebäude sind nicht zugänglich.

Vom Bahai-Schrein sieht man unten den Ben Gurion Boulevard vom Hafen schnurgerade auf das Heiligtum zulaufen. Rechts und links der verkehrsreichen Straße befindet sich die **Deutsche Kolonie**. Eine Reihe der typischen weißen zwei-oder dreistöckigen Häuser mit roten Dachziegeln stehen noch und tragen deut-

Oben: Die Seilbahn zum Gipfel des Karmel befördert ihre Gäste in gläsernen Kugeln.
Rechts: Obstmarkt in Haifa.

sche Namen. Hier siedelten im letzten Jahrhundert die Mitglieder der Templerbewegung, die wegen ihrer arbeitsamen Haltung bei den Nachbarn sehr beliebt waren. Die Gemeinschaft versorgte sich selbst und hatte bei deutscher Gründlichkeit und dem bekannten teutonischen Arbeitseifer einen hohen Lebensstandard. Handwerksbetriebe aller Art schossen aus dem Boden, Straßen und Gärten wurden angelegt, und die eifrigen Deutschen drückten der Stadt ihren Stempel auf.

Spaziert man weiter den Boulevard des Zionismus abwärts, erreicht man an der Ecke mit dem Hagefen Boulevard das **Bet Hagefen**, in dem sich das Arabisch-Jüdische Zentrum seit über 30 Jahren um Völker- und Kulturverständigung bemüht. Veranstaltungen aller Art finden hier statt, Aushänge am schwarzen Brett informieren die Besucher. Das Haus befindet sich an einer Schnittstelle der Stadt. In nordöstlicher Richtung liegt Wadi Nisnas, das arabische Viertel, und im Süden siedeln die Juden den Karmelberg hoch.

Um die Ecke am Boulevard des Zionismus widmet sich das **Artist's House** ausschließlich den Künstlern der Stadt. Hier überquert man die Straße und läuft einige Schritte in die Shabbetai Levy Street hinein; linker Hand liegt das **Haifa-Museum**, das Ausgrabungsfunde aus Ägypten sowie aus kanaanäischer bis römischer Zeit zeigt, griechische Keramik ebenso wie griechische und römische Skulpturen. Weiterhin kann man jüdische wie islamische Alltags-und Sakralgegenstände sowie moderne Kunst besichtigen.

Im **Künstlerhaus Chagall** gegenüber vom Museum zeigen zeitgenössische israelitische Künstler ihre Werke.

Die Shabbetai Levy geht östlich in die Herzl Street über, eine der Haupteinkaufsstraßen der Region. Parallel verläuft im Süden die verkehrsberuhigte **Nordau Street**, die mit Cafés, Kneipen und Restaurants gesäumt ist. Dort kann man eine ausgiebige Rast einlegen.

Im Nordosten der Stadt, nahe am Meer, dort, wo eine Seilbahn aussichtsfreudige Besucher in gläsernen Kugeln zum Gipfel des Karmel befördert, zweigt von der Küstenstraße Sderot Hagana rechts die Allenby Road ab. Gleich am Anfang liegen sich die Elija-Grotte und das Clandestine Immigration and Naval Museum gegenüber.

Die **Elija-Grotte** ist Juden, Muslimen und Christen heilig. Hier soll sich im 9. Jh. v. Chr. der Prophet vor dem Zorn des Königs Ahab in Sicherheit gebracht haben. Weiter oben am Hang erstrecken sich die Gebäude des **Karmeliterklosters**, das ab 1827 auf den Resten einer byzantinischen Abtei errichtet wurde; die Kirche steht über der Höhle, in der nach der Überlieferung der Prophet Elija gelebt hat. Eine Steinpyramide erinnert an die napoleonischen Soldaten, die 1799 von Ahmad al Jezzar getötet wurden. Einige Meter abseits ragt der Leuchtturm Stella Maris – „Stern des Meeres" – in den blauen Himmel; seit 1821 sichert ein Leuchtfeuer diesen Teil der Küste.

Das **Clandestine Immigration and Naval Museum** läßt sich am besten mit „Museum der heimlichen Einwanderung und der Flotte" übersetzen; hinter dem offiziellen, trockenen Namen verbirgt sich eine der dramatischsten Episoden der jüngeren israelischen Geschichte.

Ausgerechnet am Vorabend des Zweiten Weltkriegs hatten die Briten einen Einwanderungsstopp für Juden nach Palästina verhängt. Flüchtlinge aus dem von Nazis besetzten Europa konnten nur heimlich und mit viel Glück durch die Seesperren der Briten kommen. Zentrales Ausstellungsstück ist ein ehemaliges militärisches Landungsboot mit dem Namen *Af-al-pi-chen* (Trotzdem), das zum Blokkadebrecher umgebaut wurde und mit über 400 Überlebenden des Holocaust 1947 versuchte, die Küste Palästinas zu erreichen. Die Briten fingen das Schiff ab und internierten die Passagiere auf Zypern. Schlimmer erging es Flüchtlingen 1941 auf der *Struma*; der lecke Seelenverkäufer mußte Istanbul anlaufen, doch die Türken weigerten sich, ein Reparaturteam an Bord zu lassen; nach Wochen vergeblicher Verhandlungen stieß die *Struma* wieder in See und sank nach wenigen Stunden – wie es heißt, überlebte von den 700 Menschen nur ein einziger die Katastrophe. Besonders wenig Feingefühl zeigten die Briten, als sie ein Schiff mit weit über 4000 ehemaligen KZ-Insassen 1947 nach Deutschland zurückeskortierten. Von den 63 Blockadebrechern, die nach Kriegsende versuchten, die Küste Palästinas zu erreichen, kamen nur fünf an, alle anderen wurden von der britischen Marine gestoppt – die Internierungslager auf Zypern waren voller Juden, die den Holocaust überlebt hatten. Leon Uris' Roman *Exodus* beschreibt packend und ergreifend die Zuständen in jenen Tagen.

Ebenfalls an der Allenby Street öffnet das **National Maritime Museum** seine Pforten für interessierte Besucher; viele Exponate und Schiffsmodelle sowie nautische Gerätschaften und archäologische Funde machen 5000 Jahre Seefahrt lebendig.

Einen Ausflug von Haifa nach **En Hod**, einige Kilometer südlich an der Küste, sollten kunstinteressierte Besucher nicht versäumen; das kleine, ehemalige arabische Dorf ist heute eine Künstlerkolonie. Hier hat sich eine Reihe von Malern und Bildhauern niedergelassen. Rund 150 Familien leben im Ort. In den 50er Jahren entdeckte der rumänische Dadaist und Maler Marcel Janco (1895-1984) das verlassene Dorf und war angetan von der Schönheit des Ortes und seiner Umgebung; kurze Zeit später begann er zusammen mit 20 weiteren Kollegen eine Neubesiedlung.

Eine große Galerie macht mit den Arbeiten der lokalen Künstler vertraut. Das **Janco Dada-Museum** zeigt Werke des rumänischen Malers und informiert mit einer audiovisuellen Vorführung über die Dadaisten-Bewegung. Nahe beim Dorf liegt ein Open Air-Theater, in dem im Sommer Konzerte stattfinden.

Oben: Haifa, Israels Industriemetropole, eine moderne Großstadt.

AKKO

Einer der atmosphärereichsten Orte in Israel ist die Altstadt von Akko, die mit ihren alten und uralten Gebäuden, den mächtigen Wallmauern, den Kreuzfahrerreminiszenzen, dem kleinen Fischerhafen mit seinen exzellenten Fischrestaurants, den Basarstraßen und dem Ruf des Muezzin über den engen Gassen orientalisches Leben und Erinnerungen an Tausend-und-eine-Nacht wachruft.

Geschichte

Erwähnung findet Akko erstmalig in ägyptischen Texten um 1500 v. Chr.; die Pharaonen Thutmosis III., Echnaton, Sethos I. und Ramses II. eroberten oder besetzten mit ihren Truppen in den folgenden 200 Jahren die Hafenstadt. Nach jahrhundertelanger wechselvoller Geschichte mit Herrschern unterschiedlichster Couleur kam 65 v. Chr. Pompejus und verleibte Akko als freie Stadt dem Römischen Reich ein. 17 Jahre später schiffte Julius Cäsar seine Truppen im Hafen aus. Herodes traf hier 30 v. Chr. auf seinen Förderer Kaiser Augustus, überreichte ihm wertvolle Geschenke und ließ anläßlich dieses freudigen Ereignisses ein Gymnasium in der Stadt errichten – so wenigstens berichtet es Flavius Joshephus. Über die folgenden Jahrhunderte blieb Akko eine bedeutende Hafenstadt. Das änderte sich auch nicht, als arabische Truppen 636 den Ort für den Islam eroberten. Akko avancierte zum zentralen Hafen der in Damaskus regierenden Ummayyaden, und von hier aus begann die Eroberung und Islamisierung Nordafrikas.

1099 ließen die Kreuzfahrer Akko links liegen; für sie war Jerusalem zunächst wichtiger. Vier Jahre später unternahmen sie einen ersten Versuch, die strategisch bedeutende Hafenstadt in ihren Besitz zu bringen – vergeblich, da die Verteidiger von der Seeseite her mit frischen Truppen und Waffen versorgt wurden. 1104 gelang die Einnahme, da eine Blockadeflotte von genuesischen Galeeren die Versorgung vom Meer nun nicht mehr zuließ. Akkon – wie es nun hieß – wandelte sich zum zentralen Hafen der Kreuzfahrerstreitmacht im heiligen Land. Fast der gesamte Nachschub, aber auch der private Handel zwischen arabischen, jüdischen und christlichen Kaufleuten wurde vor Ort abgewickelt. Viele europäische Stadtstaaten richteten Handelskontore in Akkon ein, um an der Schnittstelle zwischen Orient und Okzident gute Geschäfte zu machen.

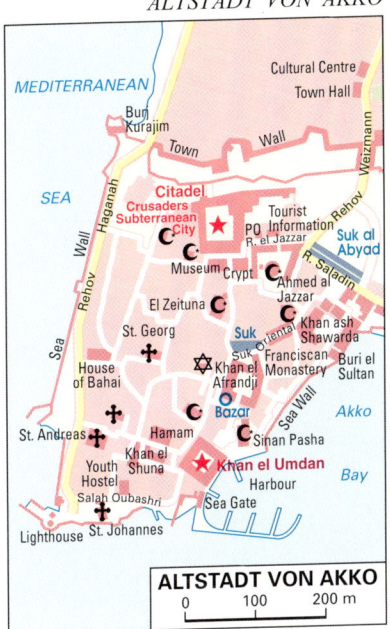

1110 versuchten die Araber vergeblich, die Stadt zurückzuerobern, die sich in den folgenden Jahren nicht nur zur reichsten Handelsmetropole der Region, sondern auch zur inoffiziellen Residenz der Kreuzfahrerkönige entwickelte. 1187 war es damit allerdings erst einmal vorbei, denn Saladin hatte die Stadt eingenommen. Zwei Jahre später versuchten christliche Truppen unter König Guido eine erneute Eroberung, die jedoch erst

AKKO

1191 während des Dritten Kreuzzugs erfolgreich war. Dem englischen König Richard Löwenherz, dem französischen Herrscher Philipp II. und dem österreichischen Herzog Leopold V. gelang es mit vereinten Truppen und schwerem Belagerungsgerät, die Stadt für die Christen erneut einzunehmen. Angeblich wurden dabei fast 100 Wurfmaschinen eingesetzt, die mehrere Wochen lang Tag für Tag schwere Wackermänner gegen die Mauern schleuderten. Richard Löwenherz, der – im Gegensatz zu seinem Bruder Johann Ohneland – in den Köpfen Vieler einen recht sympathischen Eindruck hervorruft, ließ anläßlich der Einnahme fast 3000 Araber hinmetzeln.

Auch hier war es, wie schon in Caesarea und Haifa, wieder Ludwig der Heilige, der die Befestigungen verstärken und ausbauen ließ. Zweimal, 1263 und 1266, versuchte der ägyptische Mameluckensultan Baibars erfolglos, die Stadt einzunehmen. Als jedoch 1290 christlicher Pöbel eine Reihe von muslimischen Bewohnern umbrachte, sahen sich die Araber genötigt, kompromißlos durchzugreifen. Wie es heißt, konnte Sultan Ashraf Khalil die gewaltige Streitmacht von 65 000 Reitern und 150 000 Fußsoldaten auf die Beine stellen. Beim Anblick dieses gigantischen Heeres müssen die knapp 1000 Ritter und ihre 15 000 Söldner blaß geworden sein. Sechs Wochen hielten die Verteidiger durch, dann stürmten die Sarazenen säbelschwingend die Stadt und rächten den Tod ihrer Glaubensbrüder. Nur wenigen Überlebenden gelang am Hafen die Flucht auf Galeeren. Nach der Eroberung wurde die Stadt zerstört und blieb in den folgenden Jahrhunderten ein verschlafener Fischerort.

Mitte des 18. Jh. ließ der türkische Pascha al Omar wieder eine Stadtmauer anlegen, und sein Mörder und Nachfolger Ahmad al Jezzar, genannt „der Schlächter", ein selbst in jenen blutrünstigen Tagen besonders grausamer Despot, ordne-

Oben: Akko ist von einer mächtigen Stadtmauer umschlossen. Rechts: Süße Leckereien.

te umfangreiche Baumaßnahmen an und ließ Moscheen, Karawansereien, öffentliche Brunnen, Koranschulen sowie die Zitadelle errichten. 1799 kam Napoleon in den Orient und träumte von einem französisch gelenkten östlichen Reich, das sich von Ägypten nordwärts auf die ganze Türkei ausdehnen und dann bis nach Indien reichen sollte. Doch diese imperialen Gelüste trieben ihm die Briten aus. Fast drei Monate belagerte er Akko, das sich jedoch unter dem Schutz der britischen Flotte befand und von den französischen Truppen daher nicht eingenommen werden konnte. Die Feuerkraft der englischen Marine und die seemännischen Fähigkeiten Admiral Nelsons waren es dann auch, die Napoleons Orient-Abenteuer für die Franzosen so verlustreich beendeten.

Anfang des 19. Jh. herrschten die Ägypter für wenige Jahre über Akko. Bis zum Ersten Weltkrieg war die Region unter osmanischer Herrschaft. Der Hafen hatte mittlerweile seine Bedeutung vollständig an Haifa verloren, da er für große Frachter und Dampfschiffe zu klein und auch nicht tief genug war. Im Mai 1948 marschierten die Israelis im alten Akko ein.

Besichtigung

Die Weizmann Street führt durch das ehemalige Stadttor in der mächtigen Mauer hinein in die ausschließlich von Arabern bewohnte **Altstadt** von Akko. Linker Hand kann man auf die hohen **Verteidigungswälle** steigen und von dort oben weit über die Bucht bis nach Haifa sehen. Die Nordostecke des Walls wird vom wuchtigen Wehrturm **Burj Kurajim** geschützt.

Die **Ahmad al Jezzar-Moschee** im Zentrum der Altstadt wurde 1781-83 im Stil des „türkischen Rokoko" auf den Fundamenten der Kreuzfahrerkathedrale erbaut und trägt den Namen ihres Stifters. Die Moschee ist eins der größten und bedeutendsten muslimischen Heiligtümer Israels. Vor dem Hauptportal steht inmitten eines bezaubernden Gartens ein eleganter, von Säulen umgebener Reini-

AKKO

gungsbrunnen mit einem Kupferdach. Die Moschee nennt eine besondere Reliquie ihr eigen; in einem Schrein wird ein Haar aufbewahrt, das angeblich vom Barte des Propheten Mohammed stammt. In einem Mausoleumsanbau ist Ahmad al Jezzar mit seinem Sohn begraben.

Gegenüber der Moschee liegt der Eingang zur sogenannten **Kreuzfahrerstadt**, einst Hauptquartier der Franken und heute ein monumentaler unterirdischer Gebäudekomplex. Ahmad al Jezzar ließ 1291 die Gewölbe zuschütten und errichtete darauf seine Zitadelle. Teile der Kreuzfahrersäle wurden 1955-64 wieder freigelegt. Eine Eingangshalle führt über einen Hof und in die riesigen, hohen Rittersäle. Heutzutage finden hier regelmäßig Kammerkonzerte statt. Durch die Verwaltungshallen, wahrscheinlich die ältesten Teile des Komplexes, erreicht man die sogenannte ,,Krypta des hl. Johannes", die in Wahrheit zur Zeit der Kreuzfahrer das Refektorium (Speisesaal) war. Drei kolossale Rundpfeiler stützen ein gotisches Spitzbogengewölbe. Ein enger unterirdischer Gang führte vom Refektorium einmal bis zum Hafen; der geheime Tunnel sollte im Fall einer Belagerung eine schnelle und geheime Flucht möglich machen.

Das **Städtische Museum** gegenüber der Kreuzfahrerstadt wurde im einstigen Badehaus des Ahmad al Jazzar, **Hamam al Basha** (Bad des Pasha, 1780), eingerichtet und zeigt eine archäologische Sammlung, Trachten, Waffen und islamische Kunst.

Auf die Initiative Ahmad al Jezzars ist auch der Bau der **Zitadelle** zurückzuführen, die direkt über der Kreuzfahrerstadt errichtet wurde. Während der Mandatszeit nutzten die Briten die Zitadelle als Hochsicherheitstrakt und kerkerten viele jüdische Untergrundkämpfer ein. Auch Hinrichtungen fanden hier statt; eine israelische Quelle vermeldet, daß viele der noch jungen Leute heldenmütig mit der

Oben: Die „Krypta des hl. Johannes", einst Speisesaal der Kreuzfahrer. Rechts: Im Hof der Säulenkarawanserei.

Nationalhymne *Hatikwa* auf den Lippen in den Tod gingen. Auch der ideologische Kopf der *Irgun*, Ze'ev Jabotinsky, saß hier gefangen. 1947 kam es zu einem spektakulären Massenausbruch; in einer groß angelegten, präzise geplanten Aktion sprengten jüdische Untergrundkämpfer ein Loch in die kolossalen Mauern und befreiten eine Reihe von hohen, zum Tode verurteilten militärischen Führern – unter ihnen befand sich auch Menachem Begin, der spätere Ministerpräsident. Leon Uris erzählt diese Begebenheit äußerst spannend in seinem Roman *Exodus*. Das israelische **Heldenmuseum** in der Zitadelle widmet sich mit vielen Fotos und Exponaten der Geschichte jener Tage.

Eine Reihe von Karawansereien findet sich in der Nähe des Hafens. Die älteste Anlage ist der Khan al Afrandji – **Karawanserei der Franken** – um 1600 für europäische Kaufleute errichtet – mit einem kleinen Franziskanerkloster. Hervorragend restauriert ist der Khan al Umdan, die **Säulenkarawanserei**, die al Jezzar auf den Resten eines Dominikanerklosters aus der Kreuzfahrerzeit errichten ließ. Das Baumaterial wurde aus Caesarea herangeschafft; die Arkadensäulen des Innenhofs aus Granit und Porphyr stammen von der antiken Ruinenstätte. Der hohe Uhrturm wurde im Jahr 1906 anläßlich der Jubelfeiern zum 30. Thronjubiläum des osmanischen Sultans Abdul Hamid II. errichtet.

Am **Hafen** von Akko sieht man Fischer ihre Netze flicken, Boote aus-und einlaufen und viel geschäftige Umtriebigkeit. Zwei gute Fischrestaurants servieren diverse Köstlichkeiten, wie etwa Krabben in einer Knoblauchkräutersauce oder fangfrische frittierte Kalamaris. Ein Leuchtturm schickt von hier nachts seine Lichtstrahlen hinaus aufs Meer und sorgt für Sicherheit. In früheren Tagen war die Hafenmole noch wesentlich länger und reichte bis zum heute zerstörten Fliegenturm, einer winzigen, einst befestigten Insel in der Bucht von Akko. In südliche Richtung zieht sich der **Hof Argaman** – Purpurküste – benannte weiße, kilome-

AKKO

terlange Sandstrand entlang, der von einigen Hotels überragt wird. Taucht man am Hafen wieder ins Gassenlabyrinth der Altstadt ein und spaziert die Hagana Street hoch, passiert man das **Bahai-Haus**, in dem Mirza Hussein Ali, der Baha'ullah, zwölf Jahre seines Exils verbrachte.

Das freundliche Akko eignet sich gut als Standquartier, um von hier aus das nördliche Galiläa zu erkunden. Auf dem Weg nach Norden in Richtung Nahariyya liegt nach 3 km rechter Hand der persische **Bahai-Garten** al Bahji (die Genüsse); für die Gläubigen der Sekte ist dies der heiligste Ort auf Erden. In dem von herrlichen Gartenanlagen umgebenen Landhaus verbrachte der Baha'ullah – der Begründer des Bahaismus – nach der Freilassung seine letzten Lebensjahre; nahebei wurde er im Jahr 1892 bestattet (Haupteingang nur für Gläubige der Bahai, Anhänger anderer Religionen müssen den Nebeneingang benutzen).

Oben: Die Kreidefelsen von Rosh Ha Niqra nahe der libanesischen Grenze.

Ein Kilometer weiter verläuft rechts der Straße ein **Aquädukt**. Eine Wasserleitung, die das kostbare Naß von den Kabri-Quellen nach Akko führte, gab es hier schon in römischer Zeit; der osmanische ,,Schlächter" al Jezzar ließ den Aquädukt im späten 18. Jh. restaurieren.

Die umliegenden Felder gehören zum **Kibbuz Lochamei Hageta'ot**. Besucher, die an neuerer Zeitgeschichte interessiert sind, sollten hier auf keinen Fall vorbeifahren. Das Gemeinschaftsprojekt wurde 1949 von deutschen, polnischen und litauischen Juden gegründet; in einem Dokumentationszentrum findet man das wohl weltweit größte Archiv mit Dokumenten über den jüdischen Widerstand in Deutschland, Polen und Litauen. Fotos zeigen jüdisches Alltagsleben in Osteuropa, den Aufstand im Warschauer Ghetto und Deportationen in die Konzentrationslager.

NAHARIYYA

Israels nördliches Seebad wurde 1934 von deutschen Juden gegründet. Schon bald erkannten die Siedler den eigentlichen Reichtum ihrer Stadt: die langen, weißen Sandstrände. Nahariyya wandelte sich zu dem idyllischen und freundlichen Seebad, das es bis heute geblieben ist. Die Hauptstraße des 30 000 Einwohner zählenden Orts ist der Ha'Ga'aton Boulevard, der mit Eukalyptus-Bäumen bestanden und von Geschäften, Cafés und Restaurants gesäumt ist. Nach dem hebräischen Wort *nahar* (Fluß) ist der Ort benannt. Nahariyya gilt noch immer als die „deutsche Stadt" Israels, obwohl man heute hier kaum deutsche Klänge vernimmt. Aufgrund der jüngsten Einwanderungswellen hört man eher jüdische Äthiopier *Amhari* oder persische Juden *Farsi* sprechen.

1947 gruben Archäologen einen 3500 Jahre alten, der Fruchtbarkeitsgöttin Astarte geweihten kanaanäischen Tempel aus, der mit einer Werkstatt für Sakralgerätschaften ausgestattet war. Hunderte von Kultgegenständen, die hier gefunden wurden, kann man heute im Israel-Museum von Jerusalem bewundern.

Fünf Kilometer nördlich von Nahariyya erstreckt sich das Ruinengelände von **Tell Akhziv**, heute ein Nationalpark. Hier ließen sich schon Kanaaniter, Phönizier und Kreuzfahrer nieder, und man kann die Überreste ihrer Gebäude besichtigen. Ein Privatmuseum zeigt archäologische Funde, und ein schöner Strand – inclusive Restaurant und Club Méditerranée – sorgt für ideales Ferienvergnügen.

Sieben Kilometer nördlich von Nahariyya ist mit **Kefar Rosh Ha Niqra** die libanesische Grenze erreicht. Der Name des Dorfs bedeutet Höhlenkopf und spielt damit auf die zwei zu besichtigenden Attraktionen an. Da ist zuerst einmal ein großes Grottensystem, das in Jahrmillionen vom Meer aus dem weichen Kreidegestein gewaschen worden ist. Von einer Aussichtsplattform mit Restaurant hat man einen spektakulären Ausblick auf die rauhe, zerklüftete Steilküste. Seit 1968 fährt eine Seilbahn 100 m hinab zu den Höhlen am Fuß des Kreidefelsens. Rosh Ha Niqra, der schneeweiße, in der Sonne leuchtende gewaltige Kreidefelsen, fällt steil zum Meer ab. Über die Jahrtausende hat er hier die Verkehrsverbindungen stark beeinträchtigt. Alexander der Große mühte sich nicht lange mit dem steilen Abstieg und ließ kurzerhand Treppenstufen in den weichen Kalkstein schlagen. Über diese „Leiter von Tyros" marschierten seine Truppen sowie die Armeen seiner Nachfolger: Diadochen und Seleukiden, römische Legionäre, muslimische Araber und in ihren schweren Rüstungen keuchende Kreuzritter.

1918 legten die Engländer eine Straße an. Deutlich erkennbar sind heute noch die 1942 von den Briten durch den Kalkstein getriebenen Tunnel einer Eisenbahnlinie, die einmal von Beirut über Haifa und Tel Aviv bis nach Kairo führte. Doch schon fünf Jahre später wurde die Trasse von israelischen Untergrundkämpfern unterbrochen, um das Eindringen arabischer Truppen aus dem Libanon zu unterbinden.

INFO: NÖRDLICHE MITTELMEERKÜSTE

HERZLIYYA
Unterkunft
LUXUS: **Daniel Hotel**, Tel: 052-544444. **Dan Arcadia**, Tel: 052-556677. **The Sharon**, Tel: 052-575777.
MITTEL: **Tadmor**, 38 Basel St., Tel: 052-572321.
EINFACH: **Eshel Inn**, Tel: 052-570208. **Mittelmann Guesthouse**, 13 Basil Street, Tel: 052-576544.

NETANYA
Anreise
Mehrmals täglich verkehren Busse von Tel Aviv, Jerusalem und vom Ben Gurion Airport nach Netanya. Züge von und bis Tel Aviv verkehren mehrmals täglich, und es gibt einen regen *Sherut*-Verkehr.
Unterkunft
LUXUS: **Blue Bay**, 37 Hamelachin Street, Tel: 053-603602, Tennis, Pool, eigener Strand. **The Seasons**, Nice Boulevard, Tel: 053-618555, bestes Haus am Platze mit großen Räumen und Privatstrand.
MITTEL: **Margoa**, 9 Gad Machness Street, Tel: 053-624434, familiäre Atmosphäre. **Palace Hotel**, 33 Gad Machness Street, Tel: 053-620222. **Reuven Hotel**, 25 Ussishkin Street, Tel: 053-23107, Pool, kleiner Garten.
EINFACH: **Orit Pension**, 21 Chen Avenue, Tel: 053-616818, billig und gut. Es gibt keine Hostels in Netanya.
Restaurants
Lucullus, 2 Jabotinsky Street, bestes Restaurant der Stadt, französische Küche mit afrikanisch-arabischem Einschlag. **La Taboon**, 5 Ha'atzmaut Square, jemenitische Küche, gut und billig.
Patisserie Antverpia, 1 Eliyahu Krause, sehr leckere Kuchen.
Krankenhaus und Apotheken
Laniado Hospital, Tel: 053-21642. **Apotheken** an der Herzl Street und Weizmann Street, z.B. **Trufa**, 2 Herzl Street.
Touristeninformation
Ha'atzmaut Square, in der Nähe des Freilichttheaters, Tel. 053-827286.

HADERA
Museum
Khan Historical Museum, 74 Hagiborim Street, So-Do 8-13, So/Di 16-18, Fr 9-12.

CAESAREA
Unterkunft
LUXUS: **Dan Caesarea Golf Hotel**, Caesarea 30600, Tel: 06-362266.
Sehenswürdigkeiten
Ausgrabungsareal, geöffnet Sa-Do 8-16, Fr 8-15, Eintrittsgebühr.

ZIKHRON YA'AQOV
Anreise
Busse und Züge von Tel Aviv, Netanya und Haifa sowie ein *Sherut*-Service.
Unterkunft
LUXUS: **The Baron's Heights and Terraces**, Box 332, Tel: 06-300333, neues, teures und größtes Hotel des Städtchens. *MITTEL:* **Bet Daniel**, Box 13, 06-399001.
Restaurants
The Well 90, an der Route 4, an der Abzweigung nach Zikhron Ya'aqow, am Busbahnhof.
Touristeninformation
Gidonim, am Busbahnhof, Tel: 06-398811.
Museen und Sehenswürdigkeiten
Bet Aaronson, Hameyasdim Street, geöffnet Mo-Do 10-12.30. **Carmel Oriental Wine Cellars**, geöffnet So-Fr 9-12.30.

HAIFA
Anreise
Busse verkehren mehrmals täglich von Tel Aviv, Jerusalem und Akko, Züge ebenfalls mehrmals täglich von Tel Aviv, regelmäßiger *Sherut*-Service.
Unterkunft
LUXUS: **Dan Carmel**, 85 Hanassi Avenue, Tel: 04-382211, bestes und teuerstes Haus auf der Spitze des Karmel-Bergs. **Dan Panorama**, 107 Hanassi Avenue, Tel: 04-352222, auf dem Karmel-Berg, großartige Aussicht. **Haifa Tower**, 63 Herzl Street, Tel: 04-677111. **Nof**, 101 Hanassi Avenue, Tel: 04-354311, schöne Ausblicke auf Haifa. **Shulamit**, 15 Kiryat Sefer Street, Tel: 04-342811, ruhig.
MITTEL: **Dvir**, 124 Yefe Nof Street, Tel: 04-389131, auf dem Mount Carmel, gute Aussicht. **Hadar**, 53 Herzl Street, Tel: 04-640644. **Hotel Carmelia**, 35 Herzliyya Street, Tel: 04-521278, nettes Haus mit kleinem Patio. **Vered Hacarmel**, 1 Heinrich Heine Square, Tel: 04-389236, sympathisches Haus mit netter Gartenterrassse. *EINFACH:* **Talpiyot**, 61 Herzl Street, Tel: 04-673753. **Saint Charles Hospice**, 105 Jaffa Road, Tel: 04-553705. **Bethel Tourist Hostel**, 40 Hageffen Street, Tel: 04-521110. **Carmel Youth Hostel**, 4 km südlich vom Zentrum am Carmel Beach, Tel: 04-531944.
Restaurants
Bursa Café & Restaurant, **The White Gallery** und **The Bank Restaurant** sind drei der vielen kleinen und preisgünstigen Restaurants entlang der Hanassi Avenue auf der Spitze des Karmel-Bergs. **Voila**, 21 Nordau Street, kleines, unscheinbares Restaurant mit Wintergarten und gutem Essen, zur Mittagzeit billiger Business Lunch, abends teures Dinner. **La Chaumière**, 40 Ben Gurion Boulevard, im Gebiet der ehemaligen Deutschen Kolonie, französische Küche. **Tai Wah** und **Shish Kebab**, 60 Ben

INFO: NÖRDLICHE MITTELMEERKÜSTE

Gurion Boulevard, am oberen Ende der Straße: ein preiswertes chinesisches Restaurant und eine billige Garküche.

Krankenhaus und Apotheken
Ramban Hospital, Tel: 04-533111. **Carmel Hospital**, Tel: 04-250211. **Apotheke Shomrom**, 44 Yafo Street. **Merkaz**, 130 Hanassi Boulevard.

Touristeninformation
18-20 Herzl Street, Bet Hakranot, Tel: 04-666521. Haifa-Hafen, Shed 3, Tel: 04-663988. Municipality Building, 14 Hassan Shukri Street, Tel: 04-356200. 119 Hanassi Blvd., Tel: 04-383683.

Museen und Sehenswürdigkeiten
Bahai-Schrein, Sderot Hatziyonut, tägl. 9-12, Garten 9-17. **Clandestine Immigration and Naval Museum**, Allenby Road, So-Do 9-16, Fr 9-13. **Haifa-Museum**, Shabbetai Levy Street, So, Mo, Fr 10-13, Di-Do, Sa 10-13, 17-20. **Mané Katz-Museum**, 89 Yefe Nof, So-Do 10-16, Fr/Sa 10-13. **National Maritime Museum**, Allenby Road, So-Do 10-16, Sa 10-13. **Janco-Dada-Museum**, Künstlerkolonie En Hod, So-Do/Sa 9.30-17, Fr 9.30-16.

AKKO
Anreise
Busse und Züge von vielen Orten verkehren entlang der Mittelmeerküste, so etwa von Tel Aviv, Haifa und Nahariyya, Busse von Zefat. Es gibt einen regen *Sherut* Service.

Unterkunft
LUXUS: **Palm Beach Club Hotel**, Purple Beach, Tel: 04-815815, bestes Haus im Ort.
MITTEL: **The Argaman Motel**, Purple Beach, Tel: 04-916691. **Nes Ammin**, Tel: 04-822522, fünf Kilometer nördlich von Akko, ein wenig abseits der Akko-Nahariyya-Straße, christliches Hotel, das das Verständnis zwischen Juden und Christen fördern möchte. *EINFACH:* **Walied's Gate Hostel**, Salah ad Din Street, Tel: 04-910410, am Land Gate, ein kleines Stück außerhalb der Altstadt. **Akko Youth Hostel**, in der Altstadt nahe am Hafen und am Leuchtturm, Box 1090, Tel: 04-911982. **Paul's Hostel and Souvenier Shop**, gegenüber vom Leuchtturm am südlichen Ende der Hahagana Street, Tel: 04-912857.

Restaurants
Ptolmais und **Abu Christo**, zwei Restaurants am Hafen in der Altstadt, einfachstes Mobiliar, hervorragende frische Fischgerichte wie etwa Krabben in Knoblauchkräutersauce;weitere kleine Restaurants um den Hafen sowie eine Reihe von Garküchen am Eingang zur Altstadt rund um die Al Jazzar-Moschee.

Touristeninformation
35 Weizmann Street, gegenüber der Al Jazzar-Moschee, Tel: 04-911764.

Museen und Sehenswürdigkeiten
Bahai-Garten, an der Straße zwischen Akko und Nahariyya, Garten tägl. 9-16, Grabmal Fr-Mo 9-12. **Kreuzfahrerstadt**, Altstadt von Akko, So-Do 8.30-17, Fr 8.30-14, Sa 8-15. **Zitadelle** mit Heldenmuseum, Altstadt von Akko, So-Do, Sa 9-16.30, Fr 9-12.30. **Kibbuz Lochamei Hageta'ot** mit Dokumentationszentrum über den jüdischen Widerstand in Deutschland, Polen und Litauen, an der Straße zwischen Akko und Nahariyya, So-Do 9-16, Fr 9-13, Sa 10-17.

NAHARIYYA
Anreise
Mehrmals täglich verkehren Busse und Züge von vielen Orten entlang der Mittelmeerküste, so etwa von Tel Aviv, Haifa und Akk. Es gibt einen regen *Sherut*-Service.

Unterkunft
LUXUS: **Carlton Hotel**, 23 Ga'aton Boulevard, Tel: 04-922211, und das **Pallas Athene Hotel**, 28 Ma'apilim Street, Tel: 04-828222, sind die zwei Vier-Sterne-Hotels von Nahariyya und damit die besten Häuser vor Ort.
MITTEL: **Erna**, 29 Jabotinsky Street, Tel: 04-920170, nahe am Strand. **Rosenblatt**, 59 Weizmann Street, Tel: 04-928121. **Hotel Eden**, Mayasdim Street, Tel: 04-923246. **Hotel Frank**, Aliyah Street, Tel: 04-920278. **Kalman Hotel**, 27 Jabotinsky Street, Tel: 04-920355, ein kleines Stück vom Strand entfernt. *EINFACH:* **Sirtash House**, 22 Jabotinsky Street, Tel: 04-922586. **Motel Arieli**, 1 Jabotinsky Street, Tel: 04-921076. Es gibt keine Hostels in Nahariyya, preiswertere Privatunterkünfte vermittelt jedoch das Tourist Office.

Restaurants
Donan Restaurant, 32 Ga'aton Boulevard, rumänisches Grillokal. **Maxims**, 43 Weizmann Street, gutes chinesisches Restaurant. **Salaam Bombay**, 17 Jabotinsky Street, indische Küche. **The Singapore Chinese Garden**, Mayasdim Street/Ecke Jabotinsky Street, und **The Chinese Inn Restaurant**, 28 Ga'aton Boulevard, zwei weitere Lokale mit chinsscher Küche. Eine Anzahl kleiner Restaurants und Bars findet man unmittelbar an der Strandpromenade.

Sehenswürdigkeiten
Grottensystem von Kefar Rosh Ha Niqra: So-Do/Sa 8.30-16, Fr 8.30-15, 7 km nördlich von Nahariyya.

Krankenhaus und Apotheke
Western Galilee Regional Hospital, Tel: 04-850766. **Szabo Pharmacy**, 3 Ga'aton Boulevard, am Busbahnhof.

Touristeninformation
19 Ga'aton Boulevard, Tel: 04-879800.

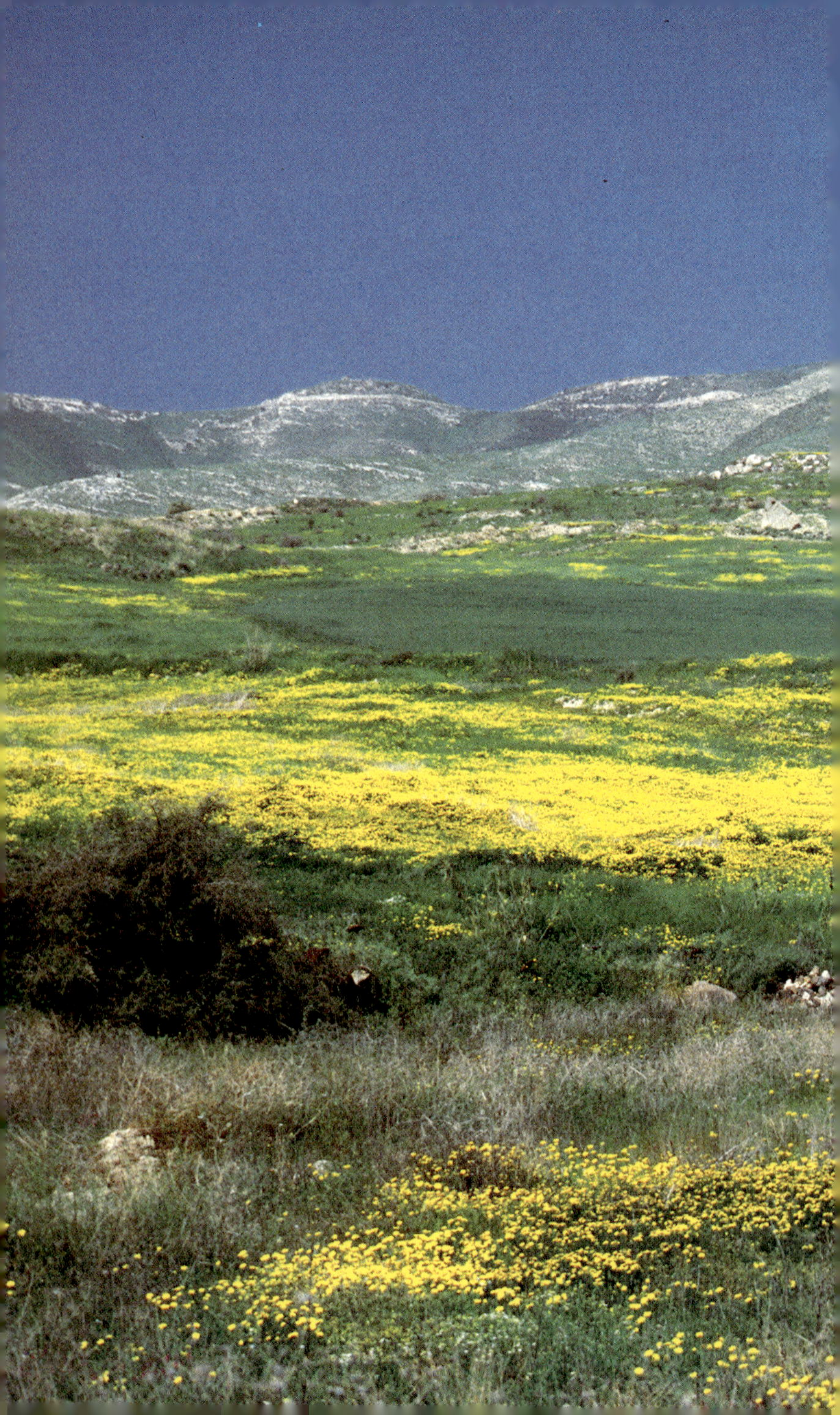

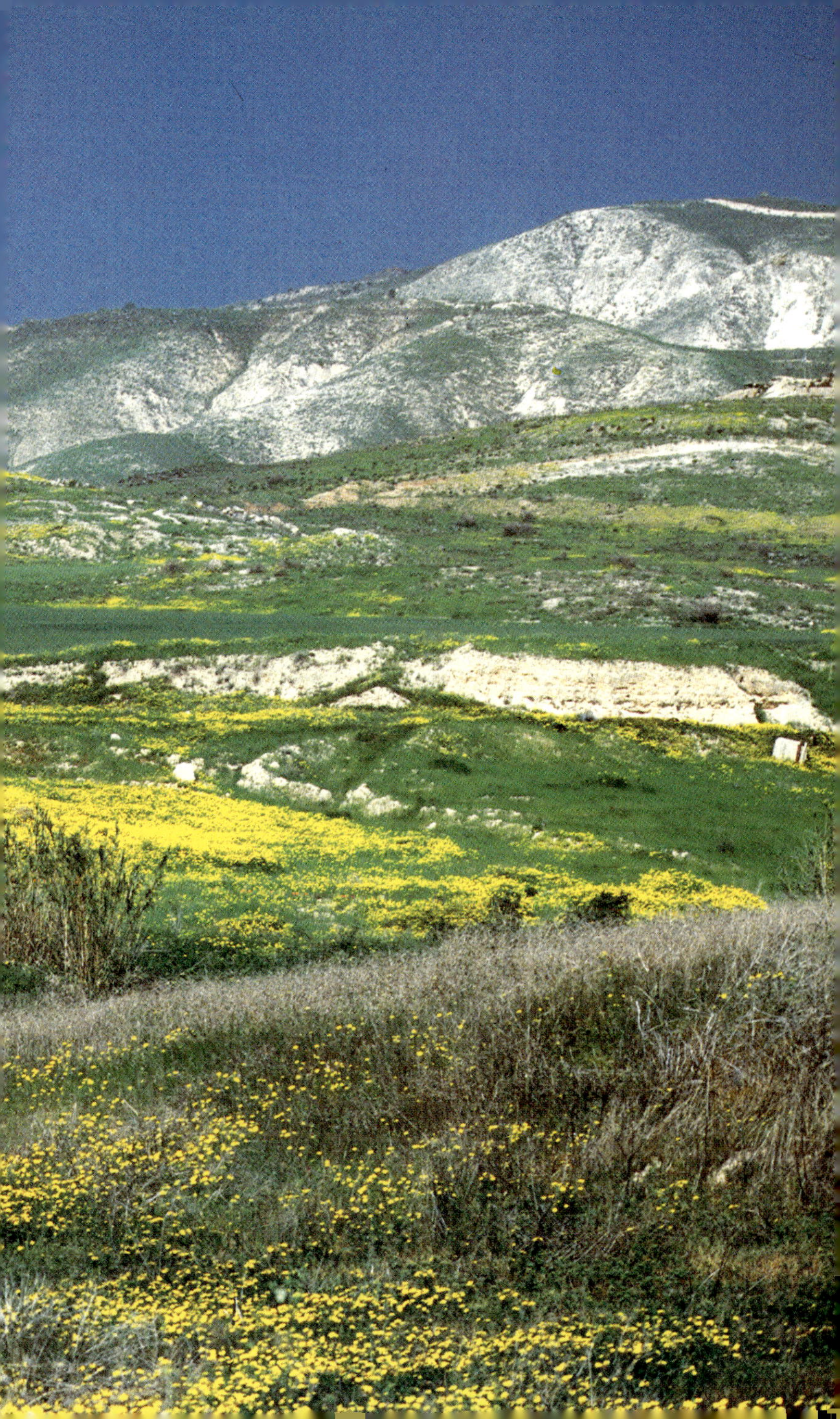

NORDGALILÄISCHES HÜGELLAND

NORDGALILÄISCHES HÜGELLAND

**MONTFORT / BAR'AM
MT. MERON / ZEFAT
ROSH PINNA / TELL HAZOR
HULA / TEL HAY
TELL DAN / BANYAS
NIMROD'S BURG / QAZRIN**

DIE KREUZFAHRERBURG MONTFORT

Von Rosh Ha Niqra geht es entlang der libanesischen Grenze in östliche Richtung, bis ein Schild rechts ab in den Goren National Forest weist. In diesem Naturpark beim Kibbuz Elon wurden Eichen, Lorbeer- und Judasbäume angepflanzt, und es gibt Zeltplätze und Picknickareale. Auf holpriger Piste ist nach kurzer Fahrt ein Parkplatz erreicht, von dem sich ein schöner Blick auf die spektakulär gelegene Kreuzfahrerburg Montfort bietet. Vom Naturpark durch ein tiefes Tal getrennt, erhebt sich auf einem Bergrücken die majestätische Festung.

Die gesamte Gegend ist einsam und dicht bewaldet. Ein Fußweg führt über drei Kilometer nach Montfort. Für den Hin-und Rückweg müssen mindestens zwei Stunden einkalkuliert werden. Die Festung ist auch von Nahariya aus (Straße nach Zefat) über das Dorf Mi'ilya zu erreichen. Mi'ilya wird von christlichen Arabern bewohnt, und im Ortskern liegt die Ruine der Kreuzfahrerfestung Chastiau du Roi.

Vorherige Seiten: Landschaft Galiläas im Frühlingsgewand – nach reichlichem Winterregen erblüht das Land. Links: Eine offene Thorarolle.

Drie Kilometer nördlich von Mi'ilya führt ein Fußpfad nach Montfort. Man erkennt sofort den begrenzten strategischen Wert der Festung, denn kein bedeutender Ort, keine verteidigungswürdige Anlage befand sich je in ihrer Nähe. Ursprünglich errichtete der französische Ritter Joscelin de Courtenay im 12 Jh. an dieser Stelle inmitten seiner Ländereien eine erste kleine Burg und nannte sie Mons Fortis und später Montfort. 1187 eroberte Saladin die Festung, erkannte jedoch bald ihren eingeschränkten militärischen Nutzen und gab sie – man glaubt es kaum – dem Besitzer zurück.

1229 kaufte der Deutschritterorden die Burg, benannte sie in Starkenberg um und begann einen umfangreichen Ausbau. Der ägyptische Mamelucken-Sultan Baibars kam 1266 und versuchte vergeblich, die nun mächtige Festung zu einzunehmen. Fünf Jahre später kehrte er mit Belagerungsmaschinen und einem Trupp erfahrener Mineure zurück; die Katapulte verschossen riesige Wackermänner, und die Tunnelexperten trieben einen Stollen unter die Wallmauern. Nach sieben Tagen waren die Ritter nervlich zermürbt und begannen mit Verhandlungen. Baibars ließ sie mit ihrem Ordensarchiv und allen Kostbarkeiten nach Akko ziehen; nur ihre Waffen mußten sie ihm übergeben. Seitdem ist die Burg verlassen.

MOUNT MERON

Der erste, der mit Kennerblick die Anlage beschrieb, war T. E. Lawrence, besser bekannt als Lawrence von Arabien. Im Zuge seiner Magisterarbeit über die Kreuzfahrerburgen im Heiligen Land war er Anfang des Jahrhunderts vor Ort; nebenbei spionierte er die lokale Infrastruktur der türkischen Besatzungsmacht für den heimischen Secret Service aus.

1926 begann ein Archäologenteam des New Yorker Metropolitan Museum of Art mit Ausgrabungen, und die Experten fanden Waffen, Rüstungen, Münzen, Keramik und Alltagsgegenstände aller Art. Sie sind heute im Rockefeller-Museum in Jerusalem zu sehen.

In dem ausgedehnten und eindrucksvollen Ruinenareal sind neben den Mauern und Bastionen eine Wassermühle, der Kapitelsaal, die Ordenskapelle, Unterkünfte und ein Bergfried zu besichtigen.

DIE SYNAGOGE VON BAR' AM UND DER MOUNT MERON

Zurück zur Straße geht es weiter entlang der Route 99 unterhalb der libanesischen Grenze in Richtung Osten. Eine Ausschilderung weist nach **Bar'am**, zu den guterhaltenen Resten einer wahrscheinlich aus dem 2. oder 3. Jh. stammenden **Synagoge**. An diesem Ort sollen laut jüdischer Überlieferung der Prophet Obadja und Ester, die Gattin des Perserkönigs Xerxes, begraben sein. Vor allem die Bibelgeschichte der Königin ist interessant, spielt das Buch Ester doch auf die Zeit der Judenverfolgungen im Perserreich an. Ester, die Pflegetochter des Mordechai, wird von Artaterxes zur Frau genommen, ohne daß der Großkönig weiß, daß sie eine Jüdin ist. Ihr Ziehvater Mordechai ist beliebt beim Herrscher, da er einmal eine Verschwörung gegen ihn aufgedeckt hat. Hamam, einer der mächtigsten Männer bei Hofe, ist dagegen kein Freund der Juden und haßt Mordechai wegen dessen Gunst beim König. Durch viele Intrigen erwirkt der Bösewicht ein königliches Dekret zur Ausrottung aller Juden, die durch Losentscheid (*Pur*) auf den 14. Adar festgesetzt wird. Ester geht nun zum König und offenbart ihm ihre jüdische Herkunft. Der ist höchst erschrocken, doch ein königlicher Erlaß ist nicht mehr zu ändern. So verkündet er salomonisch, daß sich die Juden ihrer Feinde erwehren dürfen. Schnell wird der Intrigant Haman gehenkt, und Mordechai nimmt sein Amt ein. Seither feiern die Juden alljährlich am 14. Adar, im Februar/März, das ausgelassene Purimfest, eine Freudenfeier erster Güte.

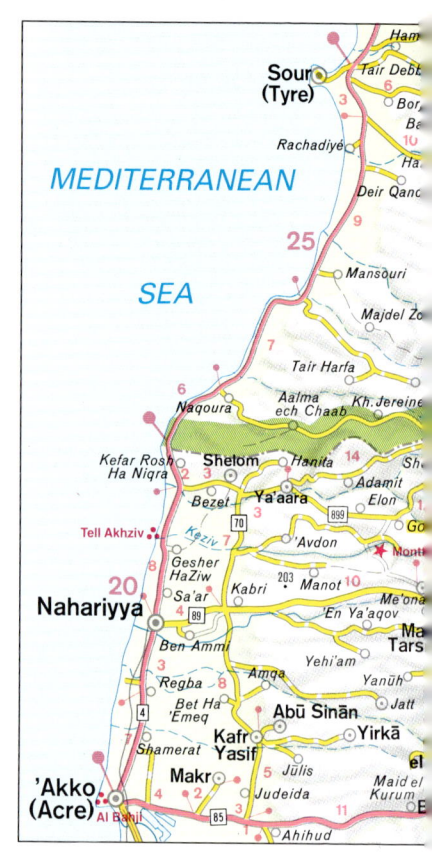

Von der Synagoge sind Teile der Fassade und die Säulenreihe der Eingangshalle gut erhalten. Der wichtigste Fund dieser Ausgrabungsstätte befindet sich

NORDGALILÄA

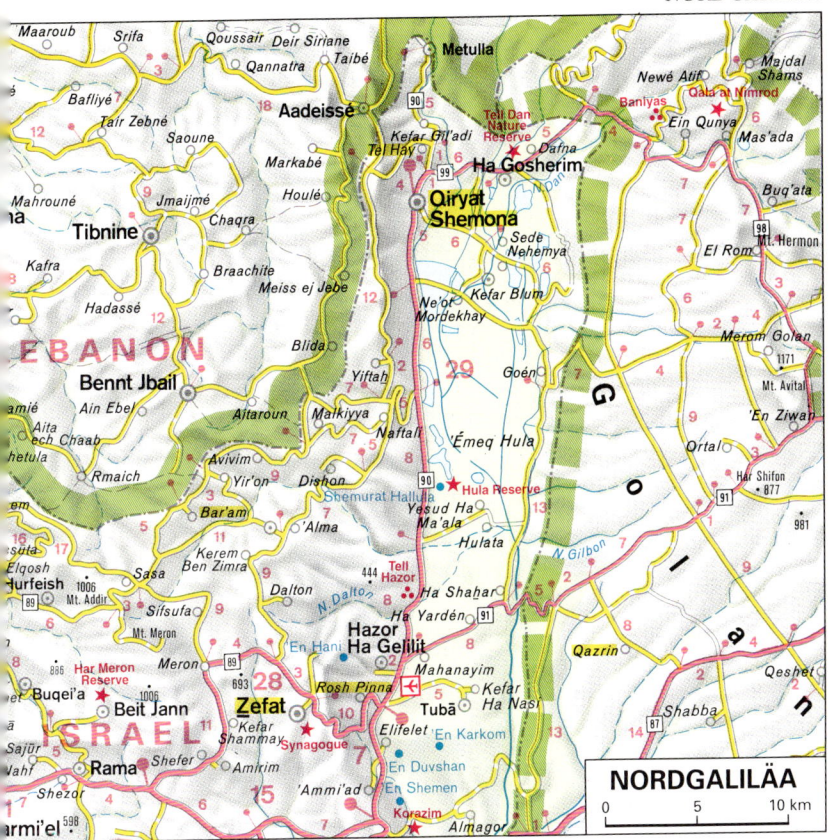

im Pariser Louvre, ein Tür-oder Fenstersturz mit der Inschrift: „Möge Friede über diesen Platz kommen und über alle Orte in Israel. Diesen Sturz hat Jose der Levite gemacht. Segen über seine Arbeit. Shalom."

Von Bar'am geht es in südöstlicher Richtung auf die Stadt Zefat zu; dabei passiert man den **Mount Meron**, mit 1200 m Nord-Galiläas höchster Berg. Eine Straße führt hinter dem SPNI *Field Study Centre* (SPNI = *Society for the Protection of Nature in Israel*) bis unterhalb des Gipfels; die Bergspitze selbst ist von der israelischen Armee okkupiert. Bei schönem Wetter hat man eine prachtvolle Aussicht Richtung Norden bis weit ins Hule-Tal und nach Süden bis an den See Genezareth. Der Berg und sein Umland gehören zum 10 000 Hektar umfassenden Har Meron-Naturpark.

ZEFAT

Das über 800 m hoch in einer herrlichen Landschaft gelegene **Zefat** ist neben Jerusalem, Tiberias und dem in der West Bank liegenden Hebron die vierte heilige Stadt des Talmud und war in der Vergangenheit das spirituelle Zentrum der jüdischen Mystiker und Kabbalisten. Aufgrund der Höhenlage und der damit reinen Luft, der vollständig restaurierten Altstadt mit ihren schmalen verwinkelten Gassen und der großen Künstlerkolonie ist Zefat als Sommerfrische sehr beliebt.

ZEFAT

Geschichte

Man schrieb das Jahr 66, als der knapp 30jährige Geschichtsschreiber Flavius Josephus beim Aufstand der Juden gegen die Römer zum Oberbefehlshaber der Truppen in Galiläa ernannt wurde. In seinem Buch *Der jüdische Krieg*, eine der wichtigsten Quellen über jene Tage, erwähnt er, daß er Zefat (das er Sepph nennt) so schnell wie möglich mit Befestigungen ausbauen ließ.

Zur Kreuzfahrerzeit hieß die Stadt Safed. Anfang des 12. Jh. zogen die Franken auf dem Hametzuda-Hügel eine erste Festung hoch, die in den folgenden Jahren weiter ausgebaut und verstärkt wurde. Dies sollte König Balduin retten, der sich 1157 vor den Truppen des Damaszener Sultans Nur ad Din mit seinen Mannen in die Sicherheit von Safed zurückziehen mußte. 10 Jahre später gab Amalrich I. die Burg den Templerrittern, und 1188 konnte Saladin sie einnehmen; eine zweimonatige Beschießung mit schwerstem Gestein aus Katapultbatterien trieb die Kreuzfahrer aus der Festung. Die Araber zerstörten die Anlage bis auf die Grundmauern.

1240 fädelten die Templerritter eine Allianz zwischen den Kreuzfahrern und den Damaszenern gegen den ägyptischen Sultan Aiyyub ein und erhielten dafür die Stadt zurück. Doch scheuten sie vor den hohen Wiederaufbaukosten zurück und wollten die Burg nicht wieder instandsetzen. Die unsicheren Zeiten verlangten jedoch Sicherungsmaßnahmen, und abermals entstand eine gewaltige Wehranlage, die als uneinnehmbar galt. Das beeindruckte den militärisch erfolgreichen ägyptischen Mamelucken-Sultan Baibars keineswegs, und so griff er 1266 an. Über 2000 Menschen hatten in der Festung Schutz gesucht, und nach drei Wochen waren die Vorräte aufgebraucht. Die Christen wollten die Burg übergeben und

Oben: In Zefat leben viele orthodoxe Juden.
Oben rechts: In der Ha' Ari Synagoge.
Rechts: Die Kuppel der Abouhav Synagoge, Zefat.

Baibars versicherte freien Abzug, doch dann ließ er alle Ritter und diejenigen töten, die nicht zum Islam konvertierten. Viele müssen standhaft bei ihrem Glauben geblieben sein, denn als ein Jahr später Waffenstillstandverhandlungen aufgenommen wurden, sah die Kreuzfahrerdelegation mit Schrecken, daß die Festungsmauern mit Schädeln dekoriert waren – Baibars war auch unter seinesgleichen als Schlächter bekannt und für seine abschreckenden Maßnahmen gefürchtet.

Als 1492 in Spanien die sogenannten Katholischen Könige Isabel und Fernando per Erlaß die Juden vertrieben, kam es in Palästina zu einer Einwanderungswelle sephardischer Juden, von denen es viele nach Zefat zog. Bald darauf öffnete eine theologische Schule ihre Pforten, an der mystische Praktiken und Auslegungen der *Kabbala* (= Tradition, eine mystische Strömung im Mittelalter und in der Neuzeit) gelehrt wurden. Die folgenden Jahrhunderte brachten der jüdischen Bevölkerung von Zefat schwere Prüfungen; mehrfach wurden die Stadt und das Umland von verheerenden Erdbeben verwüstet, mal dezimierte eine Pest-, mal eine Typhus-Epidemie die Einwohnerschar, mal gingen die Drusen plündernd und marodierend gegen die Bewohner vor. Am Vorabend der Unabhängigkeit lebten nur noch wenige Juden in der von Muslimen dominierten Stadt. Die abziehenden britischen Truppen überließen die strategischen Schlüsselstellungen den Arabern, und es war klar, daß die wenigen kampffähigen Juden, verstärkt durch einige *Haganah*-Kämpfer, nicht lange standhalten würden. Waffen, Munition und mehr Soldaten konnten nicht nach Zefat gebracht werden; die Lage sah so hoffnungslos aus, daß die Armee den wenigen Juden tatsächlich riet, die Stadt aufzugeben. Die aber wollten nicht fort, und so übergab die israelische Militärführung den Verteidigern lediglich eine *Davidka*, einen selbstgebastelten, bisher nicht auf seine Funktionstüchtigkeit geprüften Mörser. Tatsächlich war das Geschütz jedoch so erfolgreich, daß die Juden damit die vielköpfigen arabischen

ZEFAT

in eine Fußgängerzone übergeht. Von diesem verkehrsberuhigten Teil der Stadt führen Treppenstufen hinunter in das alte, stimmungsvolle und gut restaurierte **jüdische Viertel**. Der erste Teil der nun folgenden engen Gasse ist gesäumt von Andenkengeschäften und Devotionalienläden; schnell ist die **Caro-Synagoge** erreicht. Ihren Namen hat sie von Rabbi Yosef Caro bekommen, der 1535 nach Zefat kam und lange Zeit religiöses Oberhaupt der Gemeinde war.

Ein kurzes Stück weiter ist ein kleines halbrundes Freilichttheater erreicht, in dem an Sommertagen Theaterstücke und Musikveranstaltungen aufgeführt werden. Ein nächster Stopp lohnt linker Hand an der **Abouhav-Synagoge** im sephardischen (südeuropäischen) Bereich der Altstadt. Das Gebetshaus geht auf Rabbi Isaak Abouhav zurück, der im 15. Jh. hier lehrte. Das Heiligtum ist in hellen, blauen Farben gehalten und die Wände schmücken religiöse Darstellungen.

Nach wenigen Metern Fußweg führt rechts eine Treppe hoch. Auf halber Höhe ist die **Ha'Ari-Synagoge** erreicht, die im Zentrum des ashkenasischen (osteuropäischen) Teils von Alt-Zefat liegt. Das Gotteshaus ist nach Rabbi Ari benannt und entstand einige Jahre nach seinem Tod 1572; das Erdbeben von 1837 zerstörte die sakrale Stätte, die jedoch kurze Zeit später wieder aufgebaut wurde. Kaum jemand hat einen nachhaltigeren Einfluß in Zefat hinterlassen als der Namensgeber der Synagoge, der eigentlich Isaak Luria hieß, aber Ari genannt wurde, was in hebräisch Löwe bedeutet und gleichzeitig ein Akronym für Adoneinu Rabbeinu Itzhak, unser Meister und Lehrer Isaak, war. In den wenigen Jahren, die er in Zefat lehrte, schuf er eine Interpretation der Kabbala, die bis heute Gültigkeit hat. Die Ha'Ari-Synagoge ist in hellen Farben gehalten, und die Wände sind nur spärlich dekoriert.

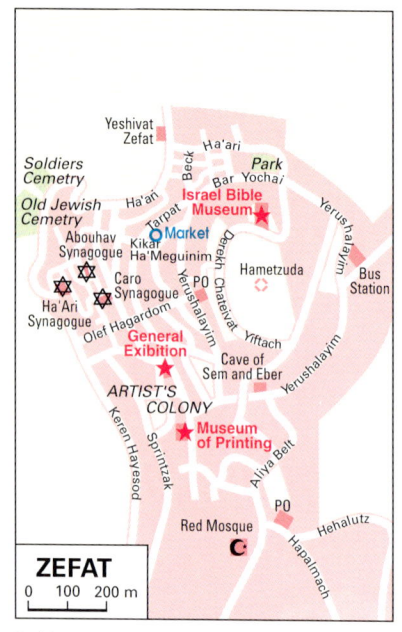

Soldaten in die Flucht schlagen konnten, und fortan sprachen die Bewohner vom „Wunder von Zefat". Leon Uris hat diese Begebenheit in seinem Roman *Exodus* detailliert beschrieben.

Besichtigung

Einen Stadtrundgang beginnt man am besten am Park der **Zitadelle**, wo die Reste der Kreuzfahrerburg in 834 m Höhe seit Jahrhunderten Wind und Wetter trotzen. An der Hativat Yiftah Road, die die Parkanlage umläuft, befindet sich im ehemaligen Haus des osmanischen Gouverneurs das **Israel Bible Museum**; ausgestellt sind hier die von der biblischen Geschichte beeinflußten Bilder des jüdisch-amerikanischen Malers Phillip Ratner.

Hauptstraße von Zefat ist die Yerushalayim Street, die an ihrem südlichen Ende

Die Stufen führen weiter hoch, und man gelangt zum Kikar Hameginim, dem

Rechts: Nicht nur Synagogen, sondern auch Galerien und Kunstgewerbeläden prägen das Bild von Zefat.

Zentrum der Altstadt mit engen, katzenkopfgepflasterten Gassen; den Namen – Platz der Verteidiger – hat die Örtlichkeit von einem Haus erhalten, in dem während der Kämpfe von 1948 ein Kommandoposten untergebracht war, der von hier aus die nachbarschaftliche Verteidigung des jüdischen Viertels organisierte.

Heutzutage kann man in dem kleinen Restaurant-Café Hakikar einen geruhsamen Stopp einlegen, eine Kleinigkeit essen, Tee trinken und sich darauf besinnen, wie wohl die verzweifelte Lage der jüdischen Bevölkerung im Jahre 1948 war. Folgt man vom Kikar Hameginim dem Sträßchen rechts ab, ist nach wenigen Schritten das **Lubabinson Chabad House** erreicht, in dem ein Studienzentrum und eine audiovisuelle Vorführung mit dem Judentum vertraut machen. Zudem kann man hier eine Kunstausstellung und ein Buchladen besuchen.

Die Yerushalayim Street, Zefats Hauptstraße, geht in eine Fußgängerzone über, und hier – im einstigen arabischen Viertel der Stadt – hat sich eine **Künstlerkolonie** angesiedelt. Die *Artist's Colony* wurde 1951 von sechs Künstlern ins Leben gerufen, die der noch immer schwer zerstörten Stadt neuen Aufschwung geben wollten. Das angenehme Klima und die attraktive Landschaft lockte bald weitere Maler, Bildhauer und Töpfer an, so daß nach etlichen Jahren an die 50 Künstler in Zefat arbeiteten. Wer sich einen Überblick über die Kunstproduktion im Ort verschaffen möchte, sollte als erstes einen längeren Blick in die **General Exhibition** werfen, wo Gemälde, Aquarelle, Seidenmalerei und Skulpturen zu bewundern sind. Die Ausstellung ist in einer ehemaligen Moschee untergebracht.

Am südlichen Ende des Künsterviertels erinnert das **Museum of Printing** daran, daß Zefat die Wiege des Buchdrucks in Palästina war; 1576 wurde die erste Presse installiert, auf der ein Jahr später das erste hebräische Buch entstand. Zu besichtigen ist u. a. auch die erste in Palästina gedruckte Zeitung von 1863.

ROSH PINNA

Von Zefat geht es nun wenige Kilometer nordostwärts zum Städtchen Rosh Pinna, das 1878 von Juden aus Zefat besiedelt wurde. Da es ihnen jedoch an landwirtschaftlichen Fachkenntnissen und Mitteln mangelte, verließen sie bald wieder den Ort. 1882 ließen sich rumänische Juden hier nieder und nannten ihre neue Heimat Rosh Pinna. *Rosh Pinna* bedeutet Eckstein, und die Namensgebung ging zurück auf Psalm 118, wo es heißt: „Der Stein, den die Bauleute verwarfen, er ist zum Eckstein geworden." Auf Anraten und mit finanzieller Unterstützung von Baron Edmond de Rothschild begannen die Bewohner – neben Anbau von Getreide und Tabak – mit einer Seidenraupenzucht; die notwendigen Maulbeerbäume hatte der Baron den Siedlern zur Verfügung gestellt. Die Produktion von edlen Tuchwaren ließ sich auch gut an, doch mangelte es den Bewohnern an ausgeprägtem Geschäftssinn und effektiven Marketingstrategien; sie waren nicht in der Lage, ihre Seidenstoffe erfolgreich zu vermarkten, und eine Familie nach der anderen verließ die so hoffnungsfroh gegründete Siedlung.

Old Rosh Pinna, der alte Teil des Örtchens (Ausschilderung Jugendherberge), ist noch so erhalten, wie er gegen Ende des letzten Jahrhunderts gegründet wurde. Die Straße ist katzenkopfgepflastert, eine Dorfkneipe markiert das Zentrum, und am Hang erstreckt sich ein terrassierter Friedhof.

Das Schwartz-Hotel, erbaut 1890 und in jenen Tagen erste und einzige Unterkunftsmöglichkeit im Norden Galiläas, vermittelt noch ein wenig Atmosphäre aus der frühen Gründerzeit. Dieser alte Teil von Rosh Pinna ist heute von rund 60 Künstlern bewohnt, deren Arbeiten in der Galerie an der Harishonim Street zu besichtigen und vor allem natürlich zu kaufen sind.

Oben: Schönes altes Gemäuer von Old Rosh Pinna. Rechts: Das Ausgrabungsgelände von Tell Hazor.

TELL HAZOR

8 km nördlich von Rosh Pinna erstreckt sich an der nach Qiryat Shemona führenden Route 90 links der Straße das große Ausgrabungsareal von Tell Hazor. Hazor bedeutet soviel wie Gehöft, und die Stadt war über die Jahrhunderte eine bedeutende Ansiedlung.

Ihre Gründung an der geschäftigen Karawanenstraße, die von Ägypten über Palästina nach Mesopotamien führte und während der römischen Epoche den Namen Via Maris bekam, fällt in die frühe Bronzezeit, um 2500 v. Chr. Um 1800 findet sich die erste schriftliche Erwähnung in altägyptischen Texten, und von da an taucht der Name von Hazor – dessen Bewohner mit dem Zinnhandel zu Wohlstand kamen – oft und regelmäßig in den Chroniken auf. 1600 v. Chr. wollten viele Bewohner am Reichtum der Stadt teilhaben, die Einwohnerzahl schnellte in die Höhe, und auch das untere Plateau wurde besiedelt. Um 1200 kam es zwischen den Israeliten unter Josua und den Kanaanäern unter Jabin, dem König von Hazor, zur Schlacht am Merom, einem See nördlich der Stadt. Wie die Bibel mitteilt, waren die Israeliten erfolgreich und metzelten mit alttestamentalischer Grausamkeit die Bevölkerung dahin, plünderten und trieben das erbeutete Vieh fort. Das Ende von Hazor war gekommen. Lange Zeit blieb die Stätte unbewohnt, bis im 9. Jh. Salomo und nach ihm die Könige Omri und Ahab die Oberstadt wieder befestigten. 732 v. Chr. überrannte der assyrische Herrscher Tiglatpileser III. mit seinen Truppen Hazor und führte die überlebenden Bewohner als Skaven in sein Reich.

Bei den Ausgrabungen stieß man auf insgesamt 21 unterschiedliche Siedlungsschichten. Die Ausgrabungsstätte ist entsprechend der früheren Funktion in eine schmale Oberstadt und eine nördlich und östlich gelegene große Unterstadt aufgeteilt. In der Oberstadt sieht man noch wuchtige steinerne Kasemattenmauern und Gebäudereste sowie Fragmente der von Ahab erbauten Zitadelle. Ebenfalls aus der Zeit Ahabs (9. Jh. v. Chr.) stammt das Wasserversorgungssystem, in das man über eine Treppe hinabsteigen kann. In der Unterstadt wurde ein dreiteiliger kanaanitischer Tempel freigelegt. Die ausgegrabenen Funde sind im Israel-Museum in Jerusalem und im Hazor-Museum, auf dem Gelände des nahegelegenen Kibbuz Ayelet Hashachar, zu besichtigen.

HULA NATURE RESERVE

Weiter auf der Route 90 Richtung Norden, auf Qiryat Shemona zu, weist nach 9 km eine rote Ausschilderung nach Osten zum Hula-Reservat, einem der letzten Feuchtbiotope des Landes. Als zu Beginn dieses Jahrhunderts neu eingewanderte Juden die ausgedehnten Naßgebiete trockenlegen wollten, untersagten die Briten die Drainage, um die landwirtschaftliche Nutzfläche in jüdischem Besitz so gering wie möglich zu halten.

Nach der Unabhängigkeit gingen die Israelis in den 50er Jahren daran, die Region trockenzulegen. Sie erkannten schon vor dem vollständigen Abschluß der Drainage-Arbeiten die Bedeutung dieses Ökosystems, denn zweimal jährlich legen hier Abertausende von Zugvögeln auf dem Weg von Europa nach Afrika und zurück eine Rast ein. Störche, Pelikane, Wildgänse, Enten, Reiher, Kormorane, Ibisse und viele weitere exotische Vögel brüten in dem Refugium; Insekten, die hier herumschwirren, sind anderswo schon längst ausgestorben, und auch die Flora des Reservats kann mit vielen, mittlerweile selten gewordenen Pflanzen aufwarten, beispielsweise mit ausgedehnten Papyrusdickichten. Wasserbüffel, Biber, Wildschweine und Wildkatzen durchstreifen das 323 Hektar große Schutzgebiet. Ein Visitor Centre gibt ausführliche Informationen über den Nationalpark und seine Tier- und Pflanzenwelt.

Oben und rechts: Vogelschwärme und ausgedehnte Papyrusdickichte sind typisch für das Hula Nature Reserve.

TEL HAY / TELL DAN

TEL HAY

Im Norden von Qiryat Shemona liegt Tel Hay, zu deutsch „Hügel des Lebens". Hier ist der in Israel hochverehrte Josef Trumpeldor begraben, der als 32jähriger, begeistert von zionistischen Idealen, von Rußland 1912 nach Palästina einwanderte. Da er in der zaristischen Armee gedient hatte, ging er bei Ausbruch der Ersten Weltkriegs in ein jüdisches Regiment der britischen Armee und kämpfte in der berüchtigten Schlacht von Gallipolli. Nach Kriegsende zog er in den Kibbuz Tel Hay. Damals überfielen Beduinen sowie arabische Banden in regelmäßigen Abständen die kleinen, im einsamen nördlichen Hule-Tal gelegenen Siedlungen; Tel Hay und Metulla waren schon mehrfach überfallen worden. Trumpeldor baute eine Verteidigungsstrategie auf, die für einige Zeit wirksam war; 1920 wurde er zusammen mit sieben anderen Kämpfern im Kibbuz ermordet. Ein Museum ehrt sein Andenken und macht auch mit den Ansiedlungen der Region bekannt.

Das nahe Qiryat Shemona, zu deutsch die „Stadt der Acht", ist nach Trumpeldor und seinen sieben ermordeteten Kameraden benannt.

TELL DAN NATURE RESERVE

Von Qiryat Shemona führt die Route 99 in Richtung Osten und nach 10 km langer Fahrt ist das Tell Dan Nature Reserve erreicht, das in seiner landschaftlichen Schönheit einzigartig ist.

Schon in alten ägyptischen Texten wird die kanaanäische Stadt *Lais* (auch Lajis) erwähnt, die einige Jahrhunderte später von dem israelitischen Stamm der Daniter eingenommen wurde. Die Bewohner von Lajis waren ein friedliches und ruhiges Volk, das von den kriegerischen Israeliten mit Stumpf und Stiel ausgerottet wurde; sie steckten auch die Stadt in Brand, bauten sie später jedoch wieder auf und nannten sie nach ihrem Stammvater Dan. Als Jerobeam nach der Spaltung des Reichs Israels zum König des Nordstaates avancierte, ließ er als

Gottessymbole in den Tempeln von Bet El und Dan jeweils ein goldenes Kalb aufstellen. 732 v. Chr. kam mit den einfallenden Assyrern das Ende der Stadt.

Unter schattenspendenden hohen Eschen, Taboreichen, Sykomoren, Pistazien- und Lorbeerbäumen spaziert man an einem schäumenden, murmelnden Fluß entlang, vorbei an Bächen und Teichen und sieht mit ein wenig Glück vielleicht sogar einen Biber. Der Dan ist der wasserreichste der drei Quellflüsse des Jordan und hat ihm auch seinen Namen gegeben – denn Jordan bedeutet nicht anders als ,,kommt vom Dan".

Am Tell Dan wird seit 1966 gegraben. Die Archäologen haben bisher riesige Erdwälle um die einstige Stadt Lais freigelegt, ein mächtiges Stadttor, Reste eines Tempels und anderer Gebäude, eine Pflasterstraße und ein großes, gepflastertes Plateau, das wohl einmal der sakrale Ort der Stadt gewesen sein muß – und damit vielleicht der Fleck, wo das goldene Kalb gestanden hat.

Im nahen Kibbuz Dan kann man ein Naturkundemuseum besichtigen.

BANIYAS NATURE RESERVE

Der arabische Name geht auf eine Verballhornung von *Paneas* zurück, so nämlich hieß die Stadt, die hier dem griechischen Gott Pan geweiht war. Pan, eine arkadische Gottheit, war der Sohn des Hermes und einer Nymphe und gilt als Beschützer der Hirten und ihrer Herden (die er jedoch auch mit seinem Flötenspiel in ,,panischen Schrecken" versetzen kann). Dargestellt wird er halb als Ziegenbock und halb als Mensch.

Philippus, der Sohn des Herodes, gab der Stadt den Namen *Caesarea Philippa*, und hier sprach Jesus die schicksalsschweren Worte zu Simon Barjona: ,,Ich aber sage dir: Du bist Petrus (griech. Fels), und auf diesem Felsen werde ich meine Kirche bauen, und die Mächte der Unterwelt werden sie nicht überwältigen. Ich werde dir die Schlüssel des Himmelreiches geben; was du auf Erden binden wirst, das wird auch im Himmel gebunden sein, und was du auf Erden lösen wirst, das wird auch im Himmel gelöst sein." Damit war die Institution des Papsttums gegründet, und Petrus avancierte einige Zeit später zum ersten Amtsinhaber.

Hauptattraktion der reizvollen Landschaft ist der 10 m hohe **Baniyas-Wasserfall**; von hier aus führt ein ausgeschilderter Rundweg unter schattigen Bäumen zur Baniyas-Quelle.

NIMRODS BURG

Von Baniyas aus führt die Strecke in die von Israel besetzten Golan-Höhen und zur mächtigen Burganlage **Qala'at Nimrod**. Von hier oben schweift der

Oben: Überall sind Männer mit traditioneller Keffijeh zu sehen. Rechts: Reste einer Synagoge aus dem 4. Jh. n. Chr. in Qazrin.

NIMRODS BURG

Blick weit über das fruchtbare Hule-Tal. Schon von Ferne erkennt man die mächtigen Wallmauern der einst strategisch bedeutsamen Zitadelle, und steil windet sich die Straße in vielen Haarnadelkurven in die Höhe. Glaubt man der Legende, so war es Nimrod, – laut der Bibel „ein tüchtiger Jäger vor dem Herrn" (Genesis 10, 9) und Urenkel Noahs –, der als erster hier eine Festung erbaute, die dann in den folgenden Jahrtausenden den wichtigen Karawanenweg von Damaskus zum Mittelmeer bewachte. Gesicherter ist die Erkenntnis, daß Anfang des 12. Jh. die Hashashinen auf der Burg einen ihrer Stützpunkte hatten. Diese aus schiitischen Ismaeliten hervorgegangene Sekte war in jenen Tagen berühmt-berüchtigt und gefürchtet für ihre politisch motivierten Mordtaten, die ihre Mitglieder im Zustand des Haschischrausches begingen; von den Hashashinen – auch Assassinen genannt – ist das englische Wort *assassination*, Attentat, abgeleitet.

Als der Sultan von Damaskus gegen die mordenden Sektenmitglieder vorging, übergaben diese ihre Burg an die Kreuzfahrer, damit die Damaszener nicht in den Besitz der Festung gelangen konnten. Wenige Jahre später eroberten die Araber dennoch die Burg. Die Franken holten sie sich einige Zeit danach wieder zurück, schließlich fiel sie 1164 erneut an die Sarazenen. Zu Beginn des 13. Jh. wurde die Anlage bis auf die Grundmauern zerstört, damit die herannahenden Truppen des fünften Kreuzzugs hier keine Sicherheit mehr finden konnten. 1260 ließ der ägyptische Mamelucken-Sultan Baibars Qala'at Nimrod neu errichten; mit dem Ende der Kreuzzüge verlor die Zitadelle jedoch an Bedeutung und verfiel über die Jahrhunderte. Auch diese Festung untersuchte 1909 der junge T. E. Lawrence im Rahmen seiner Forschungen über Kreuzfahrerburgen.

Die Region rund um die Festung ist eine schroffe, rauhe, aber eindrucksvolle Landschaft mit steilen Abhängen, tiefen Tälern und steinübersäten Hügelschultern, zwischen denen spärlich das Grün sprießt.

QAZRIN

Von Nimrods Festung führt eine spektakulären Strecke Richtung Süden; die Straße windet sich entlang der schroffen Hügelhänge und ist teilweise richtig in den Berg eingekerbt. Immer wieder ergeben sich weite Ausblicke auf das in der Ferne liegende Hule-Tal.

Es geht weiter nach Süden auf das Örtchen **Qazrin** zu, der Verwaltungskapitale der von Israel besetzten Golan-Höhen. Die kleine Stadt mit 2000 Einwohnern wurde 1977 gegründet. Der Name stammt von einer nahegelegenen jüdischen Ansiedlung aus dem 2. Jh.; deren Reste graben Archäologen seit geraumer Zeit im **Ancient Qazrin Park** aus. Die Funde sind im örtlichen **Golan Archaeological Museum** zu besichtigen; hier werden Besucher auch mit der Geschichte der antiken Stadt Gamla bekannt gemacht, die in Israel den Beinamen „Masada des Nordens" bekommen hat. In Gamla wurden Überreste von Gebäuden und einer Synagoge sowie ein Wasserleitungssystem ausgegraben.

Während des Aufstands gegen die Römer hatte sich in Gamla eine verzweifelt kämpfende Gruppe von Juden verbarrikadiert. Im Jahr 67 griffen die Römer die 20 km südöstlich von Qazrin gelegene Festung an; Flavius Josephus berichtet, wie tragisch die Sache für die Verteidiger endete: „Das Gedenken an jene, die beim ersten Einbruch ihr Leben eingebüßt hatten, ließ die Römer nur noch wütender unterschiedslos gegen alle in Raserei geraten. Allseits eingeschlossen, sahen die meisten Männer keine Möglichkeit mehr, sich zu retten, und stürzten ihre Kinder und Frauen und darauf sich selbst in die Schlucht hinab, die sich vom Gipfel aus besonders tief nach unten senkt. So kam es, daß die Wut der Römer gemessen am Freitod der verzweifelten Eingeschlossenen noch milde erschien. Denn die Römer töteten 4000 von ihnen, während von jenen, die sich selbst in die Tiefe gestürzt hatten, 5000 aufgefunden wurden."

ZEFAT
Anreise
Busse verkehren mehrmals täglich von Tel Aviv, Akko, Jerusalem, Haifa und Tiberias, außerdem verkehrt ein *Sherut*-Service.

Unterkunft
LUXUS: **Rimon Inn**, Artist's Quarter, Tel: 06-920665, kleines aber feines Haus, Zefats bestes Hotel, viele Zimmer mit guter Aussicht über die Berglandschaft Nord-Galiläas. **Ron**, Hativach Ifhach, am Metzuda-Park, Tel: 06-972590.

Rimonim Hotel, Kiryat Omanimm, 069-920666, in einem Vorort von Zefat, bekannt für die gute Hotelküche zu akzeptablen Preisen.

MITTEL: **Carmel Hotel**, 8 Jarvitz Street, Tel: 06-920053. **Hotel Hadar**, Ridbatz Street, an der Yerushalayim Street, in der Nähe des Busbahnhofs, Tel: 06-930068. **Bet Nathan**, Yerushalayim Street, Tel: 06-920121.

EINFACH: **Bet Binyamin Youth Hostel**, an der Amal Trade School im Südteil von Zefat.

Ascent Institute of Zefat, 2 Ha'ari Street, Tel: 06-921364, dieses Hostel bietet Unterkunft nur für Reisende mit jüdischem Glauben.

Privatunterkünfte vermittelt das Tourist Office.

Restaurants
Anat, in der Fußgängerzone der Yerushalayim Street, kleines preiswertes Café-Restaurant.

California Felafel, 92 Yerushalayim Street, bester Felafel-Kiosk von Zefat.

Pueblo Español, 127 Yerushalayim Street, gute aber teure spanische Küche.

Hamifgash, 75 Yerushalayim Street, populäres Restaurant mit großem israelischem Weinangebot (*Hamifgash* bedeutet „Treffpunkt").

Palermo, im verkehrsberuhigten Teil der Yerushalayim Street, Pizzen und Pastas.

Pinati, 81 Yerushalayim Street, preisgekrönt für seine Vollwertkost-Menus, ansonsten chinesische Küche mit osteuropäisch-orientalischem Einschlag.

The Organic Café, Kikkar Hameganin, im alten jüdischen Viertel, weitgefächerte vegetarische Angebotspalette.

Sehenswürdigkeiten und Museen
General Exhibition des Künstlerviertels von Zefat, So-Fr 9-18, Sa 10-14.

Israel Bible Museum, Hativat Yiftah Road, März bis September So-Do 10-18, Sa 10-14, Oktober/November Sa-Do 10-14, Dez. So-Do 10-14.

Museum of Printing, im Künstlerviertel von Zefat, So-Do 10-12, 16-18, Fr/Sa 10-12.

Krankenhaus
Rivka Ziv General Hospital, Harambam Road, Tel: 06-978822.

Touristeninformation
50 Yerushalalim Street, Tel: 06-920961.

INFO: NORDGALILÄISCHES HÜGELLAND

HULA-TAL UND UMGEBUNG
Anreise
Mehrmals täglich verkehren Busse von Zefat durch das Hula-Tal in Richtung Qiryat Shemona. Zum Tel Dan Nature Reserve und zum Baniyas Nature Reserve sowie zu Nimrods Burg verkehren mehrmals täglich Busse von Qiryat Shemona durch die Golan-Höhen nach Qazrin.

Unterkunft
LUXUS: **Ayelet Hashachar Kibbuz Guest House**, Ayelet Hashachar Kibbuz beim Tell Hazor, Mobile Post Hevel Korazim 12200, Tel: 06-932611, der erste israelische Kibbuz, der ein Hotel eröffnete, Kibbuz-Führungen, Jeep-und Pferdetouren in die Umgebung, außerordentlich gute Atmosphäre, der Kibbuz ist Israels größter Honigproduzent.

Sea View Hotel and Health Farm, Rosh Pinna, Box 37, Tel: 06-397014, Hotel mit angeschlossener Schönheitsfarm, sehr freundliches Ambiente.

Amirim Holiday Village, Moshav Amirim, am Mount Meron, Mobile Post Carmiel 20115, Tel: 06-989571, die 300 Mitglieder des Moshav sind ausnahmslos Vegetarier, propagieren und leben eine Zurück-zur-Natur-Philosophie; wer seinen Lebenstil ändern möchte ist hier am richtigen Ort.

Hagoshrim Kibbuz Hotel, östlich von Qiryat Shemona an der Route 99, Upper Galilee 12225, Tel: 06-956231, der liebliche Hermon-River fließt durch den Kibbuz, freundliche Atmosphäre und nettes Ambiente.

Kefar Blum Guest House, nördlich der Route 977, nahe bei Qiryat Shemona, Upper Galilee 12150, Tel: 06-943666, Spezialität der Unterkunft von Kibbz Kefar Blum sind Kajak-Fahrten auf dem Jordan, Ende Juli/Anfang August richtet der Kibbuz ein Kammermusikfestival aus.

Kibbuz-Hotel Kefar Giladi, auf einem Hügel nördlich von Tel Hai und Qiryat Shemona, Upper Galilee 12210, Tel: 06-9411414, schöne Ausblicke auf das Hula-Tal, eines der ältesten und größten Kibbuz-Hotels mit angeschlossenem kleinem Museum, das die Kibbuz-Gründung dokumentiert und das Leben vor der Proklamation des Staates Israel zeigt.

Vered Hagalil, an der Route 90 bei Korazim, Mobile Post Korazim 12385, Tel: 06-935785, Unterkunft in kleinen Stein- und Holzhäuschen, Ausblicke auf den See Genezareth, freundliche Atmosphäre.

MITTEL: **Joseph's Well**, im **Kibbuz Amiad**, nahe bei Korazim, Mobile Post Korazim 12335, Tel: 06-933829, im Kibbuz wird Wein gekeltert.

Village Inn, im **Kibbuz Kefar Hanassi**, bei Korazim nahe dem Mahanayim Flughafen östlich von Rosh Pinna, Mobile Post Korazim, Tel: 06-932870. Hier können Besucher am echten Kibbuz-Leben teilnehmen, Mahlzeiten werden gemeinschaftlich im Speisesaal eingenomen.

Kibbuz Kefar Gil'adi Guesthouse, 1 km nördlich von Tel Hay an der Straße nach Metulla, Tel: 06-941414, auf dem Kibbuz-Gelände befindet sich ein Museum, das die Siedlungsgeschichte der Region dokumentiert und die Geschichte der jüdischen Freiwilligenverbände in der britischen Armee im Ersten Weltkrieg zeigt.

EINFACH: **Nature Friends Youth Hostel**, am alten Teil von Rosh Pinna, Tel: 06-937086.

Youth Hostel Tel Hay, Tel Hay, an der Route 90 von Qiryat Shemona nördlich nach Metulla, Tel: 06-940043.

Restaurants
Baron's Stables, Ha'elyon Street, Rosh Pinna, Tel: 06-938071, in den ehemaligen Stallungen des Baron Rothschild, Kneipe mit angeschlossenem Restaurant und deutschem Bier aus dem Zapfhahn. **Bat Ya'ar**, nördlich von Zefat im Birya Forest, nicht leicht zu finden, Tel: 06-921788, gute Steaks in netter landschaftlicher Umgebung. **Cowboy's Restaurant**, Kibbuz Merom Golan, Tel: 06-960206 im syrischen Teil der von Israel besetzten Golan-Höhen, gute Steaks in Cowboy-Ambiente. **Dan al Hadan**, an der Route 99, nahe bei Qiryat Shemona, gegenüber vom Kibbuz Hagoschrim, spezialisiert auf Forelle.

Ein Camonim, an der Route 85, 4 km westlich der Kadarim Junction, südlich von Zefat, Tel: 06-989894, gutes bodenständiges Essen mit hervorragendem Ziegenkäse, frischgebackenem Brot, reicher Gemüseauswahl und heimischem Wein; den Käse kann man in einem angeschlossenem Laden kaufen. **Farmyard Restaurant**, Dubrovim Farm, Yesod Hama'ala, nahe dem Eingang zum Hula Nature Reserve, Tel: 06-934495, eins der besten Restaurants Israels, daher nicht gerade billig; **Hagome**, an der westlichen Seite der Route 90 nahe bei Rosh Pinna, gegenüber einer Polizeistation, Tel: 06-936250, sehr gute orientalische Küche.

Krankenhaus
Rivka Ziv General Hospital, Zefat, Harambam Road, Tel: 06-978822.

Touristeninformation
Alle aufgeführten Kibbuz-Unterkünfte informieren Besucher ähnlich gut wie die offiziellen Tourist Information-Büros und leisten auch gleichen Service hinsichtlich Vorbuchungen oder geführten Touren.

Sehenwürdigkeiten und Museen
TEL HAY: Museum, geöffnet So-Do 8-16, Fr 8-13, Sa 8-14 Uhr.

TELL HAZOR: Ausgrabungsareal, geöffnet täglich 8-16 Uhr.

QUALA'AT NIMROD: Nimrods Burg, April bis September Sa-Do 8-17, Fr 8-16, März Sa-Do 8-16, Fr 8-15 Uhr.

QAZRIN: Golan Archaeological Museum, So-Do 8-16, Fr. 8-13, Sa 10-16 Uhr.

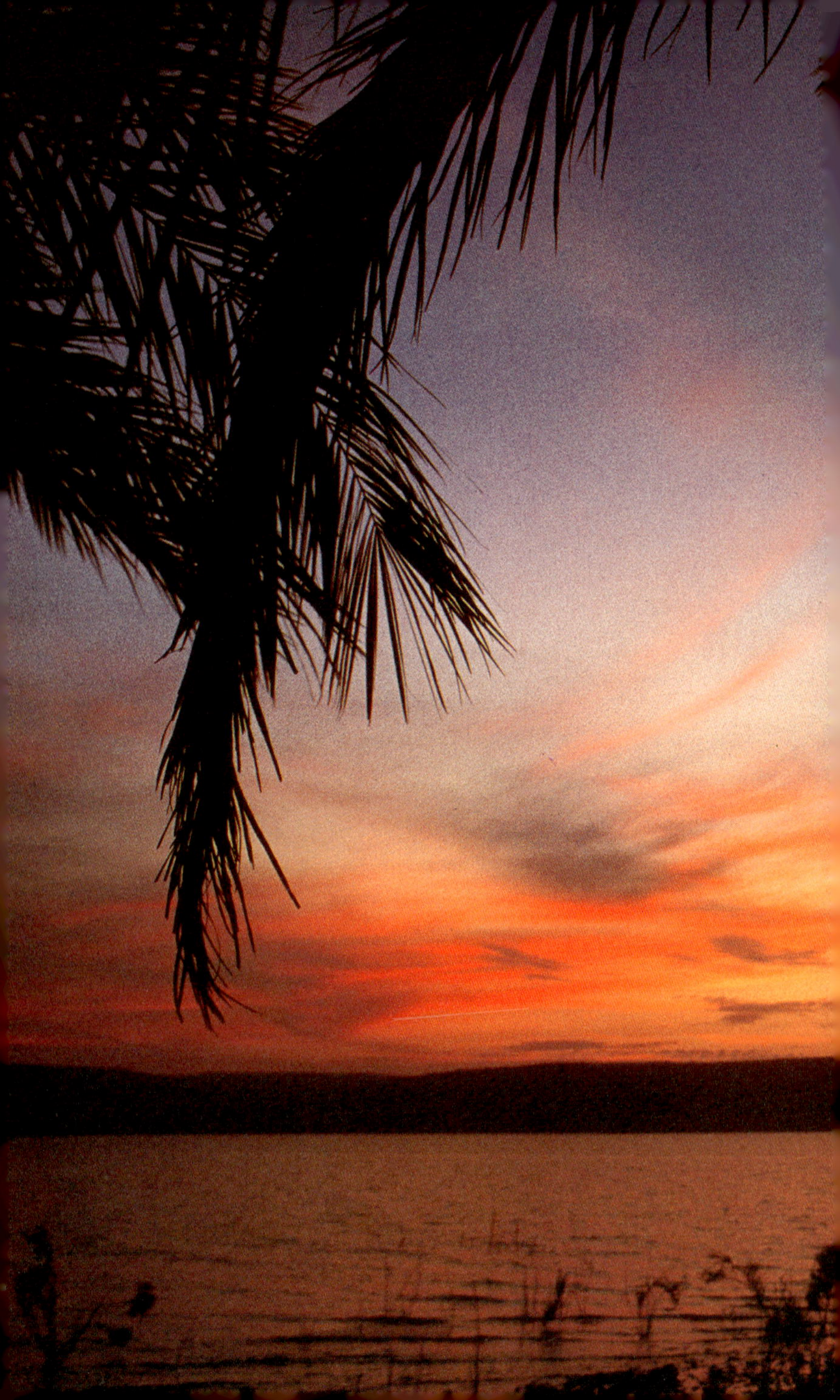

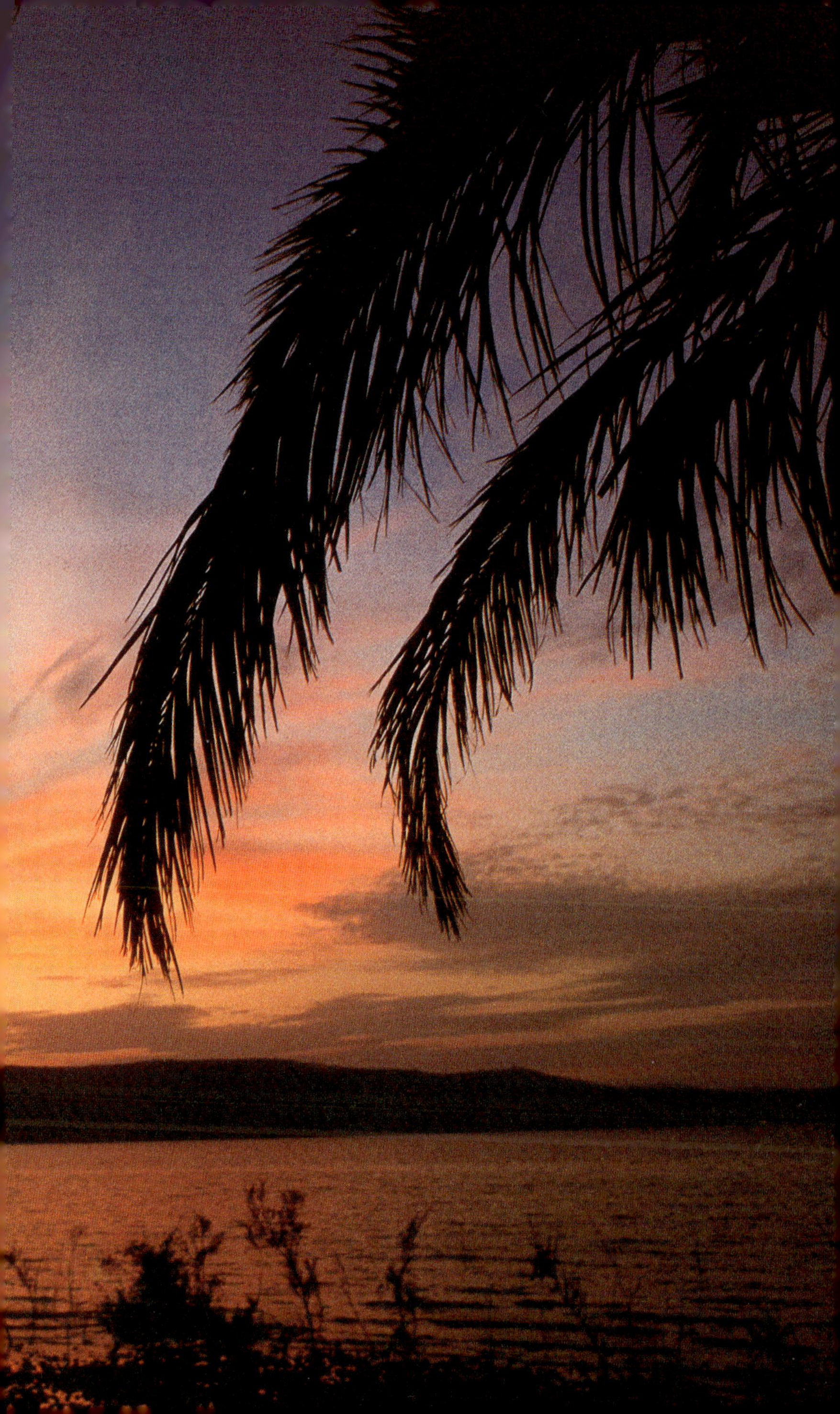

RUND UM DEN SEE GENEZARETH

RUND UM DEN SEE GENEZARETH

KAPERNAUM / TIBERIAS
BELVOIR / BET SHEAN
MEGIDDO / BET SHE'ARIM
NAZARETH / KANAAN
BERG TABOR

DER SEE GENEZARETH

Der See Genezareth ist 21 km lang und an der weitesten Stelle 13 km breit. Sein hebräischer Name **Yam Kinneret**, See von Kinneret, bezieht sich auf die einst am Nordostufer gelegene kanaanäische Stadt gleichen Namens. Die Araber nennen ihn *Ein Allah*, das Auge (oder auch die Quelle) Gottes.

Der Yam Kinneret ist mit 209 m unter der Mereshöhe nach dem Toten Meer der am tiefsten gelegene See der Welt.

In der tiefen Senke herrscht ein subtropisches Klima, die Winter sind sehr mild, die Sommer mit in der Regel über 40° C sehr heiß. Während Pilger noch im letzten Jahrhundert darüber klagten, daß die Landschaft um den See eine einzige Wüstenei war und die umgebenden Gebirgszüge karg und unfreundlich aussahen, hat sich dieses Bild heutzutage radikal geändert; da es an Wassser nicht mangelt, ist das Land um den See außerordentlich fruchtbar, und auch die Hügelhänge zeigen keine Gebirgswüsten mehr, sondern sind dank künstlicher Bewässerung grün und werfen reiche landwirtschaftliche Erträge ab; einige Agrarprodukte können sogar mehrmals im Jahr geerntet werden. Vor 2000 Jahren war das schon einmal so; Flavius Josephus berichtet von den unterschiedlichsten Feldfrüchten, die hier in großer Üppigkeit gediehen.

KAPERNAUM

Am Nordende des Sees liegt der biblische Ort Kapernaum, der wie zur Zeit Jesu heute wieder **Kefar Nahum**, das Dorf des Nahum, heißt. Der Ort wurde wahrscheinlich erst 200 Jahre vor der Zeitenwende gegründet. In neutestamentarischer Zeit hatte er schon eine ansehnliche Größe erreicht und umrahmte das nördliche Seeufer. Ein Fischerhafen sorgte für Arbeit. Da Jesus in seiner Heimatstadt keine Anhängerschar um sich sammeln konnte, machte er sich auf nach Kapernaum. Hier wirkte er eine Reihe seiner Wunder: Er heilte die fiebernde Schwiegermutter von Petrus, erweckte das tote Kind des Synagogenvorstehers Jaïrus wieder zum Leben, erlöste eine Blutende von ihrem Leiden, sorgte für die Gesundung eines Besessenen in der Synagoge und ließ einen Mann mit verdorrter Hand fortan wieder glücklicher durchs Leben gehen.

In der Synagoge von Kapernaum hielt Jesus seine bekanntesten Predigten, doch

Vorherige Seiten: Sonnenuntergang am See Genezareth. Links: Die genügsamen Mulis sind wichtige Helfer der kleinen Landwirte.

KAPERNAUM

auch hier blieb ihm der große Erfolg versagt – die Bewohner von Kapernaum waren nicht zu einem gläubigen Leben zu bewegen.

Nach den beiden Aufständen gegen Rom wuchs Kapernaum weiter an, und es ließen sich aus Jesusalem geflüchtete Juden hier nieder. Im 4. Jh. bekam der Ort eine neue Synagoge. Mit der Eroberung durch die Araber im 7. Jh. verlor er jedoch schnell an Bedeutung und sank zu einem verschlafenen Fischerdorf herab.

Archäologen haben Reste der Synagoge und der Kapelle über dem Haus des Petrus sowie Häuser aus der Zeit Jesu ausgegraben. Die Ausgrabungsstätte ist von schönen Parkanlagen umgeben. Die herumliegenden Säulen- und Quaderfragmente sind mit feinen Steinmetzarbeiten – z.B. Blättern, Weinreben und Palmzweigen – verziert. Reliefs zeigen Adler, Davidssterne, Trauben und Feigen. Die **Kirche des Petrus** ist eine achteckige

Oben: In den Ruinen der ältesten Synagoge im Heiligen Land in Kapernaum.

Kapelle mit halbrunder Apsis. Sie erhebt sich über bescheidenen Wohnhäusern, die teilweise noch aus dem 1. Jh. v. Chr. stammen. Eins der Häuser, in dessen Putzresten der Name Jesus und Petrus des öfteren erscheint, war wohl das Haus des Petrus. Ca. 450 n. Chr. wurde die Kirche über diesem Haus errichtet. Sie besitzt ein herrliches Bodenmosaik mit einem radschlagenden Pfau.

Zu besichtigen sind auch die Ruinen der ältesten **Synagoge** im heiligen Land, die aus weißen Kalksteinquadern erbaut wurde. Eine Vorhalle führt in den dreischiffigen Hauptraum, der durch Säulen mit schön verzierten Kapitellen unterteilt ist. Steinmetzarbeiten zeigen Granatäpfel, Trauben und jüdische Symbole wie den siebenarmigen Leuchter und den Davidsstern.

Am Westufer des See Genezareth

Von Kefar Nahum geht es am Seeufer entlang Richtung Süden und auf den Gipfel des **Bergs der Seligpreisung**. Auf seiner Spitze thront eine in den 30er Jahren von einer italienischen Missionsgesellschaft errichtete Kirche hoch über dem See Genezareth. Das harmonische, achteckige Gotteshaus aus örtlichem Basalt, über dem sich eine hohe Kuppel wölbt, ist von Kolonnaden aus weißem Nazarethstein und römischem Travertin gesäumt. Auf die Wände des Oktogons sind in lateinischer Sprache die berühmten Worte der Bergpredigt geschrieben, die Jesus hier gehalten haben soll: „Selig, die arm sind vor Gott; denn ihnen gehört das Himmelreich. Selig die Trauernden; denn sie werden getröstet werden. Selig, die keine Gewalt anwenden; denn sie werden das Land erben. Selig, die hungern und dürsten nach der Gerechtigkeit; denn sie werden satt werden. Selig die Barmherzigen, denn sie werden Erbarmen finden. Selig, die um der Gerechtigkeit willen verfolgt werden; denn ihnen gehört das Himmelreich."

SÜDGALILÄA
0 5 10 km
Yam Kinneret
(Sea of Galilee)
Teverya
(Tiberias)
Nazerat
(Nazareth)
Zefat
'Afula
Jenin
Umm el Fahm
Bet Shean
Megiddo
Shefaram
Tamira
Sakhnin
Karmi'el
Rama
Beit Jann
Ma'alot Tarshiha
Hazor Ha Gelilit
Rosh Pinna
Kafr Kanna
Nazerat' Illit
Ha 'Emeq
Balfouriyya
Eilabūn
Maghār
Tabgha
Ginnosar
Korazim
Mt. of Beatitudes
Kefar Nahum
(Capernaum)
Belvoir
Mt. Tabor
Emeq Yizre'el
Biq'at Bet Netofa
Mt. Gilboa
El Urdun (Jordan)
Pella

SEE GENEZARETH

In der Kuppel liest man die letzte Seligpreisung: „Selig seid ihr, wenn ihr um meinetwillen beschimpft und verfolgt und auf alle möglichen Weisen verleumdet werdet. Freut euch und jubelt; euer Lohn im Himmel wird groß sein" (Matthäus 5, 3-12). Die Kirche ist von einer zauberhaften Gartenanlage mit Palmen und exotischen, duftenden Pflanzen umgeben. Hier findet man garantiert ein schattiges Plätzchen und kann in Ruhe einen der schönsten Blicke über den See Genezareth genießen, besonders am späten Nachmittag, wenn das Wasser eine tiefblaue Färbung annimmt, die Plantagen entlang des Ufers sattgrün leuchten und Golan-Höhen am Ostufer in einen flirrenden Hitzeschleier getaucht sind.

Nach kurzer Fahrt am Ufer des Yam Kinneret entlang kommt auf einem kleinen Felsvorsprung am Ufer des Sees die Kirche der Erscheinung des Auferstandenen in Sicht, wegen des langen Titels auch oft nur kurz **Petruskirche** genannt. Hier erschien der auferstandene Jesus seinen Jüngern, die sich die ganze Nacht vergeblich abgemüht hatten, auf dem See Genezareth Fische zu fangen und riet ihnen, es noch einmal zu versuchen. Als sie Erfolg hatten, wußten sie, daß der Auferstandene ihnen erschienen war. Beim gemeinsamen Essen sagte Jesus dann dreimal zu Petrus: „Weide meine Schafe" (Johannes 21, 1-17). In jenen Tagen bedeutete eine dreimal vor Zeugen ausgesprochene Formel die formelle Übertragung eines Rechtstitels; Jesus hatte also dem Petrus die Führung über die Gläubigen angetragen. Über die Jahrhunderte wurden hier sechs Kirchen errichtet, deren Mitte jedesmal der *Mensa Domini* bildete, der Tisch, an dem Jesus und die Jünger getafelt haben sollen. Das heutige Gotteshaus, ein strenger, einschiffiger Bau, errichteten Franziskaner in den 30er Jahren aus schwarzem Basalt.

Ein kurzes Stück entfernt liegt der Ort **Tabgha**; Tabgha ist die Verballhornung

Oben: Auf dem Berg der Seligpreisung soll Jesus die Bergpredigt gehalten haben.
Rechts: Fischer auf dem See Genezareth.

des griechischen Wortes *Heptapegon*, was soviel wie sieben Quellen bedeutet; die Kreuzfahrer nannten die Stelle Septem Fontes, und in Hebräisch heißt der Ort En Sheva, was ebenfalls beides dem griechischen Namen entspricht. Hier erinnert die **Brotvermehrungskirche** an ein weiteres Wunder Jesu, der hier fünf Gerstenbrote und zwei Fische verwandelte und den Hunger von 5000 Menschen stillte, die gekommen waren, um ihn predigen zu hören.

Der eigentliche Ort, an dem sich das Wunder der Brotvermehrung ereignet haben soll, lag am Ostufer vom See Genezareth; irgendwann einmal war den Pilgern der Weg zu weit und die einsame Örtlichkeit zu gefährlich, und so verlegten sie den Platz des Brot- und Fischmirakels kurzerhand an das besiedelte Westufer – soviel zur Authentizität von Bibelschauplätzen im Heiligen Land.

In der Mitte des 4. Jh. entstand eine erste Kirche, die jedoch schon bald einem Erdbeben zum Opfer fiel. Rasch wurde ein neuen Gotteshaus errichtet, das ebenfalls von einem Erdbeben zerstört wurde. Die heutige Basilika ist jungen Datums. Sie wurde nach Entwürfen Kölner Architekten im byzantinischen Stil erbaut und 1981 geweiht. Sie erhebt sich über den ägyptisch inspirierten Bodenmosaiken des Vorgängerbaus, die wohl zu recht als die schönsten im ganzen Land gepriesen werden; besonders eindrucksvoll ist das Wasservogelmosaik, das Störche, Reiher, Gänse, Enten und Schwäne zeigt, die sich in einer Riedlandschaft tummeln. Auf dem Mosaik vor dem Altar ist der Brotkorb mit zwei Fischen abgebildet.

Von Tabgha geht es weiter in Richtung Süden; bald ist der **Kibbuz Ginosar** erreicht. Hier lohnt unbedingt ein Besuch im **Bet Allon Museum**. Es erinnert an Yigal Allon (1918-1980), der in den 1940er Jahren in der *Haganah* kämpfte und in den 1970er Jahren im Kabinett von Golda Meir und Yitzhak Rabin das Amt des Außenministers innehatte.

Größte Attraktion im Ausstellungsgebäude ist ein 2000 Jahre altes Fischerboot, das 1986 im Schlick des See Genezareth gefunden wurde. Damit es nach so langer Zeit im feuchten Wasser nicht auseinanderfällt, wird es derzeit in einer Wachslösung aufbewahrt, bis die Wissenschaftler geeignete Konservierungsstoffe entwickelt haben. Ein interessanter Film zeigt, wie die Archäologen das Boot ausgegraben haben. Weitere Ausstellungstükke im Bet Allon machen mit der Naturgeschichte und der Besiedlung der Region vertraut; das obere Stockwerk informiert mit vielen Fotos über das Leben von Yigal Allon, dem großen Sohn des Kibbuz.

TIBERIAS

Herodes Antipas, Sohn von Herodes dem Großen, nannte um das Jahr 18 herum seine neue Stadtgründung Tiberias und ehrte mit der Namensgebung seinen Schutzherrn, den römischen Kaiser Tiberius. Die Wahl des Standorts war jedoch keine glückliche; Antipas hatte einen Friedhof einebnen lassen und darauf die Häuser gesetzt; Juden war der Ort deshalb unrein, und als Herodes seine Residenz in das neue Tiberias verlegte, hatte er Mühe, Einwohner für seine Stadt zu finden.

Flavius Josephus berichtet: „Tiberias war übrigens von zusammengelaufenem Volk bewohnt, worunter sich auch viele Galiläer und gezwungene Ankömmlinge befanden, die mit Gewalt dort angesiedelt wurden, obwohl sie zum Teil den besseren Ständen angehörten. Auch die Bettler, die im ganzen Land aufgefangen wurden, sowie viele, von denen es noch nicht einmal feststand, ob sie Freie waren, erhielten hier Wohnungen zugewiesen und bekamen mancherlei Vorrechte. Um sie an die Stadt zu fesseln, ließ Herodes ihnen Häuser bauen und Ländereien zuteilen, da es ihm wohlbekannt war, daß ihnen nach jüdischen Vorschriften das Wohnen daselbst nicht gestattet war" (Jüdische Altertümer XVIII, 2, 3).

Oben: Bodenmosaik aus dem 5. Jh. in der neuen Brotvermehrungskirche. Rechts: „Salome mit dem Haupt Johannes des Täufers", Tizian, 1515.

Um das Jahr 32 trennte sich Antipas von seiner Frau, der Tochter des in Petra (im heutigen Jordanien) residierenden Nabatäer-Herrschers, um seine Schwägerin Herodias zu heiraten. Empörung breitete sich im Land aus, und Johannes der Täufer übte harsche öffentliche Kritik; Antipas ließ ihn daraufhin festsetzen. Herodias verlangte den Tod des Täufers, doch traute sich ihr Mann nicht, den im Lande berühmten Johannes hinrichten zu lassen. Als eines Tages Salome, die Tochter Herodias', bei Hofe tanzte, war Antipas so hingerissen, daß er schwor, ihr jeden Wunsch zu erfüllen. Das Mädchen fragte die Mutter um Rat. Herodias sah die Chance, an ihre Rache zu kommen und erklärte der Tochter, daß sie den Kopf von Johannes dem Täufer auf einem Silbertablett von Antipas fordern sollte. Dem blieb nach seinem voreiligen Schwur nichts anderes übrig, und so wurde Johannes enthauptet.

Aber der Nabatäer-König Aretas – der Vater der verstoßenen ersten Frau des Herodes – war nicht bereit, eine solche Demütigung hinzunehmen und marschierte mit einem Heer nach Tiberias. Antipas hatte es den Römern zu verdanken, daß ihn sein ehemaliger Schwiegervater nicht vom Leben zum Tode beförderte. Einige Jahre später verbannte Caligula den aufmüpfigen Herodes Antipas und seine Frau nach Gallien, Tiberias fiel an seinen Schwager Agrippas I. und danach an dessen Sohn Agrippas II.

Im 2. Jh. zog es Rabbi Simion Bar Yochi zu den heißen Quellen, um Linderung von seinem Rheumaleiden zu suchen. Als es ihm nach einer ausgedehnten Kur tatsächlich besser ging, erklärte er die Stadt nun für „rein", und jetzt durften sich auch gesetzestreue Juden hier ansiedeln. Kurze Zeit später kam der *Sanhedrin*, der Hohe Rat der Juden, nach Tiberias, und bald öffnete eine Gesetzesschule ihre Pforten. In diesen Tagen wurde die *Mischna*, eine religiöse Gesetzessammlung, sowie ein Jahrhundert später die *Gemara*, ein Kommentar dazu, fertiggestellt (beide zusammen bilden den *Talmud*). Ab dem 4. Jh. entstanden die ersten Kirchen, und Tiberias avancierte zu einem Bischofssitz. 636 kam das arabische Heer und nahm das geistig-religiöse Zentrum der Juden kampflos ein. 749 und 1033 zerstörten schwere Erdbeben die Stadt fast vollständig; jedesmal erfolgte unverzüglich der Wiederaufbau. Während der Kreuzfahrerzeit wechselte Tiberias mehrfach zwischen Franken und Arabern hin und her. Im 16. Jh. siedelten Juden aus Portugal und Spanien vor Ort, 200 Jahre später kam eine große Gruppe jüdischer Einwanderer aus Osteuropa. Ibrahim Pascha, der ägyptische Vizekönig, fand im letzten Jahrhundert Gefallen an den heißen Quellen und baute Tiberias zu einem luxuriösen Badeort aus.

Ein Badeort ist die heute 35 000 Einwohner zählende Stadt noch immer, von Luxus kann jedoch keine Rede mehr sein, denn mittlerweile hat der Massentourismus hier Einzug gehalten. Tiberias ist ein weitgehend moderner, lebhafter

TIBERIAS

und sehr beliebter Ferienort mit einem breiten Unterhaltungsangebot. An der schönen Uferpromenade laden Cafés und Restaurants zum Verweilen und zum Genießen des Seeblicks ein. Delikatesse der örtlichen Restaurants ist ein Barsch, der sogenannte „Petrus-Fisch". An der Promenade findet man auch die Anlegestege für Ausflugsdampfer und einen Yachthafen. Man kann Boote mieten, Wasserskifahren oder ganz einfach altmodisch schwimmen und sonnenbaden.

Am Seeufer liegt das **Franziskanerkloster St. Peter** mit seinem harmonischen Kreuzgang. Es wurde über einer Kreuzfahrerkirche erbaut. Die Form der Apsis, die noch aus der Kreuzfahrerkirche stammt, erinnert an ein Fischerboot.

Südlich des Klosters ist das **Städtische Museum** in einer um 1880 erbauten Moschee untergebracht. Nach erfolgter Renovierung kann man dort wieder Fundstücke aus Tiberias und Umgebung besichtigen. Am Nordrand der Altstadt liegen die Überreste einer Keuzfahrerfestung, in die ein Kunstzentrum mit Restaurant integriert wurde.

In dem großen Betongebäude an der **Marina** macht mehrmals täglich *The Galilee Experience*, eine halbstündige audiovisuelle Show, mit der Geschichte des südlichen Galiläas bekannt. An der Habanim Street finden sich Reste der mittelalterlichen Stadtmauer, und hinter dem Scottish Centre in der Dona Gracia und der Gedud Barak Street sind Verteidigungsanlagen aus der Kreuzfahrerzeit zu besichtigen. Von größerer kultureller Bedeutung ist das **Grab von Moses Maimonides** (1135-1204) in der Ben Zakkai Street. Der berühmte Philosoph und Arzt wurde im spanischen Córdoba geboren; 1148 flüchteten seine Eltern mit ihm und den Geschwistern vor den Judenprogromen nach Fes in Marokko. Mit 30 Jahren kam er nach Kairo, wo er aufgrund seiner Gelehrsamkeit schnell Oberhaupt der ägyptischen Juden wurde. Mittels der aristotelischen Philosophie versuchte Maimonides die jüdische religiöse Überlieferung zu systematisieren; gleichzeitig studierte er den menschlichen Körper und seine Erkrankungen und avancierte zum Leibarzt von Sultan Saladin. Maimonides empfahl mehrfach die heilende Wirkung des mineralreichen Wassers und war so angetan von den heißen Quellen, daß er in Tiberias begraben werden wollte – und so ist es geschehen!

Hochgelegen am Hang findet man in der Derech Hagevura die letzte **Ruhestätte von Rabbi Akiba**, dem geistigen Führer des im Jahr 137 ausgebrochenen Bar Kochba-Aufstandes gegen die Römer; nach seiner Ergreifung wurde er von römischen Legionären hingerichtet.

Hammat Tiberias

An den südlichen Ortsausgang von Tiberias schließen sich die heißen Quellen

Oben: Der St. Petrus-Fisch, die Delikatesse der Region. Rechts: Ferienvergnügen am See Genezareth.

von **Hammat Tiberias** an, wo stark mineralhaltiges Wasser mit einer Temperatur von 60° C aus dem Boden sprudelt. Durch Risse in der Erdkruste des sogenannten palästinensischen Einbruchgrabens strömt das vom Magma aufgeheizte Wasser an die Oberfläche; weit prosaischer ist jedoch die folgende Geschichte über die Entstehung der heißen Quellen: Salomo wollte eines Tages an dieser Stelle ein heißes Bad nehmen, stellte dabei fest, daß der Untergrund von Teufeln bewohnt war und zwang sie mit seiner Macht, das Quellwasser aufzuheizen. Das geruhsame Bad gefiel dem großen König so sehr, daß er die Teufelchen weiter in seinem Bann hielt und sogar für die Zeit nach seinem Tod vorbeugte: Er machte die Heißwassergeister einfach taub, so daß sie bis heute nicht erfahren haben, daß er das Zeitliche gesegnet hat, sich also noch immer vor seinem Zorn fürchten und, wie man sieht, nach wie vor kräftig bei der Arbeit sind.

Die heilenden Kräfte des Wassers, die sich besonders bei rheumatischen Erkrankungen zeigen, waren wohl schon in biblischer Zeit bekannt. Heute stehen zwei Badeanlagen zur Verfügung: Rechts der Straße liegt das Kurzentrum „Tiberias Hot Springs" für die therapeutische Behandlung von Hautkrankheiten, links am See liegt der moderne Komplex „Young Tiberias Hot Springs", dessen Thermalbäder jedermann zugänglich sind. Man sollte sich das ungewöhnliche Badevergnügen nicht entgehen lassen: Ein großes Innenschwimmbecken und ein Außenpool mit Liegeterrasse und spektakulärer Aussicht sorgen für körperliches und seelisches Wohlbefinden.

Archäologen haben in Hammat Tiberias Reste einer **Synagoge** freigelegt, die wahrscheinlich im 5. Jh. n. Chr. durch ein Erdbeben zerstört wurde. Ein großes, dreiteiliges Bodenmosaik im Mittelschiff zeigt den Sonnengott Helios umgeben von den 12 Tierkreiszeichen, die Böden der beiden Seitenschiffe sind mit einfachen Mosaikmustern verziert.

Außerdem ist hier in einem Kuppelgrab **Rabbi Meir**, wegen seiner Gelehr-

HÖRNER VON HITTIM

samkeit „Spender des Lichts" genannt, zur letzten Ruhe gebettet; der bedeutende Schriftgelehrte war im 2. Jh. einer der Verfasser der *Mischna*, der jüdischen Religionsgesetze.

Die Hörner von Hittim

Rund 10 km westlich von Tiberias, unweit der Straße nach Nazareth, ragen aus der Ebene die **Hörner von Hittim** auf, die beiden gleichförmigen Gipfel eines alten Vulkankraterrands (*Qarne Hittim* = Weizenhörner), den man in 30 Minuten erklimmen kann. Eine schöne Aussicht auf den See Genezareth und Ostgaliläa lohnt die Anstrengung.

Hier entschied sich das Schicksal der Kreuzfahrer. Den Grund für die entscheidende Schlacht hatte im Jahr 1186 Rainald von Châtillon geliefert; der nämlich war mit seinen Männern in besagtem Jahr über eine reichbeladene arabische Karawane hergefallen und hatte sie ausgeplündert. Saladin war zu Recht empört, denn zwischen Christen und Sarazenen herrschte Waffenstillstand. Er forderte die Rückgabe der Waren und die sofortige Freilassung der Gefangenen, doch der arrogante Rainald lehnte ab; auch die Intervention von König Guido zugunsten der Forderung Saladins blieb ungehört. Der Sultan stellte nun ein riesiges Heer auf die Beine, das im Juli 1187 südlich vom See Genezareth den Jordan überquerte und auf Tiberias vorstieß. Die Kreuzfahrer zogen von Westen durch die in der Sommerhitze glühenden Hügel Südgaliläas heran und schlugen am Abend des 3. Juli ihr Lager zwischen den beiden Gipfelhörnern von Hittim auf. Das gesamte Heer litt unerträglichen Durst und war durch den Eilmarsch sowie durch ständige Plänkeleien mit unterwegs angreifenden Sarazenen bereits völlig erschöpft. Saladin ließ die Franken vollständig einkesseln und griff am nächsten Morgen an.

Das Kreuzritterheer versuchte einen Durchbruch zum See, doch Saladin schaffte es, die Franken vom Wasser fernzuhalten. Da der Wind günstig stand, ließ er die trockenen Gräser anzünden, so daß Flammen und Rauch für zusätzliche Verwirrung und Chaos sorgten; nun begannen erste Fußtruppeneinheiten zu fliehen und ließen ihre Ritter im Stich – die Schlacht war entschieden!

Der Kampf an den Hörnern von Hittim war eine Massenschlachtung ohne Beispiel; 63 000 Mann sollen die Franken in die Schlacht geführt haben, die Hälfte kam um, die andere Hälfte sorgte auf den Sklavenmärkten der Region für einen rapiden Preisverfall; nur wenige hundert Kämpfer konnten entkommen. Die gesamte christliche Führungsschicht ging Saladin ins Netz, darunter auch Rainald von Châtillon, der ja für das Gemetzel verantwortlich war. Saladin schlug ihm eigenhändig den Kopf ab, denn nie hatte

Oben: Schon im Altertum war Tiberias berühmt für seine heißen Quellen (Reste der römischen Thermen). Rechts: Am Jordan.

der Kreuzfahrer eine Vereinbarung mit dem Sultan eingehalten. Ähnlich erging es den Rittern vom Templer- und Hospitaliterorden, die sich zu den fanatischsten Sturmstaffeln im heiligen Land aufgeschwungen hatten und Tod und Verwüstung brachten, wo immer sie hinkamen.

Von dieser Katastrophe sollten sich die Kreuzritter nicht mehr erholen; Saladin eroberte innerhalb der nächsten Monate alle wichtigen Stützpunkte der Franken, und am 2. Oktober 1187 zog er siegreich in Jerusalem ein.

Kinneret und Yardenit

Einige Kilometer weiter nach Süden taucht linker Hand der **Friedhof des Kibbuz Kinneret** auf; ein schattiger Pfad führt zu einer Aussichtsstelle. Von hier hat man einen hervorragenden Blick auf den See und die im Dunst der Ferne liegenden Golan-Höhen. Viele jüdische Siedler sowie einige geistige Väter der zionistischen Bewegung sind hier begraben; so auch die in Israel hochverehrte Dichterin Rachel Hameshoreret. Rachel lebte vor dem Ersten Weltkrieg in Degania, studierte dann in Frankreich und kümmerte sich während der Kriegsjahre um Flüchtlingskinder in Rußland, wo sie an Tuberkulose erkrankte. Zurück in Israel schrieb sie leidenschaftliche Gedichte in hebräischer Sprache über die Schönheit der Region. Viele ihrer Verse wurden vertont und gehören zur jüngeren folkloristischen Tradition des Landes. 1931 ist sie gestorben.

Nahe der Einfahrt zum Kibbuz Kinneret – der zu den ältesten Kibbuzim Israels gehört, 1911 gegründet –, liegt **Yardenit**, ein liebliches Plätzchen am Jordan, überschattet von hohen Eukalyptusbäumen. Hier trifft man häufig Bibeltouristen an, die mit religiösen Liedern und Gebeten Taufzeremonien absolvieren. Wenn das nicht der Fall ist, sollte man hier ins Wasser springen, um bei heißem Wetter Kühlung zu suchen. Duschen und Umkleidekabinen sind vorhanden.

Ein kurzes Stück weiter erreicht man den Kibbuz **Degania Alef** (*Alef* heißt der

YARDENIT

Buchstabe „A", nahebei gibt es auch ein Degania Bet, = „B"). Der erste Kibbuz Israels, – 1909 von osteuropäischen Juden gegründet –, wird noch heute als „Mutter der Kibbuzim" bezeichnet. Ein kleines **Museum** macht mit der Idee und der Geschichte der Kibbuzim vertraut.

Im Jahr 636 schlugen hier die Araber die byzantinischen Truppen, und damit war der Vordere Orient für die Eroberungen der Muslime frei. Hier war es auch, wo Sultan Saladin 1187 seine Truppen über den Jordan führte, um in der Schlacht von Hittim das Ende der Kreuzfahrer-Ära einzuläuten. Ein drittes militärisches Ereignis, das noch gar nicht so lange zurückliegt, spielte sich 1948 ab: Nach der Proklamation der Unabhängigkeit marschierten die Invasionsarmeen von fünf arabischen Staaten in Israel ein. Von Osten her rollten syrische Panzer heran, überrannten zwei Kibbuzim und konnten erst bei Degania gestoppt werden; angeblich wurde der erste Tank von einem 15jährigen mit einem Molotov-Cocktail außer Gefecht gesetzt.

BELVOIR

Der einst mächtigsten Kreuzfahrerburg des heiligen Landes gaben die Franken einen passenden Namen – *Belvoir*, schöne Aussicht. Und das ist ein treffender Name, denn von dem 550 m hohen Felsplateau schweift der Blick weit über das Land, an klaren Tagen bis hin zum See Genezareth. Auch Juden und Araber ließen sich von der Lage bei der Namensgebung inspirieren; die einen nannten die Festung *Kochav Hayarden*, der Stern des Jordan, die anderen *Kaukab al Hauwa*, der Stern der Lüfte.

Schon in biblischer Zeit war die Bergspitze besiedelt, und während des jüdischen Aufstands gegen die Römer im Jahr 66 befand sich hier bereits eine erste Festung. 1138 ließen die Kreuzfahrer eine erste kleine Burg auf dem strategisch bedeutsamen Hügel errichten; *La*

Oben: Eine Taufzeremonie in Yardenit am Jordan. Rechts: Dörflicher Alltag.

Coquette, die Eitle, nannten sie ihre Errungenschaft. 30 Jahre später erkannten die Ritter des Johanniterordens die militärische Bedeutung des Felsplateaus, kauften den Festungskomplex und bauten ihn innerhalb weniger Jahre zu einer uneinnehmbaren Trutzburg aus.

Nach der Schlacht von Hittim, die 1187 das Ende der Kreuzfahrer in Palästina einläutete, eroberte Sultan Saladin eine Frankenfestung nach der anderen, nur Belvoir hielt stand. 18 Monate belagerte er die mächtige Burg, ließ von seinen Mineuren einen Stollen unter dem Nordostturm graben und brachte diesen dadurch zum Einsturz – das änderte die Situation jedoch keineswegs, Belvoir blieb weiter uneinnehmbar. Erst nachdem die fränkischen Kreuzfahrer nach dem Fall ihrer anderen Stützpunkte auf keinen Nachschub mehr hoffen konnten, gaben sie auf. Saladin garantierte freien Abzug, und so zogen die Ordensritter ins nördliche Tyros. Der Sultan ließ die Burg wieder instandsetzen, doch als 20 Jahre später die Mannen des fünften Kreuzzugs ins heilige Land brandeten, zerstörten die Araber im Jahr 1219 vorsichtshalber die Festung. 1241 waren die Franken wieder im Besitz des Hügelplateaus, doch die Geldsummen, die für eine erneute Befestigung nötig gewesen wären, konnten nicht aufgetrieben werden.

In den 1960er Jahren fanden umfangreiche achäologische Ausgrabungsarbeiten statt, und heute präsentiert sich Belvoir den Besuchern als eindrucksvolle Ruine. Dort, wo kein Steilabfall als natürlicher Schutz die Burg sicherte, hatten die Kreuzfahrer einen bis zu 25 m breiten und 12 m tiefen Graben in den harten Untergrund geschlagen. Über 3 m dick waren die hohen Mauern, die zudem von sieben Türmen gesichert wurden. Das Haupttor war nach den neuesten militärischen Erkenntnissen gebaut; es besaß eine Reihe von leicht zu verteidigenden Winkelsystemen sowie eine Anzahl von *Maschikulis*, hoch gelegene Ausgußkanäle, von denen aus siedendes Pech oder kochendes Öl auf die Angreifer geschüttet werden konnte. Ausfallpforten und zusätzliche unterirdische Gänge, deren Ausgänge weit entfernt von der Burg lagen, waren weitere Sicherungsmaßnahmen und machen im Verbund mit einer riesigen Zisterne und umfangreichen Lagergewölben klar, warum Saladin die Kreuzfahrer hier 18 Monate vergeblich belagerte. Im Zentrum des ummauerten Areals ragte der mächtige Donjon auf – wahrscheinlich diente er auch als eine Burg innerhalb der Burg. Der Bergfried war derart gesichert, daß die Ritter hier – nach Fall des äußeren Mauerrings – nochmals monatelang hätten ausharren können. Doch Belvoir ist nie eingenommen worden. Eigene Vorratsräume und umfangreiche Wasserspeicher befanden sich im Untergeschoß, in den darüberliegenden Trakten lebten die Ritter.

Auch diese Festung untersuchte im Jahr 1909 der junge T. E. Lawrence, der spätere Laurence von Arabien, im Rahmen seiner Diplomarbeit über Kreuzfahrerburgen in Syrien und Palästina.

BET SHEAN

Eine der bedeutendsten Aussgrabungsstätten im heiligen Land ist zweifellos das Areal von Bet Shean oder – um in archäologischen Termini zu sprechen – *Tell al Husn*, der Hügel der Stärke. Der Name ist treffend gewählt, mußten die Archäologen sich doch durch beeindruckende 28 Siedlungsschichten graben. Hier haben über die Jahrtausende Ägypter, Kanaanäer, Philister, Juden, Hellenen, Skythen, Römer, Araber und fränkische Kreuzfahrer gesiedelt –, was nicht verwundert, konnte man doch von hier aus einerseits die fruchtbare Jesreel-Ebene in Richtung Nordwesten, wie auch deren Ausläufer ins Jordan-Tal beherrschen, durch das zudem noch eine Karawanenstraße verlief.

Spuren menschlicher Ansiedlungen reichen 5500 Jahre zurück bis in die späte Kupferzeit; spannend wurde es aber erst

Oben: Die Ruine der Kreuzritterburg Belvoir. Rechts: Die Opuntie – eine stachelige Schönheit!

in der Region, als die Ägypter kamen und die strategische Bedeutung des Ortes erkannten. Thutmosis III. ließ um 1500 Kanaan erobern und baute eine erste mächtige Festung. Fast alle nachfolgenden Pharaonen verewigten sich in Bet Shean mit Tempelbauten oder durch Um- und Ausgestaltungen der Burganlage.

Nachdem die Israeliten in das „Land, in dem Milch und Honig fließen" eingezogen waren, begannen sie auch im Jordantal und der fruchtbaren Jesreel-Ebene zu siedeln und teilten das Land unter dem Stämmen auf. Bet Shean selbst blieb in kanaanäischer Hand, denn die Juden waren in jenen Tagen noch weit davon entfernt, die Stadtstaaten in Palästina einzunehmen – das taten gegen 1100 dann die Philister. Am Berg Gilboa schlugen die Philister die Israeliten vernichtend; Saul und seine drei Söhne fanden in der Schlacht den Tod. Erst David konnte die Philister ein für alle mal vertreiben. Bet Shean verlor seine Bedeutung. Das änderte sich erst wieder, als die Skythen, ein gefürchtetes asiatisches Reitervolk aus Südrußland, nach Palästina eindrangen und sich anschickten, Ägypten zu bedrohen. Pharao Psammetich zog den Fremdlingen entgegen und beschenkte sie derart reichlich, daß sie von ihrem Vorhaben abließen und umkehrten. Eine kleine Truppe blieb aber in Palästina und siedelte in Bet Shean, das den Namen Skythopolis erhielt.

Mit der Ankunft der Römer im 2. Jh. v. Chr. avancierte der Ort zur Kapitale eines Zehnstädtebundes. In byzantinischer Zeit wurde er mit einem Bischofssitz geehrt. Schließlich kamen die Araber, nahmen die Örtlichkeit im Handstreich und nannten sie Beisan. In den folgenden Jahrhunderten fiel sie in einen Dornröschenschlaf; nicht einmal die Wirren der Kreuzfahrerzeit sorgten für große Aufregung, und so ist es bis heute geblieben.

Im Ort zeigt das **Städtische Museum** interessante örtliche Funde und ein Mosaik mit einer Szene aus der Odyssee. Es gibt ein kleines Freilichtmuseum, und am westlichen Stadtrand liegen die Ruinen eines Hippodroms. Das **Serail**, ein türkisches Regierungsgebäude, wurde 1905 unter Verwendung antiker Säulen und Steine erbaut.

Allererste Attraktion des Ruinenareals ist das **Theater**, das größte, das die Römer in Palästina hinterlassen haben. Es präsentiert sich in hervorragendem Erhaltungszustand. Zur Zeit der Antike war es mit allen nur erdenklichen Raffinessen ausgestattet. Eine Wasserleitung führte kostbares Naß herbei, und so konnten *Naumachien* inszeniert werden. Bei diesen Wasserspielen fanden Gladiatorenkämpfe in Form einer Seeschlacht statt. Dies geschah entweder in gigantischen Becken oder durch Flutung der Theaterarena. Das Bühnenhaus wurde durch zwei runde Treppentürme flankiert. Von hier aus konnten Schauspieler auf die Bühne hinabgelassen oder aber nach oben zum Verschwinden gebracht werden. So hatten die 8000 Zuschauer auf den Rängen die Illusion, daß Götter auf die Erde schwebten oder wieder aufstiegen.

Zwischen dem Theater und dem Tell al Husn verläuft eine **Kolonnadenstraße** aus römischer Zeit, die einst von Geschäften gesäumt war. Einige der Säulen stehen noch und verleihen dem Ausgrabungsareal zusammen mit dem Theater einen Hauch antiker Atmosphäre. Viele Mauerreste und Fundamente sind zudem auf dem Grabungsfeld freigelegt worden. Am Nordende der Straße führen Stufen zu den Resten eines römischen Dionysos-Tempels.

Keineswegs sollte man den kurzen, aber steilen Aufstieg zur Spitze des Tell al Husn versäumen, dem Burgberg der Stadt, auf dem sich einst die Philisterstadt mit einem Astarte-Tempel befand. Seit 1986 gilt der Tell als eine wichtige Ausgrabungsstätte; hier wurde ein zweites, römisch-byzantinisches Amphitheater entdeckt sowie eine byzantinische **Thermenanlage**, deren Innenhof von Säulengängen eingefaßt und mit Mosaiken geschmückt ist. In einem Gebäude in der

Oben: Das Theater und die Kolonnadenstraße von Bet Shean aus römischer Zeit.
Rechts: Im Frühjahr verwandelt sich das Land in einen bunten Blütenteppich.

Nähe fand man ein Mosaik aus dem 6. Jh. n. Chr., das die Göttin Tyche mit einem Füllhorn darstellt. Funde aus der ägyptischen Zeit – insbesondere Stelen und Statuen – sind im Rockefeller-Museum in Jerusalem zu sehen.

Nördlich des Tell jenseits des Flusses Harod liegt das 567 n. Chr. erbaute **Marienkloster** mit großartigen Mosaiken; dargestellt sind u.a. der Sonnengott Helios und die Mondgöttin Selene, Pfauen und andere Vögel und Tiere.

Der Berg Gilboa und die Synagoge von Bet Alfa

Südwestlich von Bet Shean ragt der **Berg Gilboa** (508 m ü. d. M.) aus der Ebene, und ein kurvenreiches Sträßchen führt steil bergauf. Saul und seine drei Söhne kamen hier im Kampf gegen die Philister ums Leben, und die Philister hängten Sauls Leichnam als Abschreckung an die Stadtmauer von Bet Shean.

Der Berg ist im ganzen Land bekannt für seine Wildblumen (u.a. *Gilboa-Iris*), die im Frühjahr einen wunderschönen Blütenteppich bilden. Ein leicht zu begehender Panoramapfad führt am Gipfel entlang und bezaubert mit den Schönheiten der Natur, denen allerdings die Umweltorganisation *Society for the Protection of Nature in Israel* (SPNI) kräftig nachgeholfen hat. Es ist natürlich verboten, hier Blumen zu pflücken!

Wenige Minuten Fahrt und **Gan Hashelosha**, der *Garten der Drei* am Fuße des Bergs Gilboa, ist erreicht. Seinen Namen hat der kleine Nationalpark von drei jüdischen Siedlern bekommen, die hier bei Kämpfen mit arabischen Nachbarn getötet wurden. Hier kann man selbst im Winter genüßlich baden, denn zwischen schattigen Rasenflächen sprudeln warme Quellen mit einer Temperatur von 28° C.

Ein kurzes Stück weiter Richtung Westen lohnt beim Kibbuz Hefzi Bah ein Besuch der **Synagoge von Bet Alfa**. 1928 stießen Siedler bei Ausschachtungsarbeiten für Bewässerungskanäle auf die Reste des Gotteshauses. Das Heiligtum entstand im 6. Jh. und wurde schon wenige Jahre später von einem Erdbeben zerstört. Perfekt erhalten ist das prachtvolle **Bodenmosaik**, das zu den schönsten von Israel zählt. Der erste Teil des großen Mosaiks zeigt die Opferung des Isaak, das Mittelfeld gibt ein Tierkreiszeichen wieder, und der hintere Teil zeigt die von Löwen bewachte Bundeslade mit dem Thoraschrein und zwei siebenarmigen Leuchtern.

Nationalpark Ma'ayan Harod und Tell Jezre'el

Wenige Kilometer weiter westlich erstreckt sich kurz vor dem Kibbuz En Harod ca. 3 km abseits der Route 71 der kleine **Nationalpark Ma'ayan Harod**. Mit seinen ausgedehnten Rasenflächen unter schattigen Eukalyptusbäumen ist das Areal ideal für eine Rast und ein nachmittägliches Picknick; die besondere Attraktion – vor allem an heißen Tagen –

ist ein großes natürliches, von einer Quelle gespeistes Becken, in dem man nach Herzenslust baden kann.

Vor über 3000 Jahren erfrischten sich an dieser Stelle die Streiter des Gideon, die sich alsbald über ihre Feinde, die Midianiter, hermachten: Mit nur 300 Mann umzingelte Gideon des nachts das feindliche Lager; er ließ seine Recken dann kräftig in Hörner stoßen und helle Fackeln anzünden. Die schlaftrunkenen Midianiter, vom Lärm und Fackelschein orientierunslos und verwirrt, richteten ihre Schwerter gegeneinander und metzelten sich selbst dahin.

Es war nicht die einzige Schlacht, die vor Ort geschlagen wurde. 1260 stoppte ein Mameluckenheer die bis dahin unbesiegbaren Mongolen. In den 1930er Jahren trainierte hier der englische Offizier Orde Wingate *Haganah*-Einheiten; unter den Männern, die von Wingate recht unorthodoxe, nichtsdestotrotz effektive strategische Lektionen bekamen, befanden sich auch Moshe Dayan und Yigal Allon, zwei große israelische Generäle, die später auch erfolgreich in der Politik waren.

Ein Stück weiter in Richtung Westen, und der Kibbuz Yisre'el ist erreicht. Hier liegt **Tell Jezre'el**, wo seit einiger Zeit Archäologen der Universität von Tel Aviv nach den Resten der biblischen Stadt graben. Dieser Ort ist im alten Testament erwähnt als Schauplatz der Geschichte von Ahab, dem König von Samaria, der sich den Weinberg des Nabot aus Jesreel aneignen wollte. Dieser mochte sein Anwesen aber nicht verkaufen, und so verleumdete des Königs Frau Isebel den Standhaften und sorgte mit ihrer üblen Nachrede dafür, daß er gesteinigt wurde. Für diese Freveltat ließ Gott den König und seine Frau grausam zu Tode kommen. Alle männlichen Nachkommen des Königshauses sollte der Tod ereilen. Isabel starb auf den Felder von Jesreel, wo die Hunde sie fraßen und niemand sie begrub (1. Könige 21, 1-29, 2. Könige 9, 1-15).

Oben: Das Bodenmosaik in der Synagoge von Bet Alfa lohnt einen Besuch.

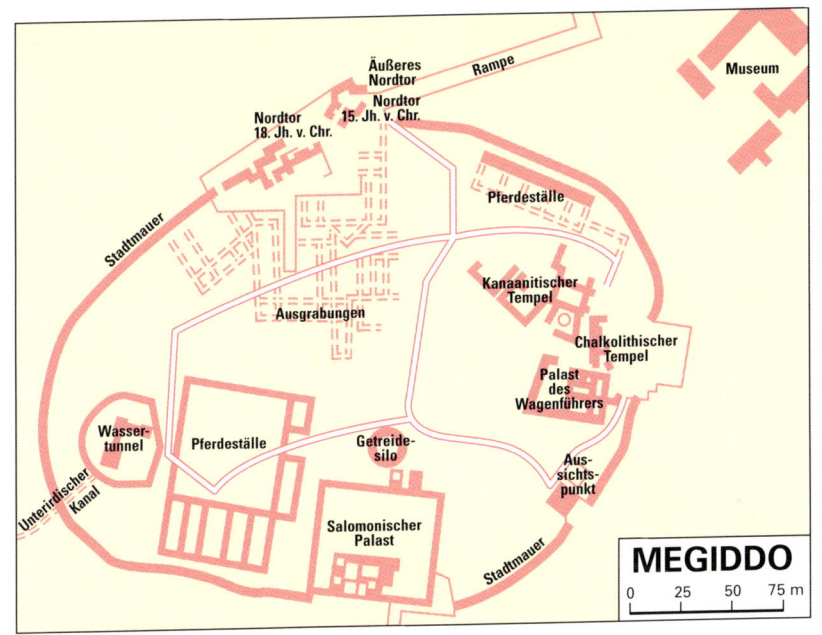

MEGIDDO

Megiddo war einmal eine der bedeutendsten Metropolen der Region und wachte über die geschäftige Handels- und Heerstraße, die von Ägypten aus durch Palästina nach Mesopotamien führte. Vom 4. Jt. v. Chr. bis ins vierte nachristliche Jahrhundert war die Stadt bewohnt, und der Tell von Megiddo weist nicht weniger als 21 Siedlungsschichten auf, von denen die erste bis ins späte Neolithikum zurückreicht. 1000 Jahre später, um 3000 v. Chr., entstand in der Bronzezeit eine erste befestigte Ortschaft, von der die Archäologen einige kleine Tempel lokalisieren konnten.

Die Kanaanäer bauten die Stadt weiter aus, und die Hyksos sicherten die Stadt mit neuen Befestigungsanlagen. 1468 v. Chr. eroberte der ägyptische Pharao Thutmosis III. mit seinen Truppen Megiddo und zog dann weiter in Richtung Euphrat; die Einnahme der gut befestigten Stadt wurde als große Heldentat in den ägyptischen Annalen vermerkt. Während der Zeit des „Ketzerpharao" Echnaton vermerkten viele der sogenannten Amarna-Briefe Einfälle der Habiru, bei denen es sich wahrscheinlich um erste zaghafte Besiedlungsversuche israelitischer Stämme gehandelt haben mag.

Die jüdische Landnahme begann in großem Stil ab 1230 v. Chr., nachdem das auserwählte Volk die Kanaanäer geschlagen hatte. Die Juden konnten zwar ihre Feinde in offener Feldschlacht bezwingen, Megiddo einzunehmen gelang ihnen jedoch nicht, das blieb um das Jahr 1130 den mächtigen Philistern vorbehalten. König David war es schließlich, der um 1004 diesen gefürchteten Volksstamm vernichtend schlug und Megiddo einnahm. Davids Nachfolger Salomo ließ die Stadt mit starken Befestigungswällen ausstatten, was jedoch nicht viel nützte; Pharao Scheschonk I. kam auf einer seiner Raubzüge vom Nil her, fiel in Megiddo ein und plünderte, was nicht niet- und nagelfest war. Die Könige Omri und Ahab übertrafen Salomo noch in ihren Anstrengungen, die Stadt uneinnehmbar zu machen; in Ahabs Zeit wurde das grandiose Wasserversorgungssystem angelegt.

Den nun von Syrien heranstürmenden Assyrern unterwarfen sich die Israeliten und lieferten regelmäßig Tribut an den mächtigen Nachbarn ab; als König Pekach die Zahlungen einstellte, machte der assyrische Herrscher Tiglatpileser Megiddo 732 v. Chr. dem Erdboden gleich. Unmittelbar danach wurde die Stadt wieder aufgebaut, um 723 ein weiteres Mal von den Assyrern zerstört zu werden. Mit dem Niedergang dieses mächtigen Reichs riß Joschija, König von Juda, die assyrischen Provinzen Samaria und Megiddo an sich und verleibte sie seinem Herrschaftsgebiet ein. 609 kamen die Ägypter unter dem Pharao Necho, um Palästina und Syrien zu erobern. Ab nun verwandelte sich die über viele Jahrtausende so stolze und reiche Stadt für immer in ein unbedeutendes und verschlafenes Nest. Nach dem Bar Kochba-Aufstand der Juden gegen die Römer im Jahr 135 n. Chr. entstand hier ein ausgedehnter militärischer Komplex der Besatzer; der letzte ruhmreiche Höhepunkt kam dann im 4 Jh., als die Stadt nach Kaiser Maximinus, dem Schwiegervater von Konstantin dem Großen, den Namen Maximinopolis bekam.

Vor dem Eingang zum Ruinenareal befindet sich ein kleines **Museum**, das ein Modell der Ausgrabungsstätte zeigt und eine Reihe hilfreicher Informationen zu Megiddo vermittelt.

Zu besichtigen sind Reste eines Stadttors mit drei Kammern, die immer noch hoch aufragende Stadtmauer aus kanaanitischer Zeit und ein kanaanitisches **Heiligtum** mit einem großen Rundaltar, an den sich ein **Doppeltempel** anschließt. Weiter südlich liegt ein großes rundes Getreidesilo aus dem 8. Jh. v. Chr.; dahinter befinden sich die berühmten **Pferdeställe**, die früher der Ära Salomos zu-

Oben: Im Ausgrabungsgelände von Megiddo, hier am Getreidesilo. Rechts: Schäfer und Herde suchen Schutz vor der heißen Mittagssonne.

gerechnet wurden. Heute weiß man, daß Ahab sie errichten ließ. Die ausgedehnten Stallungen beherbergten Schlachtrosse für die Streitwagen, von denen Ahab an die 2000 besessen haben soll. Höhepunkt der Besichtigung von Megiddo ist das **Wasserversorgungssystem**. Südwestlich der Stadt, aber außerhalb ihrer Mauern, sprudelte in einer Höhle eine Quelle, zu der schon die Kanaaniter einen Stufengang angelegt hatten. Bei Belagerungen konnte die lebenswichtige Stelle jedoch nicht erreicht werden, und so ließ Solomo die sogenannte Galerie errichten, einen schmalen, gut verborgenen, vollständig mit Mauerwerk verkleideten künstlichen Tunnel, der zum Wasser hinabführte. Doch Pharao Scheschonks Militärexperten müssen die Anlage entdeckt haben, und von da an waren die Verteidigungsanlagen der Stadt nutzlos. Damit so etwas nicht noch einmal vorkommen sollte, machten sich die Ingenieure von König Ahab an ein gewaltiges Unterfangen. Innerhalb der Stadtmauern gruben sie einen fast 50 m tiefen Schacht, der in seinem unteren Bereich durch gewachsenen Fels getrieben werden mußte. Vom Fuße dieser riesigen Mine meißelten sie einen horizontalen, 70 m langen Stollen bis zur Quellhöhle, deren Außeneingang dann verschlossen wurde. Eine antike Ingenieurleistungen erster Güte!

BET SHE'ARIM

Nördlich von Megiddo, am Fuße der Ausläufer des Karmel-Gebirges und inmitten eines lieblichen, baumbestandenen Nationalparks liegt die ausgedehnte Katakombenanlage von **Bet She'arim**. Nach dem Bar Kochba-Aufstand im Jahre 135 n. Chr. und dem Niedergang Jerusalems zogen viele Bewohner der gebeutelten Stadt nach Bet Shary, wie die Örtlichkeit in jenen Tagen hieß. Auch die Rabbis des Sanhedrin, des jüdischen Hohen Rats, ließen sich hier nieder, und der Ort entwickelte sich schnell zu einem religiösen Zentrum. Um 170 kompilierte Rabbi Yehuda Hanassi vor Ort die *Mischna*, eine Sammlung bisher nur

BET SHE'ARIM

mündlich weitergegebener religiöser Gesetze. Bet Shary entwickelte sich zur heimlichen Hauptstadt der Juden und einem Zentrum religiöser Gelehrsamkeit. Wenn einer der Schriftgelehrten verstarb, fand er seine letzte Ruhestätte in den Katakomben unterhalb der Stadt. Viele Juden aus allen Teilen des Landes wollten in Bet Shary nahe der großen Rabbis begraben werden, und der Ort avancierte zu einem zentralen Begräbnisplatz in Palästina. Die Nekropole wurde immer größer. Da jede Katakombenanlage mit einem großen steinernen Tor gesichert war, bekam die Stadt einen neuen Namen: Bet She'arim, das Haus der Tore. Im Jahr 352 zerstörten die Römer nach einem Aufstand die Stadt. 1936 entdeckte Alexander Zayd, ein aus Rußland eingewanderter Jude, den Eingang zu einer Katakombenanlage, und die Archäologen begannen mit Grabungen, die bis heute andauern. Am höchsten Punkt von Bet She'arim erhebt sich die Reiterstatue von Alexander Zayd, der 1938 bei Kämpfen mit Arabern zu Tode kam.

Ein kurzes Stück vor dem Eingang zum Nationalpark Bet She'arim liegen die Ruinen einer dreischiffigen Synagoge aus dem 2./3. Jh. n. Chr. und eine Ölpresse mit zwei Räumen.

Zu besichtigen ist nur die Grabanlage Nr. 20, mit 26 labyrinthisch verschlungenen Kammern die größte der bisher freigelegten Katakomben. Über 100 Sarkophage aus örtlichem Kalkstein tragen Inschriften in griechischer, aramäischer und hebräischer Sprache, viele sind mit einfachen jüdischen Symbolen verziert.

NAZARETH

Mit 60 000 Einwohnern arabischer Herkunft – von denen rund die Hälfte dem christlichen Glauben angehört – ist Nazareth die größte arabische Stadt Israels; nahebei erstreckt sich auf einem Hü-

Oben: Seit dem 2. Jh. n. Chr. werden jüdische Schriftgelehrte in den Katakomben von Bet She'arim begraben. Rechts: Im Bazar von Nazareth.

gel *Nazerat Illit*, das seit den 1950er Jahren entstandene obere Nazareth mit 30 000 ausschließlich jüdischen Bewohnern. Besucher wandeln hier zwar auf frühchristlichen Spuren, das gesamte Straßenbild jedoch – so etwa die lebhaften Basargassen und der alte, farbenfrohe Marktplatz – strahlt eine ausgesprochen arabische Atmosphäre aus und entspricht nicht so ganz den Erwartungen der christlichen Pilger.

Wohl schon im dritten Jahrtausend besiedelt, machte der unbedeutende Ort nie von sich reden. In der Ära von Herodes dem Großen lebte eine junge Frau namens Maria in Nazareth und war mit dem Zimmermann Josef verlobt. Da kam eines Tages der Engel Gabriel und verkündete ihr, daß sie einen Sohn gebären werde, dem sie den Namen Jesus geben solle. Verwundert fragte Maria den göttlichen Boten, wie das vonstatten gehen solle, da ihr ein Ehemann fehle. Doch Gabriel verwies auf den Heiligen Geist, der über sie kommen und auf die Kraft des Höchsten, die sie überschatten werde (Lukas 1, 31).

In den folgenden Jahren wuchs Jesus in Nazareth auf.

Nach der Zerstörung Jerusalems im Jahr 70 zogen viele Juden nach Nazareth und ließen sich dort nieder. Erst im 5. Jh. entstand eine erste byzantinische Verkündigungskirche, die 614 von persischen Truppen zerstört wurde. 1099 errichteten die Kreuzfahrer auf diesen Fundamenten ein neues, prachtvoll ausgestattetes Gotteshaus. 1187 nahm Sultan Saladin die Stadt ein, zeigte für jene Tage große religiöse Toleranz und rührte die christlichen Heiligtümer nicht an. Deren Zerstörung blieb dem Mamelucken-Sultan Baibars ein gutes Jahrhundert später überlassen.

Anfang des 17. Jh. begannen wieder Christen in Nazareth zu siedeln, und 1730 gestatteten die Osmanen die Errichtung einer Kirche – gaben der großzügigen Erlaubnis jedoch einen Pferdefuß mit: Die Bauzeit durfte nicht länger als ein halbes Jahr dauern! So blieb nur Zeit für eine kleine Kirche über der zu einer Krypta umgestalteten Grotte. Dieser Notbehelf fiel 1954 der Spitzhacke zum Opfer; bevor ein neues Gotteshaus errichtet wurde, untersuchten Archäologen erst einmal das gesamte Areal sorgfältig. 1969 konnte dann die heutige Verkündigungskirche geweiht werden, deren hohe Kuppel weithin sichtbar und beherrschend über den Dächern von Nazareth steht. Die Kirche ist bei Paaren als Hochzeitskirche besonders beliebt.

Christlichem Glauben zufolge soll das bescheidene Häuschen Marias einmal an der Stelle gestanden haben, an der heute die **Basilika** in die Höhe ragt. An der westlichen Eingangsfassade zeigt ein Relief die Verkündigungsszene, oben den Engel Gabriel und Maria, darunter die vier Evangelisten mit ihren Symbolen Adler, Stier, Löwe und Mensch. Die drei Portale mit Szenen aus dem neuen Testament schuf der deutsche Bildhauer Roland Friedrichsen. Von hier gelangt man zuerst in die Unterkirche mit der Verkündigungsgrotte. In dieser ehemaligen Vorratshöhle soll Maria der Engel Gabriel erschienen sein.

Zwei Wendeltreppen führen in die Oberkirche; durch eine große achteckige Öffnung im Boden kann man nach unten und in die Grotte schauen. Darüber erhebt sich die 40 m hohe und 18 m breite Kuppel in Form einer Lilienblüte. Von der Oberkirche gelangt man durch die nördlichen Hauptportale auf eine Terrasse, von der aus der Blick auf alte Siedlungsreste fällt.

Wenige Schritte weiter ist dann die 1914 geweihte **Josefskirche** erreicht, wo der Überlieferung nach Josef der Zimmermann sein Haus und seine Werkstatt hatte. Bei Grabungen entdeckten die Archäologen ein mosaikgeschmücktes Taufbecken. Treppenstufen führen in eine lange Grotte, ehemals ein Vorratsraum, der jedoch schon früh als sakraler Ort angesehen wurde, wie der Mosaikfußboden

Oben: Jesus in Josefs Zimmermannswerkstatt, Gemälde in der Josefskirche in Nazareth. Rechts: Die Erde des Heiligen Landes, in Säckchen abgefüllt und zum Verkauf angeboten.

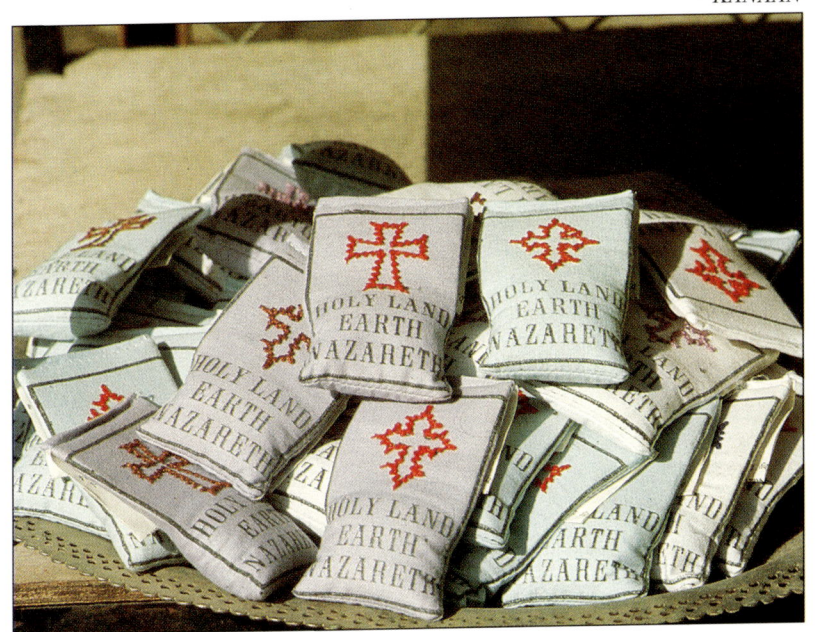

und Schriftzeichen an den Wänden vermuten lassen.

Spaziert man die Straße Casa Nova von der Verkündigungskirche abwärts, ist bald die Kreuzung mit der Paulus VI. erreicht, und nun geht die lebhafte und laute Hauptstraße des Ortes nach links ab. Nach einem Kilometer ist linker Hand ein moderner weißer Brunnen erreicht: An dieser Stelle versorgte sich die Jungfrau Maria einst angeblich mit Wasser.

Die einzige wirkliche Quelle in ganz Nazareth befindet sich hingegen am Ende der Straße in der griechisch-orthodoxen **Gabrielskirche**; für die Gläubigen dieser Religionsrichtung ist diese Quelle ein heiliger Ort, denn ihrer Überzeugung nach hat Maria die Verkündigung durch den Engel Gabriel nicht in ihrem Haus, sondern hier beim Wasserholen erhalten. Gegen eine kleine Spende (für die man mit einem gesegneten kleinen Kreuz bedacht wird), führt ein griechisch-orthodoxer Patriarch die Besucher an die Quelle, an der die Muttergottes ihr Wasser schöpfte.

KANAAN

10 km nördlich von Nazareth liegt inmitten von ausgedehnten Olivenhainen das kleine arabische Dorf **Kafr Kanna** (auf das arabische *Kafr*, das soviel wie Dorf bedeutet, geht übrigens unser umgangssprachliches Wort ,,Kaff'' zurück, was ja soviel wie kleines, unbedeutendes Dorf bedeutet). In biblischen Zeiten hieß der Ort Kanaan. Hier bewirkte Jesus sein erstes Wunder, als er bei einer Hochzeit Wasser in Wein verwandelte.

Gleich zwei Kirchen halten in dem freundlichen arabischen Ort, in dem Christen und Moslems wohnen, die Erinnerung an dieses Wunder wach; eine für die römisch-katholischen und eine für die griechisch-orthodoxen Gläubigen. Beide Glaubensrichtungen reklamieren, daß ihre Gotteshäuser über dem Hochzeitshaus erbaut sind, in der sich dereinst das Mirakel zutrug. Als Pflicht-Souvenir für trinkfeste Reisende auf den Spuren der Bibel gilt der im Dorf flaschenweise angebotene ,,Wine of Kana''.

AUF DEM BERG TABOR

20 km östlich von Nazareth ragt aus der südgaliläischen Ebene der **Berg Tabor** in den Himmel. Mit knapp 600 m ist der „Berg der Verklärung" die höchste Erhebung der Region.

Im Alten Testament fand am Berg Tabor und in der angrenzenden Jezreel-Ebene eine wichtige Begebenheit statt; hier sammelten sich die Israeliten und setzten auf Anweisung der Richterin Debora und unter dem Befehl des Heerführers Barak der Unterdrückung durch die Kanaanäer ein Ende. Dies war eine der ersten großen Schlachten während der israelitischen Landnahme und sie war hervorragend vorbereitet, da die Juden ihren Feinden Ort und Zeit aufzwangen. Vom Berg aus verfolgten die Kämpfer der Israeliten die Aktionen der Kanaanäer unter Sisera; da dieser mit seinen 900 Streitwagen nicht bergauf kämpfen konnte, zögerten die Juden die Kampfhandlungen bis in die Regenzeit hinaus; dann stellten sie sich im engen Tal des Tabor zum Kampf, so daß die Streitwageneinheiten der Kanaaniter im vom Regen schlammigen Gelände nicht voran kamen. Siseras Kampfgefährt blieb gar im Morast stecken, und der mußte – wie peinlich – zu Fuß fliehen. Das gesamte Heer Siseras fand den Tod.

Schon im 2. Jt. v. Chr. war der Berg bewohnt, und Ramses II. hat im 12. Jh. bei einem seiner vielen Beutezüge die dortige Stadt erobert. Beim Aufstand der Juden gegen die Römer im Jahr 66 berichtet Flavius Josephus, daß er als Befehlshaber von Galiläa in nur 40 Tagen eine gewaltige Mauer errichten ließ. Doch es nützte nichts, denn dort oben gab es kein Wasser und offensichtlich auch keine Zisternen, so daß sich die Bewohner den verhaßten Besatzern ergeben mußten.

In den Zeiten der Kreuzfahrer gründeten Benediktinermönche ein schwer befestigtes Kloster auf dem Berg Tabor;

Oben: Blick über Galiläa vom Berg Tabor aus. Rechts: Die Arbeit in der Landwirtschaft prägt die Gesichter.

trotz großer Anstrengungen gelang es Saladin nicht, die Abtei einzunehmen.

Nach der schweren Niederlage in der Schlacht von Hittim, die das Ende der Kreuzfahrer-Ära einläutete, mußten auch die Mönche den Tabor verlassen. Der Sultan von Damakus ließ einige Jahre später eine mächtige Festung auf dem Plateau errichten. Doch der Berg fiel nicht durch das Schwert, sondern durch Vertragsverhandlungen wieder an die Christen, bis 1263 Baibars mit seinen Truppen das Gipfelplateau in eine Steinwüste verwandelte. Anfang des 17. Jh. kamen die Franziskaner und errichteten ein neues Kloster.

Eine Serpentinenstraße führt zum 588 m hohen, elliptisch geformten Bergplateau. Man kann mit dem Auto oder auch mit einem Taxi-Shuttle-Service zum Plateau hochfahren; zünftiger ist es allemal, zu Fuß aufzusteigen.

Durch den arabischen Torbogen ,,Tor der Winde" betritt man das Areal. Schon im 2. Jt. v. Chr. errichteten hier die Kanaanäer ein Heiligtum, und erste Kirchen entstanden um das Jahr 400. Antike Befestigungsmauern umzogen den Außenrand des Plateaus; die Kreuzritter errichteten etwa im Zentrum des Tabor eine weitere Befestigungsmauer, die eine Burg und eine Kirche einfaßte.

Auf dem Plateau sind noch Reste verschiedener früherer Gebäude zu sehen. Griechisch-orthodoxe Mönche errichteten die **Elias-Kirche** auf den Fundamenten eines Gebäudes aus der Kreuzfahrerzeit. Sie wurde 1911 geweiht. 1921-23 ließen die Franziskaner vom Architekten Antonio Barluzzi die **Verklärungskirche** (Taborkirche) erbauen. Sie liegt in einem ummauerten Klosterhof mit schönen Gartenanlagen und Resten einer älteren Kirche.

Die monumentale Basilika mit zwei wuchtigen, durch einen Bogen miteinander verbundenen Türmen ist aus hellem Kalkstein. Innen ist das Mittelschiff durch weite Bögen von den Seitenschiffen getrennt. Im Apsisgewölbe zeigt ein Mosaik die Verklärung Christi. Jesus stieg zusammen mit Petrus, Jakobus und dessen Bruder Johannes auf den Berg Tabor. Dort wurde er verwandelt, sein Gesicht leuchtete wie die Sonne, und seine Kleider wurden weiß wie Schnee. Dann erschienen plötzlich Moses und Elija und redeten mit Jesus. Eine leuchtende Wolke warf ihren Schatten auf sie, und daraus rief die Stimme Gottes, daß dies sein geliebter Sohn sei, auf den sie hören sollten. (Matthäus 17, 1-6).

Die **Christusgrotte** im Ostteil der Kirche, mit einem modernen Altarraum, ist von den Mauern einer Kreuzfahrerkirche eingefaßt. Zwei weitere Kapellen, die **Elias-** und die **Moseskapelle**, befinden sich in den Türmen. Der mit Kreuzen verzierte Mosaikboden der Moseskapelle stammt aus der Zeit um ca. 400 n. Chr.

Vom Gipfelplateau bietet sich ein einmaliger Rundblick: über das fruchtbare Galiläa im Norden, den Jordangraben im Osten, über die Berge von Samaria im Süden, und die Jezreel-Ebene und die Berge rund im Nazareth im Westen.

INFO: RUND UM DEN SEE GENEZARETH

TIBERIAS
Anreise
Busse verkehren von und nach Tel Aviv, Jerusalem und Haifa.

Unterkunft
LUXUS: **Galei Kinneret**, 1 Kaplan Street, Tel: 06-792331, das erste große Luxushotel von Tiberias, erbaut 1943 direkt am See, kürzlich renoviert, exzellente französische Küche im Art Deco-Restaurant *Au Bord du La*c, Wasser-Ski und Kajak-Fahrten im sportlichen Angebot. **The Caesar**, The Promenade, Tel: 06-723333, neuestes Haus in Tiberias, alle Zimmer mit Seeblick, wöchentlich ein vom Tourist Board ins Leben gerufener Israeli Folklore Evening, Innen-und Außenpool, Wasser-Ski und Windsurfing. **Gai Beach**, Route 90, Box 274, Tel: 06-790790, am südlichen Ende der Stadt gelegen, mit eigenen Strand am See sowie einem Pool mit Wellenbad; **Moriah Plaza**, an der Habanim Street, Tel: 06-792233, kürzlich vollständig renoviert, Zimmer mit Seeeblick, aber nicht direkt am Wasser gelegen, Pool, Sauna und Fitness-Center. **Ganei Hammat**, Route 90, Box 22, Tel: 06-792890, am südlichen Ende von Tiberias an der Route 90 unmittelbar bei den heißen Quellen, schöner schattiger Palmengarten, Tennisplätze und eigener Strand. **Ron Beach**, Gedud Barak Street, Tel: 06-791350, an der Route 90 am nördlichen Ende von Tiberias, direkt am Seeufer, mit eigenem Strand, gutes Fischrestaurant.
MITTEL: **Astoria**, 13 Ohel Yaakov Street, Tel: 06-722351, familiengeführtes Haus, während der israelischen Ferien im Juli und August höhere Preise. **Church of Scotland Centre**, Gedud Barak/Ecke Hayarden Street, Tel: 06-723769, im Zentrum von Tiberias, 1893 als Hospital der Free Church of Scotland erbaut, dann in eine Pilgerherberge umgewandelt, heute ein Mittelklasse-Hotel und offen für jedermann, schöner Garten und eigener Strand. **Tzameret**, Plus 200 Street, Tel: 06-794951, Tzameret bedeutet in Hebräisch „Gipfel", das Hotel liegt 430 m über dem See Genezareth, die Aussicht ist phantastisch und an heißen Sommertagen liegen die Temperaturen hier oben bis zu 6° C niedriger als in der heißen Jordan-Senke. Während der Sommerferien und an Sommerwochenenden höhere Preise. **Bet Berger**, 27 Neiberg Street, Tel: 06-720850, Haus Berger wird von der gleichnamigen Familie geführt, liegt ein gutes Stück den Hügelhang hoch, nette Zimmer mit Balkonen. **Pe'er Hotel**, 2 Ohel Ya'akov Street, Tel: 06-791641, schöner Seeblick von den Zimmerbalkonen. **Continental Hotel**, Alhadif Street, Tel: 06-20018, kleines, älteres Haus mit gemütlicher Atmosphäre. **Ron Hotel**, 12 Ahad Ha'-am Street, Tel: 06-720259, moderne einfache Einrichtung und guter Service. **Emek Hotel**, 17 Galil Street, Tel: 06-720308, einfaches Haus. **Galil Hotel**, 4 Galil Street, Tel: 06-720007, über dem Bar-Restaurant Haroe gelegen. **Panorama Hotel**, Galil Street, neben dem Emek Hotel, Tel: 06-720963, einfache Zimmer. **Eden Hotel**, Obel Ya'akov Street, Tel: 06-790070, neben dem Pe'er Hotel, einfach und gut. **Nazareth Hotel**, außerhalb der Stadt, an der Kreuzung der Fernstraßen Haifa/Afulla, Tel: 06-572045.
EINFACH: **Adina Hostel**, 15 Shiloach Street, Tel: 06-722507. **Adler Hostel**, Galil Street, Tel: 06-720031, im Zentrum von Tiberias. **Lake Castle Hostel**, an der Uferpromenade neben dem Moriah Plaza, Tel: 06-721175, mit eigenem kleinen Strand. **Hostel Aviv**, Galil Street, Tel: 06-720007, komfortabel. **Meyuhas Hostel**, Hayarden Street, Tel: 06-721775, im Zentrum der Stadt. **Nahum Hostel**, Travor Street, Tel: 06-721505. **Casa Nova Hospiz**, Casa Nova Street, Tel: 06-571367, ein preisgünstiges christliches Pilger-Hospiz.

Restaurants
Au Bord du Lac, im Galei Kinneret Hotel, allerfeinste französiche Küche, das beste Restaurant von Tiberias. **Guy Restaurant**, Galil Street, preiswerte orientalische Speisen. **Karamba**, an der Uferpromenade, Fischgerichte und vegetarische Speisen, im Sommer kann man auch draußen sitzen, bis nach Mitternacht geöffnet. **Lamb and the Goose**, Donna Gracia Street, preiswerte und gute orientalische Küche. **Pagoda** und **The House**, Gedud Barak Street, am Lido Beach, chinesische und thailändische Küche. **The Pinery**, Dona Gracia Street, chinesische Küche. **Tandoori**, exzellente indische Küche im Moriah Plaza Hotel.

Sehenswürdigkeiten
The Galilee Experience, Uferpromenade von Tiberias, Vorführungen in englischer Sprache So-Do 10, 14, 18, 20.30, Sa 18, 20.30 Uhr. **Grabmal des Moses Maimonides**, So-Do von Sonnenaufgang bis Sonnenuntergang, Fr bis 14 Uhr. **Hammat Tiberias** (Die heißen Quellen von Tiberias), Sa-Do 8-16, Fr 8-15 Uhr.

Krankenhaus und Apotheken
Tiberias Hospital, Tel: 06-738211. **Schwartz Pharmacy**, Galil Street. **Center Pharmacy**, Bibass/Ecke Galil Street.

Touristeninformation
Habanim Street, Tel: 06-720992.

SEE GENEZARETH
Anreise
Busse verkehren in Richtung Norden und Süden des Sees Genezareth von Tiberias aus, *Sherut*-Service von Tiberias.

Unterkunft
LUXUS: **Nof Ginosar Guest House**, an der Route 90, 10 km nördlich von Tiberias, Mobile Post Jor-

dan Valley 14980, Tel: 06-792161, gut geführtes, komfortables Kibbuz Guesthouse mit eigenem Strand am See Genezareth, eignet sich hervorragend für einige ruhige Tage, alle Arten von Wassersport werden hier angeboten.

Ramot Resort Hotel, östlich der Route 92 gelegen, Mobile Post Sea of Galilee 12490, Tel: 06-732636, am Ostufer des Sees Genezareth in den Hügeln gelegen, prachtvolle Aussicht, 10 Minuten Fahrt bis zum Strand.

MITTEL: **En Gev Holiday Village**, an der Route 92 gelegen, 10 km von der Tzemach Junction entfernt, Mobile Post En Gev 14940, Tel: 06-758027, ebenfalls am Ostufer, aber direkt am See gelegen, von Tiberias verkehren auch Schiffe nach En Gev.

Maagan, an der Route 92, 1 km von der Tzemach Junction, Mobile Post Jordan Valley, Tel: 06-757555, an der Südspitze des See Genezareth, Sandstrand und alle Arten von Wassersport.

Ha'on, an der Route 92, 5 km nordöstlich der Tzemach Junction, Mobile Post Jordan Valley 15170, mit eigenem Strand.

Restaurant
En Gev Fish Restaurant, im Kibbuz En Gev an der Ostseite des Sees Genezareth, an der Route 92, 10 km von der Tzemach Junction entfernt, Mobile Post En Gev 14940, Tel: 06-758035, gutes und preiswertes Restaurant, leckere Fischgerichte und andere Speisen.

Sehenswürdigkeiten und Museen
Ausgrabungsstätte Kapernaum, geöffnet täglich 8.30-16 Uhr.

Bet Allon Museum, Kibbuz Ginosar, am Nordufer des Sees Genezareth, geöffnet So-Do 8.30-17 Uhr, Fr 8.30-13 Uhr, Sa 9-17 Uhr.

Kirche auf dem Berg der Seligpreisung, geöffnet täglich 8-12 und 14.30-17 Uhr.

Kirche der Erscheinung des Auferstandenen, kurz Petrus-Kirche genannt, geöffnet täglich 8.30-12 und 14-17 Uhr.

Tabgha mit Brotvermehrungskirche, geöffnet täglich 8.30-17 Uhr.

SÜDGALILÄA
Anreise
Busse und *Sherut*-Service verkehren von und nach Tiberias, Afula, Akko, Haifa und Nazareth.

Unterkunft
MITTEL: **Lavi Kibbuz Hotel**, Kibbuz Lavi, an der Route 77, Mobile Poste Lower Galilee 15267, Tel: 06-799450, 12 km östlich von Tiberias, geführt von orthodoxen Juden, daher kein Ein-und Auschekken am Samstag, Tennisplätze, Pool und Kibbuz-Touren.

EINFACH: **Hankin Hostel**, im Ma'ayad Harod National Park, an der Route 71, am Mount Gilboa, Mobile Post Gilboa 19120, Tel: 06-531660, in schöner landschaftlicher Umgebung.

Restaurant
Younes, an der Route 77 neben einer Tankstelle, 1,5 km westlich der Golani Junction, bodenständige Mahlzeiten.

Sehenswürdigkeiten und Museen
BELVOIR: Burgruine, ca. 20 km südlich vom See Genezareth, geöffnet Sa-Do 8-16 Uhr, Fr 8-15 Uhr.

BERG TABOR: Verklärungsbasilika, täglich 8-12 und 14-18 Uhr.

BET ALFA: Synagoge Bet Alfa im Kibbuz Hefzi Bah, geöffnet Sa-Do 8-16 Uhr, Fr 8-15 Uhr.

BET SHEAN: Ausgrabungsstätte, geöffnet Sa-Do 8-16 Uhr, Fr 8-15 Uhr.

BET SHEARIM: Ausgrabungsstätte, geöffnet Sa-Do 8-16 Uhr, Fr 8-15 Uhr.

GAN HASHELOSHA NATIONAL PARK: geöffnet Sa-Do 8-16 Uhr, Fr 8-15 Uhr.

KAFR KANNA (Kanaan): **Hochzeitskirche der Franziskaner**, geöffnet täglich 8.30-12 und 14.30-18 Uhr.

MA'AYAN HAROD NATIONAL PARK: geöffnet Sa-Do 8-16 Uhr, Fr 8-15 Uhr.

MEGIDDO: Ausgrabungsstätte, geöffnet Sa-Do 8-16 Uhr, Fr 8-15 Uhr.

YARDENIT: Sa-Do 8-16 Uhr, Fr 8-15 Uhr.

NAZARETH
Unterkunft
MITTEL: **Galilee Hotel**, Paulus VI. Street, Tel: 06-571311, kleines Hotel in Zentrumsnähe.

Grand New Hotel, St. Joseph Street, Tel: 06-73020, etwas außerhalb Richtung Haifa.

Restaurants / Bäckerei
Astoria Restaurant, Kreuzung Caso Nova Street/Paul VI. Street, kleines preiswertes Restaurant, orientalische Küche. **Al Amal Restaurant**, nahe beim Astoria, preiswertes orientalisches Essen.

Mahroum's Sweet, gegenüber der Basilika, guter Süßwarenladen mit Honiggebäck und Baclava.

Krankenhaus und Apotheke
Nazareth Hospital, Tel: 06-571501. **Holy Family Hospital**, Tel: 06-574537. **Farah Pharmacy**, Paul VI. Street, neben der Egged Bus-Information.

Sehenswürdigkeiten
Griechisch-orthodoxe Gabrielskirche, täglich geöffnet 8.30-12 und 14-18 Uhr.

St. Josephskirche, geöffnet Mo-Sa 8.30-12 und 14-18 Uhr, So 8.30-12 Uhr.

Verkündigungskirche, geöffnet Mo-Sa 8-14.30 Uhr, So 8.30-12 Uhr.

Touristeninformation
Goverment Tourist Information Office in der Casa Nova Street, Tel: 06-573003.

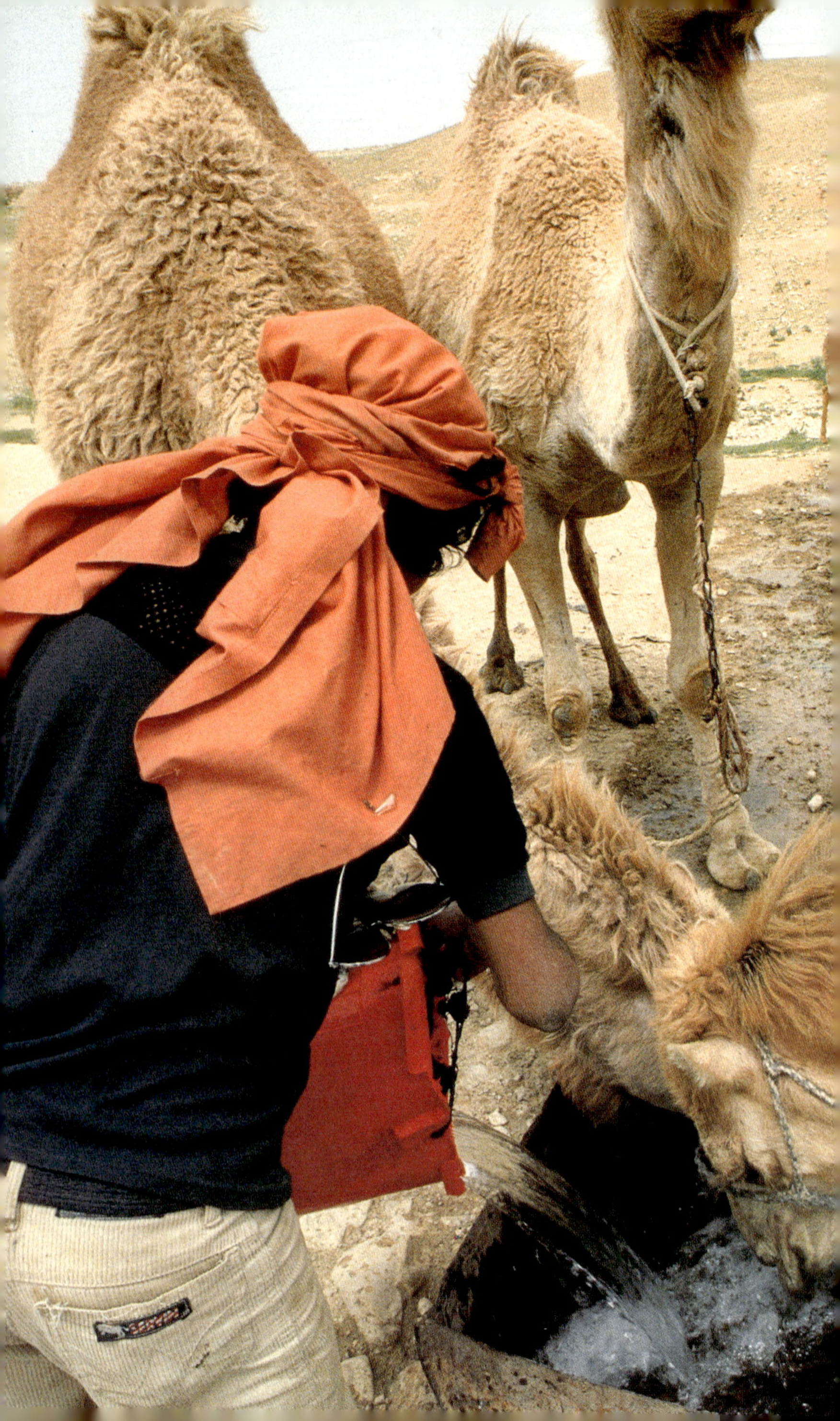

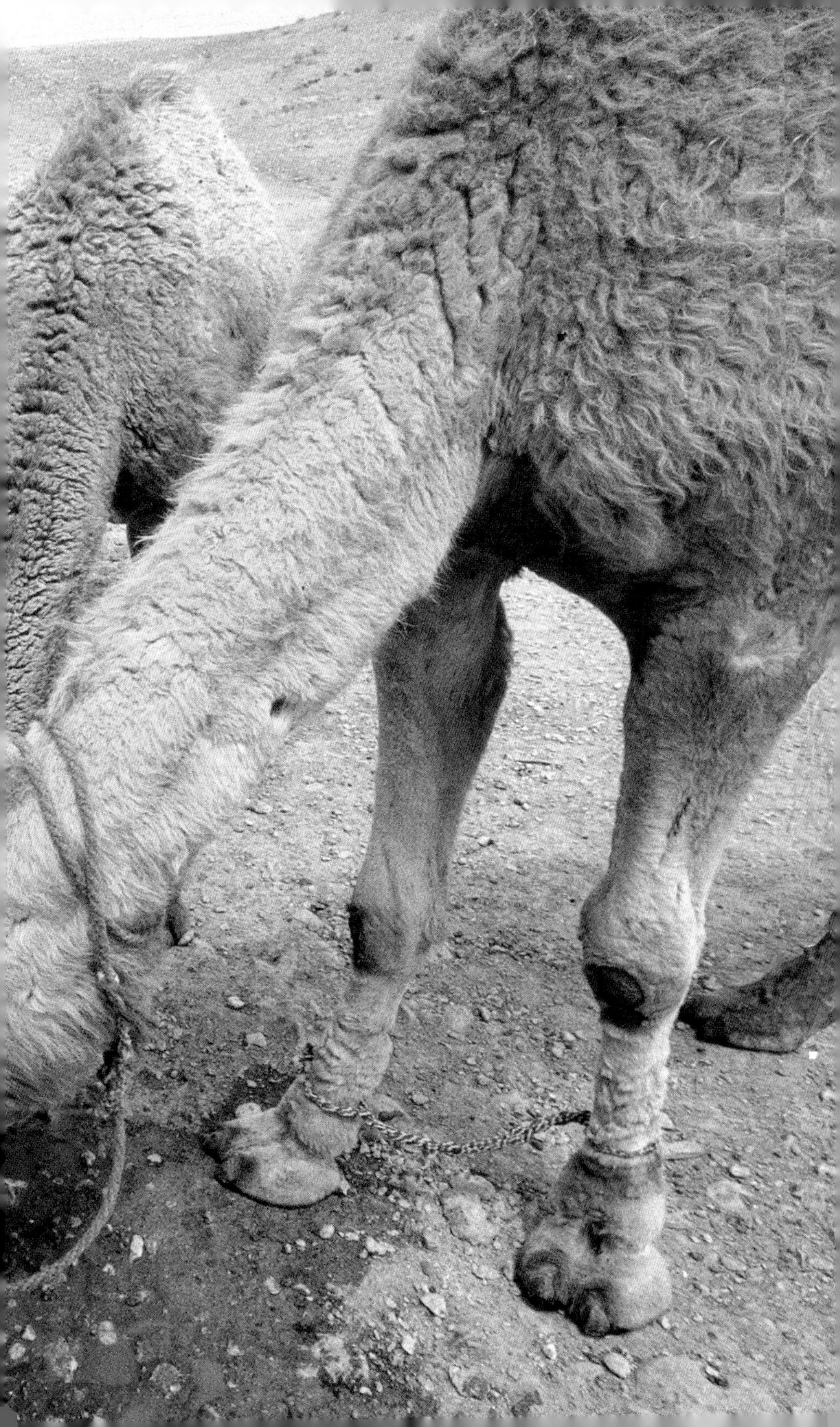

BE'ER SHEVA

DURCH DEN NEGEV NACH ELAT

BEER SHEVA / TELL ARAD
TOTES MEER / MASADA
EN GEDI / HAI BAR
TIMNA PARK / ELAT
IM ZENTRUM DES NEGEV

BE'ER SHEVA UND UMGEBUNG

Be'er Sheva, mit 120 000 Einwohnern die fünftgrößte Stadt Israels, ist in ihrem ausgedehnten Neustadtbereich eine moderne Metropole mit großzügig und luftig angelegten Siedlungen und breiten Straßen, dennnoch mangelt es der Negev-Kapitale an Atmosphäre, die man nur noch in der **Altstadt** findet. Dieses alte Viertel wurde von den Türken im Jahr 1900 mit Hilfe eines deutschen Architekten auf einem rechtwinkligen Straßengrundriß angelegt.

Jeden Donnerstag findet am Rande der Altstadt ein **Beduinenmarkt** statt, zu dem die Nomaden von nah und fern heranziehen und ihre Waren feilbieten, u. a. Leder- und Kupferarbeiten sowie Silberschmuck. Leidenschaftliches Feilschen wird erwartet! In der Nähe des Markts liegt der schön restaurierte **Abrahams Brunnen**, der nicht etwa aus der alttestamentarischen, sondern aus der türkischen Zeit stammt. Im Restaurant des luftigen Brunnenhofs kann man sich nach dem Marktbesuch stärken. Das **Städtische Museum** in der Altstadt ist in einer türkischen Moschee untergebracht und zeigt frühe Funde aus der Umgebung. Vom Minarett bietet sich ein schöner Blick über die Stadt und die umliegende Wüste.

Imponierend sind die gewaltigen Bauten der Ben Gurion Universität; der Erforschung der Trockengebiete und der Möglichkeiten zur Bewässerung widmet sich das Arid Zone Research Centre.

15 Minuten Fahrt auf der Route 233 nach Westen führen zum interessanten **Israel Air Force Museum**. Knapp einhundert Flugzeuge stehen hier, und während der Besichtigung erklären wehrpflichtige Mädchen die Besonderheiten der einzelnen Maschinen; ausgestellt ist beispielsweise eine der vier Messerschmidts, mit denen 1948 die israelische Luftwaffe begründet wurde und die während des Unabhängigkeitskrieges den ägyptischen Vormarsch stoppten. Desweiteren sieht man die Kfir, die erste Eigenproduktion eines Kampfflugzeugs, oder eine Spitfire, die vom späteren Verteidigungsminister Ezer Weizmann geflogen wurde. In der Boeing 707, die bei der Befreiungsaktion der israelischen Geiseln auf dem ugandischen Flughafen von Entebbe 1977 die Spezialtruppen einflog, informiert ein Film über die Air Force Israels.

Ca. 20 km nordöstlich von Be'er Sheva ist beim Ort Lahav das **Museum of Bedouin Culture** im Alon Regional and

Vorherige Seiten: Kameltränke in der Nähe von Be'er Sheva. Links: Scheich aus Be'er Sheva – ein muslimischer Patriarch, der die Stammestraditionen wahrt.

ARAD

Folklore Centre untergebracht. Das Kulturzentrum ist nach dem Piloten Joe Alon benannt, der ein starkes Interesse an den Lebensumständen der Beduinen hatte und auf dessen Initiative dieses Museum zurückgeht. Vor allem wird die sich rapide verändernde Lebensweise der Beduinen im ausgehenden 20. Jh. mit vielen Exponaten dokumentiert.

TELL ARAD UND ARAD

Weiter ostwärts auf der Route 31, erblickt man nach ca. 40 km nördlich der Straße den Tell Arad, den Siedlungshügel einer kanaanäischen Königsstadt. Während der Kupferzeit, um 4000 v. Chr., fand die erste Besiedlung der Region statt; Arad selbst muß in der frühen Bronzezeit, ab 2900, gegründet worden sein. In 1000 Jahren avancierte Arad zu einem Handelszentrum an der Karawanenstraße, die von Ägypten nach Norden führte, und die Bewohner kamen zu Reichtum. So mächtig war die Stadt, daß sie die einwandernden Israeliten zu einem großen Umweg zwang. Einige Jahre später rächten die Israeliten dieses ungebührliche Benehmen und zerstörten Arad. Salomo baute die Stadt wieder auf, und der ägyptische Pharao Scheschonk ließ sie ein Jahrhundert später in Schutt und Asche legen. Mehrere Male wurde Arad wieder besiedelt und zerstört; die Babylonier gaben ihr schließlich im Jahr 587 v. Chr. den Rest.

Zwei größere Komplexe wurden hier entdeckt: Die Kanaaniterstadt aus der vorisraelisch-kanaanäischen Zeit und die Akropolis mit Bauten aus der israelitischen bis römischen Zeit. Archäologen haben Mauerreste der israelitischen Festung, des Jahwe-Tempels, des Königspalastes und eines Wasserreservoirs ausgegraben.

Einige Kilometer östlich vom Tell breitet sich die moderne, 1961 gegründete Stadt **Arad** aus, in der Amos Oz, der

*Oben: Eine Teekanne wechselt ihren Besitzer (Beduinenmarkt von Be'er Sheva).
Rechts: Seit Urzeiten leben die nomadischen Hirten in Zelten.*

bekannteste israelische Schriftsteller, wohnt. Wer vor Ort ist, sollte tief durchatmen. Die 600 m über dem Meersspiegel liegende, 20 000 Einwohner fassende Stadt ist in ganz Israel berühmt für ihre trockene, staub- und pollenfreie Luft, und viele Asthma-Kranke finden hier Linderung ihrer Beschwerden.

In der Ben Yair Street findet man das **Arad Museum and Visitor Centre**, in dem die Funde vom Tell Arad ausgestellt sind. Interessant ist auch der hier gezeigte Film über die Wüste, auf die manchmal sintflutartigen Regenfälle niederprasseln, und über ihre Flora und Fauna, die sich dieser lebensfeindlichen Umgebung gut angepaßt hat.

DAS TOTE MEER

Von Arad führt die Straße auf einer Strecke von 24 km steil und kurvenreich bergab zum Toten Meer, das in der weltweit tiefsten Senke knapp 400 m unter Meeresspiegelniveau liegt. 1000 m Höhenunterschied werden auf dieser kurzen Strecke überwunden. An zwei Aussichtspunkten kann der Wagen geparkt werden, und von hier ergeben sich beeindruckende Ausblicke in die Schluchten und Cañons des Negev und weiter auf das Tote Meer. Bei **Newe Zahor**, einem Badeort mit Schwefelbädern, erreicht man das Ufer des am tiefsten gelegenen Sees der Welt.

Auf Straßenschildern in dieser Region taucht immer wieder der Name **Sodom** (oder auch Sedom) auf. Christen wissen, was in biblischen Zeiten hier geschah: 50 Gerechte wollte der Herr in Sodom und Gomorrha finden. Abraham gelang es, Gott tatsächlich auf zehn herunterzuhandeln – doch nicht einmal die fanden sich. Da war das Ende besiegelt! Schnell evakuierten zwei Engel Lot und seine Familie, die einzigen Frommen der Region, hasteten mit ihnen fort in die Berge und warnten sie vor dem Zurückschauen; als die Sonne aufgegangen, und Lot mit Frau und Kindern in Sicherheit war, ließ Gott auf Sodom und Gomorrha Schwefel und Feuer regnen und vernichtete die Städte

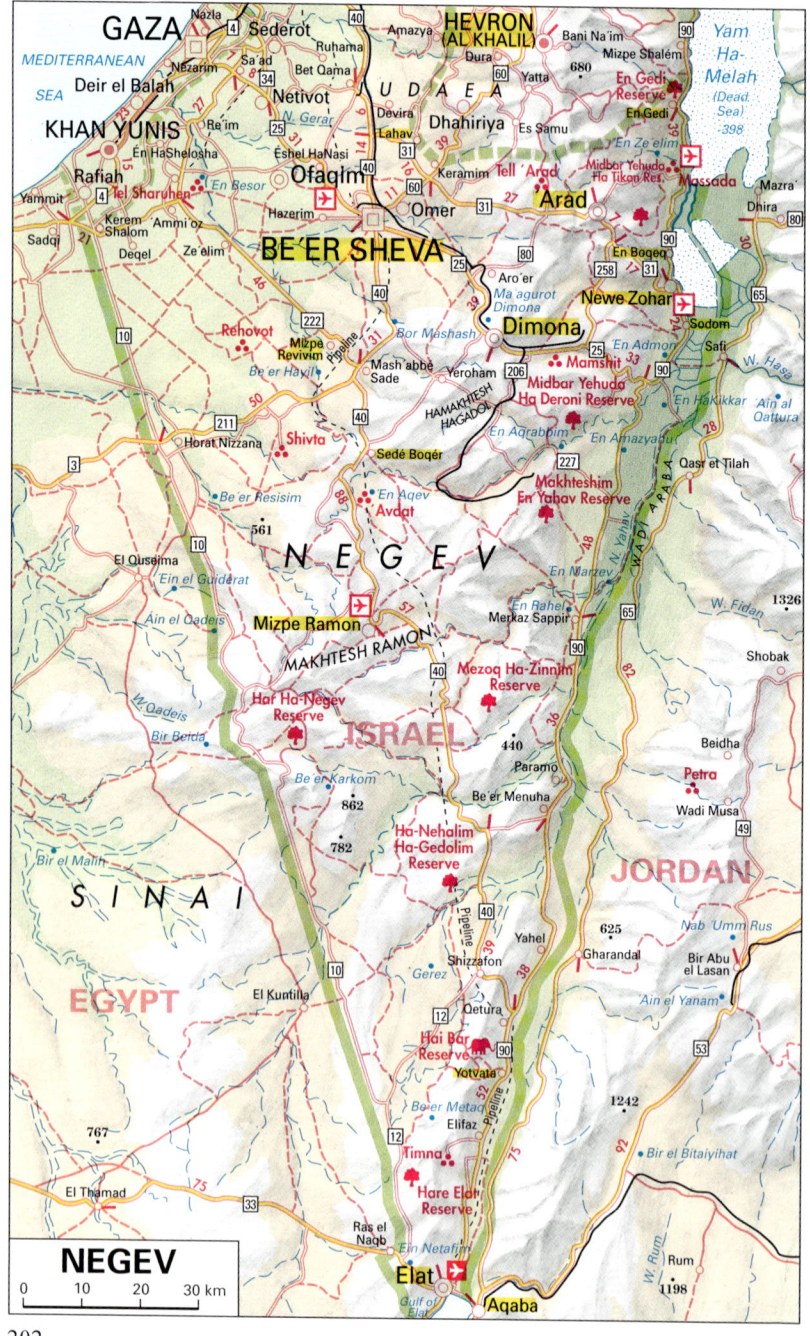

NEGEV

sowie die gesamte Gegend. Nicht ein Bewohner überlebte die göttliche Strafe. Als Lots Frau entgegen den Warnungen doch zurückblickte, erstarrte sie zur Salzsäule (Genesis 19, 23-26).

Das Ereignis fand laut Bibel in jenen Tagen statt, in denen Abraham um das Jahr 1800 v. Chr. in den Negev zog. Geologen fanden heraus, daß diese Region während der Mittleren Bronzezeit von einem verheerenden Erdbeben heimgesucht wurde, reiben hier doch an der syrisch-afrikanischen Spalte zwei Platten aneinander. Als bei dem Erdbeben die Erde aufriß, strömten schwefelhaltige Gase und Asphalt an die Oberfläche und entzündeten sich. Sie müssen für eine verheerende Katastrophe gesorgt haben.

Mitte der 1930er Jahre entstand eine Arbeitersiedlung, die den Namen Sedom bekam, 20 Jahre später jedoch aufgegeben wurde.

Am Südende des Toten Meeres erstrecken sich die **Dead Sea Works**. Hier werden aus dem mineralhaltigen Wasser in großen Verdunstungsbecken Brom, Magnesium, Salz und Pottasche gewonnen. Schwer umfängt einen – wie überall am Toten Meer – die schwefelhaltige Luft, deren Geruch unangenehm in der Nase kitzelt.

Das **Tote Meer** ist 80 km lang und bis zu 18 km breit, bedeckt eine Fläche von 1020 km und ist bis zu 399 m tief. Infolge seines hohen Salzgehalts von 30% an der Oberfläche und 33% in der Tiefe (zum Vergleich: Nordsee 3,5%), existiert keinerlei pflanzliches oder tierisches Leben im Wasser. Der hohe Salzgehalt entsteht durch Wasserverdunstung des abflußlosen Sees, der durch den Jordan gespeist wird. Wegen des vielen Salzes kann man nicht untergehen, und Besucher fotografieren sich gern in der üblichen Haltung: beim Zeitunglesen. Bei sommerlichen Temperaturen von 45° C sucht man in dem öligen Wasser vergebens Abkühlung; im Juli und August hat das Tote Meer eine Temperatur von 30° C, im Februar immer noch von 19° C. Wild planschend darf man nicht in den See rennen, da Wasserspritzer sehr schmerzhaft in den Augen brennen; ist so etwas passiert, sollten sie sofort ausgiebig mit Süßwasser gespült werden.

Bei **Newe Zohar** kommt man am Seeufer an hohen Salzsäulen vorbei, die aus dem Waser ragen und oft phantastische Formen bilden. Die Atmosphäre ist ausgesprochen surreal: Es ist totenstill, man hört kein Geräusch, kein Vogel piepst oder flattert durch die Lüfte; das blendende Weiß der Salzformationen steht in starkem Kontrast zum Blau des Himmels und der lilaroten Färbung der Berge – und wäre da nicht die flirrende Hitze, könnte man fast glauben, sich in einer verschneiten Landschaft zu befinden.

In En Boqeq, Newe Zohar und En Gedi gibt es eine Reihe von Thermalbädern mit Hotels, die auf die Behandlung von Schuppenflechte und anderer Hautkrankheiten spezialisiert sind und große Heilungserfolge vorzuweisen haben.

MASADA

Von Newe Zohar geht es nordwärts am Ufer des Toten Meeres entlang und vorbei an **En Boqeq**, ein Kurort mit Hotels und einer palmenbestandenen Promenade, zum 20 km entfernten Hügelplateau von **Masada**. Der von allen Seiten 440 m senkrecht in die Höhe ragende, mächtige Tafelberg war aufgrund seiner gesicherten Lage schon in grauer Vorzeit besiedelt, und später wurde dort oben eine Burgbefestigung angelegt. Herodes hatte bei seinen vielen Feinden eine uneinnehmbare Trutzburg bitter nötig, und so ließ er zwischen 36 und 30 v. Chr. auf dem Plateau eine mächtige Festung errichten, Wasserzisternen und Magazinspeicher für Getreide und Lebensmittel aus den Felsen schlagen und einen prachtvollen Palast errichten.

Im Jahr 66 n. Chr., als der Erste Aufstand gegen die Römer ausbrach, überrumpelte eine Gruppe Zeloten – eine radikale politische Minderheit mit starkem jüdischen Nationalgefühl – die römische Garnison auf Masada und brachte die Festung in ihre Gewalt. Flavius Josephus berichtet, daß die Zeloten auf dem ausgedehnten Plateau Ackerbau betrieben, um die Vorratshaltung zu verbessern. Die Achäologen haben diese Behauptung immer geleugnet, da in der Region um Masada jährlich nur maximal 40 mm Regen niedergehen. Nun aber hat ein Klimaforscher herausgefunden, daß zur Zeit des Ersten Aufstandes völlig anderes Wetter mit ausgedehnten Regenfällen um Masada herrschte; in den letzten 2000 Jahren ist es im Norden des Negev zu einer Klimaverschiebung gekommen.

Nach der Eroberung Jerusalems durch die Römer war Masada das einzige noch existierende jüdische Widerstandsnest und den Römern ein Dorn im Auge. Zu

Oben: Endlich in Ruhe Zeitung lesen – Badespaß im Toten Meer; hoher Salzgehalt sorgt für starken Auftrieb.

Winterbeginn im Jahr 72 marschierte Flavius Silva mit seinen Legionären an den Fuß des Tafelberges und begann mit der Belagerung. Da aufgrund der riesigen Vorratslager und der vollen Wasserzisternen ein Aushungern jahrelang gedauert hätte, mußte die uneinnehmbare Festung notgedrungen militärisch bezwungen werden.

Bis vor wenigen Jahren gingen übereinstimmend alle Archäologen – inklusive der Leiter der Masada-Untersuchung, Yigael Yadin – davon aus, daß die nicht zu übersehende, riesige Rampe von den römischen Pionieren aufgeschüttet wurde, um Truppen und einen Belagerungsturm nach oben zu bringen. So hat es Flavius Josephus berichtet, dessen Schilderungen immer wieder durch archäologische Grabungen bestätigt worden sind. Doch im August 1993 wies der Geologe Dan Gill vom Geological Survey of Israel nach, daß die schräge Ebene natürlichen Ursprungs ist und wahrscheinlich nur geringfügig aufgeschüttet wurde. In der nur wenige Monate dauernden Bela-

MASADA

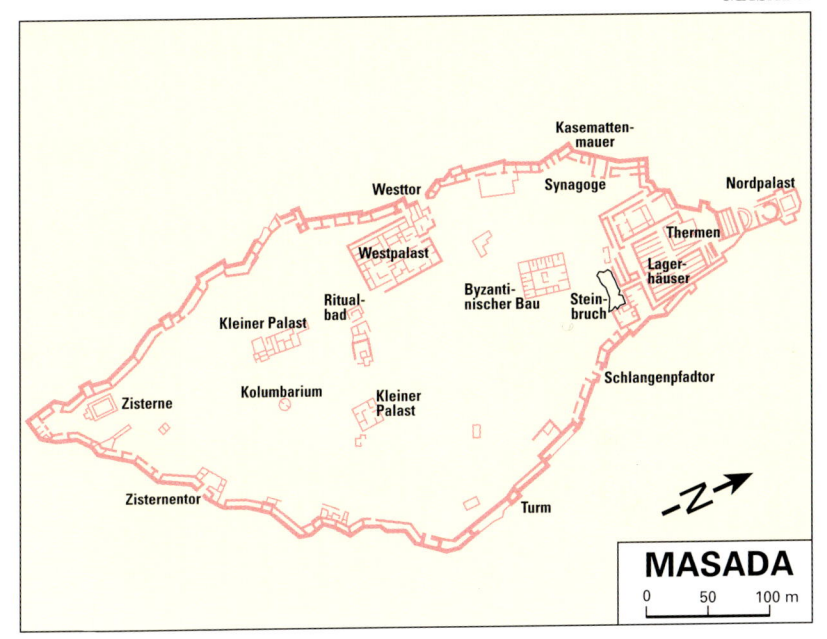

Kasemattenmauer, **Westtor**, **Synagoge**, **Nordpalast**, **Westpalast**, **Thermen**, **Lagerhäuser**, **Ritualbad**, **Byzantinischer Bau**, **Steinbruch**, **Kleiner Palast**, **Kolumbarium**, **Kleiner Palast**, **Schlangenpfadtor**, **Zisterne**, **Zisternentor**, **Turm**

MASADA
0 50 100 m

gerung hätten die Römer nie und nimmer die 250 000 Kubikmeter Erde bewegen können, die aus Josephus Schilderungen errechnet worden sind.

Zu Beginn des Jahres 73 hatten die Römer ein Loch in die Mauer geschlagen und die von den Zeloten rasch dahinter errichtete hölzerne Barriere in Brand gesteckt. Als sie am nächsten Morgen aufs Plateau stürmten, herrschte Totenstille; alle Bewohner von Masada hatten nach einer flammenden Rede des Zelotenführers Eleazar (die der Chronist Flavius Josephus wahrscheinlich sehr frei erfunden hat) kollektiven Selbstmord begangen, laut Flavius Josephus insgesamt 960 Männer, Frauen und Kinder. Mittlerweile ist es jedoch mehr als fraglich, ob dieser Massenselbstmord tatsächlich stattgefunden hat, und in Israel beginnt man mit einer Entmythologisierung des mächtigen Burgfelsens.

Bei den Ausgrabungen fanden die Archäologen nur 24 Skelette, nirgendwo gab es Grabanlagen oder einen Friedhof. Zudem wäre eine kollektive Tötung gegen den Geist des Judentums gewesen, denn die jüdische Tradition ist vollständig auf das Überleben ausgerichtet. Es gibt keinen einzigen handfesten Beweis, nur den Text des Flavius Josephus – und der war nicht selbst vor Ort.

Bis 1967 wurden die israelischen Rekruten auf dem Tafelberg vereidigt und sprachen dabei den berühmten Schwur: „Masada darf nie wieder fallen."

Eine **Seilbahn** bringt Besucher auf das Plateau; stilvoller ist es jedoch, auf dem sogenannten **Schlangenpfad** hochzusteigen (ca. 45 Min.). Oben angekommen findet man einige überdachte, schattige Rastplätze sowie Wasserhähne.

Schlangenpfad und Seilbahn enden am Schlangenpfadtor; hier beginnt die ca. 1400 m lange Kasemattenmauer, die das gesamte Areal einmal komplett einschloß und ca. 8 m hoch und 6 m breit war. In Richtung Nordspitze stößt man auf die Thermen, das luxuriöse Badehaus des Herodes, mit den mosaikgeschmückten Räumlichkeiten des *Tepidariums* (Abkühlraum), *Frigidariums* (Kaltwasser-

MASADA

bad) und des *Caldariums* (Heißwasserbad), die mittels der *Hypokausten* (Kanäle für das Warmluftheizsystem) beheizt wurden.

An der äußersten Nordspitze klebt der **Nordpalast** mit den privaten Räumlichkeiten des Herodes am Fels. Von der oberen Terasse hatte der Herrscher einen großartigen Ausblick; eine Treppe führt zur 20 m tiefer gelegenen mittleren Terasse mit einem runden Säulenhof, dann geht es 15 m hinunter zur unteren Terasse mit einem quadratischen Hof.

Ein Stück weiter nördlich liegen die Überreste der ältesten **Synagoge** der Welt, die von den Zeloten umgebaut und mit Steinbänken ausgestattet wurde. Weiter südlich findet man eine Kirche aus byzantinischer Zeit, auf dessen Mosaikfußboden Pflanzen und Früchte dargestellt sind. Der **Westpalast**, auf halber Strecke zwischen Nord- und Südspitze direkt an der Mauer gelegen, diente als offizielle Residenz des Herrschers und war entsprechend prächtig ausgeschmückt, um die Besucher zu beeindrucken. Der ehemalige Empfangsraum zeigt die ältesten Mosaiken, die bisher in Israel freigelegt wurden. Im Thronsaal markieren vier Pfostenlöcher die Stelle, wo unter einem Baldachin vielleicht einmal der Herrscher seinen Platz hatte. Eine Zitadelle sicherte die Südspitze von Masada, da hier die Felsen nicht ganz so steil in die Höhe ragen; nahebei führen Stufen zu einer gigantischen **Zisterne** herunter, von denen es eine ganze Reihe gab, und die bei den seltenen, aber dann heftigen Regenfällen durch ein intelligentes Wasserleitsystem gefüllt wurden. Vom Plateau sieht man deutlich die Reste der **Römerlager** rund um den Tafelberg.

EN GEDI

15 km nördlich von Masada liegt **En Gedi**, die größte Oase der Region, die außerdem Badefreuden im Toten Meer bie-

Oben: Römer brachen 72 n. Chr. den jüdischen Widerstand – Erkundung der Bergfestung Masada. Rechts: In der Zisterne.

tet und mit einem landschaftlich attraktiven **Naturpark** aufwarten kann. David suchte in dieser Region Zuflucht vor dem Zorn Sauls, der ihn umstürzlerischer Pläne verdächtigte, ,,und setzte sich in den schwer zugänglichen Bergen von En Gedi fest" (1. Samuel 24, 1).

Ein ausgeschilderter Weg führt entlang des Nahal David (Davids Strom) durch grüne Wäldchen, vorbei an kleinen plätschernden Wasserfällen und natürlichen, mit schattigen Farnen und Bambushainen gesäumten Becken zu einem **Wasserfall**, der aus großer Höhe in einen Pool hinabrauscht. Ein erfrischenderes Bad findet man in weiten Umkreis nicht.

Das Umfeld der Oase ist ein Vogelparadies, und mit ein wenig Glück kann man hier Steinböcke, Gazellen, Füchse und Schakale beobachten. Ein steiler Aufstieg führt von hier hoch zur Dodim-Höhle und zu Davids Quelle; südlich davon entspringt die Shulamit-Quelle, benannt nach jener erotischen Figur aus dem Hohelied, die zu Salomo singt: ,,Eine Hennablüte ist mein Geliebter mir, aus den Weinbergen von Ein Gedi" (Hoheslied 1,14). In früheren Zeiten wuchsen hier nämlich Hennabüsche.

Ein Weg führt zum südlich der Quelle gelegenen chalkolithischen Tempel. Von hier kann man nordwestlich zum ,,Trokkenen Canyon" oder westlich zum Römischen Kastell und zur runden Israelitischen Festung laufen. Für alle Sehenswürdigkeiten des Naturparks benötigt man mindestens 5 Stunden Wanderzeit.

Der **Kibbuz En Gedi** bietet Übernachtungsmöglichkeiten an. Nördlich des Kibbuz liegt die Ruine einer Synagoge mit einem Bodenmosaik, das Vogelpaare und den Davidsstern zeigt. Am Ufer des Toten Meers bei En Gedi gibt es einen Campingplatz mit Restaurant und eine Jugendherberge. Hier kann man baden oder sich den Körper mit dem mineralhaltigen schwarzen Schlamm bestreichen, der sehr gut für die Haut und die Gesundheit sein soll.

IM BIBLICAL WILDLIFE RESERVE DES HAI BAR-RESERVATS

Von En Gedi geht es wieder vorbei an Masada und Newe Zohar nach Süden und entlang der Route 90 parallel zur nahen jordanischen Grenze. Die einsame, lange Fahrt durch die Wüste ist wahrscheinlich nur für Wüsten-Fans erhebend: In der flirrenden Hitze verschwimmen Farben und Formen, und man glaubt, eine Fata Morgana nach der anderen zu sehen. Rote Felszacken wechseln ab mit gelben oder lila Hügelketten. Beduinen ziehen mit Kamelen oder Schafen durch die weite Landschaft – und würde nicht das eine oder andere Flugzeug am Himmel seine Bahn ziehen, könnte man glauben, sich noch in biblischen Zeiten zu befinden.

Beim Kibbuz Yotvata, 60 km nördlich von Elat, züchten Biologen im Biblical Wildlife Reserve des **Hai Bar-Reservats** (Hai Bar bedeutet Wildtier) alle jene Tiere, die in der Bibel Erwähnung fanden (geführte Touren um 9, 10.30, 12 und

13.30). Da galoppieren Herden von Somali-Wildeseln durch die trockene Savanne und wirbeln Staubwolken auf; Oryx-Antilopen machen sich über die spärlich verteilte Nahrung her, Steinböcke überspringen breite Schluchten, und Strauße stecken den Kopf in den Sand. Putzig kommt der kleine Fennek, der Wüstenfuchs, mit seinen riesigen Lauschern daher; gefährlich dagegen wirkt der Luchs, erkennbar an seinen langen Ohrenquasten, und mit dem Makel der Häßlichkeit ist die Hyäne geschlagen, die allerdings ein ausgeprägtes Sozialverhalten zeigt; während die eine Hyäne frißt, warten die anderen, bis sie an der Reihe sind. Trächtige Weibchen haben Vorrang beim Fressen. Auch die wohl letzte Wüstenleopardin des Negev, über 18 Jahre alt, bekommt hier ihr Gnadenbrot. Touristen schrecken sie schon lange nicht mehr aus den Träumen. In jungen Jahren hat sie ihrer Rasse alle Ehre gemacht und die Bewohner des Kibbuz En Gedi am Toten Meer kräftig aufgemischt. Die waren es dann leid, ihren Tierbestand im Zwei-Tages-Rhythmus dezimiert zu sehen und engagierten einen Jäger, der sie anschoß und lebensgefährlich verletzte. Tierärzte retteten die Leopardin in einer mehrstündigen Operation und fortan verbrachte sie ihre Tage im Biblical Wildlife Reserve. Die Biologen des Naturparks befürchten, daß es in der Negev-Wüste und auch im benachbarten ägyptischen Sinai keine Wüstenleoparden mehr gibt.

Viele Tiere des Reservats sind vom Aussterben bedroht. So der asiatische Wildesel, der nie domestiziert worden ist. Die weiße Antilope war einst im Mittleren Osten und auf der Arabischen Halbinsel weit verbreitet; Lawrence von Arabien erwähnt in seinen „Sieben Säulen der Weisheit", daß Antilopenfleisch das Hauptnahrungsmittel seiner Beduinenkrieger war. Die kleine Herde im Reservat dürfte mittlerweile die einzige außerhalb Afrikas sein, wo der weiße Oryx

Oben: Schlammkur bei En Gedi am Toten Meer. Rechts: Eine Oryx-Antilope im Hai Bar-Reservat.

ebenfalls drastisch dezimiert worden ist. Auch der Wüstenluchs, den es allem Anschein nach nur noch in Israel gibt, hat eine ungewisse Zukunft. Viele der im Reservat gezüchtet und gehegten Tiere werden von den Biologen in die freie Wildbahn entlassen, wenn eine genügend große Population zustande gekommen ist.

Nahe beim Naturpark stellt der üppige Palmenwald des Kibbuz Yotvata einen Augenschmaus in der eintönigen sandfarbenen Wüste dar. Die hier reichlich sprudelnden Quellen löschten schon den Durst von Moses und seinen Israeliten. Eine Pipeline leitet das kostbare Naß heutzutage bis nach Elat.

TIMNA-PARK

Bis zur nächsten Attraktion im Negev ist es nicht weit. Der 60 qkm große **Timna-Park** ist zur Hälfte von einem schroffen, 800 m hohen Bergkranz umgeben (geöffnet Sa-Do 7.30 bis Sonnenuntergang). In vielerlei Farben erstrahlen die gewaltigen Brocken im Sonnenlicht; der untere Teil des Gebirges besteht aus Sandstein und schimmert in purpurroten Tönen, darüber ist Meeresablagerungsgestein aus Kreide und Kalkmergel geschichtet, welches das gleißend helle Licht zurückwirft.

In Timna entdeckten die Archäologen das älteste Bergwerk der Welt. Vor 6000 Jahren begannen hier die Menschen, Kupfererz abzubauen und lernten, daraus Metall zu gewinnen. Über 1000 Schächte durchziehen die Region, und überall findet man Reste von **Schmelzöfen**, in denen mittels einer einfachen, doch effektiven Technik das Kupfer aus dem Erz gelöst wurde. In die steinernen, innen mit Lehm ausgekleideten Öfen kamen Holzkohle, Kupfererz und Eisen-oder Manganoxyd. Der Zweck der Oxyde bestand darin, die Nebenbestandteile des Erzes – beispielsweise Schwefel – zu binden und die Zähflüssigkeit des Schmelzflusses zu verringern. Mit zwei fußbetriebnen Blasebälgen wurde Sauerstoff in den Ofen geleitet, in dem eine Hitze von bis zu 1350° C erzeugt werden konnte. Nach fünf bis sieben Stunden war das Kupfer – dessen Schmelzpunkt bei 1083° C liegt – verflüssigt und hatte sich von seinen Nebenprodukten gelöst. Das schwere Metall war auf den Boden des Schmelzofen gesunken, obenauf schwamm die leichte Abfallasche. Nun brauchte man nur noch eine Öffnung am Ofen anzubringen, damit die Schlacke abfließen konnte und zurück blieb ein reiner Kupferlaib.

Vom 14. bis zum 12. Jh. v. Chr. ließen die ägyptischen Pharaonen die Kupferbergwerke in Timna ausbeuten, zumeist von den in der Region wenig beliebten Midianitern, die zwischen Ägypten und Palästina als Händler und Hirten lebten, sich aber auch auf Überfälle und Plünderungen verstanden. Bei vielen Schmelzöfen fanden die Archäologen kleine midianitische Kulttempel mit Altar, Opferbank, Weihebecken und Priesterzelle. Bis zu 1000 Mann starke Expeditionen kamen aus Ägypten, um das Kupfer ins Land der Pharaonen zu bringen; Königskartuschen mit den Namen der ägyptischen Herrscher sind noch heute entlang der Route durch den Sinai und den Negev zu entdecken, und in Timna findet man eine Reihe von **Felszeichnungen** aus der ägyptisch-midianitischen Epoche. Man erkennt deutlich einen Steinbock und einen Strauß, die vorherrschenden Tiere der Region; weiterhin von Stieren gezogene Fuhrwerke, die von ägyptischen Soldaten mit Äxten und Schilden geschützt werden, sowie eine Gruppe von Jägern, bewaffnet mit Dolch, Pfeil und Bogen.

Im Zentrum des Timna-Parks ragen mächtige, über 60 m hohe purpurschimmernde Felsformationen auf: die **Säulen König Salomons**. Über Jahrmillionen haben Auswaschungen im Sandstein diese bizarren Formen hervorgebracht. Eine von den alten Ägyptern in den Fels geschlagene Treppe führt hoch zu einem **Relief**: Ramses III. (Reg. 1184-1153 v. Chr.) bringt der Göttin Hathor ein Opfer dar; Hathor war nicht nur die Schutzpa-

Oben: Die Säulen König Salomons im Timna-Park. Rechts: Der Strand von Elat am Roten Meer.

tronin der Tänzer, Musiker und der Liebenden, sondern auch die der Bergleute. Am Fuß von Salomons Säulen errichteten die Ägypter ein zentrales **Heiligtum**, das ebenfalls der Hathor geweiht war.

Hat man alle Schächte, Schmelzöfen und Felszeichnungen in Augenschein genommen, lohnt eine Rast am kleinen, blauen **Timna-See**, wo schattige Plätze zum Picknick einladen. Wer möchte, kann in die Fluten springen. Gestärkt und erfrischt ist dann nach einer halben Stunde Autofahrt Elat erreicht, Israels Touristenzentrum am Roten Meer.

ELAT UND UMGEBUNG

Elat liegt an der Südspitze Israels, am Golf von Aqaba. Im Osten schließt sich die ägyptische Sinai-Halbinsel an, und im Westen sieht man bei klarem Wetter abends die Lichter des nahen jordanischen Aqaba. Nur 15 km ist Israel hier noch breit. Wer in die beiden Nachbarländer reisen möchte, um das Katharinenkloster auf dem Sinai oder die eindrucksvollen Reste der einstigen nabatäischen Hauptstadt Petra in Jordanien zu besuchen, hat heute keine großen Schwierigkeiten. Von Elat kann man problemlos in beide einst mit Israel verfeindete Ländern einreisen, und die großen Reiseveranstalter planen bereits Drei-Länder-Touren mit Besuch der Sehenswürdigkeiten Israels, Jordaniens und Ägyptens.

Elat ist eine moderne Touristenhochburg mit luxuriösen Hotelanlagen und Einkaufszentren, einem Yachthafen und einer Jugendherberge. Die Stadt ist nicht nur bei Pauschaltouristen, sondern auch bei internationalen Travelern, die am Strand schlafen, sowie bei Taschendieben beliebt. Die langen, feinen Sandstrände im Zentrum laden dazu ein, auszuspannen, in der Sonne zu liegen oder im warmen Wasser des Roten Meeres zu schwimmen. Fast das gesamte Jahr über sind die Temperaturen so hoch, daß man gar nicht mehr aus dem Wasser – oder aus dem Liegestuhl – heraus möchte.

Eine der Attraktionen Elats ist das **Unterwasser-Observatorium**, das in ein

Korallenriff hineingebaut wurde. In einer Tiefe von sechs Metern kann der Besucher durch große Scheiben die papageienbunten Fische des Riffs beobachten. Wer die schweigsame Welt unter Wasser genauer erkunden möchte, sollte mit dem **Yellow Submarine** auf einer 45-Minuten-Tour durch die Korallenriffe kreuzen; darüber hinaus gibt es viele Tauchschulen im Ort, und von der kleinen Marina aus operieren Tag für Tag eine Reihe von Glasbodenbooten.

Am **Coral Beach Nature Reserve**, etwas außerhalb vom Zentrum in Richtung der ägyptischen Grenze, kann man sich Flossen, Schnorchel und Maske ausleihen, entlang des Riffs schnorcheln und die vielen bunten Riff-Fische hautnah bestaunen. Ohne Badesandalen sollte man hier allerdings nicht ins Wasser gehen: Der Boden ist mit abgestorbenen scharfkantigen Korallen bedeckt, und es besteht die Gefahr, daß man auf einen Steinfisch treten könnte (dessen Stachel ein tödliches Gift injiziert).

Die größte Attraktion von Elat ist jedoch das **Dolphin Reef** nahebei; hier trennt ein großes Netz eine Bucht ab und verhindert, daß Delphine und Seelöwen davonschwimmen. Man kann mit Schnorchel (wer eine Tauchlizenz besitzt auch mit Flaschen) zusammen mit den Dephinen schwimmen, sie anfassen, sich vielleicht von ihnen durchs Wasser ziehen lassen – ein unglaubliches Erlebnis (nur gegen Vorbuchung).

Einige Kilometer nordwestlich von Elat – an der Route 40 – kann man mit dem Auto auf einer steilen Buckelpiste fast bis auf den Gipfel des **Mount Yoash** fahren; von dort oben hat man eine phantastische Aussicht: Nach Osten und Süden schweift der Blick über Elat bis zur jordanischen Hafenstadt Aqaba, auf die schroffen Berge von Edom und über die saudi-arabische Küste des Roten Meeres; im Westen breitet sich das ägyptische Moon Valley aus, eingerahmt von hohen, in der Sonne rotglänzenden Gebirgsmassiven.

Oben: Blick von Elat auf die jordanische Nachbarstadt Aqaba. Rechts: Im Unterwasser-Observatorium von Elat.

Auch einen Besuch im **Red Cañon**, einige Kilometer weiter nördlich entlang der Route 40, darf man nicht auslassen. Von der Straße geht es für kurze Zeit zu Fuß entlang eines *Wadi*, eines ausgetrockneten Flußbetts, das geradewegs in den engen Felseinschnitt führt. Deutlich ist zu erkennen, wie über die Jahrmillionen das Wasser die an manchen Stellen nur 1,5 m breite Schlucht aus dem roten Sandstein gewaschen hat. An Geländern und an in den Fels gehauenen Haltegriffen geht es immer tiefer hinab, bis sich die Klamm wieder in ein breites Wadi öffnet. Hier kann man auf einem schmalen Pfad und über Leitern hochsteigen und oberhalb des Cañons wieder zurückspazieren.

IM ZENTRUM DES NEGEV

Auf dem Weg von Elat nach Norden, mitten durch den Negev entlang der Route 40, hält die Region weitere landschaftliche Höhepunkte bereit. Nach rund 100 km ereignisloser Fahrt von Elat steigt die Straße – hier *Ma'ale Ha'atzmaut*, ,,Paß der Unabhängigkeit" genannt – plötzlich steil und in Haarnadelkurven hoch. Oben angekommen, bietet sich ein großartiger Ausblick über den gigantischen ,,Krater" **Makhtesh Ramon**, der 40 km lang, 10 km breit und von 430 m hohen lotrecht aufragenden Felsen eingefaßt ist. Die Senke ist jedoch nicht vulkanischen Ursprungs, sondern entstand vor 70 Millionen Jahren, als die Region, von gewaltigen Höhlensystemen durchzogen, einbrach. Paläontologen fanden Fossilien von Tieren, die vor 200 Millionen Jahren hier gelebt haben, weiterhin Spuren von Sauriern. Ein **Visitor Centre**, gebaut in Form eines riesigen ammonitischen Fossils, macht mit der Erdgeschichte der Region vertraut. An der nordwestlichen Abbruchkante des Talkessels liegt das Bergarbeiterstädtchen Mizpe Ramon und macht seinem Namen alle Ehre – *Mizpe* bedeutet Aussichtspunkt.

Nach dem Auszug aus Ägypten schlugen die Israeliten für einige Zeit im lebensfeindlichen Wüstenkrater ihr Lager

IM NEGEV

auf; man kann sich gut vorstellen, wie hier das auserwählte Volk, auf dem Weg ins „Land, wo Milch und Honig flossen", mit seinem momentanen Schicksal haderte und nicht gut auf Moses und seinen Herrn zu sprechen war – hier floß nicht einmal ein Rinnsal Wasser!

Das wohlhabende Kaufmannsvolk der Nabatäer ließ nur wenige Kilometer weiter nördlich im 3. Jh. v. Chr. inmitten der Wüste eine blühende Stadt errichten. **Avdat** war eine wichtige Karawanenstation an der Handelsstraße, die von der nabatäischen Hauptstadt Petra (im heutigen Jordanien) über Elat nach Gaza ans Mittelmeer führte. Im knochentrockenen Negev erzielten die Nabatäer mit ihren ausgedehnten Zisternensystemen und den ausgeklügelten Bewässerungstechniken hervorragende Anbauerfolge. Die Römer unterhielten hier im 3. Jh. ein Militärlager und bauten einen Jupitertempel, in byzantinischer Zeit wurden die Bewohner christianisiert. Nach dem Einfall der Perser und der islamischen Araber im 7. Jh. verfiel die Stadt.

Israelische Botaniker und Archäologen rekonstruierten einen nabatäischen Hof, setzten die Irrigationsanlagen instand und bauten mit großem Erfolg Nutzpflanzen an, die schon die Nabatäer hier gezogen hatten. Die großartige Ausgrabungsstätte bietet eine Fülle von Sehenswürdigkeiten: Nahe des oberen Parkplatzes liegt ein römisches Wohnviertel mit einer nabatäischen Weinpresse sowie eine nabatäische Töpferei; durch das Südtor gelangt man zur teilweise restaurierten **byzantinischen Burg** mit den Ruinen einer Kapelle und Klosterräumen. Zwei dreischiffige Säulenbasiliken, die **Theodoroskirche** und die **Nordkirche**, sind in den Burgkomplex integriert. Südlich des Komplexes, am unteren Parkplatz, liegen Grabkammern, Reste eines byzantinischen Wohnhauses und ein byzantinisches Bad.

Nahebei liegt eine besondere landschaftliche Attraktion: **En Avdat**. *En* bedeutet Quelle, und man darf sich auf kühles Wasser in der heißen Wüste freuen. Spektakulär ist der Blick in die nur ca. 50 m breite, einige Kilometer lange und mehrere hundert Meter tiefe Schlucht von En Avdat. Der heute trockene River Zin hat sich hier im Lauf der Jahrmillionen seinen Weg durch das weiche Kreidegestein gebahnt. Schwindelfrei sollte man schon sein, wenn es auf einem schmalen Stufenpfad und über Leitern bergab geht. An den engsten Stellen sorgen Haltegriffe im Gestein für Sicherheit. Unten angekommen, hat man die Wüste weit hinter sich gelassen. Tamarisken spenden Schatten an drei kleinen Seen. Ein vierter Pool liegt noch tiefer, und hier hinein ergießt sich ein Wasserfall.

Am nördöstlichen Ende von En Avdat beginnen die Ländereien des **Kibbuz Sede Boqer** mit der Negev-Hochschule; an der Dependance der Universität von

Oben: Wer keinen Höcker hat, ist auf die Wasserflasche angewiesen – Wanderer im Negev.
Rechts: Grenzpatrouille in der Wüste Negev.

Be'er Sheva werden Naturwissenschaften, Soziologie, Archäologie und Geschichte gelehrt, außerdem gibt es hier das National Solar Energy Centre, das in einem Visitor Centre über den Stand der Technik zur Sonnenenergie informiert.

Vor der Bibliothek der Wüstenuniversität haben David Ben-Gurion (1886-1973), Israels erster Premierminister, und seine Frau Paula ihre letzte Ruhestätte gefunden. Die Ben Gurions waren Mitglieder im Gemeinschaftsprojekt Sede Boqer; nach Ende seiner ersten Amtszeit 1953 zogen David und Paula in den gerade gegründeten Kibbuz. Ihr winziges Häuschen ist zu besichtigen und faßt kaum die 5000 Bücher (weitere 20 000 füllen das Haus in Tel Aviv). Hier empfing Ben-Gurion prominente Politiker aus aller Welt (und bekräftigte so immer wieder symbolisch den israelischen Besitz des Negev).

Mitzpe Rivivim, auf halber Strecke nach Be'er Sheva gelegen, war der erste israelische Kibbuz in der Wüste. Die Initiative zur Besiedlung des Negev ging auf Ben-Gurion zurück. Der alte Mann wußte, daß bei einem Teilungsplan Palästinas die UN das riesige Negev-Areal den Israelis nur dann zuschlagen würde, wenn hier sichtbare Anstrengungen zur Urbarmachung erfolgt waren. 1947 inspizierte eine UN-Delegation Mitzpe Rivivim und zeigte sich von den Erfolgen der Kibbuznikim beeindruckt. Ein Jahr später, nachdem der Staat Israel proklamiert worden war und die arabischen Armeen von fünf Nachbarstaaten die Grenzen Israels überschritten, mußten die Siedler eine zahlenmäßig weit überlegene ägyptische Truppe aufhalten. Wochenlang nahmen die Ägypter den Kibbuz unter Artilleriebeschuß, konnten ihn aber nicht einnehmen. Nach dem Krieg haben die Bewohner ihre zentrale Verteidigungsstellung als Mahnmal erhalten; die Unterkünfte der ersten Kibbuznikim mit dem originalgetreuen Mobiliar und die Verteidigungsgräben können besichtigt werden und geben einen realistischen Eindruck von den Tagen nach der Unabhängigkeitserklärung.

INFO: DURCH DEN NEGEV NACH ELAT

BE'ER SHEVA
Anreise
Von Tel Aviv (Central Bus Station im Süden der Stadt und von der Arlozoroff Station am Bahnhof) und Jerusalem (Busbahnhof Jaffa Road) verkehren mehrmals täglich Busse nach Be'er Sheva. *Sherut*-Service von Tel Aviv und Jerusalem.
Unterkunft
MITTEL: **The Desert Inn**, Sderot Tuviyahu, Tel: 057-424922, vor über 30 Jahren errichtet, Be'er Shevas einziges gutes Hotel, daher fast immer ausgebucht. Rechtzeitige telefonische Vorbuchung ist notwendig.
EINFACH: **Bet Yatsiv Guest House**, 79 Haatzmaut Street, Tel: 057-277444, dem Guest House ist eine Jugendherberge angeschlossen. **Hotel Aviv**, Hagetaot Street, 278059, in der Altstadt. **Arava Hotel**, Histadrut Street, Tel: 057-277026. **Hotel Hanegev**, 26 Haatzmaut Street, Tel: 057-277026.
Restaurants
Bulgarit, 112 Keren Kayemet Le Yisrael Street, in der Fußgängerzone der Altstadt, traditionsreiches Haus, preisgünstige osteuropäische und orientalische Gerichte. **Pitput**, 122 Herzl Street, kleinere Mahlzeiten aller Art, Pizzen, Sandwiches, Nudel- und Gemüseaufläufe, Omeletts, Suppen etc.
Weitere Cafés und kleinere Restaurants liegen in dem großen Beton-Einkaufszentrum am Busbahnhof. Hier haben die beiden amerikanischen Fast Food-Ketten Pizza Hut und Burger King eine Dependance, doch findet man hier auch das recht akzeptable chinesische Restaurant **China Town** sowie das **Café George**, das kleine Snacks im Angebot hat; mit Klima-Anlage!
Museen
Israel Air Force Museum, 15 km westlich von Be'er Sheva an der Route 233, So-Do 8-17 Uhr, Fr 8-12 Uhr.
Museum of Bedouin Culture im Alon Regional and Folklore Centre, 20 km nordöstlich von Be'er Sheva beim Örtchen Lahav, So-Do 9-16 Uhr, Fr 9-14 Uhr, Sa 9-16 Uhr.
Krankenhaus und Apotheken
Soroka Hospital, Hanassaim Boulevard, Tel: 057-660111. **Yerushalalim Pharmacy**, 34 Herzl Street sowie **Super Pharm** im riesigen Beton-Einkaufcenter am Busbahnhof.
Touristeninformation
Goverment Tourist Information Office, 6 Ben Zwi Street, gegenüber vom zentralen Busbahnhof, Tel: 057-36001.

EN BOQEQ
Unterkunft
MITTEL: **Carlton-Galei Zohar**, Tel: 07-584311-4. **Hamei Zohar**, Tel: 07-584331-4. **Hod**, Tel: 07-584644. **Lot**, Tel: 07-584321-4. **Nirwana**, Tel: 584221. **Tsell Harim**, Tel: 07-584121-2.

ARAD
Anreise
Mehrmals täglich verkehren Busse von Be'er Sheva, *Sherut*-Service von Be'er Sheva.
Unterkunft
LUXUS: **Margoa**, Moab Street, Tel: 057-957014, seit einem Vierteljahrhundert bekannt für seine angeschlossene Asthma-Klinik, bestes Haus in Arad. **Nof Arad**, Moab Street, 057-957056, gegenüber vom Margoa gelegen, fast genauso gut wie das Margoa, aber etwas billiger.
EINFACH: **Blau-Weiss Youth Hostel**, Arad Street, Tel: 057-957150, nach einer zionistischen deutschen Jugendgruppe benanntes Hostel.
Restaurant
Steiner's, am Stadteingang an der Route 31 gelegen, nahe einer Delek-Tankstelle, ältestes Restaurant von Arad mit preiswerten Speisen aller Art.
Museum / Sehenswürdigkeiten
Arad Museum and Visitor Centre, Ben Yair Street, So-Do/Sa 9-17 Uhr, Fr 9-14 Uhr. **Tel Arad**, So-Do 8-17 Uhr, Fr 8-16 Uhr.
Krankenhaus und Apotheke
Erste-Hilfe Station, Yehuda Street, Tel: 057-957222. **Apotheke** im Commercial Centre bei der Tourist Information.
Touristeninformation
Tourist Information im Arad Visitor Centre, 28 Ben Yair Street, Tel: 057-954409.

ELAT
Anreise
Arkia Airline fliegt mehrmals täglich vom Sde Dov Airport im Norden von Tel Aviv, ebenfalls mehrmals täglich vom Atarot Airport 10 km nördlich von Jerusalem und dreimal täglich vom Haifa Airport nach Elat. Der Flughafen befindet sich mitten in der Stadt.
Mehrmals täglich verkehren Busse von den Central Bus Stations in Tel Aviv und Jerusalem, *Sherut*-Service von beiden Städten und von Be'er Sheva.
Unterkunft
LUXUS: **The Neptune**, The Promenade, North Beach, Tel: 07-334333, gute Ausblicke über die Marina, den Strand und das Meer. **The Riviera Apartment Hotel**, North Beach, Tel: 07-333944, kleine Wohneinheiten mit Minigarten, Innenhof und kompletter Küche. **The Sport Hotel**, North Beach, Tel: 07-379141, mit allen erdenklichen Sportmöglichkeiten und -geräten ausgestattet. **King Salomon Palace**, The Promenade, North Beach, Tel: 07-334301, hier deutet schon der Name den Luxus des Hotels an. **The Red Rock**, New Tourist Centre,

INFO: DURCH DEN NEGEV NACH ELAT

Tel: 07-373171, eins der ältesten Hotels in Elat, kürzlich völlig renoviert. **The Red Sea Sports Club Hotel**, an der Route 90, in Richtung auf die ägyptische Grenze, spezielles Tauch-Hotel. **Queen of Sheba Hotel**, North Beach, Tel: 07-334121, mit guten Ausblicken auf Strand und Rotes Meer; **The Shulamit Garden**, eingebettet in den Hotel-Komplex an der Lagune, Tel: 07-333999.
MITTEL: **The Edomit**, New Tourist Centre, Tel: 07-379511, im Zentrum von Elat. **Kibbuz Elot**, 5 km nördlich von Elat an der Route 90, Tel: 07-358760, Kibbuz-Unterkunft, gute Ausblicke über die Stadt. **Etzion Hotel**, gegenüber vom Busbahnhof, Tel: 07-374131, **Adi Hotel**, New Tourist Centre, am Yotam Boulevard, Tel: 07-376151. **Dalia**, Tel: 07-334004 und **American Elat**, Tel: 07-333777, beides preiswertere Häuser innerhalb des teuren Hotel-Areals an der Lagune.
Bei der **Agentur Esther's Apartments**, 41 Nesher Street, Tel: 07-374575, können Selbstversorger in Elat sowie in der näheren Umgebung komplett eingerichtete Appartements mieten.
EINFACH: **Max and Merrans Hostel**, 130 Retamin Street, Tel: 07-373817. **Elat Youth Hostel**, Arava Road, Tel: 07-372358. **Spring Hostel**, Ofarim Street, Tel: 07-374660. **The Home**, 108 Almogim Street, Tel: 07-372403. **Nahtans White House Hostel**, 131 Retamin Street, Tel: 07-376572. **Taba Youth Hostel**, Hativat Hanegev Street, Tel: 07-375982. **Red Mountain Hostel**, Hativat Hanegev Street, Tel: 07-374936. **The Garden**, Hatmarim Street, Tel: 07-373455. **Bet Arava**, 106 Almogim Street, Tel: 07-371052. **Fawlty Towers Hostel**, 160 Ofarim Street, Tel: 07-372371. **Ofarim Rooms**, 116 Ofarim Street, Tel: 07-376289, sehr gelobt bei Budget-Reisenden. **Elat Fleld School**, Harava Road, Tel: 07-371127, gegenüber vom Coral Beach; wenn das Hostel belegt ist, kann man auf dem hauseigenen Campingplatz sein Zelt aufbauen. **Sinai Hostel**, Hativat Hanegev Street, Tel: 07-372826, einfaches Haus. **Shalom Hostel**, Haivat Henegev Street, Tel: 07-376544, einfaches Haus.
JUGENDHERBERGE: **IYHA Youth Hostel**, Tel: 07-372358, im südlichen Teil vom New Tourist Centre, am Yotam Boulevard, Tel: 07-372358, Jugenherberge der International Youth Hostel Association.
CAMPING: **Caroline Camping** ist der städtische Zeltplatz, in der Harava Street gegenüber vom Coral Beach, Tel: 07-371911. Campingmöglichkeiten siehe auch **Elat Field School**.

Restaurants
Al Hayam Lebanese Grill, im Phinat Elat Centre an der Promenade. **Bistro Chez Michel**, Elat Street, französische Küche zu akzeptablen Preisen. **Eddie's Hideway**, Almogim Street, amerikanisch inspirierte Küche, Steaks in allen Größen und Variationen. **Fisherman's House**, am Coral Beach, Self Service Fischlokal. **Hard Luck Café**, 15 Almogim Street, preiswertes Café-Restaurant mit Fish & Chips sowie Nudeln im Angebot. **La Bohème**, Almog Beach, französische Küche mit Schwerpunkt Fisch-und Seegerichte, akzeptable Preise. **Last Refuge**, an der Route 90 am Coral Beach, bestes Seafood Restaurant in Elat. **Mai Tai**, Yotam Street, thailändische Küche. **Mandy's Chinese Restaurant**, am Coral Beach, gute chinesische Küche. **The Oasis Restaurant**, neben der Marina-Brücke, Fisch und Salate. **Tandori**, King's Wharf, an der Lagune, mit sehr guter indischer Küche und daher entsprechend teuer, abends häufig mit indischer Begleitmusik und Tanzvorführung.

Sehenswürdigkeiten
Dolphin Reef, Elat, täglich 9-17 Uhr, nur gegen Vorbuchung. Unterwasser-Observatorium im Coral Reef, Sa-Do 8.30-17 Uhr, Fr 8.30-15 Uhr.

Krankenhaus und Apotheke
Yoseftal Hospital, Yotam Street, Tel: 07-372333.
Michlin Pharmacy, gegenüber vom Busbahnhof.

Tauchen
Aqua Sport International Red Sea Diving Centre, Coral Beach.
Manta Diving Club, am Coral Beach, im Caravan Hotel.
Lucky Divers, Marina und Coral Beach.

Touristeninformation
Municipal Tourist Office, Hatamarin Boulevard, gegenüber vom Busbahnhof, Tel: 07-3344353.

NEGEV
Sehenswürdigkeiten und Museen
EN AVDAT: Nabatäerhof Avdat, geöffnet täglich 8-16 Uhr. **En Avdat**, geöffnet So-Do 8-17 Uhr, Fr 8-16 Uhr.

EN GEDI: En Gedi-Nationalpark, geöffnet Sa-Do 8-16 Uhr, Fr 8-15 Uhr.

HAI BAR-RESERVAT: täglich 8-15 Uhr, Busse für die Rundfahrt verlassen das Hai Bar Visitor Centre um 9, 10.30, 12 und 13.30 Uhr.

MASADA: Sa-Do 8-15.30 Uhr, Fr 8-13.30 Uhr.

MITZPE RAMON: Makhtesh Ramon Vistor Centre, geöffnet So-Do und Sa 9-16.30 Uhr, Fr 9-14.30 Uhr.

MITZPE RIVIVIM: die ehemaligen Gefechtsstellungen im Kibbuz Mitzpe Rivivim, 30 km südlich von Be'er Sheva, geöffnet So-Do 9-15 Uhr, Fr 9-12 Uhr, Sa 9-17 Uhr.

SEDE BOQER: Haus von Ben Gurion, im Kibbuz Sede Boqer, geöffnet So-Do 8.30-15.30 Uhr, Fr 8.30-13 Uhr, Sa 8.30-14.30 Uhr.

TIMNA PARK: geöffnet Sa-Do 7.30 bis Sonnenuntergang, Fr 7.30- 15 Uhr.

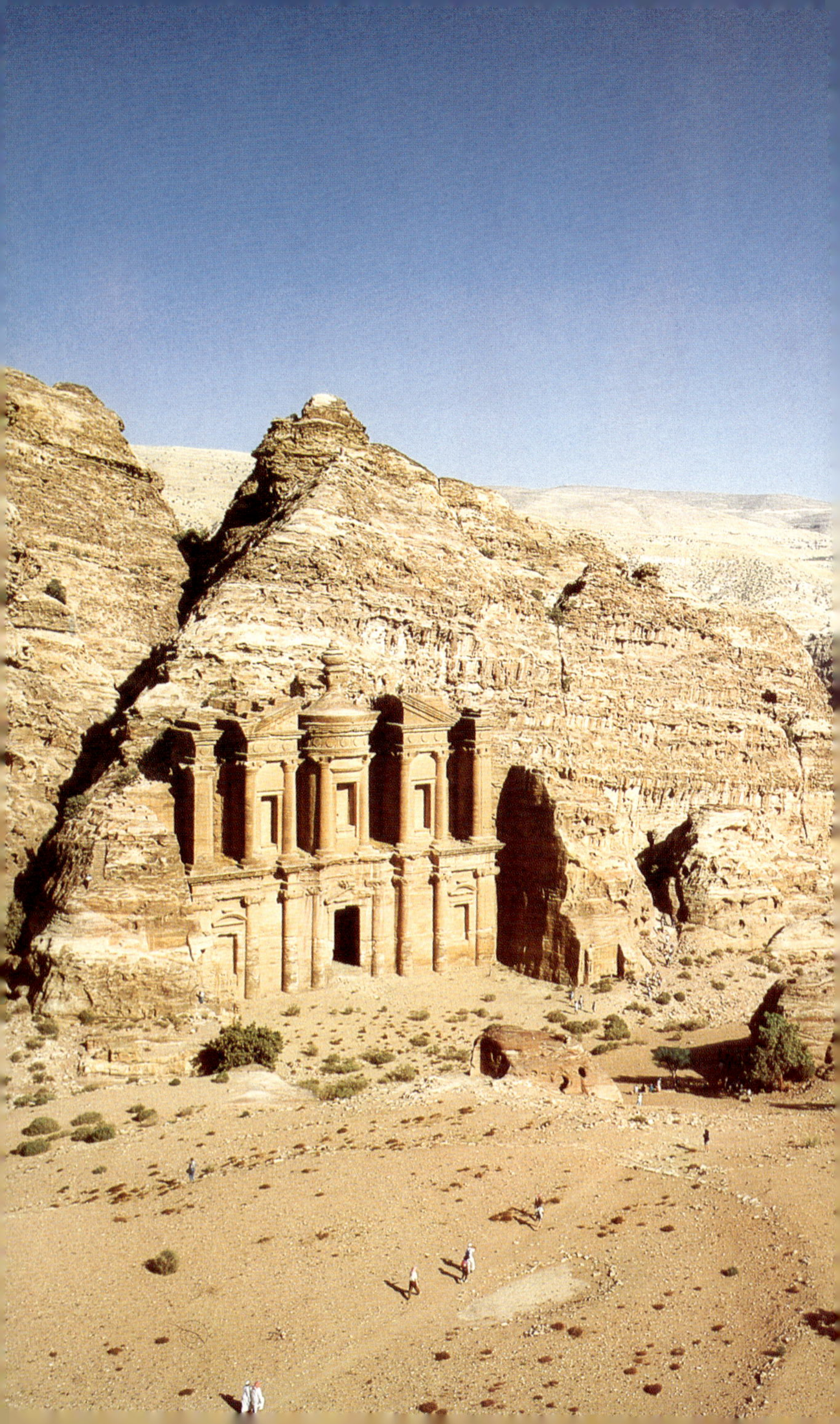

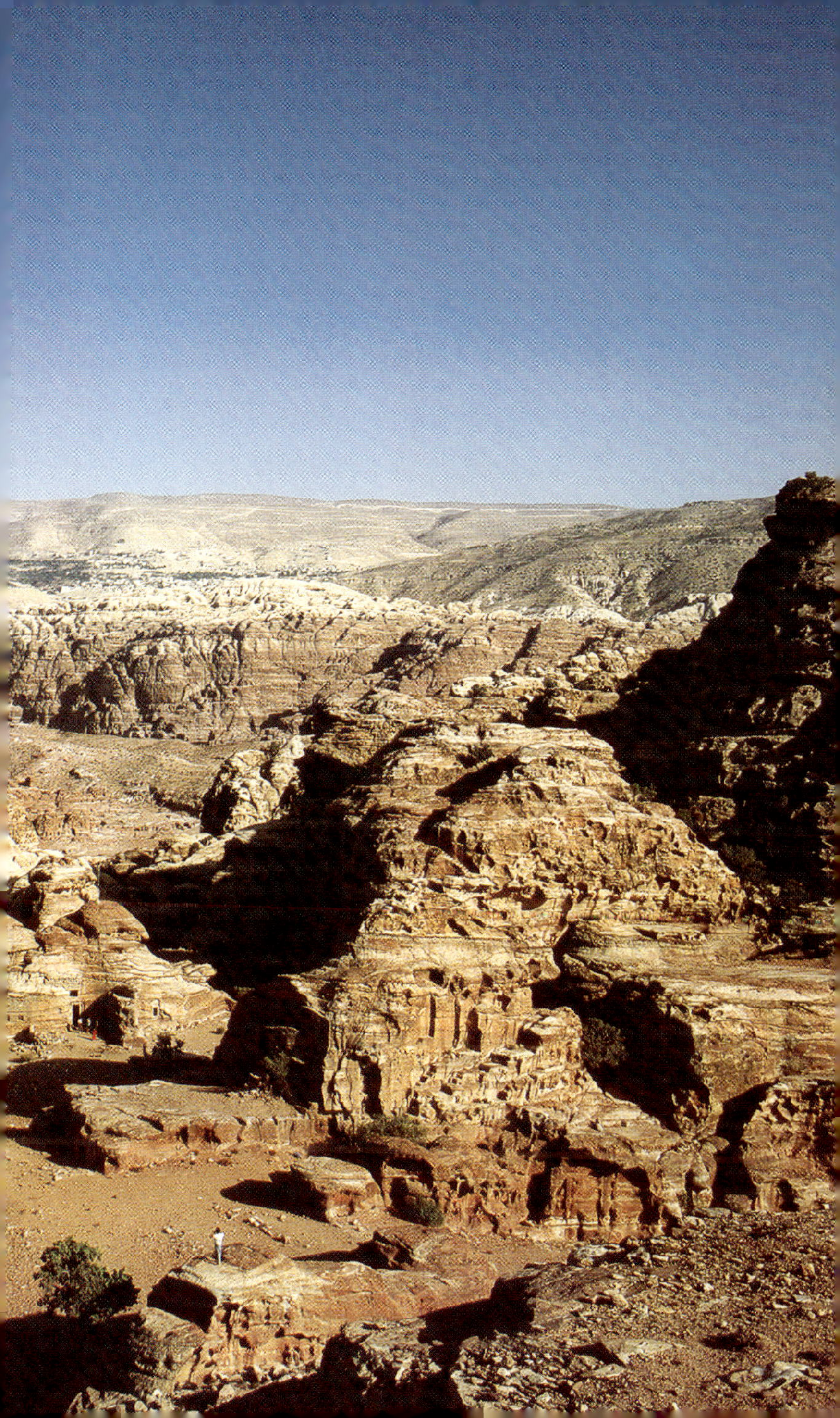

JORDANIEN

AUSFLÜGE NACH JORDANIEN

JERASH / AMMAN
WÜSTENSCHLÖSSER
MADABA
BERG NEBO
KERAK / PETRA
WADI RUM / AQABA

JERASH

Etwa 50 km nördlich von Amman liegt das antike **Gerasa** (heute: Jerash).

Gerasa wurde im 2. Jh. v. Chr. von den Griechen gegründet, doch auch aus der Jungsteinzeit und der Bronzezeit wurde eine Siedlung nachgewiesen. Aber erst in römischer Zeit erreichte die Stadt ihre Blüte (ca. 25 000 Einwohner). Von 63 v. Chr. bis 106 n. Chr. gehörte Gerasa zur Decapolis, dem Zehnerbund freier Städte in der römischen Provinz Syria. Seit dem Jahre 106 bildete die Decapolis zusammen mit dem ehemaligen nabatäischen Königreich im Süden die römische *Provincia Arabia*. Als Handelsstadt mit fruchtbarem Umland profitierte Gerasa von seiner zentralen Lage innerhalb der Provinz, dem von den Römern neugebauten Wegenetz und den gesicherten Grenzen; die heute noch sichtbare Stadtanlage geht auf Bauvorhaben dieser Zeit zurück, die von Rom, aber auch von reichen Händlerfamilien aus Gerasa finanziert wurden.

Gegen Ende des 3. Jh. n. Chr. fand diese Phase des allgemeinen Wohlstands durch die außen- und innenpolitische Krise des spätrömischen Reiches vorläufig ein Ende. Jegliche Bautätigkeit wurde eingestellt, und man beschränkte sich in Gerasa darauf, die bestehenden Bauten instand zu halten. In frühbyzantinischer Zeit (5./6. Jh.) erfuhr die inzwischen chri-stianisierte Stadt eine zweite Blüte, von der zahlreiche Kirchenbauten zeugen. Es wurden nicht nur Tempel zu Kirchen umgebaut, es wurden auch Steine und Säulen aus den Tempeln zum Kirchenneubau verwendet.

Im frühen 7. Jh. wurde Gerasa erst von Sassaniden, dann von moslemischen Truppen erobert. Ein schweres Erdbeben machte Gerasa im Jahr 747 dem Erdboden gleich, und es blieb mehr als 1000 Jahre unbewohnt. Erst 1878 wurden im östlichen Stadtteil Tscherkessen angesiedelt, die sich in den antiken Ruinen Baumaterial beschafften.

Während der Ostteil heute vollständig überbaut ist, zeugt der gut erhaltene Westteil von der einstigen Bedeutung als römische Provinzstadt, und daher gilt Gerasa nach Petra heute als wohl bedeutendste Sehenswürdigkeit Jordaniens. Das Ruinengelände ist von Süden her durch das **Visitors Center** zugänglich. Hier kann man auch ein detailliertes Modell der Stadt bewundern.

Man betritt Gerasa durch das **Südtor**, das korinthische Halbsäulen und Durchgänge mit Tonnengewölben aufweist. Es

---

Vorherige Seiten: Landschaft und Tempelbauten – faszinierend verbunden in Petra (hier: Ed-Deir). Links: Eine Beduinin aus Siq al - Barid.

ist Teil der ca. 3,5 km langen, durchschnittlich 2,5 m breiten **Stadtmauer**, die im 1. Jh. angelegt wurde und im Bereich des Südtores am besten erhalten geblieben ist. Nach wenigen Metern kommt man auf das **Ovale Forum**, die ungewöhnlichste Platzanlage, die aus antiker Zeit bekannt ist. Der durch eine Säulenreihe begrenzte Platz ruht zum Ausgleich von Geländeunebenheiten auf ca. 7 m hohen Fundamenten. Die ausgefallene Form des Platzes ergab sich dadurch, daß man zwischen der Nordwest-Südost-Ausrichtung des anschließenden **Zeus-Tempels** und der Nord-Süd-Ausrichtung des römischen Straßensystems vermitteln wollte (der ursprüngliche Tempel stammt aus hellenistischer Zeit, spätere römische Umbauten aus dem 1. und 2. Jh. n. Chr.; zur Zeit wegen Renovierungsarbeiten nicht zugänglich). Vom Ovalen Forum gelangt man über einen steilen Weg zum **Südtheater** (Ende 1. Jh. n. Chr.), das aufwendig, jedoch nicht originalgetreu restauriert wurde und früher bis zu 5000 Besuchern Platz bot. Vom obersten Rang aus hat man eine phantastische Sicht über das Ruinengelände.

Im Norden des Ovalen Forums schließt sich die etwa 700 m lange **Kolonnadenstraße** (Cardo maximus) an, die im 2. Jh. verbreitert wurde (korinthische Säulen, diagonaler Bettung der Pflastersteine, erhöhter Gehsteig). Nach ca. 150 m kreuzt eine Querstraße (Südlicher Decumanus); die kreisrunde Kreuzung ist durch ein **Tetrapylon** (vier quadratisch angeordnete Säulen) markiert. Nach wenigen Metern geht es links zur **Kathedrale**. Es handelt sich hierbei um zwei miteinander verbundene Kirchenbauten, deren unterer östlicher Teil auf den Fundamenten des antiken Dionysos-Tempels errichtet wurde. Oberhalb der Kathedrale wurde quer zu ihr die **Kirche des Hl. Theodor** erbaut (4./5. Jahrhundert).

Rechts: Die Ruinen des Artemis-Tempels von Jerash.

Folgt man nun weiterhin der Kolonnade, sieht man zunächst auf der linken Seite das halbkreisförmige **Nymphäum** (Prachtbrunnen aus dem 2. Jh.), dessen ursprünglich aufwendiges Dekor man leider nur noch erahnen kann. Wenig später geht es links breite Treppen hinauf zum Artemis-Tempel. Doch wenden wir uns zuerst nach rechts und betreten den **Propyläenhof** (2. Jh. n. Chr.), denn hier mündete die Prozessionsstraße aus den östlichen Wohnvierteln. In den Schmalseiten dieses Hofs waren in Nischen Wasserbecken zur Reinigung für die Gläubigen eingelassen. Nach der Überquerung des Cardo steigt man zunächst die breiten Stufen zur Altar-Terrasse hinauf. Hier konnten Hunderte Gläubige dem Opfer-Kult beiwohnen; von dem Altar sind nur noch die Fundamente erhalten.

Man sollte die Dimensionen des einst prachtvollen **Artemis-Tempels** auf sich wirken lassen: Eine 120 m breite Treppe dient als Zugang zum ausgedehnten Temenos (Tempelhof), der einst von einer Säulenhalle umgeben war. Weitere Stufen führten zur ursprünglich marmorverkleideten Cella, dem Heiligtum der Artemis, der Schutzgöttin der Stadt, deren bunt bemalte Statue in der hinteren Nische des Tempels stand.

Von hier aus geht man weiter über die Hügel westwärts zu einer Anlage aus drei byzantinischen Kirchen (529-533 n. Chr.). Die jüngste, die **St. Cosmas und Demian-Kirche,** war zur Zeit des islamischen Bildersturms (8. Jh.) bereits verschüttet; von einer Ummauerung aus kann man ihren schönen Mosaikboden bewundern. In der Mitte befindet sich die **Johanneskirche**, ein Rundbau mit vier Säulen. Die älteste der drei Kirchen ist die **Georgskirche**, eine dreischiffige Basilika.

Bevor man Gerasa nach Süden Richtung Amman verläßt, sollte man noch einen Blick auf Kaiser Hadrians **Triumphbogen** (129 n. Chr.) werfen. Nördlich davon befand sich das **Hippodrom** (Pferderennbahn).

AMMAN

Noch vor 100 Jahren ein tscherkessisches Dorf, präsentiert sich Amman heute als moderne Hauptstadt mit 1,5 Mio. Einwohnern (überwiegend Palästinenser).

Im Stadtbild zeugt nur noch wenig von der Vergangenheit Ammans als antikes **Philadelphia**, die Stadt, die wie Gerasa Mitglied der Decapolis war. Das **Theater** aus dem 2. Jh. n. Chr., eines der größten römische Theater Jordaniens, bot 6000 Besuchern Platz. Jahrhundertelang war es verschüttet und wurde erst 1970 restauriert. Das **Folklore-Museum** und das **Volkskunde-Museum** in den beiden Flügeln des Bühnengebäudes sind durchaus sehenswert. Rechts vor dem Theater steht das **Odeum** (2. Jh. n. Chr.), ein kleines überdachtes Theater mit 500 Sitzmöglichkeiten. Der Platz vor dem Theater macht heute nur noch einen Bruchteil des auf 7500 Quadratmeter geschätzten antiken Forums aus, das damit das größte **Forum** im Osten des Römischen Reiches gewesen wäre.

Ein unbedingtes Muß eines jeden Amman-Besuches ist eine Fahrt auf den **Zitadellenhügel**: Von den Ruinen des **Herkules-Tempels**, der die Akropolis dominierte, hat man einen phantastischen Blick über die Stadt und ins gegenüberliegende Amphitheater; im **Archäologischen Museum** werden bedeutende Funde aus ganz Jordanien präsentiert (Schriftrollen vom Toten Meer, nabatäische Keramik aus Petra, eine Hand der wohl 9 m hohen Herkules-Statue, islamische Kalligraphien). Im Norden der Zitadelle sind noch die Fundamente eines **omaijadischen Palastes** aus dem frühen 8. Jh. (ein quadratisches Innenhofhaus in iranischer Bautradition) und einer dreischiffigen byzantinischen Basilika (4./5. Jh.) zu sehen.

Lohnend ist auch ein Abstecher in die **Suqs** hinter der **König Hussein-Moschee** (erbaut 1924) mit den verschiedenartig gestalteten Minaretten. Die größte Moschee Ammans wurde erst 1989 fertiggestellt: in der **König Abdallah-Moschee** kann man einen Eindruck von moderner jordanischer Architektur erhalten. Auch die **Abu Darwish-Moschee** im Süden mit ihrer schwarz-weißen Fassadengestaltung ist einen Besuch wert.

Ein lohnender Kurzausflug führt zum 25 km südwestlich von Amman gelegenen **Qasr al-Abd** (Palast des Sklaven) im Wadi es-Sir. Der Palastbau aus dem 2. Jh. v. Chr. beeindruckt durch seine großformatigen Quaderblöcke und die gut erhaltenen Löwen-Reliefs.

DIE WÜSTENSCHLÖSSER

In Syrien, Libanon, Israel und Jordanien gibt es insgesamt über 20 sogenannte omaijadische „Wüstenschlösser". Östlich von Amman liegen drei besonders sehenswerte. Noch heute ist man sich über die genaue Entstehungszeit und die Funktion dieser Bauwerke nicht sicher, denn die Baumeister der Omaijaden (7./8. Jh.) haben keinen ausgeprägten eigenen Stil entwickelt, sondern sind dafür bekannt, aus anderen Epochen Anleihen genommen zu haben. Es wurden viele Theorien aufgestellt, die die Bedeutung der Wüstenschlösser für die Kalifen aus Damaskus erklären sollen. Besannen sie sich hier auf ihre beduinische Abstammung? Konnten sie fernab der Städte eher ihrem Hang zur Freizügigkeit nachgeben? Spuren von Bewässerungsanlagen wurden entdeckt – handelte es sich nur um größere Gutshäuser? Oder wurde hier abwechselnd Hof gehalten, um den Nomaden die Stärke des neuen islamischen Weltreichs zu demonstrieren und sich so auch ihre Loyalität zu sichern?

Man verläßt Amman nach Südosten in Richtung Azraq auf einer gut ausgebauten Hauptstraße. Nach ca. 55 km sieht man an der rechten Straßenseite **Qasr al-Kharane**, ein 35x35 m großes zweigeschossiges Bauwerk mit runden Ecktürmen und Halbrundtürmen in der Mitte der Seiten. Bei den Maueröffnungen nach außen handelt es sich nicht um Schießscharten, sondern um Belüftungen

Oben: Abendlicher Trubel in der jordanischen Hauptstadt Amman.

der Innenräume. Von Süden gelangt man in die Eingangshalle; links und rechts davon befinden sich zwei große Ställe oder Lagerräume. Vom quadratischen Innenhof aus sind drei abgeschlossene Wohntrakte zugänglich. Eine flache Treppe führt ins Obergeschoß, dessen Wohntrakte untereinander zugänglich sind, fast ein Labyrinth bilden und aufwendiger gestaltet sind als das Erdgeschoß. Von der Architektur spricht vieles für die persische Karawanserei, doch vermutlich handelt es sich um einen original-omaijadischen Bau.

Nach weiteren 5 km erreicht man **Qasr Amra** (an der rechten Straßenseite), das 1898 von dem berühmten Beduinenforscher Alois Musil entdeckt wurde. An die dreischiffige Audienzhalle mit der Thronnische im Mittelschiff schließt sich ein Badehaus an mit Umkleideraum, Tepidarium (mit Hypokausten-System als Fußbodenheizung) und Schwitzbad. Heizraum, Lagerraum und Brunnenhaus sind von außen zugänglich. Über die Kombination Audienzhalle-Badehaus darf man sich nicht wundern, denn die Omaijaden haben in orientalischer Tradition Unterredungen oft im Bad geführt. Berühmt ist das frühislamische Qasr Amra wegen seiner figürlichen Fresken (Audienzhalle linke Wand: die „Große Badende", sechs Herrscher der Weltgeschichte und Jünglinge beim Sport; rechte Wand: Jagd- und Handwerksszenen). Die Fresken im Badehaus zeugen von großer Kenntnis der griechischen Mythologie und lassen einen Meister der „Madaba-Schule" vermuten. Kunstgeschichtlich geradezu sensationell sind diese Wandmalereien wegen des strengen islamischen Bilderverbots.

Von Qasr Amra aus sind es noch 50 km bis zur Oase Azraq, die schon in der Jungsteinzeit besiedelt war. Im Norden der Stadt liegt eine Festung aus schwarzem Basalt, deren Geschichte wechselvoll, aber gut bekannt ist: **Qasr Azraq**. Im 3./4. Jh. n. Chr. diente das Qasr als römische Grenzfestung. Im 8. Jh. baute Kalif Walid II. die Anlage zu einem Jagdschloß aus (Moscheebau im Hof). Später diente das Qasr als Stützpunkt für die Aijubiden im Kampf gegen die Kreuzritter (13. Jh.). Im Winter 1917/18 hielt sich T. E. Lawrence vor seinem Sturm auf Damaskus hier auf und beschrieb die schwere Basaltplatte des hinteren Tors.

Von Azraq aus kann man, um nicht den gleichen Weg zurück zu fahren, die Hauptstraße nach Zarqa nehmen und unterwegs **Qasr Hallabat**, eine stark verfallene, ehemals römische Festung, besichtigen.

MADABA UND BERG NEBO

Von Amman aus führt eine Hauptstraße in südwestliche Richtung nach **Madaba** (ca. 30 km). Hier beginnt der Königsweg (Kings' Highway), eine alte Karawanenstraße, die durch eine atemberaubende Landschaft führt.

Oben und rechts: Das Qasr Amra ist wegen seiner figürlichen Fresken berühmt.

Madaba ist schon aus biblischen Zeiten berühmt: hier besiegte das Heer Davids die Ammoniter und Moabiter. Im 6. Jh. n. Chr. erlangte Madaba Bedeutung als Sitz eines Bischofs und der berühmten Mosaikwerkstatt. Im 8. Jh. wurde die Stadt durch eine Erdbeben zerstört, das die Mosaike der Kirchen unter Schutt und Asche legte, wo sie erst gegen Ende des 19. Jh. wiederentdeckt wurden.

Berühmt ist die sogenannte **Palästinakarte** in der **Georgskirche**. Diese Karte ist geostet: sie stellt das Heilige Land so dar, wie es Moses vom Berg Nebo aus gesehen haben muß, und diente als Orientierung für die Pilger der nahöstlichen Wallfahrtsorte. Das Gebiet auf dieser Abbildung reicht von Nord-Ägypten bis Süd-Libanon; im Zentrum der Karte sind Jerusalem (samt Stadtmauer und Toren), Jordangraben und Totes Meer zu sehen. Ortsnamen in griechischer Schrift (Schreibfehler!), Tier- und Pflanzenabbildungen lockern das Gesamtbild auf.

Ein anderes berühmtes Mosaik befindet sich in der Ruine der **Apostelkirche** (an der Straße nach Kerak): das **Thalassa-Mosaik**. Das runde Medaillon zeigt die Meeresgöttin umgeben von allerlei Tieren und Pflanzen. Charakteristisch für die Madaba-Schule sind die plastischen Menschen- und Tierdarstellungen, die griechischen Einfluß widerspiegeln.

Etwa 10 km westlich von Madaba liegt der **Berg Nebo**. Hier soll Moses das Gelobte Land erblickt haben (ein Monument, das eine um das Kreuz gewundene Schlange darstellt, markiert die Stelle), hier soll er gestorben und begraben sein. Vom Berg Nebo hat man nicht nur einen einzigartigen Blick auf Jordan-Tal und Totes Meer; hier blickt man auch auf 4000 Jahre Geschichte. Traurige Berühmtheit erlangte Nebo dadurch, daß König Mescha Mitte des 9. Jh. v. Chr. alle 7000 Bewohner der Stadt erschlagen ließ. Im 4. Jh. n. Chr. ließen sich hier ägyptische Mönche nieder, die ein Kloster gründeten. Die heute noch in den Grundmauern erhaltenen Kirchen mit den wundervollen Mosaiken der Madaba-Schule datieren aus dem 6. Jh. Wie Madaba verfiel auch dieser Ort im 8. Jh. Erst 1901 wurden die byzantinischen Kirchen auf den beiden Gipfeln des Berges von Alois Musil wiederentdeckt. Die spektakulären Funde veranlaßten den Franziskanerorden zum Kauf des ganzes Berges.

Die Mosaike in der **Klosterbasilika von Siyagha** zeigen verschiedene wilde Tiere, Jäger, eine Traubenernte- und Weinkelterszene und eine Personifikation der Erde. Unweit von Siyagha auf dem Hügel von Khirbet al-Mukhayyet kann man in der **Kirche der Heiligen Lot und Prokop** weitere Mosaike mit Motiven der Weinherstellung, Jagd- und Musikszenen bewundern.

KERAK AM KÖNIGSWEG

Von Madaba sind es weitere 90 km Richtung Süden bis Kerak. Die Fahrt geht durch eine imposante Landschaft entlang einer berühmten Handelsstraße, dem **Königsweg**. Woher diese Karawanenstraße ihren Name hat, ist nicht bekannt. Sicher ist nur, daß seit Jahrtausenden die verschiedensten Königreiche um die Beherrschung dieser wichtigen Route gekämpft haben. Schon in der Jungsteinzeit gab es in den Tälern wegen des günstigen Klimas Siedlungen und Ackerbau. Als Handelsstraße wurde der sichere Königsweg immer der weiter östlich gelegenen Wüstenstraße vorgezogen, die ständig von räuberischen, nomadisierenden Stämmen bedroht war.

So blickt auch **Kerak** auf eine lange Geschichte zurück: Moabiter, Assyrer, Nabatäer, Juden, Griechen, Römer, Byzantiner und die arabischen Omaijaden gaben sich die Klinke in die Hand, bevor die Stadt im 8. Jh. zunehmend an Bedeutung verlor. Dies änderte sich erst wieder in der Kreuzritterzeit, denn Kerak war aufgrund seiner strategisch wichtigen Lage unentbehrlich zur Beherrschung des südlichen Toten Meeres und der östlichen Wüstenstraße. 1142 ließ Payen le

Bouteiller die uneinnehmbare Burg ausbauen; bei Belagerung konnte man per Signalfeuer, die bis nach Jerusalem sichtbar waren, jederzeit Verstärkung anfordern. Ab 1170 ging der Kampf um die Festung zwischen Rainald de Chatillon, dem neuen, grausamen Burgherren, und Saladin, dem Begründer der Aijubiden-Dynastie, in die Geschichte ein. Der Kreuzfahrer hatte muslimische Karawanen und sogar Mekka bedroht. Saladins unternahm zahlreiche Versuche, die Burg einzunehmen. Er war erst erfolgreich, nachdem er das christliche Heer 1187 bei Hattin geschlagen hatte. Sein Bruder Adil ließ dann die Burg mit einem Zwinger und einem Palast ausbauen. Im 13. Jh. übernahmen die Mamelucken die Nachfolge der Aijubiden und ließen weitere Befestigungen errichten, u.a. Baibars' Bastion im Norden Keraks.

Bei der Besichtigung der Burg können anhand des verwendeten Baumaterials fränkische (rötlich-schwarzes Vulkangestein) und aijubidisch-mameluckische Bauphasen (gelblicher Kalkstein) unterschieden werden. Gleich hinter dem Haupttor führen Stufen hinunter zur Unterburg mit Museum und einer unterirdischen Halle. Folgt man den Stufen aufwärts, sieht man schon an der gegenüberliegenden Seite den aijubidisch-mameluckischen Donjon, den Festungsturm der Burg. Davor sind noch die Reste des Palasts erkennbar. Gleich rechts neben dem Eingangstor gelangt man in eine lange, dunkle Gewölbehalle, die einst den Kreuzrittern als Stall diente.

Von Kerak aus folgt man dem Königsweg weiter in südliche Richtung über Tafila und **Shobak** (ca. 120 km) nach Petra (weitere 50 km). Shobak ist nach Kerak die bedeutendste Kreuzritterburg Jordaniens. Die Lage ist einmalig, leider ist die Burg stark zerstört.

Rechts: Aus dem Felsen gehauene Gräber der Königswand in Petra, der einzigartigen Nabatäerstadt.

PETRA

Ein Besuch in Petra, der alten Hauptstadt des Nabatäerreichs, wird mit Sicherheit das beeindruckendste Erlebnis einer Jordanienreise werden. Man sollte sich mindestens einen ganzen Tag Zeit für die Besichtigung der weitläufigen Ruinenstadt nehmen.

Vom Desert Highway zweigt man bei Ma'an (ca. 200 km südlich von Amman) nach Wadi Mousa ab, einem kleinen Ort bei Petra. Im **Visitors Center** werden die Eintrittskarten verkauft (ca. 50 DM/Tag; günstiger Mehrtagestarif); wer nicht gut zu Fuß ist, kann hier eine Kutsche mieten (seit 1995 dürfen Pferde nur noch für die kurze Strecke bis zum Schluchteingang benutzt werden).

Geschichte und Kultur

Die Nabatäer waren ein Nomadenstamm aus Südarabien und wurden erst im 4. Jh. v. Chr. in der Gegend ansässig. Anfangs waren sie ausschließlich als Viehzüchter und Händler tätig (Asphalt vom Toten Meer nach Ägypen; Aromastoffe wie Weihrauch und Myrrhe von Südarabien zum Mittelmeer). Sie hatten weder Häuser, noch betrieben sie Landwirtschaft. Im Laufe des 2. Jh. v. Chr. entwickelten sie nach griechischem Vorbild eine Monarchie und dehnten ihren Machtbereich aus (im 1. Jh. v. Chr. bis nach Damaskus). Nie befestigten sie ihre Landesgrenzen; andere Völker, die auf ihrem Territorium lebten, wurden in ihrer kulturellen Eigenständigkeit geachtet.

Im Jahr 63 v. Chr. wurde Petra von den Römern erobert, konnte sich aber durch Tributzahlungen freikaufen. Nach der Zeitenwende stellten sich die Nabatäer als ein wohlhabendes Volk dar, das in festen Häusern wohnte, blühenden Handel, Ackerbau und Viehzucht betrieb; Petra hatte damals ca. 30000 Einwohner. Als Händler bekamen sie jedoch zunehmend Konkurrenz durch die Ptolemäer, die mit ihren Schiffen nun den Warentransport zwischen Südarabien und Mittelmeer dominierten. Im Jahr 106 n. Chr. wurde Petra der römischen Provinz Arabia einverleibt und die Nabatäer zunehmend romanisiert.

Über die nabatäische Kultur ist noch nicht viel bekannt; charakteristisch ist jedoch die eigenwillige Verknüpfung altarabischer und hellenistischer Einflüsse. Berühmt ist die feine, rote Töpferware mit variantenreicher, dunkelroter Bemalung; bemerkenswert ist auch das ausgeklügelte Wasserleitungssystem zur Versorgung der Bewohner. Die nabatäische Schrift erinnert ans Aramäische und gilt als Vorläufer des kufischen Arabisch. Die ausgedehnten Nekropolen mit der vielfältigen Grabarchitektur geben noch Rätsel über den Totenkult auf. Ihre Götter verehrten die Nabatäer auf Kultplätzen und als steinerne gesichts- und figurlose Statuen in Felsnischen (Betyl). Erst in römischer Zeit nahmen die Götter Gestalt an. Ihr Hauptgott Dhushara (Herr des Höhenzugs von Petra) war selbst Stein und wird mit Dionysos und Zeus gleichgesetzt. Die arabischen Göttinnen Allat und al-Uzza entsprechen Aphrodite und Venus; Shai al-Qaum galt als Beschützer der Karawanen und Qaus als Wettergott.

Nach dem Erdbeben von 363 wurde die Stadt fast vollständig verlassen. Die römische Ostkirche ließ 446 in Petra eine Kathedrale weihen. Ein weiteres schweres Erdbeben erschütterte 747 die Stadt. Seitdem war sie unbewohnt und vergessen, bis 1812 der junge Schweizer Reisende und Abenteurer Johann Ludwig Burckhardt auf der Suche nach dem Grabmal des Aaron die Stadt wiederentdeckte. Die Nachrichten über den sensationellen Fund lösten in Europa Mitte des 19. Jh. eine wahre Reisewelle nach Petra aus.

Besichtigung

Der Weg hinunter zur Stadt führt durch den **Siq**, eine enge Schlucht mit 70 m hohen Felswänden. Hier haben nicht die Kräfte des Wassers gewirkt, sondern die Tektonik. Der rote Sandstein ist mit gelben, grünlichen und blaugrauen Adern durchzogen. Hinter dem Damm kann man am linken Wegrand noch die Reste des alten Wasserleitungssystems erkennen, das aus der Mosesquelle gespeist wurde. Oben sieht man noch den Ansatz eines Bogens, der die Schlucht überspannte. Im Altertum war der Weg mit Steinplatten gepflastert. Unterwegs erkennt man an den Wänden spitzbogige Reliefs, sogenannte Nefesh (Seelen), die an Verstorbene erinnern sollten, und Votivnischen (Betyl), in denen Götterbilder standen.

Plötzlich öffnet sich die enge Schlucht und gibt den Blick frei auf die **Khazne al-Firaun** (Schatzhaus des Pharao; vermutlich 1. Jh. n. Chr.), das imposanteste Bauwerk Petras (25 m breit und 40 m hoch), von dem man nicht weiß, ob es ein Tempel oder ein Grab war. Seine reich gegliederte Fassade wurde direkt aus dem Fels gehauen. Die sechs hohen Säulen mit floralen Kapitellen tragen eine mächtige Attika. Das Obergeschoß wird dominiert durch einen Tholos (Rundbau); die Säulen links und rechts tragen einen sogenannten gesprengten Giebel, eine architektonische Besonderheit Petras. Auf dem Tholos steht die 3,5 m hohe Urne, die einen „Pharao-Schatz" enthalten haben soll. Einschußlöcher an der Front zeugen von zahlreichen Versuchen, die Urne zu sprengen. Die Stufen führen durch die Säulenvorhalle in den 12 x 12m großen Innenraum.

Nach rechts geht es weiter durch den **Äußeren Siq**, die Gräberstraße der Theaternekropole. Besonders an der rechten Felswand zeichnen sich die verschiedensten Grabfassaden (1. Jh. v. Chr.) ab, von denen man aber nur den oberen Teil zu sehen bekommt, da das Tal im Laufe der Zeit um einige Meter aufgeschüttet wurde. Von hier zweigt ein steiler Weg nach links zum **Großen Opferplatz** ab. Dort wurde den Göttern auf einem Hochaltar geopfert. Der Weg hinauf ist anstrengend, aber die Aussicht lohnt die Mühe. Weiter nach Süden führt der Weg vorbei an Löwenrelief und Steinaltar zu Gartentempel, Statuengrab und **Buntem Saal**, einem Triklinium, in dem das Totenmahl abgehalten wurde. Durch den rot, blau und weiß gefärbten Sandstein trägt das Bauwerk zu Recht seinen Namen.

Das Ende des Äußeren Siq bildet das **Römische Theater** (1. Jh. v. Chr.), das etwa 8000 Besuchern Platz bot. Typisch römisch ist die halbrunde Form; die Hanglage hat man bei griechischen Theatern abgeschaut.

Von hier zweigt ein Weg nach rechts zur **Königswand** ab. Die südlichste Fassade bildet das **Urnengrab**, dessen 17x18 m großer Innenraum wieder die gesamte Farbpalette des hiesigen Sandsteins aufweist. 447 wurde dieses Grab zur Kathedrale von Petra geweiht. Links davon schließen sich das **Bunte Grab** (oder **Seidengrab**), das stark verwitterte,

Oben: Eine Urne krönt den Tempel Ed-Deir. Rechts: Das Wadi Rum, eine Landschaft von karger Schönheit.

zweigeschossige **Korinthische Grab** (ohne korinthische Kapitelle!), das riesige, klassizistisch wirkende **Palastgrab** und schließlich das **Grab des Sextius Florentinus**, des römischen Statthalters. Alle Gräber wurden im 1. und 2. nachchristlichen Jahrhundert erbaut.

Nun folgt man der römischen **Kolonnadenstraße** vorbei an **Marktplatz** (links) und **Nymphäum** (Prachtbrunnen rechts). Rechter Hand sollen sich einst die Wohnviertel von Petra befunden haben. Von den vermuteten Lehmziegelhäusern (oder Zelten?) ist keines erhalten.

Nach den Resten eines großen Straßentores geht es nach links zum **Qasr al-Bint Faraun**, dem Palast der Pharaonentochter, der eigentlich der Tempel des nabatäischen Hauptgottes Dhushara war. Die sechs Säulen der Vorhalle und die gewaltigen Mauern der Cella liegen in Trümmern wie auch der Altar vor dem Tempel. Genau gegenüber befindet sich der **Löwen-Greifen-Tempel** und daneben das **Museum** von Petra, in dem nabatäische, römische und byzantinische Funde aus Keramik, Glas und Metall ausgestellt sind.

Nach rechts geht es einen mühsamen, aber lohnenden Weg (Mieteselservice!) hinauf zu **Ed-Deir**. Die 47 m breite und 43 m hohe Fassade des „Klosters" ist wahrlich gigantisch. Der nabatäische Tempel und der Platz davor wurden für Kult- und Festakte genutzt. Ganz aus der Nähe kann man zur weißen Kuppel des Aaron-Grabes und ins Wadi Araba vom Toten Meer bis Aqaba blicken.

WADI RUM

Vom Desert Highway zweigt 40 km nördlich von Aqaba die Straße ins **Wadi Rum** ab. Die Landschaft ist von unermeßlicher Schönheit: riesige verwitterte Felsformationen in einer weiten Wüstensteppe. Noch vor dem Posten der Wüstenpolizei am Fuße des Jebel Rum (besonders beliebt bei Kletterern) sieht man links die Felsen der Sieben Säulen der Weisheit, wo schon Lawrence von Arabien sein Lager aufgeschlagen hatte. Im

Dorf Rum gibt es ein kleines Rest-House und man kann Landrover oder Kamele für den weiteren Weg mieten. Im Tal findet man Spuren der Nabatäer: die Ruine eines Tempels der Göttin Allat (1. Jh. n. Chr.). Die Felsen auf der anderen Seite des Dorfes sind berühmt für ihre prähistorischen Zeichnungen. Am späten Nachmittag läßt das Sonnenlicht zur Freude aller Fotografen die gelben und roten Farben der Felsen noch intensiver leuchten.

AQABA

335 km von Amman entfernt (120 km von Petra) glaubt man, in **Aqaba** eine andere Welt erreicht zu haben. Berühmt sind vor allem die bizarren Korallen im Golf und die artenreiche, bunte Meeresfauna. Wassersport, insbesondere Schnorcheln und Gerätetauchen, stehen daher hier an erster Stelle. Entlang der untermeerisch steil abfallenden Küste tummeln sich u.a. Riffbarsche, Papageienfische, Löwenfische und Engelfische. Man kann die Farbenpracht der Unterwasser-Schönheiten aber auch trockenen Fußes im **Aquarium** bestaunen.

Schon Nabatäer, Ptolemäer und Römer erkannten die Vorzüge des Hafens für den Handel. Unter den Arabern erreichte Aqaba große Bedeutung nicht nur als Etappenziel der Wallfahrt nach Mekka. In der **Altstadt** blieb noch ein Stück orientalischen Charmes erhalten. Sehenswert ist die **Kreuzritterburg** (12. Jh.), die von Saladin 1170 eingenommen wurde (später mamelukisch und osmanisch). 1917 wurde die Burg von Prinz Faisal erobert, der die Türken aus der Stadt und aus dem Land vertrieb und die heute noch regierende Dynastie der Haschemiten etablierte. Hinter der Burg befindet sich das **Visitors Center** und das **Museum** (im früheren Wohnhaus des Urgroßvaters von König Hussein) mit interessanten Exponaten.

Rechts: Warten auf Touristen vor der vielfarbigen Sandsteinkulisse Petras.

JORDANIEN
Unterkunft
AMMAN: *LUXUS:* **Alia Gateway**, Tel: 08/51000, Nähe Flughafen. **Intercontinental**, Queen Zain St., 3rd Circle, Jebel Amman, Tel: 641361. **Marriott**, Isam Ajlumi St., Shmeisani, Tel: 660100. *MITTEL:* **Amra Forum**, Tel: 815071, ruhig, etwas außerhalb im Diplomatenviertel. **Canary**, Jebel al-Weibdeh (Nähe Abdali Bus Station), Tel: 638353. **Rhum Hotel**, Basman St., Tel: 623162. Innenstadt, mit Restaurant und Bar. *EINFACH:* **Al-Monzer Hotel**, Tel: 639469, an der Abdali Bus Station. **Bader Hotel**, Tel: 637602. **Lords Hotel**, King Hussein St., Tel: 622167. Viele Billighotels liegen an der King Faisal Street.
AQABA: *LUXUS:* **Alcazar Hotel**, Corniche, Tel: 03/314131. **Holiday Inn**, Corniche, Tel: 03/312426. *MITTEL:* **Aquaba Beach**, Tel: 03/312491. **Aquaba Tourist House Hotel**, Tel: 03/315165. **Miramar**, Corniche, Tel: 03/314341.
KERAK: Rest House, Tel: 03/351148.
PETRA: *LUXUS:* **Petra Forum Hotel**, Tel: 03/634200, direkt am Eingang zur antiken Stätte. **King's Way Inn**, Wadi Mousa, Tel: 03/336799, Reservierung: 00962-6-647118; kleines, 1995 eröffnetes Hotel. *MITTEL:* **Rest House**, Tel: 03/83011, direkt am Eingang zur antiken Stätte.
TOTES MEER: *MITTEL:* **Dead Sea Spa Hotel**, Salt Land Village, Tel: 06/607100. Büro in Amman: 06/9802028. Mit Kurzentrum für Haut- und Atemwegserkrankungen, deutsche Ärzte.
Restaurants
Fast alle besseren Hotels führen gute Restaurants. Empfehlenswert ist die staatliche Touristen-Restaurant-Kette „Rest House", an vielen bedeutenden Zielen (Petra, Kerak, Gerasa, Madaba, Azraq).
Krankenhäuser
AMMAN: King Hussein Medical Centre, Wadi es-Sir, Suweilah, Tel: 813813/32. **University Hospital**, University St., Tel: 845845.
AQABA: Princess Haya Hospital, Tel: 03/14111.
Botschaften
Deutsche Botschaft, Jebel Amman, Al-Afghani St., P.O. Box 183, Tel: 689351. **Botschaft der Republik Österreich**, Jebel Amman, Hotel Intercontinental, Tel: 644635. **Botschaft der Schweiz**, Jebel Amman, Abu Ferras St., Tel: 686416.
Notfälle
AMMAN: Polizei, Tel: 621111. Notruf, Tel: 192, 193. Notarzt, Tel: 199.
Touristeninformation / Flug
Ministry of Tourism and Antiquities, P.O. Box 224, Jebel Amman, Tel: 642311. **Fluginformation** des Queen Alia International Airport, Tel: 08/53200. **Royal Jordanian Airlines** (Alia), Reservierung und Tickets, Tel: 678321.

PETRA

KIBBUZ UND MOSHAV

1909 wurde südlich vom See Genezareth mit Degania der erste Kibbuz in Palästina gegründet. Osteuropäische Juden waren es, die eine Gemeinschaft von Gleichen bildeten, in der alle gleich viel besitzen sollten. Keiner sollte durch seinen materiellen Besitz oder durch seine Stellung innerhalb der Gemeinschaft herausragen. Das betraf auch die Kinder, die durch ihre Eltern keine Vorteile erhielten, sondern alle unter den gleichen Startbedingungen aufwachsen sollten und demzufolge in eigenen Kinderhäusern lebten. Im Kibbuz gilt das Prinzip der selbstbestimmten Arbeit und des gleichen Lohns für alle; wichtige, die Gemeinschaft betreffende Beschlüsse werden von der Vollversammlung der Mitglieder getroffen – doch die Praxis entfernt sich zunehmend von diesen hehren Idealen.

An dem Kibbuz-Modell sollte sich die neue zionistische Gesellschaft orientieren, deren Ideal der *Chaluz* war, der landwirtschaftliche Pionier. Der Mikrokosmos Kibbuz sollte auf den Makrokosmos Gesellschaft ausstrahlen und hier den neuen jüdischen Menschen bilden, der anders als in der Diaspora nicht Händler und Dienstleistungsanbieter sein, sondern sich den Boden und das Land aktiv aneignen sollte.

Heutzutage gibt es in Israel ca. 250 Kibbuz-Siedlungen, in denen rund 110 000 Menschen leben und arbeiten. Die Kibbuznikim halten die Weltspitze, sowohl was die Produktivität in der Landwirtschaft angeht als auch die in der industriellen Fertigung, und sie gehören zu den bestgebildetsten Israelis. Im Durchschnitt arbeiten rund 400 Leute in einem solchen Gemeinschaftsprojekt, nur ganz wenige haben eine Siedlerzahl von über 1000. Fast die Hälfte aller landwirtschaftlichen Produkte Israels stammen aus den Kibbuzim, ähnlich hoch ist die industrielle Fertigung in den Bereichen Metall, Plastik und Holz; 10 % aller Kibbuzgüter gehen in den Export. Dennoch sind viele Kibbuzim heute hoch verschuldet.

Kibbuz-Mitglieder halten mit ihrem ausgeprägten Gemeinschaftssinn den nationalen Gedanken hoch; in der israelischen Armee stellen 85 % aller aus einem Kibbuz kommenden Wehrpflichtigen die Kampfkompanien, ein überproportional großer Teil schlägt die Offizierslaufbahn ein, und über 30 % aller Kibbuznikim dienen in der israelischen Air Force.

Im heutigen Israel gelten die Kibbuzim als die Heimat der sogenannten Pflanzeraristokratie und ihrer Nachkommen, jener Pioniere also, die Anfang des Jahrhunderts nach Palästina kamen und das Land urbar machten. Dies waren ausnahmslos europäische Juden, und so betrug der Anteil orientalischer Kibbuz-Mitglieder bis heute nie mehr als 8 %.

63 % aller Israelis bringen den Gemeinschaftsprojekten große Sympathie entgegen, und das Sozialprestige der Kibbuznikim ist nach wie vor sehr hoch im Land. Das hat natürlich etwas mit der Geschichte zu tun, da vor allem in den 30er und 40er Jahren die Siedlungen nicht nur Pionierarbeit leisteten und Landwirtschaft betrieben, sondern auch zu Wehrdörfern ausgebaut wurden. Die Zionistische Bewegung konnte sich immer uneingeschränkt auf die Kibbuz-Mitglieder verlassen, die – wenn nötig – zu großen Opfern bereit waren und sich wie kaum eine andere Gruppe im Lande um die Gründung und den Erhalt des Staates Israel verdient gemacht haben.

Doch hat das Modell im ausgehenden 20. Jh. mittlerweile seinen Reiz weitgehend eingebüßt und steckt in einer Krise. Junge Kibbuznikim zeigen kaum noch Bereitschaft, neue Siedlungen zu gründen, 45 % können sich vorstellen, völlig auf das Kibbuz-Leben zu verzichten, und 60 % aller jungen Israelis möchten nicht in einem Kibbuz leben.

Rechts: Kollektives Wirtschaften – Melonenernte im Kibbuz Hai On.

Wer einmal erfahren möchte, wie das Leben in einer solchen Kollektivsiedlung vonstatten geht, der kann das tun; vielen Kibbuzim sind Gästehäuser angegliedert, wo der ausländische Besucher umsorgt und mit dem Alltag vertaut gemacht wird. Auch als *worker* kann man auf einem Kibbuz in den Obstplantagen oder auf der Hühnerfarm arbeiten. Man bekommt zwar keinen Lohn, aber Kost, Logis und ärztliche Versorgung sind umsonst, und oft entwickeln sich Freundschaften zwischen den Kibbuznikim und den Gästen aus Europa oder Amerika.

1921 trennten sich eine Reihe von Chalutzim, wie die landwirtschaftlichen Pioniere in Israel genannt werden, von der Kibbuz-Bewegung und eröffneten mit Nahalal in Galiläa das erste Moshav; heutzutage gibt es über 450. Hier werden Gemeinschaft und Gleichheit nicht in so starkem Maße gefordert wie in einem Kibbuz, und die Moshav-Mitglieder dürfen Privatbesitz haben und so viel konsumieren, wie ihr Geldbeutel es zuläßt. Einer der ersten Moshavim war Schlomo Dayan, der Vater des bekannten Generals, der im Sechs-Tage-Krieg überragende strategische Leistungen gezeigt hatte. Jedes Mitglied bekommt ein gleich großes Stück Land und kann es nach eigenem Gutdünken bearbeiten und bebauen, Vertrieb und Einkauf sind zentralisiert und gemeinschaftlich – ein Moshav ist demzufolge eine Genossenschaft.

Von Beginn an bis heute konnten die Moshav-Mitglieder nicht den hohen Sympathiegehalt erwerben, den die Kibbuznikim in der Bevölkerung haben, obwohl sie sich in gleicher Weise am Aufbau des Staates beteiligt und ebenfalls ihre Opfer gebracht hatten; auch die linkssozialistischen Parteien haben die Moshavim immer als Stiefkinder behandelt. Nach der Unabhängigkeitserklärung 1948 sind allerdings immer mehr Moshavim als Kibbuzim gegründet worden – der Wunsch nach Privatbesitz war und ist eben hoch. Auch haben die Genossenschaften weitaus mehr orientalische Juden unter ihren Mitgliedern, als dies bei den Kollektivsiedlungen der Fall ist.

DIE KÜCHE ISRAELS

Eine sogenannte israelische Küche wird der Besucher vergebens suchen, da jede der Einwanderungsgruppen von osteuropäischen, asiatischen, afrikanischen, südeuropäischen und orientalischen Juden ihre ganz eigenständige Kochkunst mit in die neue Heimat nach Palästina gebracht hat.

Fangen wir mit den Gewürzen an: Kümmel, Zwiebel, Minze, Knoblauch, Koriander, Safran, Kardamon sowie grüner und schwarzer Pfeffer verleihen den Speisen zusammen mit dem goldenen Olivenöl ihr unverwechselbares Aroma. Immer kommt *Tahina*, eine Sesamsoße, auf den Tisch, in die man das Brot tunkt; beliebt ist die Tahina, wenn sie zusätzlich noch mit Aubergine veredelt wurde. Überhaupt gibt es Auberginen in unzähligen Varianten von gekocht über gebraten bis eingelegt – und jede einzelne ist hervorragend, z. B. *Mashi*, gefüllte Aubergine.

Alle Arten von Salaten werden gerne mit *Houmous* gereicht, ein „Dressing", das aus zerdrücktem Hühnerfleisch, Tahina, Zitronensaft, Knoblauch, Kümmel und passierten Kichererbsen besteht.

Allround-Gericht nicht nur zur Mittagszeit, sondern nachgerade immer, ist *Felafel*, das an jeder Straßenecke für wenige Pfennige angeboten wird. Dies sind kleine, knusprig fritierte Kichererbsen-Bällchen in Fladenbrot; an der Salatbar des Kiosks füllt man alle Arten von Salat ins kunsprig frische *Pita*, gibt, wenn man möchte, noch einen Schuß Houmous hinzu und beißt herzhaft hinein. In den Mittagspausen sind die Felafel-Stände von Angestellten umlagert. Ebenfalls gleichermaßen billig wie sättigend ist *Shuwarma*, Fleisch von Drehspieß.

An den Häfen von Akko und Yafo sitzt man stilecht rund ums Hafenbecken und ißt fangfrischen Fisch, Calamaris in unterschiedlichen Zubereitungsformen, Garnelen und Krabben in pikanten Ko-

Oben: Zaubern mit Gemüse, vegetarischer Schnellimbiß in Tel Aviv. Rechts: Huhn mit Reis, zubereitet im kosheren Restaurant.

DIE KÜCHE ISRAELS

blauchkräutersoßen. In Tiberias am See Genezareth ist der Petrusfisch, ein Barsch, die lokale Spezialität, aber auch Forellen sind gerne auf dem Speiseteller gesehen. *Harimeh* heißt ein arabisches Fischgericht, das durch seine Pfefferschoten recht scharf und mit Knoblauch-, Tomaten-, und Kümmelsoße sehr pikant abgerundet ist.

Auch hierzulande bekannt ist *Shish Kebab*, am Spieß geröstetes Hack-und Lammfleisch, zu dem Salat und Brot gereicht werden. *Seniya* ist ein Rind-oder Lammfleischgericht in Tahina, und beliebt sind gefülltes Huhn und gefüllte Taube. Mit Reis gefüllte Weinblätter, über die Zitronensaft geträufelt wird, nimmt man gerne als Nebenspeise oder als kleinen Happen zwischendurch. Zuhause steht vor allem am Sabbat *Schulent* auf dem Speiseplan, ein jiddischer Bohneneintopf, der tags zuvor angesetzt wurde.

Zum Nachtisch wird gerne der irakische Nußkuchen *Baclava* gereicht, ein Teig mit Nüssen und süßem Sirup. Zum Abschluß der Mahlzeit kommt Tee mit Minze oder türkischer Mokka auf den Tisch, beides ist so süß, daß der Löffel drin stehenbleibt; die weniger gesüßte Variante muß man gezielt bestellen.

Zwischendurch knabbert man gerne an den *Blintzes*, süßen oder salzigen Pfannkuchen oder an dem *Za'atar*, einem länglichen Brötchen, gefüllt mit einer Gewürzmischung.

Zentraler Begriff der jüdischen Küche ist *kosher*. Das bedeutet rein, tauglich sowie entsprechend zubereitet und bezeichnet die Speisen, die von der Religion erlaubt sind. Koscheres Fleisch kommt von Geflügel oder Paarhufern, die mit dem Messer geschächtet werden, damit die Tiere ausbluten – denn das Blut gilt als „Seelenträger" der Lebewesen. Nicht kosher und damit unrein ist beispielsweise – wie auch bei den Muslimen – das Schwein, weiterhin Fleisch von fleischfressenden Tieren, bestimmte Fische sowie Krebse.

Fleisch darf nicht mit Milchprodukten zusammen gekocht oder gegessen werden; Milch darf man erst zwei Stunden nach einer Fleischmahlzeit, andere Milchprodukte erst nach fünf Stunden zu sich nehmen.

Die Allgemeine Jüdische Wochenzeitung meldete folgendes: „In London haben sich engagierte jüdische Kreise etwas Neues ausgedacht. In Inseraten in der jüdischen Presse wurde bekanntgegeben, daß jemand, der Fragen auf religiösem Gebiet zu stellen hat, zu einer gewissen Zeit eine Sammelnummer anrufen kann. Zwei junge Rabbiner würden zwecks Beantwortung von Fragen und Beratung zur Verfügung stehen. Eine Frage lautete: Braucht man zwei automatische Geschirrspülmaschinen, d. h. eine für milchig und eine für fleischig? Antwort des Rabbiners: Öffnen Sie den Apparat nach der Benutzung und schauen Sie hinein. Wenn – was zu vermuten ist – Speisereste darin verblieben sind, dann wissen Sie die Antwort selbst, dann müssen Sie zwei verschiedene für milchig und für fleischig haben."

Oben: Das Laubhüttenfest (Sukkot) erinnert an den Auszug des Volkes Israel aus der ägyptischen Gefangenschaft.

JÜDISCHE FESTE

Mit dem jüdischen Neujahrsfest *Rosh Hashana* begann am 6. September 1994 das Jahr 5754 des jüdischen Kalenders. Rosh Hashana und das zehn Tage später gefeierte *Yom Kippur* (Tag der Versöhnung) sind die beiden als „Tage der Ehrfurcht" bezeichneten Feste. Am Rosh Hashana hat laut jüdischer Vorstellung Gott die Welt erschaffen (und zwar genau im Jahr 3759 vor unserer Zeitrechnung). Am Neujahrstag wird das *Schofar* geblasen, jenes Widderhorn, das bei der Sinai-Offenbarung ertönte und die Menschen zur Buße rufen soll. Bis zu Yom Kippur folgen nun die zehn Tage der Umkehr, in denen sich die Gläubigen auf das Versöhnungsfest vorbereiten. Am Yom Kippur kommt das gesamte öffentlich Leben zum Erliegen; alle öffentlichen wie privaten Fahrzeuge bleiben stehen, Radio, Fernsehen, Telefone schweigen, nichts durchbricht das Fasten und das Gebet. „Wenn der Vorabend des Yom Kippur herannaht, liegt über Jerusalem eine Atmosphäre, die mit Worten kaum zu beschreiben ist. Es gibt Scharen von überzeugten Atheisten, die an diesem Tage zwar nicht zur Synagoge gehen, aber von Abend zu Abend keinen Bissen zum Munde führen. Wenn man sie fragt, warum sie das tun, werden sie eine Verlegenheitsantwort suchen, aber es verbleibt ein irrationaler Rest", meint der israelische Autor Jehoshua Amir.

Ebenfalls im September/Oktober findet das *Sukkot* statt, das freudige Laubhüttenfest, das Gott nach dem Auszug aus Ägypten anordnete, als er zu Moses sprach: „Sag zu den Israeliten: Am fünfzehnten Tag dieses siebten Monats ist sieben Tage hindurch das Laubhüttenfest zur Ehre des Herrn" (Levitikus 23, 34). Hier verbindet sich eine historische Überlieferung mit dem vegetationszyklischen Ereignis der Ernte und Weinlese sowie dem Beginn der winterlichen Regenzeit. Diese agrarische Komponente während des Sukkot wird durch die tägliche Segnung der „Vier Arten" dokumentiert, wo an jedem Tag des Festes der Palmzweig, die Myrte, die Weide und die Zitrone geweiht werden. Wer kann, errichtet im Garten oder auf dem Balkon eine kleine Hütte aus Zweigen und Blattwerk, und auch viele Restaurants und Hotels bauen für ihre Gäste Hütten auf, in denen dann gegessen wird.

Der letzte Tag des Sukkot wird mit dem *Simchat Thora* begangen, dem Fest der Thora-Freude, wo einer der Quellen des Judentums, der Offenbarung, gedacht wird. In einem zu diesem Anlaß gerne gesungenen Lied heißt es: „Freut euch und jubelt Thora-Freude und gebet Ehre der Thora heute. Wir jubeln, der Thora freuen wir uns, denn sie ist Kraft und Licht für uns."

Wenn die Christen Weihnachten feiern, begehen die Juden *Chanukka*, das achttägige Lichterfest. Es erinnert daran, wie unter der hellenistischen Herrschaft der Tempel entweiht und dann in einem Volksaufstand unter Führung von Judas Makkabäus dem jüdischen Kult zurückgegeben werden konnte.

Die Spanne von acht Tagen ergibt sich aus der folgenden Überlieferung: Als damals die siegreichen Juden wieder in den Tempel einziehen konnten, fanden sie nur ein winziges Fläschchen an geweihtem Öl, das gerade noch für einen Tag reichte. Auf wundersame Weise brannte diese kleine Menge acht Tage, so lange, bis erneut das für kultische Zwecke unabdingbare Öl wieder hergestellt war. Diese acht Tage symbolisiert der Chanukka-Leuchter, ein achtarmiger Kerzenständer, an dem jeden Tag des Festes eine neue Kerze entzündet wird, bis zum Schluß alle brennen.

Das *Schewat*, das im Januar/Februar begangen wird, gilt als Frühlingsanfang. Kinder pflanzen mit Gesängen traditioneller Lieder kleine Bäumchen, Früchte werden geweiht und gegessen.

Im Februar/März freuen sich Erwachsene wie Kinder auf das karnevalsmäßige *Purim*-Fest (Purim bedeutet Schicksal), das an die Geschicke im biblischen Buch Ester erinnert. Der persische Herrscher Artaterxes erließ auf Drängen seines Wesirs Haman ein Dekret zur Ausrottung der Juden, das durch Königin Ester und ihren Ziehvater Mordechai vereitelt wurde. So herrschte Freude unter den Juden, die bis heute anhält. Alle verkleiden sich, sind ausgelassen und, wie es bei einem jüdischen Autor heißt, „selbst der nüchternste Synagogenbesucher wird an diesem Tag ein kleines Gläschen Branntwein nicht ausschlagen." Laut rabbinischer Vorschrift ist es den Gläubigen am Purim erlaubt, so viel Alkohol zu trinken, „bis sie nicht mehr wissen, was der Unterschied ist zwischen gesegnet sei Mordechai und verflucht sei Haman." Beliebte Speise während des Purim sind dreieckige Pasteten, die „Ohren des Haman".

Im März/April wird das *Passach*-Fest begangen, das an die letze Plage, die Tötung aller Erstgeborenen durch den Würge-Engel und den schließlich vom Pharao erlaubten Auszug aus Ägypten, erinnert. Das Passach ist eine traditionelle Familienfeier, die zu Hause begangen wird; während des vorabendlichen rituellen Festmahls liest man die historischen Ereignisse aus der *Haggada* vor. Häufig wird der besondere soziale Charakter des Passach-Festes hervorgehoben, das nicht nur alle Familienmitglieder und Freunde, sondern auch in Not geratene Mitmenschen einschließt. Während des sieben Tage dauernden Festes gibt es kein Brot; man ißt das ungesäuerte *Mazza*, das Brot des Elends.

Das *Schavuot*-Fest im Mai/Juni erinnert an die Übergabe der Zehn Gebote und ist auch ein frühes Erntedankfest. Traditionell essen alle Juden nur Milchprodukte und Honig.

Das *Tischa be-Aw* im Juli/August gedenkt der Zerstörung des Ersten und Zweiten Tempels und ist ein Tag der Trauer und des Fastens.

REISEVORBEREITUNGEN

Klima / Reisezeit

Israels Lage zwischen Meer und Wüste ist bestimmend für das Wetter im Land; der Winter kommt mild und mit Regen daher, der Sommer ist trocken und heiß. Erste Niederschläge fallen im Oktober, der letzte feuchte Guß geht im April nieder. Vor allem zwischen Dezember und Februar kann es recht naß werden. Israels feuchteste Ecke liegt in Nord-Galiläa rund um Zefat und in Richtung Norden auf die libanesische Grenze zu; am Trokkensten ist es in der Negev-Wüste zwischen dem Toten Meer und Elat. Der Norden Galiläas hat rund 70 Regentage pro Jahr, in Jerusalem und den Judäischen Bergen regnet es rund 50 Tage jährlich, und im Negev kommen an etwa zehn Tagen nasse Schauer herunter.

Der Winter in Israel bleibt zumeist harmlos, Minustemperaturen sind doch recht selten. 7° C unter Null war die bisher tiefste gemessene Temperatur im Land. In den Bergregionen Nord-Galiäas fällt Schnee, und die Hügel tragen dann weiße Kappen. Neben dem Regen gehen öfter Hagelschauer nieder, die von Sturmböen begleitet sind. Alle Niederschläge kommen in der Regel aus Westen vom Mittelmeer her.

Der Sommer ist trocken und sehr heiß. Die schweißtreibendsten Regionen des Landes sind das Arava-Tal in der Negev-Wüste, die Strände des Toten Meeres, die Jordan-Senke und das Tal von Bet Shean; die bisher höchste Temperatur von 54° C wurde in dem unter Meeresniveau liegenden Jordan-Tal gemessen. In Jerusalem stieg die Quecksilbersäule bisher auf den höchsten Wert von 44° C. Regelmäßig wehen heiße Wind aus östlicher Richtung, die in Arabisch *Khamsin* und in Hebräisch *Sharav* heißen; dann hat man das unangenehme Gefühl, in einer Sauna zu sitzen und einen Haarfön ins Gesicht gehalten zu bekommen. Die beste Reisezeit liegt in den Monaten April und Mai.

Jahresdurchschnittstemperaturen in °Celsius

Januar 21
Februar 23
März 26
April 31
Mai 35
Juni 38
Juli 39
August 39
September 36
Oktober 33
November 27
Dezember 22

Wasserdurchschnittstemperaturen

Monat	Mittel-meer	See Genezareth	Totes Meer	Rotes Meer
Jan.	18,0	17,0	21,0	22,0
Feb.	17,5	15,0	19,0	20,0
März	17,5	16,5	21,0	21,0
April	18,5	21,0	22,0	21,5
Mai	21,5	24,5	25,0	24,0
Juni	25,0	27,0	28,0	25,0
Juli	28,0	28,5	30,0	26,0
Aug.	29,0	29,5	30,5	27,0
Sep.	28,5	29,5	31,0	27,0
Okt.	27,0	27,5	30,0	26,0
Nov.	23,0	24,0	28,0	25,0
Dez.	19,0	21,5	23,0	24,0

Kleidung und Ausrüstung

Leichte Baumwollkleidung, bequeme, gut eingelaufene Schuhe und eine Kopfbedeckung gegen die Sonne sind unverzichtbare Bestandteile. Für kühle Wüstennächte oder bei Winterreisen in Israel leistet ein dicker Pullover wertvolle Dienste. Generell gilt, daß man eine allzu freizügige Kleidung trotz der heißen Temperaturen unbedingt vermeiden sollte – und dies gilt nicht nur bei Synagogen,- Kirchen- oder Moscheebesuchen. Unbedeckte Arme und Beine sind sowohl bei Männern wie auch bei Frauen unschicklich – auf Short, kurze Röcke, ärmellose T-Shirts und Blusen sollte man also tunlichst verzichten.

REISE-INFORMATIONEN

Unterwegs immer hilfreich sind ein Schweizer Offiziersmesser sowie ein *Leatherman*, ein intelligentes, sehr klein faltbares Multifunktionswerkzeug mit Zange, Schraubenziehern, Messer, Büchsen-und Flaschenöffner, Feile etc. Eine Feldflasche läßt bei ausgedehnten Besichtigungstouren in sommerlicher Hitze keinen Durst aufkommen, und eine kleine Taschenlampe ist im Dunkeln nützlich. Man sollte immer eine gute Brille gegen die gleißenden Sonnenstrahlen tragen, die zudem in der Wüste vom hellen Sand noch reflektiert werden und die Augen unangenehm belasten; die Gläser müssen unbedingt die unsichtbaren, schädlichen UV-Strahlen im Wellenbereich zwischen 200 und 450 Nanometer herausfiltern. Alle Sachen, die man tagsüber benötigt, finden dann in einem kleinen Tagesrucksack Platz und sind somit immer griffbereit, wenn man sie braucht.

Informationen

Informationen über Israel bekommt man bei den folgenden Institutionen:

In der Bundesrepublik Deutschland: **Staatliches Israelisches Verkehrsbüro**, Direktion für Deutschland und Österreich, Bettinasttr. 62, 60325 **Frankfurt**, Tel: 0180/54041.

Repräsentanz für Nord- und Ostdeutschland, Kurfürstendamm 202, 10719 **Berlin**, Tel: 030/8819685.

Repräsentanz für Süddeutschland, Stollbergstr. 6, 80539 **München**, Tel: 0180/54041.

Repräsentanz für Österreich, Rossauer Lände 41/12, 1090 **Wien**, Tel: 01/3108174.

In der Schweiz: Offizielles Israelisches Verkehrsbüro, Lintheschergasse 12, 8021 **Zürich**, Tel: 01/2112344.

Einreisebestimmungen

Für die Einreise nach Israel benötigt man einen noch für mindestens sechs Monate gültigen Reisepass. Deutsche Staatsbürger, die vor dem 1. 1. 1928 geboren worden sind, dürfen nur mit einem Visum ins Land; dies bekommt man bei der **Botschaft des Staates Israel**, Simrockallee 2, 53173 Bonn, Tel: 0228/8231, oder beim **Generalkonsulat des Staates Israel**, Schinkelstr. 10, 14193 Berlin, Tel: 030/8932203. Wer noch in andere arabische Länder reisen will, kann sich den Einreisestempel auf einem seperaten Blatt geben lassen (sollte das Papier dann aber möglichst nicht verlieren).

Wer länger als drei Monate im Land bleibt, benötigt eine Sondergenehmigung, die von den Dependancen des Innenministeriums erteilt wird. Adressen: Jerusalem, General Building, Rehov Shlomzion Hamalka, Tel: 02-228211; Tel Aviv, Shalom Meyer Tower, Visa Department, 9 Rehov Ahad Ha'am, Tel: 03-651941; Haifa Goverment Building, 11 Hassan Shukri, Tel: 04-667781.

Weiterreise nach Ägypten und Jordanien

Für die Weiterreise von Israel nach Ägypten und Jordanien muß man sich ebenfalls vorher ein Visum besorgt haben. Von Elat kann man über die Genzstation Taba, fünf Kilometer südwestlich vom Stadtzentrum, auf die ägyptische Sinai-Halbinsel gelangen. Die Grenzstation ist 24 Stunden am Tag geöffnet. Wer auf dem Sinai bleibt, um das Katharinenkloster zu besuchen oder in Sharm al Sheikh zu tauchen, kann dies ohne Sichtvermerk tun, allerdings darf man die Sinai-Halbinsel dann nicht verlassen; Kairo und das Niltal bekommt der Besucher also nicht zu sehen. Wer dorthin möchte, muß sich vorher ein Visum besorgt haben. In der **Bundesrepublik** gibt es dies bei der Konsularabteilung der **Botschaft der arabischen Republik Ägypten**, Wendelstadtallee 2, 53179 Bonn, Tel: 0228/332032, sowie bei den **Ägyptischen Generalkonsulaten** in 20149 Hamburg, Harvestehuder Weg 50, Tel: 040/410131, und in 60322 Frankfurt, Eysseneckstr. 52, Tel: 069/590557. In **Österreich** bekommt man den Sichtvermerk im **Ägyptischen Konsulat**, 1080 Wien, Trautsohngasse 6, Tel: 02622/426721, und in der **Schweiz** im **Ägyptischen Konsulat**, 3000 Bern, Elfenauweg 61, Tel: 031/448012. Ist man schon in **Israel**, erteilt die **Botschaft der arabischen Republik Ägypten, Jerusalem**, 54 Rehov Kovshei Katamon, Tel: 02-633575, das Visum für den Besuch des Nachbarlandes.

Mit israelischen Leihwagen darf man nicht nach Ägypten einreisen. Autos kann man im Taba Hilton knapp hinter der Grenze mieten. Die Aufenthaltsdauer in Ägypten ohne Visum ist auf sieben Tage begrenzt. Weitere Grenzstationen zwischen Israel und Ägypten sind die von Nizzana (65 km südwestlich von Beer Sheva, geöffnet zwischen 8 und 16 Uhr), Rafiah (55 km südwestlich von Ashqalon, geöffnet 8.30 – 17 Uhr) und Netafim (15 km nordwestlich von Elat, 24 Stunden täglich geöffnet). Die Egged Buslinie unterhält eine tägliche Verbindung zwischen Tel Aviv und Kairo.

Nach dem Friedensvertrag mit **Jordanien** kann man nun von Israel aus über die berühmte Allenby-Brücke den Jordan auf der Höhe von Jericho überqueren. Zwei weitere Grenzübergänge führen ins einst verfeindete Nachbarland. Der eine befindet sich einige Kilometer nördlich von Elat am Arava-Checkpoint. Egged Bus Nr. 16 verkehrt stündlich von der Central Bus Station in Elat nach Arava; auf jordanischer Seite sorgen Taxis für die Weiterfahrt. Die Grenzstation ist geöffnet Sonntag bis Donnerstag von 8 – 14 Uhr (Änderungen jederzeit möglich); an hohen islamischen und jüdischen Feiertagen ruht der Verkehr. Die Grenze darf nur einmal am Tag überquert werden, ansonsten erhebt Jordanien eine Gebühr. Die Einreise von Israel nach Jordanien ist kostenlos, bei der Ausreise von Jordanien wird eine Gebühr erhoben.

Der zweite Übergang ist der *Jordan River Crossing*, wo es über die King Hussein Bridge ins Nachbarland geht; diese Grenzstation befindet sich südlich vom See Genezareth auf der Höhe von Bet Shean. Der Checkpoint ist Sonntag bis Donnerstag von 8 – 18.30 Uhr geöffnet und an hohen Feiertagen geschlossen. Eine Überquerung zu Fuß ist nicht möglich, zum Grenzübertritt steht ein Shuttle Service zur Verfügung. Die größeren israelischen Mietwagenfirmen organisieren die Bereitstellung eines Leihwagen jenseits der Grenze, so daß man nach den Zollformalitäten sofort über einen eigenen Wagen verfügt. Die Allenby Bridge, jahrzehntelang der einzige Übergang zwischen Jordanien und Israel, ist von Sonntag bis Donnerstag von 8 – 13 Uhr und am Freitag und vor Feiertagen von 8 – 11 Uhr geöffnet; am Samstag und an Feiertagen ist sie gesperrt. Visa für Jordanien erteilt die **Jordanische Botschaft**, Beethovenallee 21, 53115 **Bonn**, Tel: 0228/357046.

Währung / Geldwechsel / Devisen

Offizielles Zahlungsmittel ist der Neue Israelische Schekel (NIS), der jedoch prinzipiell nichts wert ist. Halbofffizielle Nebenwährung ist der US$, und sogar die amtliche Tourismusinformation des Israelischen Fremdenverkehrsbüros vermeldet, daß „fast überall mit Deutscher Mark bezahlt werden" kann – ein Zeichen, wie der Schekel im Heimatland eingeschätzt wird. Auf alle Fälle muß man neben dem Schekel noch Geld einer Zweitwährung bei sich haben.

Hohe Akzeptanz genießen die Kreditkarten der Firmen Eurocard, Visa und American Express. Banken wechseln auch Euroschecks sowie Travellerschecks aller Marken. Ein Schekel besteht aus 100 Agorot; es gibt eine Ein- und eine Fünf-Schekel-Münze und Scheine über 10, 20, 50, 100 und 200 Schekel-Beträge.

Schekel sowie fremde Währungen dürfen in unbegrenzter Menge eingeführt werden, die Ausfuhr von Schekel hingegen unterliegt Restriktionen. Schekel können nur bis zu einer Höhe von 100 US$ zurückgetauscht werden, es sei denn, man kann durch Quittungen nachweisen, daß man vorher im Land einen höheren Betrag aus einer Fremdwährung in Schekel getauscht hat. Es ist günstiger, in Israel zu tauschen als hierzulande einen großen DM-Betrag in Schekel wechseln zu lassen.

Gesundheitsvorsorge

Impfungen sind für Israel nicht vorgeschrieben. Unverzichtbar ist vor allem im Sommer ein ausreichender Schutz gegen die Hitze; Sonnenöl mit einem hohen Lichtschutzfaktor, ein Hut gegen die Strahlen und eine gute Sonnenbrille sind unerläßlich. Regelmäßig sollte man auch den Tag über trinken, um einer Dehydration vorzubeugen. Seit neuestem kann man sich gegen die beiden Hepatitis-Erkrankungen impfen lassen, ein solcher Schutz ist sehr sinnvoll. In der Regel kann man sämtliche Gerichte bedenkenlos essen; die häufigste Ursache für den häufig auftretenden (harmlosen) Durchfall sind zu kalte Getränke.

Eine kleine Taschenapotheke sollte Mittel gegen Durchfall, Schmerztabletten, Mückenschutz, Desinfektionsmittel, Verbandsmaterial, Pflaster, Schere und Pinzette beinhalten sowie Medikamente, auf die man permanent oder periodisch angewiesen ist. Auch Medikamente gegen Erkältungskrankheiten sollte man vorsichtshalber dabei haben; alle besseren Hotels, viele Geschäfte und die Reisebusse haben Klimaanlagen, so daß man mehrmals am Tag aus der heißen Luft schwitzend in eine kalte Hotel-Lobby oder einen Laden kommt – Schnupfen, Husten, Heiserkeit, ja gar eine ausgewachsene Grippe sind unter solchen Bedingungen nachgerade vorprogrammiert. Alle Ärzte und Apotheker in Israel sprechen englisch. Die **Notfalltelefonnummer** für Magen David Adom (Roter Stern Davids, das israelische Rote Kreuz) lautet 101, für die Polizei 110 und für die Feuerwehr 112.

REISEWEGE NACH ISRAEL

Mit dem Flugzeug

Israels internationaler Flughafen, der Ben Gurion Airport, liegt 15 km östlich von Tel Aviv und 50 km westlich von Jerusalem. Heimatlinie ist die El Al, die von Köln, Frankfurt, München, Berlin, Leipzig 13 mal pro Woche direkt und Nonstop nach Ben Gurion fliegt; aber auch die Lufthansa (täglich von Frankfurt) sowie die anderen großen europäischen Luftfahrtgesellschaften haben Direktflüge nach Israel. Die Flugzeit beträgt vier Stunden. El Al hat auch von Frankfurt Direktflüge nach Elat im Programm.

Unbedingt sollte man mindesten drei Stunden vorher am Flughafen sein, da das gesamte Gepäck ausnahmslos durchsucht und einmal komplett umgeschichtet wird; eine solche Prozedur kann über eine halbe Stunde dauern. Bei der Ausreise aus Israel wird man vom Sicherheitspersonal einem rigorosen, äußerst anstrengenden „Verhör" unterzogen, das ebenfalls eine halbe Stunde überschreiten kann und angesichts möglicher Terroraktionen verständlich ist – hier also auch drei Stunden vor Abflug am Airport sein.

FLUGLINIEN: Austrian Airlines, 17 Ben Yehuda St., Tel Aviv, Tel: 03-653535. 8 Hayam St., Haifa, Tel: 04-370670. **El Al**, 12 Hillel St., Jerusalem, Tel: 02-233334/5. 32 Ben Yehuda St., Tel Aviv, Tel: 03-641222. 80 Haatzmaut St., Haifa, Tel: 04-641166. **Lufthansa**, 16 a King George St., Jerusalem, Tel: 02-244941. 1 Ben Yehuda St., Tel Aviv, Tel: 03-651631. 5 Palyam Avenue, Haifa, Tel: 04-679255. **Swissair**, 30 Jaffa Rd., Jerusalem, Tel: 02-231373. 1 Ben Yehuda St., Migdalor Building, Tel Aviv, Tel: 03-9712151. 2 Hayam St., Mount Carmel, Haifa, Tel: 04-384667.

Mit dem Schiff

Israels großer Passagierhafen ist Haifa; Autofähren und Schiffe der Stability Line und der Reederei Arkadia verkehren von

Piräus nach Haifa und umgekehrt. Buchungen in Deutschland bei der Viamare GmbH in 50667 Köln, Apostelnstr. 9, Tel: 0221/234911.

Auch während Mittelmeerkreuzfahrten wird das heilige Land ausnahmslos angelaufen. Wer mit dem eigenen Wagen nach Israel einreist, benötigt lediglich eine grüne Versicherungskarte. Man sollte jedoch bedenken, daß es in Israel kein ausgebautes Tankstellennetz für bleifreies Benzin gibt.

Auf dem Landweg

Die Einreise nach Israel auf dem Landweg ist von Jordanien und Ägypten möglich. Es gelten die normalen israelischen Einreisebestimmungen. (Zu den Grenzübergängen siehe oben unter Einreise/Visum.)

REISEN IN ISRAEL

Mit der Eisenbahn

Mehrfach täglich verkehren Züge von Tel Aviv die nördliche Mittelmeerküste hoch bis nach Nahariyya nahe der libanesischen Grenze und zurück sowie ebenfalls mehrmals täglich nach Jerusalem und zurück. Die Fahrpreise liegen unter denen der Busse; gegen einen geringen Obolus ist eine Sitzplatzreservierung möglich. Die Waggons sind alt, aber in gutem Zustand. Ein Speisewagen wird immer mitgeführt. Am Sabbat sowie an jüdischen Feiertagen verkehrt die Eisenbahn nicht. Gegen Vorlage des Studentenausweises gibt es 25 % Rabatt.

Mit dem Bus

Busse sind in Israel das wichtigste öffentliche Verkehsmittel zwischen den Ortschaften und Städten des Landes. Die Fahrpreise sind niedrig. Das größte Busnetz hat die landesweit operierende Egged Line; in jedem Egged Line Office bekommt man preisgünstige Pauschaltikkets, die sieben, 14, 21, oder 30 Tage gültig sind, und mit denen man mit Ausnahme des innerstädtischen Verkehrs von Tel Aviv alle Strecken im Land benutzen kann. Der Linienverkehr wird bereits um fünf Uhr morgens aufgenommen und dauert bis in den Abend hinein. Die Hauptstrecken zwischen Jerusalem und Tel Aviv sowie nach Haifa werden gar bis 23.30 betrieben; in den drei genannten Metropolen verkehren die innerstädtischen Busse bis Mitternacht. Busse verkehren am Sabbat ebenfalls nicht. Gegen Vorlage des Studentenausweises bekommt man einen Rabatt von 10 %.

Mit dem Flugzeug

Die beiden Inlandsfluggesellschaften Arkia Israel Airline und die El Rom Airline unterhalten einen Lufttaxiservice zwischen den folgenden Orten: Tel Aviv, Jerusalem, Rosh Pina, Elat, Haifa, Be'er Sheva, Mitzpe Ramon. Erkundigen unter: **Arkia Israel Airline**, Sde Dov Airport, Tel Aviv, Tel: 03-424266; 11 Frishman Street, Tel Aviv, Tel: 03-240220; Klal Center, Jerusalem, Tel: 02-234855; 84 Haatzmaut St., Haifa, Tel: 04-643371. **El Rom Airline**, 97 Rehov Herzl, Be'er Sheva, Tel: 057-75477.

Mit dem Taxi und dem Sherut

Taxifahrer sind per Gesetz verpflichtet, den Taxameter einzuschalten und dessen Werte als Berechnungsgrundlage zu nehmen. Bei längeren Strecken kann man eine Pauschale aushandeln. Wer mit einem Taxi ins Westjordanland fährt, sollte sich einem arabischen Chauffeur anvertrauen, der seinen Sammelplatz am Damaskus-Tor in Jerusalem hat. Taxis winkt man einfach an der Straße heran.

Sheruts sind Sammeltaxen, Stretch-Limousinen der Marke Mercedes, die losfahren, wenn alle sieben Plätze besetzt sind, und die im wesentlichen den Busrouten folgen; alle Orte Israels sind mit Sheruts zu erreichen. Die Preise liegen geringfügig über den Bustarifen, am Sabbat kommt ein zusätzlicher Aufschlag hinzu.

REISE-INFORMATIONEN

Mit dem Mietwagen

Israel ist problemlos mit einen Leihwagen zu erkunden. Die Straßen sind in der Regel gut, und es gelten im wesentlichen die gleichen Verkehrsregeln wie hierzulande auch. Einen Leihwagen kann man bereits in Deutschland bei den international operierenden Anbietern vorbestellen. Man steigt dann am Ben Gurion Airport in sein Auto und fährt los.

Wesentlich billiger, teilweise bis zu 50 %, sind lokale Anbieter; in Tel Aviv reihen sich am nördlichen Ende der Tayelet-Strandpromenade, die dann in die Hayarkon Street übergeht, an die 20 kleine örtliche Anbieter aneinander, die sich mit ihren Preisen zu unterbieten versuchen. Wer ab April/Mai unterwegs ist, sollte auch bei Kleinwagen nicht auf eine Klimaanlage verzichten, die es gegen einen geringen Aufpreis gibt. Ansonsten artet eine Fahrt durch den Negev nach Elat zu einer Saunatour aus.

In Israel herrscht Rechtsverkehr: Wer von rechts kommt – falls nicht durch die international genormten Schilder anders angezeigt – hat Vorfahrt. In Ortschaften beträgt die Höchstgeschwindigkeit 50 km/h, außerhalb von Ortschaften einheitlich 90 km/h. Angaben auf Straßenschildern beziehen sich auf Kilometer. Hinweisschilder sind in englisch und hebräisch, oft auch noch in arabisch beschriftet. Auf touristische Zielpunkte weisen orange-rote Schilder hin. Die Ausschilderung hat europäischen Standard.

Der *Automobile and Touring Club of Israel* (MEMSI) ist sowohl der *Federation Internationale de l'Automobile* (FIA) als auch der Alliance Internationale de Tourisme (AIT) angeschlossen und steht damit in Verbindung mit den weltweit führenden Automobilclubs.

Mitgliedern der deutschen Automobilvereine wird vom israelischen Gegenstück jede erdenkliche Hilfe geleistet. Von 8-17 Uhr sind Straßenwachtwagen unterwegs, Abschleppen bis 25 km ist kostenlos, nach 17 Uhr wird eine Gebühr fällig. **Adressen**: 19 Derech Petach Tikwa, Tel Aviv, Tel: 03-622961; 31 King George St, Jerusalem, Tel: 02-2428. 1 Palmer's Gate, Haifa, Tel: 04-661879. **Notruf**: 03-622961/2.

Entfernungsangaben in Kilometern

	Jerusalem	*Tel Aviv*
Jerusalem		60
Tel Aviv	60	
Arad	104	158
Beer Sheva	84	113
Elat	312	354
Haifa	159	95
Qiryat Shemona	210	185
Nazareth	157	102
Netanya	93	29
Rosh Ha Niqra	201	137
Tiberias	157	132

PRAKTISCHE TIPS VON A – Z

Alkohol

In Israel keltern eine Reihe von Winzergenossenschaften ausgezeichnete Weiß- und Rotweine, so daß man auf teure, importierte Ware verzichten kann. Gut sind vor allem die Rothschild-Weine aus der Karmel-Region südlich von Haifa. Auch das im Lande gebraute Bier ist hervorragend und am Ende eines heißen Tages ein beliebter Durstlöscher. Bars und Restaurant schenken auch Cognacs und andere scharfe Sachen aus, die oft ebenfalls aus einheimischer Produktion sind; auch hier sind eingeführte Produkte wieder sehr teuer.

Apotheken

Apotheken mit einem nordeuropäischen Angebot findet man auch noch in jeder kleineren Stadt. Da die internationalen Pharmakonzerne auch für und in Israel produzieren, kann der Markenname des Medikamentes vom heimischen Produkt abweichen. Wer also auf ein bestimmtes Medikament angewiesen ist, sollte sich von seinem Apotheker eine Liste der Inhaltsstoffe geben lassen, bzw.

den Waschzettel mitnehmen. Alle Apotheker sprechen englisch.

Archäologische Ausgrabungen

Wer im Zuge seines Urlaubs tiefer in die Geschichte des Landes eintauchen und einmal eigenhändig an einer archäologischen Ausgrabung teilnehmen möchte, der wende sich zwecks Informationen an die folgende Adresse: Harriet Menahem, Israel Antiquities Authority, P. O. Box 586, Jerusalem. Für die Erkundung des historischen Tiberias ist gerade ein Fünf-Jahres-Planungsprogramm erarbeitet worden. Wer dort gerne graben möchte: Dr. Yitzav Hirschfeld, Nof Harim 73, P. O. Box 2738, Mevasseret Ziyyon.

Banken

Auch der kleinste Ort verfügt über eine Bank, wo Reise-und Euroschecks eingelöst werden können und man auch mittels der Kreditkarte Bargeld sowie US$ oder auch DM bekommt.

Camping

Informationen über die Anzahl, Lage und Ausstattung israelischer Campingplätze gibt die Israel Camping Union, P. O. Box 53, Nahariyya, Tel: 04-925392. Vertretung in Deutschland über: isracontact, Landfurt 61, 34414 Warburg, Tel: 05641/1222.

Diplomatische Vertretungen in Israel

Deutsche Botschaft, Daniel Frisch Street 3 (19. Stock), Tel Aviv, Tel: 03-5421313; **Deutsches Honorarkonsulat**, Desert House, Apt. 14, Los Angeles Street, Elat, Tel: 059-73277; **Deutsches Honorarkonsulat**, Ha'tishbi Street 105, Haifa, Tel: 04-381408; **Österreichische Botschaft**, 11 Rehov Hermann Cohen, Tel Aviv, Tel: 03-246186; **Östereichisches Konsulat**, Hovevei Zion Street 8, Jerusalem, Tel: 02666161; **Östereichisches Konsulat**, Allenby Street 12, Haifa, Tel: 04-522498; **Schweizer Botschaft**, 228 Rehov Hayarkon, Tel Aviv, Tel: 03-5464455.

Einkaufen

Zu lohnenden Mitbringseln gehören Schmuck und Diamanten, Antiquitäten und Orientteppiche, Silber-, Kupfer-und Lederartikel, Gemälde, Skulpturen, Keramik und religiöse Devotionalien, die Judaica. Die Ausfuhr von Antiquitäten – und dazu zählt jeder Gegenstand der vor 1700 datiert – ist verboten, es sei denn, man ist im Besitz einer Ausfuhrgenehmigung des Kultusministeriums. Die möglichen Objekte müssen dem Department of Antiquities im Rockefeller Museum, Suleyman Street, Jerusalem (an der Nordwestecke der Altstadtmauer), vorgelegt werden; unter der Nummer 02-278627 kann man einen Termin vereinbaren.

Elektrizität

In Israel wird Wechselstrom mit einer Spannung von 220 Volt verwendet. Die Steckdosen sind dreipolig, so daß die hierzulande verwendeten Stecker nicht passen. Wer also Haarfön oder Elektrorasierer in Betrieb nehmen will, sollte einen Adapter von zuhause mitbringen (aus der Elektrohandlung) oder sich im Land einen Adapter (Englisch: *Plug*) besorgen.

Essen und Trinken

Die hygienischen Verhältnisse sind im ganzen Land sehr gut. Das Wasser aus den Leitungen ist ohne Probleme trinkbar. Wer trotzdem Vorsicht walten lassen will, der sollte auf grüne Blattsalate, ungeschältes Obst, rohes Gemüse, Mayonnaise, Speiseeis und Eiswürfel verzichten.

Festivals und Veranstaltungen

Jedes Jahr im Juni findet das Israel-Festival mit Schwerpunkt in Jerusalem statt, doch kommen Veranstaltungen auch in den römischen Theatern von Cäsarea und Bet Shean auf die Bühne, Konzerte mit bekannten Ensembles und namhaften Dirigenten treten in Tel Aviv und anderen Orten Israels auf. Alljährlich findet während des Passah-Festes im Kibbuz En Gev am See Genezareth das mittlerweile berühmte *En Gev Music Festival* mit klassischen Musik-und Folkloredarbietungen statt.

Alle drei Jahre nehmen weltweit Harfenspieler am *International Harp Contest* teil, und ebenfalls alle drei Jahre findet das *Zimriya*, das internationale Chor-Festival statt. Im April eines jeden Jahres steht in Tel Aviv der Rubinstein-Wettbewerb an, der von jungen Pianisten aus aller Welt besucht wird.

Spring in Jerusalem und *Spring in Tel Aviv* sind Frühlingsfeste, in denen Musik, Theater, Tanz und Folklore im Mittelpunkt der Veranstaltungen stehen. Alljährlich zum Unabhängigkeitstag am 4. Mai gibt es überall Straßenfeste und eine Vielzahl anderer Veranstaltungen. Jedes Jahr im März findet in Jerusalem die Internationale Buchmesse statt, die größte und bedeutendste des gesamten Mittleren Ostens.

Haifa ist bekannt für seine *International Flower Show* (Floris), die gesamte Stadt ist dann ein einziges Blütenmeer; beim Internationalen Folklore-Festival strömen Folklore-Gruppen aus aller Welt in die Hafenmetropole.

Filmen und Fotografieren

Filme sind in Israel teurer als in Deutschland. Das Fotografieren von militärischen Anlagen ist untersagt. Bei der Mitnahme einer Video-Kamera muß diese angemeldet und eine Kaution von 1000 US$ hinterlegt werden; einfacher ist die Deklaration, wenn man über eine Kreditkarte verfügt, die dann belastet wird. Bei der Ausreise wird die Kaution zurückerstattet. Man sollte beim Fotografieren oder Filmen Takt walten lassen; vor allem die arabischen Einwohner des Landes haben Vorbehalte, abgelichtet zu werden.

Funk und Fernsehen

Kol Israel, der israelische Rundfunk, sendet mehrfach täglich in seinen vierten Programm Nachrichten in englischer Sprache. Das Fernsehen bringt morgens Schulfunksendungen für Kinder, Jugendliche und Erwachsene, nachmittags Kinderprogramme und abends Sendungen in arabischer und hebräischer Sprache.

Das jordanische Fernsehen ist in Israel problemlos zu empfangen und hat einen Kanal, auf dem ein internationales Programm mit Sendungen zumeist in englischer Sprache in den Äther geschickt wird. Hier laufen auch regelmäßig Nachrichten in englisch. Im jordanischen wie im israelischen Fernsehen werden ausländische Filme und Fernsehserien in der Originalsprache gezeigt und untertitelt.

Wer mit einem kleinen Weltempfänger unterwegs ist, kann die Nachrichten und die weiteren Kurzwellensendungen der Deutschen Welle auf den folgenden Frequenzen empfangen: 6075 kHz, 9545 kHz, 13 780 kHz, 21 560 khz.

Kibbuz-und Moshav-Einsätze

Wer unbedingt einmal in einem Kibbuz arbeiten möchte – was in den vergangenen Jahrzehnten im Zuge moralischer Wiedergutmachungsbestrebungen bei Nachkriegsjugendlichen sehr populär war, heute jedoch weitgehend aus der Mode gekommen ist – erhält unter der folgenden Adresse Informationen aller Art: **United Kibbuz Movement** (*Takam*), 82a Hayarkon Street, Tel Aviv, Tel: 03-5452555.

Freiwillige, denen ein Kibbuz zu sozialistisch ist und die deshalb ein Moshav vorziehen, erhalten Informationen bei: **Moshav Movement in Israel**, Leonardo da Vinci Street 19, Tel Aviv, Tel: 03-6958473.

Kur-und Thermalbäder

Das trockene Klima rund um das Tote Meer ist ideal für Patienten, die unter Hautkrankheiten aller Art wie Schuppenflechte, allergische Ekzeme, Weißfleckenkrankheit, Akne, Rheuma etc. leiden. Hier einige Adressen: **Hamme Mazor**, En Gedi-Thermalquellen, 86910 Dead

Sea, Tel: 057-848134; **En Bokek Psoriasis-Behandlungszentrum**, 86930 Dead Sea, Tel: 057-84221; **The Moriah Dead Sea Spa**, 86930 Dead Sea, Tel: 057-84221; **Kupat Holim-Behandlungszentrum**, 86930 Dead Sea, Tel: 057-84161; **Hamme Zohar-Thermalquellen**, 86930 Dead Sea, Tel: 057-84201.

Folgende deutsche Reiseveranstalter sind spezialisiert auf Klinikheilbehandlung am Toten Meer: **O.K. Reisen**, 31675 Bückeburg, Lange Straße 75, Tel: 05722/3031. **Häckel Reisen GmbH**, (Verwaltungsgesellschaft des Deutschen Medizinischen Zentrums am Toten Meer, Israel und Jordanien), Nördliche Münchner Straße 31-33, 82031 Grünwald bei München, Tel: 089/6492611, 6493615.

Maße und Gewichte

In Israel gilt das metrische System, auch die Hohlmaße und Gewichtsbestimmungen sind die gleichen wie bei uns.

Naturschutz und Nationalparks

Die israelische Naturschutzgesellschaft hört auf den Namen *Society für the Protection of Nature in Israel* (SPNI). Wer sich über die Aktivitäten dieser Institution informieren möchte, der kann das in Deutschland tun bei Michael Leiserowitz, Am Sonnenberg 14, 61279 Grävenwiesbach, Tel: 06086/695. Hier erhält man auch kostenlos die Broschüre *Israel Nature Trail*, die Individualreisenden Touren abseits der Hauptroute vorschlägt.

Wen es zu tatkräftiger Mithilfe beim Naturschutz zieht, der kann in Israel eigenhändig einen Baum pflanzen. Informationen dazu erteilt der Jüdische Nationalfonds e. V. (*Keren Kayemeth Leisrael*), Feldbergstr. 5, 60323 Frankfurt.

Insgesamt gibt es in Israel derzeit 42 Nationalparks, die archäologisch oder landschaftlich interessante Regionen umfassen. Dazu gehören etwa die Ausgrabungsstätten von Megiddo, Caesarea, Bet Shean, Masada etc. Für die 42 Parks gibt es die *Green Card*, mit der man in einem Zeitraum von zwei Wochen alle Reservate besuchen kann. Man spart sehr viel Geld beim Erwerb dieser zentralen Eintrittskarte, die an jedem Kassenhäuschen gekauft werden kann.

Notruf

Die Notfalltelefonnummer für Magen David Adom (Roter Stern Davids, das israelische Pendant zum Roten Kreuz, Rettungswagen) lautet 101, für die Polizei 110 und für die Feuerwehr 112.

Öffnungszeiten

Banken: Sonntag, Dienstag, Donnerstag von 8.30 bis 12.30 und von 16 bis 17.30 Uhr; Montag und Mittwoch von 8.30 bis 12.30 Uhr; Freitag und vor Feiertagen von 8.30 bis 12 Uhr.

Geschäfte sind in der Regel von 8 bis 13 und von 16 bis 19 Uhr geöffnet. Freitag und vor Feiertagen schließen die Läden um 14 Uhr.

Post: 8 bis 12.30 und 15.30 bis 18 Uhr. Hauptpostämter sind durchgehend geöffnet. Am Sabbat sind alle Postämter geschlossen.

Post

Israelische Postämter erkennt man an einem Logo, das einen springenden Hirsch auf blauem Untergrund zeigt. Briefkästen für innerstädtische Sendungen sind gelb, für Briefsendungen nach außerhalb rot.

Presse

Alltäglich erscheinen weit über 20 Tageszeitungen, viele davon in englischer Sprache. Renommiertestes Blatt ist die *Jerusalem Post*, die am Freitag mit einer dicken Wochenendbeilage auf den Markt kommt, in der auch die Programme für Theater, Kino, Konzerte und das Fernsehen abgedruckt sind. Samstags erscheint sie nicht.

Einzige deutschsprachige Tageszeitung sind die *Israel-Nachrichten*. Deutsche Zeitungen und Magazine erscheinen mit ein bis zwei Tagen Verspätung auf dem Markt.

Sport

Folgende Institutionen informieren umfassend über die einzelnen sportlichen Betätigungen:

Bergsteigen: **The Israel Alpine Club**, P. O. Box 53, Ramat Hasharon, Tel Aviv:
Drachenfliegen, Ballonfahren und Paragliding: **Aero Club of Israel**, 67 Hayarkon Street, Tel Aviv.
Golf: **The Israel National Golf Club**, P. O. Box 26069, Tel Aviv.
Reiten: **National Association of Horseback Riding**, 8 Haarba Street, Tel Aviv.
Segeln: **Yachting Centre**, Solot Yam, M. P. Sharon.
Tauchen: **Federation for Underwater Activities in Israel**, P. O. Box 6110, Tel Aviv.
Tennis: **The Israel National Tennis Association**, P. O. Box 20073, Tel Aviv.

Sprache

In Israel werden Hebräisch und Arabisch gesprochen, (fast) jeder Israeli beherrscht darüber hinaus das englische Idiom. Französisch ist weit verbreitet, und der deutsche Besucher sollte sich nicht wundern, wenn er in seiner Muttersprache angeredet wird. Viele Israelis beherrschen auch osteuropäische Sprachen.

Telefon

Münzfernsprecher gibt es in Israel keine. Alle öffentlichen Telefone muß man, soweit sie älterer Bauart sind, mit einem vorher gekauften Chip (*Asimonim*) bedienen, und die neueren mit einer Telefonkarte, die es in vielen Geschäften zu kaufen gibt. Viele Läden und kleine Kioske haben Münztelefone, von denen man wie von einem öffentlichen Fernsprecher aus in alle Welt telefonieren kann. Die Vorwahlnummer für Deutschland lautet 0049, die für Israel 00972.

Trinkgeld

Man gibt in Hotels, Restaurants, Bars und Kneipen ein Trinkgeld von ca. 10 %. Sherut-Fahrer bekommen kein Trinkgeld, bei Taxifahrten ist Trinkgeld eigentlich nicht üblich, wird aber freudig akzeptiert. Dienstleistungen aller Art sollte man ebenfalls mit einem kleinen Geldbetrag honorieren.

Unterkunft

Das internationale Sterne-System für die Klassifizierung der Hotels (* = einfach, ***** = Luxus) ist auch in Israel üblich. Für das Doppelzimmer in einem Fünf-Sterne-Hotel muß man in Tel Aviv oder Jerusalem mit ca. 150 US$ rechnen, ein Drei-Sterne-Haus schlägt immer noch mit ca. 60-70 US$ zu Buche. Wer Abstriche an Komfort machen kann und gegen einen Gemeinschaftsschlafsaal in einem Hostel keine Bedenken hegt, der kann in Tel Aviv oder auch in Jerusalem für weniger als 8 US$ sein müdes Haupt zur Ruhe betten.

Zeit

Die Zeit im heiligen Land eilt der mitteleuropäischen Zeit um eine Stunde voraus; die Sommerzeit, die von Mitte April bis Mitte September dauert, ist der mitteleuropäischen Zeit um zwei Stunden voraus.

Zoll

Zollfrei eingeführt werden dürfen 1/4 Liter Parfüm, 2 Liter Wein und 1 Liter Spirituosen sowie 250 Gramm Tabak oder 250 Zigaretten. Geschenke dürfen eine Gesamtwert von 125 US$ nicht überschreiten. Nicht eingeführt werden dürfen Frischfleisch, Früchte, Bücher oder Zeitschriften aus arabischen Ländern, Waffen, Messer, die auch als Waffe zu benutzen wären, pornographische Produkte und Narkotika.

Bei der Ausreise wird eine Flughafensteuer fällig, die einem Betrag von etwa 10 US$ entspricht.

REISE-INFORMATIONEN

SPRACHFÜHRER
Hebräisch

Friede (Begrüßung)	*schalom*
Guten Morgen/Tag	*boker tov*
Guten Abend	*erev tov*
Gute Nacht	*lajla tov*
Wie geht's?	*ma nishma*
Sehr gut	*tov meod*
Alles in Ordnung?	*hakol beseder?*
Es geht so	*kacha kacha*
ich	*ani*
du (m)	*ata*
du (w)	*at*
er	*hu*
sie	*hi*
wir	*anachnu*
ihr (m)	*atem*
ihr (w)	*aten*
sie (m)	*hem*
sie (w)	*hen*
Gibt es ...?	*jesch?*
Ja, es gibt ...	*ken, jesch*
Nein, gibt es nicht	*lo, en*
wann	*mataj*
wie	*ech*
wohin	*le'an*
1	*achat*
2	*schtajim*
3	*schalosch*
4	*arba*
5	*chamesch*
6	*schesch*
7	*scheva*
8	*schmone*
9	*tescha*
10	*eser*
11	*achat esre*
12	*schtem esre*
13	*schlosch esre*
14	*arba esre*
20	*esrim*
21	*esrim ve achat*
22	*esrim ve schtajim*
23	*esrim ve schalosch*
30	*schloschim*
40	*arba'im*
50	*chamischim*
60	*schischim*
70	*schivim*
80	*schmonim*
90	*tischim*
100	*mea*
200	*matajim*
300	*schlosch me'ot*
400	*arba meot*
500	*chamesch me'ot*
1000	*elef*
Arzt	*rafe*
Bier	*bira*
bitte	*bevàkascha*
Briefmarke	*bulim*
Brot	*lechem*
Butter	*chem'a*
danke	*toda*
(Speise-) Eis	*glida*
Essen	*ochel*
Fisch	*dag*
Freund/in	*chaver/a*
Glas	*kos*
Haus	*bajit*
Hilfe!	*hasflu!*
Hotel	*malon*
Hühnchen	*of*
ja	*ken*
Kaffee	*kafe*
links	*smol*
nein	*lo*
Milch	*chalav*
Post	*doar*
rechts	*jamin*
Reis	*ores*
Restaurant	*mis'ada*
Salz	*melach*
Suppe	*marag*
Tee	*te*
Toilette	*scherutim*
Wein	*jajin*
Zimmer	*cheder*
Zucker	*sukar*

Arabisch

Guten Morgen	*sabah al cheir*
Guten Tag/Abend	*masa al cheir*
Gute Nacht	*tisbah ala cheir*
Wie geht es Dir/Ihnen	*izzayak?*
Dank, es geht mir gut	*al hamdullilah*
Wo kommst Du her	*inta minen*

AUTOREN / FOTOGRAFEN

Ich komme aus	*ana min*
Ich verstehe nicht	*ana mesh fahim*
ich bin Tourist	*ana sayih*
Wo ist...	*fen...*
Gibt es ...	*fi...*
ja, es gibt...	*aiwa, fi...*
nein, gibt es nicht	*la, mafish*
Arzt	*duktur, hakim*
Auto	*arabiyya*
Bahnhof	*mahatta*
Bier	*bira*
bitte	*min fadlak*
Brot	*aish*
Bus	*utubes*
danke	*shukran*
Botschaft	*sefarit*
einverstanden / in Ordnung	*tamam*
Essen	*akl*
Fahrkarte/Ticket	*Tazkara*
Fleisch	*lahma*
Flughafen	*matar*
Gemüse	*chadar*
gut	*quassis/tayyib*
Hilfe	*musa'ada*
Hotel	*funduq*
Hühnchen	*farcha*
Kaffee	*ahwa*
links	*shmal*
Löffel	*mala'a*
Markt	*suq*
Meer	*bahr*
Messer	*sikin*
Polizei	*shurta*
Rechnung	*hisab*
rechts	*yamin*
Tee	*shay*
Telefon	*tilifon*
Wasser	*mayya*
Wein	*nabid*
Zucker	*sukkar*
Zug / Eisenbahn	*atr*

AUTOREN

Hans-Günter Semsek, Verfasser dieses Israel-Führers, studierte Soziologie und Philosophie und arbeitete im Rahmen von zwei sozialwissenschaftlichen Forschungsprojekten längere Zeit in Ägypten; von dort besuchte er regelmäßig Israel. Heute lebt er als freier Journalist und Autor in Köln. Eines seiner Spezialgebiete ist der Nahe Osten.

Dr. Carmella Pfaffenbach, Geographin mit dem Vorderen Orient als Forschungsschwerpunkt, schrieb das Kapitel „Jordanien". Dort leitet sie auch Studienreisen.

FOTOGRAFEN

AKG, Berlin 12, 14, 15, 16, 17, 18, 19, 20, 21, 22, 23, 24, 25, 26, 27, 29, 30, 31, 38, 40, 41, 43, 44, 45, 132, 173
Becker, Frank 230
Bondzio, Bodo 37, 61, 67, 70, 73L, 86, 100/101, 108, 128, 129, 134, 136, 160, 191
dpa 46, 47
Eifler, Klaus 91, 179
Gottbrath, Till 33
Greune, Jan 35, 56, 73R
Hoyer, Uwe 8/9, 62, 68, 75, 78, 81, 82, 85, 87, 96, 127, 135, 142, 155, 158, 175, 181, 188, 200, 201, 209, 212, 213, 235
Janicek, Ladislav (Mainbild) 72, 204
Janicke, Volkmar. E. 233
Mendrea, Dinu cover, 74, 152L, 239
Mendrea, Sandu 36, 48, 51, 52/53, 54/55, 60, 63, 66, 80, 83, 102, 120, 133, 140, 152R, 153, 156, 157, 161, 164/165, 166, 168, 170, 172, 176, 177, 182, 190, 192
Neifeind, Harald 88, 123, 130
Rudolph, Walter 10/11
Schindler, Günter (Mainbild) 148
Schmidt, Friedrich 193, 218/219, 223, 224, 226, 227, 229, 231
Scholten, Jo 95, 113, 118, 125, 171, 174, 196/197, 198, 208, 236
Semsek, Hans-Günter 139
Stockmann, Reinhard 111, 116/117, 138
Tetzner, Marina 34, 64, 79, 141, 146/147, 180, 183
Thiele, Klaus 71, 76, 89, 90, 94, 104, 105, 110, 126, 159, 178, 184, 186, 187, 189, 206, 207, 210, 211, 214, 215, 220, 237
Wiese, W. (Mainbild) 124

INDEX

A

Aaronson, Aaron 128, 129
Aaronson, Rebecca 128
Aaronson, Sarah 128, 129
Abbasiden 35
Abdallah Ibn Hussein, König 67
Abd al Malik, Kalif 61, 67
Abdul Hamid II., Sultan 109, 141
Abdul Medjid, Sultan 69
Abouhav, Isaak 154
Adiabene, Helena von 85
Ägypten 13, 15, 16, 24, 26, 33, 34, 35, 40, 41, 44, 45, 57, 157, 181, 210, 211, 213
Ägypter 14, 17, 26, 180, 186, 215
Agnon, Samuel Joseph 50
Aguilers, Raimund von 38
Ahab, König 25, 184, 185, 186, 187
Ahmad al Jezzar, Pascha 41, 135, 138, 140, 141, 142
Akko 39, 40, 41, 49, 130, 131, 133, **137-142**, 149, 236
  Ahmad al Jezzar-Moschee 139
  Altstadt 139
  Aquädukt 142
  Bahai-Garten 142
  Bahai-Haus 142
  Burj Kurajim 139
  Fliegenturm 141
  Hafen 141
  Hamam al Basha 140
  Heldenmuseum 141
  Hof Argaman 141
  Karawanserei der Franken 141
  Kibbuz Lochamei Hageta'ot 142
  Kreuzfahrerstadt 140
  Krypta des hl. Johannes 140
  Säulenkarawanserei 141
  Städtisches Museum 140
  Verteidigungswälle 139
  Zitadelle 140
Alexander der Große 26, 103, 112, 143
Alexander III., Zar 81
Al Hakim 74
Allenby, Edmund Henry 61, 104
Allon, Yigal 171, 184
Al Mamun, Kalif 67
Al Omar, Pascha 138
Alon, Joe 200
Alterman, Nathan 50
Amalekiter 22, 23
Amalrich I. 152
Amin al Hussein 42
Amman 223-224
  Abu Darwish-Moschee 224
  Archäologisches Museum 223
  Folklore-Museum 223
  Herkules-Tempel 223
  König Abdallah-Moschee 223
  König Hussein-Moschee 223
  Odeum 223
  Omaijadischer Palast 223
  Suqs 223
  Theater 223
  Volkskunde-Museum 223
  Zitadellenhügel 223
Ammoniter 17, 22, 57, 226
Anjou, Fulko von 39
Antiochos III. 26
Antiochos V. 27
Antiochos VII. Sedetes 28
Antipater 28, 29
Antonius, Kaiser 29
Aqaba 211, 212, 232
  Altstadt 232
  Aquarium 232
  Kreuzritterburg 232
  Museum 232
  Visitors Center 232
Araber 78, 90, 94, 109, 167, 168, 178, 179, 180, 214
Arad 200-201
  Museum & Visitor Centre 201
Arafat, Yassir 46, 92
Aramäer 26
Aretas, König 173
Aristobul 28, 29
Arshaf Apollonia 119-120
Arsuf 39
Ashdod 14
Ashkenasim 47
Ashqelon 14, 97, **112-114**
  Ashqelon Museum 114
  Bemaltes Grab 113
  Bodenmosaik 113
  Buleuterion 114
  Freilichtmuseum 113
  Migdal 114
  Nationalpark 114
Ashraf Khalil, Sultan 138
Assyrer 25, 26, 186, 227
Augustus, Kaiser 94, 122, 137
Avdat 214
Avesnes, Gerhard von 119
Avi-Yonah, Michael 89
Azraq, Oase 225

B

Babylonien 13
Babylonier 26
Baesa 25
Bagdad 35
Baibar, Sultan 124, 131, 138, 149, 152, 161, 189, 193, 228
Balduin I. 69, 123, 152
Balduin III. 39, 113
Balfour, Arthur James 41
Balfour-Deklaration 41, 42
Baniyas Nature Reserve 160
Baniyas-Wasserfall 160
Barak 19
Barjona, Simon 160
Barluzzi, Antonio 81, 82, 193
Bat Shelomo 129
Be'er Sheva 13, 50, **199-200**, 215
  Abrahams Brunnen 199
  Altstadt 199
  Beduinenmarkt 199
  Ben Gurion Universität 199
  Städtisches Museum 199
Begin, Menachem 42, 46, 141
Beirut 39, 143
Belvoir 178-180
Ben Gurion, David 44, 45, 104, 108, 215
Ben Yehuda, Eliezer 50
Ben Zion, Simcha 106
Berg der Seligpreisung 168
Berg Gilboa 181, 183
Berg Nebo 227
  Kirche der hl. Lot und Prokop 227
  Klosterbasilika von Siyagha 227
Berg Tabor 192-193
  Christusgrotte 193
  Eliaskapelle 193
  Elias-Kirche 193
  Moseskapelle 193
  Verklärungskirche 193
Bernstein, Leonard 129
Bet Aaronson 128
Bet Daniel 129
Bet Guvrin 97
Bethlehem 39, 40, 89, 90, **94-95**
  Alt-Bethlehem Museum 95
  Geburtsgrotte 94
  Geburtskirche 94
  Herodion 95
Bet Shean 180, 183
  Dionysos-Tempel 182
  Hippodrom 181
  Kolonnadenstraße 182
  Serail 181
  Städtisches Museum 181
  Theater 182
  Thermenanlage 182
Bet She'arim 187
Bialik, Chaim Nachman 50, 105
Binyamina 127
Borowsky, Elie 87
Bouillon, Balduin von 38, 39
Bouillon, Gottfried von 38, 39, 61, 119
Bouteiller, Payen le 227
Bundesrepublik Deutschland 45
Burckhardt, Johann Ludwig 229
Byzantiner 35, 227

C

Caesarea 39, **122-127**, 138, 141
  Amphitheater 125

INDEX

Geschäftsstraße 126
Hafenbecken 124
Hippodrom 126
Hohes Aquädukt 126
Palast 125
Paulus-Kathedrale 125
Tempel 125
Theater 125
Wallmauer 124
Caligula, Kaiser 173
Caracalla, Kaiser 97
Carmel Oriental Wine Cellars 128
Caro, Yosef 154
Cestius Gallus 30
Chagall, Marc 87, 89, 132
Chasas, Chaim 50
Chatillon, Rainald de 176, 228
Chosram II. 35
Churchill, Winston 42
Clairvaux, Bernhard von 39
Clinton, Bill 46
Courtenay, Joscelin de 149

D

Daliyat el Karmil 129
Damaskus 39, 131, 137, 161
David, König 23, 24, 57, 60, 185, 226
Dayan, Moshe 184
Dayan, Schlomo 235
Dead Sea Works 203
Debora 19
Deliyat el Karmel 130
Demetrios II. 28

E

Echnaton, Pharao 57, 137, 185
Edessa 39
Edomiter 17, 22
Eizariyya 90
Ekron 14
Elah-Tal 96
Elat 211-213, 214
  Coral Beach Nature Reserve 212
  Dolphin Reef 212
  Mount Yoash 212
  Red Canon 213
  Unterwasser-Observatorium 211
Eleasar ben Hananja 30
Eleazar 205
En Avdat 214
En Boqeq 203
En Gedi 203, **206-207**
  Davids Quelle 207
  Davids Strom 207
  Israelitische Festung 207
  Römisches Kastell 207
  Shulamit-Quelle 207
  Trockener Canyon 207

Wasserfall 207
En Hod 136
Janco Dada-Musem 136
Eshkol, Levi 88

F

Fatimiden 35
Feinberg, Absalom 128, 129
Feodorowna, Fürstin 81
Flavius Josephus 30, 31, 65, 122, 123, 124, 125, 137, 152, 162, 167, 172, 192, 204, 205
Flavius Silva 204
Flavius Vespasian 30, 31, 60, 66, 123
Florus 30
Frankreich 45
Friedländer, Daniel 129
Friedländer, Lillian 129
Friedrich Barbarossa 40
Friedrich II., Kaiser 40

G

Gamla 162
Gan Hashelosha 183
Gath 14
Gaza 14, 214
Gemara 32
George, Lloyd 42
Georgskloster 90
Geser 13
Gibeon 19
Gill, Dan 204
Golan-Höhen 162, 170, 177
Gordon, Charles 86
Grinberg, Uri Zwi 51
Grossman, David 51
Guido, König 137, 176
Gutmann, Nahum 105

H

Hadera 121
Khan Historical Museum 121
Hadrian, Kaiser 31, 32, 60, 71, 74, 124, 126
Haganah 42
Haggada 32
Hai Bar-Reservats 207
Haifa 49, **130-136**, 138, 139, 143
  Artist's House 134
  Bahai-Schrein 133
  Bet Hagefen 134
  Carmelit Subway 132
  Clandestine Immigration Museum 135
  Clandestine Naval Museum 135
  Deutsche Kolonie 134
  Elija-Grotte 135

Gan Ha'em 132
Haifa-Museum 134
Höhle des Elija 131
Karmeliterkloster 135
Künstlerhaus Chagall 134
Mané Katz-Museum 132
Museum für Biologie und Vorgeschichte 132
Museum Tikotin für Japanische Kunst 132
National Maritime Museum 136
Nordau Street 134
Panoramastraße 132
Sderot Hatziyonut 132
Hakim 35
Halacha 32, 48
Hameshoreret, Rachel 177
Hammat Tiberias 174-176
  Kuppelgrab Rabbi Meir 175
  Synagoge 175
Hanassi, Yehuda 187
Har Meron-Naturpark 151
Hashashinen 161
Hasmonäer 27, 28, 111
Hebräer 15, 16, 17, 18, 21, 22
Hebron 151
Helena, Königin 35, 64
Hellenen 27
Herakleios, Kaiser 74
Herberge des barmherzigen Samariters 90
Herodes 28, 29, 30, 60, 63, 64, 65, 69, 70, 92, 112, 114, 122, 125, 137, 160, 189, 203, 205, 206
Herodes Agrippa 122
Herodes Agrippa II. 123
Herodes Antipas 172, 173
Herzliyya 119
  Sidna Ali-Moschee 119
Herzl, Theodor 41, 87, 119, 131
Hiskija, König 26, 84
Höhlen von Qumran 89, 93
Hörner von Hittim 40, **176-177**
Hospitaliter 39
Hula Nature Reserve 158
Hyksos 13, 14, 57, 103, 185

I

Idumäa 28, 29
Intifada 46
Irak 44
Irgun 42, 43
Isfiya 130
Ismaeliten 161
Israel Air Force Museum 199

J

Jabotinsky-Park 127
Jabotinsky, Ze'ev 127, 141

INDEX

Jaffa 40
Janco, Marcel 136
Jebusiter 19
Jehoschua, Abraham B. 51
Jehu 25
Jerash 221-222
  Artemis-Tempel 222
  Georgskirche 222
  Hippodrom 222
  Johanneskirche 222
  Kathedrale 222
  Kirche des Hl. Theodor 222
  Kolonnadenstraße 222
  Nymphäum 222
  Ovale Forum 222
  Propyläenhof 222
  St. Cosmas und Demian-Kirche 222
  Südtheater 222
  Südtor 221
  Tetrapylon 222
  Triumphbogen 222
  Visitors Center 221
  Zeus-Tempel 222
Jericho 13, 29, 89, 90, **91-93**
  Berg der Versuchung 92
  Elischa-Quelle 91
  Hisham Palast 93
  Tell as Sultan 92
Jerusalem 13, 18, 23, 24, 26, 27, 28, 29, 30, 31, 35, 38, 39, 40, 42, 43, 49, 50, **57-89**, 97, 113, 130, 137, 150, 151, 158, 177, 189, 204, 226, 228
  Al Aqsa-Moschee 57, 66, 67
  Altstadt 57, 62
  American Colony Hotel 85
  Archäologischer Park Ophel 64
  Bab al Maghariba 66
  Ben-Yehuda-Street 86
  Bezalel Kunstmuseum 87
  Bible Lands Museum 87
  Billy-Rose-Kunstgarten 87
  Breiter Wall 77
  Buchara-Viertel 86
  Burnt House 78
  Cardo 77
  Davidsstadt 84
  Dominus Flevit 81
  Dormitio-Kirche 79
  Ecce Homo-Basilika 71
  Engelskapelle 76
  Erlöserkirche 73, 77
  Felsendom 61, 67, 68, 78
  Festung Antonia 70, 71, 72
  Franziskaner-Kloster 71
  Gartengrab 85
  Garten von Gethsemane 81
  Geisterdom 68
  Georgsdom 69
  Gethsemane-Grotte 80
  Gihon-Quelle 57, 84
  Golgatha 73, 76
  Golgatha-Kapelle 76
  Grab des Absalom 84
  Grab des Joschafat 84
  Grabeskirche 57, 70, 73
  Grabkapelle 76
  Hadassah Hospital 89
  Haram ash Sharif 66
  Hebrew University 87
  Hebronsdom 69
  Herodian Quarter 78
  Herzl-Berg 87
  Hiskija Tunnel 84
  Himmelfahrtsdom 68
  Himmelfahrtskapelle 83
  Holyland Hotel 89
  Hurva-Platz 78
  Hurva-Synagoge 78
  Islamisches Museum 67
  Israel Museum 87
  Jaffa-Tor 62, 63, 64, 70
  Jüdischer Friedhof 83
  Katholikon 76
  Keller des Holocaust 80
  Kettendom 68
  Kidrontal 84
  Klagemauer 57, 64
  Knesset 86
  Königsgräber 85
  Kreuzkloster 86
  Lithostrotos 71
  Maria-Magdalena-Kirche 81
  Mariengrab 80
  Mausoleum des Zacharias 84
  Mea Shearim 86
  Misttor (Dung Gate) 64
  Notre Dame de Sion, Kloster 71
  Ölberg 80, 81
  Ost-Jerusalem 80
  Pater-Noster-Konvent 83
  Prophetengräber 82
  Ramban-Synagoge 77, 78
  Raum des letzten Abendmahls 79
  Rockefeller Museum 84
  Ruhestätte der Familie Hezir 84
  Sabil Qait Bey 69
  Salbungsstein 75
  Samuel Bronfmann Biblical und Archaeological Museum 87
  Schrein des Buches 87
  Siloah-Teich 84
  St. Anna-Kloster 69
  Stefanstor 80
  Stephanskirche 85
  St. George's Cathedral 85
  St. Peter in Gallicantu 84
  Struthion-Teich 72
  Teichen von Bethesda 69
  Tempelberg 78
  Tower of David Museum 64
  Unabhängigkeitspark 86
  Via Dolorosa 57, 69
  West-Jerusalem 86
  Wilsonbogen 65
  Wohl Archeol. Museum 78
  Yad Vashem 88
  Zionistische Institution 86
  Zionstor 79
  Zitadelle 63, 64, 70
Jesus 33, 35, 124, 160, 167, 168, 170, 189, 190, 191, 193
Johannes Hyrkan I. 28
Jordanien 16, 45, 46, 77, 92, 211
Joschija, König 186
Judas Makkabäus 60
Jüdische Feste **238-239**
Julius Caesar 28, 137
Julius Serverus 31
Justinian, Kaiser 35

K

Kairo 40, 41, 143
Kanaan 16, 191
Kaniuk, Koram 51
Kapernaum **167-168**
  Haus des Petrus 168
  Kirche des Petrus 168
  Synagoge 168
Katz, Emmanuel 132
Kefar Rosh Ha Niqra 143
Kerak **227-228**
Kibbuz Ayelet Hashachar 158
Kibbuz Dan 160
Kibbuz Degania Alef 177
Kibbuz Degania Bet 178
  Museum 178
Kibbuz Elon 149
Kibbuz En Gedi 207, 208
Kibbuz Ginosar 171
  Bet Allon Museum 171
Kibbuz Hefzi Bah 183
  Synagoge von Bet Alfa 183
Kibbuz Kinneret 177
Kibbuz Sdot Yam 126
Kibbuz Sede Boqer 214
Kibbuz Yisre'el 184
  Tell Jezre'el 184
Kibbuz Yotvata 207, 209
Kibbuz und Moshav **234-235**
Kishon, Ephraim 51
Kissinger, Henry 46
Konrad III., König 39
Konstantin der Große 34, 60, 74, 186
Konstantinopel 39
Koran 36, 37, 133
Küche Israels **236-237**
Kyros 26

L

Lachis 13
Lahav 199

Museum of Bedouin Culture 199
Le Bourg, Balduin II. von 39
Lechi 43
Leopold V., Herzog 138
Libanon 44, 45
Lichtenstein, Roy 108
Ludwig der Heilige 124, 131, 138
Ludwig VII., König 39
Luria, Isaak 154
Lusignang, Guido von 40
Luxor 112
Lysias 27

M

Ma'ale Adummim 90
Ma'ayan Harod Nationalpark 183
Madaba 226-227
   Apostelkirche 226
   Georgskirche 226
   Thalassa-Mosaik 227
Maimonides, Moses 174
Makhtesh Ramon 213
Malbin, Ursula 133
Mamelucken 40
Manasse 26
Marcus Antonius 28, 70
Masada 28, **203-206**, 207
   Nordpalast 206
   Römerlager 206
   Schlangenpfad 205
   Synagoge 206
   Thermen 205
   Westpalast 206
   Zisterne 206
   Zitadelle 206
Medianiter 19
Medina 66
Megiddo 13, 85, **185-187**
   Doppeltempel 186
   Kanaanitische Heiligtum 186
   Museum 186
   Pferdeställe 186
   Wasserversorgungssystem 187
Meir, Golda 46, 88, 171
Mekka 35, 37, 66
Melisende 39
Mescha, König 227
Mesopotamien 157
Metulla 159
Midianiter 210
Mi'ilya 149
Mirza Hussein Ali 142
Mischna 32
Mitzpe Rivivim 215
Mizpe Ramon 213
Moabiter 17, 22, 226, 227
Mohammed 57, 66, 67, 68, 97, 133, 140
Montfort 149-150
Moses 16, 32

Mount Meron 151
Mount Zion 63
Muawiyya 35
Muhraqa 129
   Karmelkloster 129
Musil, Alois 225, 227

N

Nabatäer 214, 227, 228
Nahariyya 142-143
Napoleon 41, 139
Napoleon III. 69
Nasser, Gamal Abd an 45
Nazareth 40, 49, **188-191**
   Gabrielskirche 191
   Josefskirche 190
   Verkündigungskirche 190
Nebukadnezar II., König 26, 60
Nebukadnezar, König 26, 65
Necho, Pharao 26, 186
Negev 213-215
Nelson, Horatio 139
Nero, Kaiser 31
Netanya 120-121
   Freilichttheater 121
   Inbar Jewelry 120
   National Diamond Centre 120
Newe Zahor 201
Newe Zohar 203, 207
Nimrods Burg 160-161
Nur ad Din, Sultan 40, 152

O

Octavian, Kaiser 28, 92, 122
Omaijaden 35, 224
Omar I., Kalif 35
Omri, König 25, 185
Oz, Amos 51, 200

P

Palästina 13, 14, 15, 17, 26, 30, 31, 35, 36, 38, 40, 41, 42, 43, 47, 57, 60, 94, 106, 112, 121, 128, 135, 136, 155, 157, 159, 181, 186, 210, 234
Palästinenser 13
Palestine Exploration Fund 41
Palestine Liberation Organisation (PLO) 45
Parther 28
Pekach, König 186
Perser 35, 60, 74
Persien 26
Petra 173, 211, 214, **228-231**
   Äußerer Siq 230
   Bunter Saal 230
   Buntes Grab (Seidengrab) 230
   Ed-Deir 231

   Grab des Sextius Florentinus 231
   Großer Opferplatz 230
   Khazne al-Firaun 230
   Königswand 230
   Kolonnadenstraße 231
   Korinthisches Grab 231
   Löwen-Greifen-Tempel 231
   Marktplatz 231
   Museum 231
   Nymphäum 231
   Palastgrab 231
   Qasr al- Bint Faraun 231
   Römisches Theater 230
   Siq 229
   Urnengrab 230
Pharisäer 29
Phaseal 28
Philipp Augustus 40
Philipp II., König 138
Philippus 160
Philister 14, 17, 19, 22, 23, 57, 113, 180, 181, 183, 185
Plinius der Ältere 103
Pompejus 137
Psammetich, Pharao 181
Ptolemäer 228
Ptolemaios, Pharao 26, 28
Ptolemaios V., Pharao 26
Publius Marcellus 31

Q

Qasr al-Abd 224
Qasr al-Kharane 224
Qasr Amra 225
Qasr Azraq 225
Qasr Hallabat 226
Qazrin 162
   Ancient Qazrin Park 162
   Golan Archaeological Museum 162
Qiryat Shemona 157, 158, 159
Qumran 90

R

Rabin, Yitzhak 46, 171
Ramat Hanadiv 127
Ramla 49, 97
   Große Moschee 97
   Weiße Moschee 97
   Weißer Turm 97
   Zisternensystem 97
Ramses II., Pharao 111, 137, 192
Ramses III., Pharao 85, 210
Ratner, Phillip 154
Rehabeam 24, 25
Renard, Heinrich 79
Richard Löwenherz 40, 120, 124, 131, 138
Rockefeller, John D. 84

INDEX

Römer 28, 32, 60, 103, 112, 125, 180, 181, 186, 203, 204, 205, 214, 227, 228
Rosh Pinna 156
Rothschild, Adelaide de 127, 128
Rothschild, Edmond de 127, 128, 156
Rothschild Memorial Garden 127
Rubin, Reuven 105

S

Sadat, Anwar as 46
Saladin, Sultan 40, 66, 67, 69, 74, 92, 120, 124, 131, 137, 149, 152, 174, 176, 178, 179, 180, 189, 228
Salmanassar III., König 25
Salmanassar V., König 25
Salomo, König 24, 29, 60, 65, 103, 157, 175, 185, 186, 200, 207
Samaria 25
Samariter 35
Sargon 26
Sassaniden 221
Saulcy, Félecien de 85
Schammans, Anton 51
Scheschonk I., Pharao 24, 25, 185, 187, 200
Schindler, Oskar 43, 88
Schlonsky, Abraham 50
Schneur, Salaman 50
See Genezareth 13, **167-172**, 176, 234
Petruskirche 170
Segev, Tom 49
Seldschuken 61
Seleukiden 26, 27, 28, 60
Selim 40
Sennesh, Hannah 126
Sephardim 47
Septimus Geta 97
Septimus Severus, Kaiser 97
Sethos I., Pharao 16, 85, 137
Shobak 228
Sichem 19
Sidon 39, 122
Simeon Bar Kochba 31
Sinai 211
Katharinenkloster 211
Skythen 180, 181
Skythopolis 181
Smilansky, Jishar 51
Sorek-Höhle 95
Strauss, Nathan 120
Suleyman II. der Prächtige 41, 61, 62, 63, 67
Synagoge von Bar'am 150
Syrien 44, 46

T

Tabgha 170-171
Brotvermehrungskirche 171
Talmud 32
Tarent, Bohemund von 38
Tel Aviv 44, 48, 50, **103-108**, 119, 143
Ben Gurion Boulevard 104
Bialik Street 104
Carmel-Markt 105
Diaspora-Museum 108
Eretz Israel-Museum 108
Frederick Mann-Auditorium 106
Gan Meir 106
Habimah-Platz 106
Habimah-Theater 106
Haganah-Museum 106
Helena Rubinstein Pavilion 106
Independence Hall Museum 108
Museum of Art 108
Performing Arts Centre 108
Shalom Tower 108
Tel Aviv Museum 106
Tel Hay 159
Tell Akhziv 143
Tell Arad 200
Tell Dan Nature Reserve 159
Tell Hazor 157
Tell Maresha 97
Tempelritter 39
Thora 32
Thutmosis III., Pharao 137, 181, 185
Tiberias 40, 151, **172-174**
Franziskanerkloster St. Peter 174
Grab von Moses Maimonides 174
Marina 174
Ruhestätte von Rabbi Akiba 174
Städtische Museum 174
Tiberias, Berenike von 123
Tiberius, Kaiser 172
Tiglatpileser, König 26, 186
Timna-Park 209
Felsenzeichnungen 210
Säulen König Salomons 210
Timna-See 211
Titus 30, 31, 60, 65, 66, 125
Toscanini, Arturo 129
Totes Meer 167, **201-203**, 206, 227
Toulouse, Raimund von 38
Toulouse, Tankred von 38
Transjordanien 44
Trumpeldor, Josef 159
Türkei 39
Türken 36, 41, 61, 63, 75, 131, 135

U

UdSSR 45, 46
Urban, Papst 38, 61
Uris, Leon 136, 141, 154
USA 45, 46
Ussia 26

W

Wadi Rum 231-232
Walid, Kalif 66
Weizmann, Chaim 41
West Bank 89
Wilhelm der Eroberer 38
Wilhelm II., Kaiser 131
Wingate, Orde 184
Wüstenschlösser 224-226

X

Xerxes, König 150

Y

Yadin, Yigael 204
Yafo 49, **108-112**, 131, 236
Andromeda Rock 111
Collège des Frères 112
Flohmarkt 109
Gan Hapisga 111
Große Moschee 109
Hafen 111
Jaffa-Museum 110
Kikar Kedumim 110
San Antonio-Kirche 112
St. Louis French Hospital 112
St. Peter-Kloster 111
Tabitha-Schule 112
Urim-Schule 112
Yardenit 177
Yoqneam 129

Z

Zayd, Alexander 188
Zedekia 26
Zefat 151-155, 156
Abouhav-Synagoge 154
Caro-Synagoge 154
General Exhibition 155
Ha'Ari-Synagoge 154
Hametzuda-Hügel 152
Israel Bible Museum 154
Jüdisches Viertel 154
Kikar Hameginim 154
Künstlerkolonie 155
Lubabinson Chabad House 155
Museum of Printing 155
Zitadelle 154
Zikhron Ya'aqov 128, 129
Zypern 135, 136